TRAITÉ
HISTORIQUE ET DOGMATIQUE
DE
LA VRAIE RELIGION.
TOME DIXIEME.

TRAITÉ
HISTORIQUE ET DOGMATIQUE
DE
LA VRAIE RELIGION,
AVEC
La Réfutation des erreurs qui lui ont été oppoſées dans les différens ſiecles.

Par M. l'Abbé B E R G I E R, *Chanoine de l'Egliſe de Paris.*

Cum eſſemus parvuli, ſub elementis hujus mundi eramus ſervientes; at ubi venit plenitudo temporis, miſit Deus Filium ſuum..... ut adoptionem filiorum reciperemus. GALAT. c. 4, ℣. 3.

TOME DIXIEME.

PARIS,
Chez MOUTARD, Imprimeur-Libraire de la REINE, de MADAME, & de MADAME la Comteſſe d'ARTOIS, Hôtel de Cluny, rue des Mathurins.

M. DCC. LXXX.
Avec Approbation & Privilége du Roi.

TRAITÉ
HISTORIQUE ET DOGMATIQUE
DE
LA VRAIE RELIGION,

Avec la Réfutation des erreurs qui lui ont été opposées dans les différens siecles.

TROISIEME PARTIE.

CHAPITRE VI.

Des Philosophes & de leur conduite à l'égard du Christianisme.

A LA naissance de notre Religion la Philosophie jettoit un grand éclat : Cicéron l'avoit ornée à Rome des graces de l'éloquence Latine, & Lucrèce des charmes de la Poésie. Les écoles d'Athenes retentissoient encore des noms de Platon, de Zénon & d'Epicure; celle d'Alexandrie commençoit à devenir célebre. Lorsque S. Paul annonça aux Athéniens l'unité de Dieu & la résurrection de J.C. il excita pendant quelques momens la curiosité des Epicuriens & des Stoïciens; ils voulurent l'entendre, parce que sa doctrine leur parut nouvelle; mais elle n'étoit pas de nature à leur plaire. Un Dieu mort & ressuscité dans la Judée, qui exigeoit la foi à sa parole sans dispute & sans réplique, dut révolter d'abord des hommes qui prétendoient découvrir toute vérité par la force du raisonnement. Nous avons vu dans la premiere Partie de notre Ouvrage jusqu'à quel point ils y étoient parvenus, & nous allons bientôt les entendre discourir eux-mêmes. L'Apôtre ne fit pas un grand nombre de prosélites parmi ces disputeurs, le portrait qu'il en a tracé n'est point à leur avantage; (*a*) il avertit les fideles de ne pas se laisser séduire par le vain étalage de leur éloquence: (*b*) l'événement a prouvé que le Christia-

(*a*) Rom. c. 1, ℣. 18.
(*b*) Coloss. c. 2, ℣. 8.

nisme ne pourroit jamais avoir d'ennemis plus à craindre que les Philosophes incrédules.

Ceux qui en entendirent parler les premiers, tels que Simon, Cérinthe, Ménandre, Saturnin, Basilide, frappés des faits annoncés par les Apôtres & dont toute la Judée rendoit témoignage, jugerent que J. C. ne pouvoit pas être un homme ordinaire; ils essayerent de concilier sa doctrine avec leurs opinions philosophiques; leurs efforts n'aboutirent qu'à enfanter les premieres hérésies qui troublerent l'Eglise (*a*).

Au commencement du second siecle d'autres devinrent Chrétiens dociles & de bonne foi: ils furent bientôt Apologistes zélés de la Religion qu'ils avoient embrassée; quelques-uns la scellerent de leur sang. S. Justin & Tatien son disciple, Hermias, Athénagore, S. Théophile d'Antioche, Quadratus, Aristide, Méliton Evêque de Sardes, Apollinaire d'Hiéraples, Miltiade, Apollonius Sénateur Romain, S. Clément d'Alexandrie, tous très-instruits des dogmes de la Philosophie, attaquerent ses partisans par leurs propres armes & mi-

(*a*) Mém. de l'Acad. des Inf. *in*-12. T. I, p. 222.

rent au grand jour l'absurdité de leurs opinions. Au troisieme, Tertullien, Origene & d'autres démontrerent encore plus clairement que le Christianisme n'étoit point incompatible avec la vraie Philosophie; qu'il enseignoit à tous les hommes des vérités que les Philosophes avoient inutilement cherchées, & donnoit la sagesse dont ceux-ci n'avoient eu que le nom.

Mais pour acquérir ce trésor, il falloit s'exposer au martyre; tous n'en avoient pas le courage, & plusieurs manquoient de droiture. Les Epicuriens sur-tout jugerent qu'il valoit mieux vivre comme les insensés, que de mourir avec les sages. Celse, conformément à ce principe, faisoit un crime aux Chrétiens de leur constance dans les tourmens; pour attaquer notre Religion sans se compromettre, il feignit d'être Payen zélé. Tout son ouvrage prouve que la bonne foi ne lui paroissoit pas une vertu fort nécessaire.

D'autres plus odieux travaillerent à enflammer le zele des persécuteurs. S. Justin fut livré au supplice sur les accusations d'un certain Crescent, Philosophe Cynique, qui en vouloit aussi à Tatien. (*a*) Lactance se

(*a*) Tatiani Orat. n. 19.

plaint de la haine de deux Philoſophes de ſon temps, que pluſieurs critiques croient être Porphyre & Hiéroclès. (*a*) Nous ne pouvons pas douter que ceux dont Julien étoit obſédé n'aient joué un rôle ſemblable & n'aient contribué par leurs pernicieux conſeils aux vexations qu'il exerça contre les Chrétiens. Plus ces Philoſophes avoient été conſidérés ſous les Empereurs Païens, plus ils étoient bleſſés de voir, parmi les ſectateurs du Chriſtianiſme, des hommes capables d'offuſquer l'éclat de leurs talens.

Ils avoient eſſayé de bâtir un nouveau ſyſtême; pluſieurs attaquerent de front le Chriſtianiſme. Il eſt bon d'examiner cette nouvelle hypothèſe, que l'on a nommée l'*Eclectiſme*, enſuite les deux Ouvrages les plus célebres qu'ils aient écrit contre notre Religion; ce ſera la matiere de trois articles. Nous en ajouterons un quatrieme pour concluſion des faits que nous avons établis dans les Chapitres précédens.

(*a*) Inſtit. Divin. L. 5, c. 2.

ARTICLE PREMIER.

De la Philosophie Eclectique.

§. I.

Malgré le mépris que la plupart des Philosophes affectoient pour notre Religion, elle causa une révolution dans leurs écoles. A l'éclat de la lumiere que répandoit l'Evangile, les *Eclectiques* entreprirent de réformer le Paganisme & de le rendre moins révoltant, pour étouffer par-là même le flambeau qui les avoit guidés. C'est ainsi que de nos jours leurs successeurs, instruits par la révélation, se sont attachés à bâtir une prétendue Religion naturelle, pour détruire la Religion révélée.

Ceux dont nous parlons admirent plus clairement que les Anciens un Dieu suprême; ils dirent que les Dieux inférieurs étoient des intelligences qu'il avoit créées pour gouverner le monde, que le culte qu'on leur rendoit étoit relatif & se rapportoit au créateur même. (*a*) Ils ensei-

(*a*) Orose, Hist. L. 6, c. 1. Mém. de l'Acad. des Inscr. *in*-12. Tom. I, p. 287, Tom. LVI, p. 23 & 24.

gnerent que les honneurs rendus à une idole ne s'adressoient point à elle, mais au Dieu qu'elle représentoit, qui y habitoit, qui s'y rendoit présent en vertu de la consécration qui en avoit été faite.

Ils professerent le dogme de l'immortalité de l'ame & des récompenses destinées à la vertu dans une vie future : conséquemment ils approuvoient le culte rendu aux ames des héros ou des hommes qui avoient utilement servi la société.

A la vérité, disoient-ils, les Fables des Poëtes sont absurdes dans le sens littéral, mais on doit les prendre dans un sens allégorique; & alors on y trouve les plus sublimes vérités de la Physique, de la Théologie & de la Morale.

Ils soutinrent que, par le moyen des évocations, des sacrifices, des cérémonies Théurgiques, l'homme pouvoit entrer en communication familiere avec les Dieux, s'élever à la plus haute perfection, faire des miracles, connoître l'avenir. Ils appuyoient cette confiance sur les prodiges, les oracles, les merveilles opérées dans le Paganisme. C'étoient, selon eux, autant de signes par lesquels les Dieux avoient attesté que ce culte leur étoit agréable.

Sans cesse ils représentoient que la Divinité avoit suffisamment révélé ses volontés par la prospérité & les avantages dont elle avoit comblé les Grecs, les Romains & les autres nations idolâtres. Telles sont en abrégé les raisons par lesquelles Celse, Porphyre, Julien, Maxime de Madaure & d'autres Sophistes se sont efforcés de soutenir le Paganisme contre les coups que lui portoient les Apologistes Chrétiens.

§. II.

Pour renverser tout cet édifice, il suffiroit de demander aux architectes sur quelle base il étoit fondé. Pythagore, Platon, Socrate & d'autres anciens étoient convenus, que c'étoit à Dieu même de déterminer & de déclarer la maniere dont il vouloit être honoré; que les lumieres de l'homme étoient trop bornées pour découvrir avec certitude ce qui pouvoit plaire ou déplaire à Dieu; qu'il falloit une révélation pour nous l'apprendre. En quel lieu du monde Dieu avoit-il parlé depuis le siecle de Platon? Qui sont les Sages auxquels il avoit révélé ses volontés plus clairement qu'à ce Philosophe?

D'ailleurs, la profession de foi des Eclectiques n'étoit pas admise par toutes les

Sectes. Les Epicuriens, les Cyniques, les Académiciens n'auroient pas voulu la signer; les uns n'avoient pas moins d'autorité que les autres. Ce symbole péchoit encore par plusieurs endroits.

1°. Porphyre, loin d'admettre un culte relatif au Dieu suprême, décidoit que cet Être souverain n'exigeoit aucun culte; que tous les hommages devoient être adressés aux Dieux secondaires. (*a*) Ceux-ci, selon tous les Philosophes, n'avoient pas besoin de notre culte, cependant il leur étoit agréable. Par la même raison, quoique le Dieu suprême n'en eût pas besoin, ce culte pouvoit lui être agréable; il falloit donc une révélation expresse de sa part pour sçavoir s'il s'étoit déchargé sur des lieutenans du soin de gouverner l'univers, & s'il trouvoit bon que les hommes leur adressassent leurs hommages plutôt qu'à lui. Celse de son côté n'approuvoit pas le culte des Simulachres, il ne blâmoit point les Chrétiens de le rejetter (*b*).

D'ailleurs, ce Dieu suprême étoit-il l'ame d'un monde éternel ou le créateur du monde? Si ses lieutenans étoient des

(*a*) De l'Abstin. L. II, n. 34.
(*b*) Dans Orig. L. I, n. 5.

êtres créés ; c'étoit une absurdité de leur donner le nom de *Dieux*. Jupiter, Mars, Neptune, étoient ils des personnages assez respectables pour tenir la place de la Divinité ? Un culte rendu à des êtres vicieux, à des statues obscenes, accompagné d'actions infames, ne peut être agréable à Dieu ni utile aux hommes.

2°. Quoique la raison nous prouve l'immortalité de l'ame, & la vie future, les Philosophes n'en avoient aucune certitude. La fable des enfers jettoit du ridicule sur ce dogme, & le faisoit mépriser par plusieurs sages. La plupart des héros placés dans le ciel des Poëtes étoient des malfaiteurs, le culte qu'on leur rendoit étoit plus propre à canoniser le vice que la vertu.

3°. Sur quoi étoit fondé le sens allégorique donné aux fables ? Chacun les expliquoit selon son caprice ; les Poëtes & le peuple les prenoient à la lettre. Il étoit absurde d'enseigner la morale par des fables qui choquoient de front toute vérité & toute morale.

4°. L'efficacité de la Théurgie étoit un autre rêve inconnu aux Anciens, qui n'étoit fondé sur aucune promesse divine, ni prouvé par aucun fait incontestable. C'étoit une vraie magie, & toutes les loix défendoient cet art funeste ; ses miracles n'étoient pas plus vrais que les fables. Porphyre lui-même écrivit contre la Théurgie, il n'y ajoutoit aucune foi (*a*).

5°. Il n'étoit pas prouvé que la prospérité des Grecs & des Romains fût une récompense de leur superstition. Comme les autres peuples ils avoient éprouvé des prospérités & des malheurs, des victoires & des défaites, les bienfaits du ciel & les fléaux de la nature. La Divinité avoit-elle attaché des récompenses au cérémonial plutôt qu'aux vertus morales & civiles ? Les autres nations n'étoient pas moins superstitieuses que les Romains ; c'étoit donc une injustice de la part de la Divinité, de favoriser les uns plutôt que les autres.

Voilà en substance les raisons par lesquelles nos anciens Ecrivains ont réfuté les prétentions des Philosophes, en y ajoutant les preuves de la révélation donnée aux hommes par Jesus-Christ. Il n'étoit pas difficile de prévoir quelle seroit l'issue de la dispute.

§. III.

Ce n'est point ainsi que les Incrédules

(*a*) Hist. de l'Eclectisme, Tom. I, p. 46.

modernes l'ont présentée. L'Auteur de l'article *Eclectisme* de l'Encyclopédie a tracé de cette Philosophie & du Christianisme un tableau où on ne les reconnoît plus ni l'un ni l'autre. Il a été réfuté sur tous les chefs dans l'*Histoire de l'Eclectisme*; nous ne ferons mention que des principaux. Le dessein de l'Auteur a été de faire retomber sur le Christianisme tous les travers & les égaremens des Eclectiques.

Selon lui, un Eclectique est un Philosophe qui foule aux pieds le préjugé, la tradition, l'ancienneté, le consentement universel, l'autorité, en un mot, tout ce qui subjugue la foule des esprits, ose penser de lui-même, recueille de tous les Philosophes sans distinction ce qu'il y trouve de plus conforme à la raison. Cependant l'Auteur observe qu'en partant d'un principe aussi sage, on forma le système d'extravagances le plus monstrueux que l'on puisse imaginer. Il n'a pas tort. Si l'on doit juger d'une méthode par le succès, il n'en est point de plus mauvaise que celle des Eclectiques; les Modernes qui l'ont adoptée pourroient bien ne pas être plus sages que les Anciens. Les uns ont été ridicules par leur fanatisme, les autres ne le sont pas moins par leur matérialisme; la Religion n'a pas à rougir d'avoir eu toujours de pareils ennemis.

L'Eclectisme, dit-il, ne forma une Secte & n'eut un nom que vers la fin du second siecle & le commencement du troisieme; il prit naissance à Alexandrie. Alors le Christianisme s'étendoit, le peuple se rendoit en foule dans les assemblées de la Religion nouvelle; les disciples mêmes de Platon & d'Aristote s'y laissoient entraîner: toutes les Sectes furent alarmées de la rapidité de ses progrès.

On ne viendra donc plus nous dire que le Christianisme doit ses progrès aux Edits des Empereurs Chrétiens du quatrieme siecle, puisque dès la fin du second les Philosophes en étoient alarmés, & qu'un intérêt commun les réunit avec les Prêtres du Paganisme, dont les Temples étoient de jour en jour plus déserts (*a*).

Non-seulement, selon lui, le Christianisme alarma toutes les Sectes, mais il les révolta par une intolérance qui n'avoit pas encore d'exemple, en établissant pour premier principe, qu'hors de son sein il n'y avoit ni probité dans ce monde, ni salut dans l'autre; parce que sa morale étoit la

(*a*) Encyclop. *Eclectisme*, p. 271.

ſeule véritable morale, & que ſon Dieu étoit le ſeul vrai Dieu. Le ſoulevement des Prêtres, du Peuple & des Philoſophes auroit été général, ſans un petit nombre d'hommes froids, qui ſe firent un ſyſtême conciliateur.

1°. Ceci eſt une contradiction avec ce que l'Auteur vient de dire, que le Chriſtianiſme gagnoit non-ſeulement le peuple, mais les Philoſophes. 2°. Jamais le Chriſtianiſme n'a enſeigné que hors de ſon ſein, il n'y a point de probité dans ce monde, les Apôtres ont dit le contraire. 3°. Les Juifs croyoient déjà que leur Dieu étoit le ſeul véritable Dieu; cela n'eſt donc pas particulier au Chriſtianiſme.

§ IV.

Mais apprenons à connoître le ſyſtême conciliateur des Eclectiques. « Comme les » Chrétiens ils admirent un ſeul Dieu & » une Trinité en Dieu, des Êtres inférieurs » ou des Anges qu'ils nommerent *Dieux*, » Démons, Héros, &c. Ils adopterent » l'immortalité de l'ame, un autre monde, » des peines & des récompenſes, la mé» tempſycoſe : la plupart furent Idéaliſtes, » ils admettoient l'exiſtence de tout ce qui

» n'est pas, & nioient l'existence de tout » ce qui est ».

Du moins la Métempsycose & l'Idéalisme ne furent pas tirés du Christianisme; sur ces deux chefs le système n'étoit rien moins que conciliateur. Jusqu'à présent les Incrédules avoient accusé les Chrétiens d'avoir emprunté de Platon le Mystere de la Trinité, ici ce sont les Eclectiques qui le prennent du Christianisme. Tous soutenoient que les anciens Philosophes admettoient un Dieu suprême, & l'immortalité de l'ame; selon l'Encyclopédiste, c'est encore un vol fait aux Chrétiens. L'essentiel auroit été d'admettre la création, sans laquelle l'unité de Dieu ne se soutiendra jamais. L'Idéalisme est destructif de toute vérité & de toute religion.

Continuons le parallèle. « Les Chrétiens » avoient différens cultes. Les Eclectiques » imaginerent les deux Théurgies; ils supposerent des miracles, ils eurent des » extases, ils conférerent l'enthousiasme » comme les Chrétiens conféroient le Saint-» Esprit. Ils crurent aux visions, aux apparitions, aux exorcismes, aux révélations » comme les Chrétiens. Ils invoquerent les » dieux, leur offrirent des sacrifices. Quand » la superstition cherche les ténebres &

» se retire dans les lieux souterrains pour » y verser le sang des animaux, elle n'est » pas loin d'en répandre de plus précieux; » quand on a cru lire l'avenir dans les en- » trailles d'une brebis, on se persuade bien- » tôt qu'il est gravé en caracteres beaucoup » plus clairs dans le cœur d'un homme. » C'est ce qui arriva aux Théurgistes pra- » tiques, leur esprit s'égara, leur ame » devint féroce & leurs mains sangui- » naires ».

Avant la naissance de notre religion, n'y avoit-il donc chez les Païens ni faux miracles, ni révélations prétendues, ni visions, ni évocations, ni sacrifices, ni aruspices? Si tout cela y étoit, comme on n'en peut pas douter, les Théurgistes n'ont pas eu besoin d'en prendre l'idée dans le Christianisme, ils n'ont fait que perpétuer des sottises aussi anciennes que l'Idolâtrie.

Nous ne connoissons point dans le Christianisme *différens cultes*; nous adorons Dieu seul, nous ne rendons aux Anges & aux Saints qu'un culte secondaire très-inférieur au premier. Les Théurgistes au contraire adressoient tout leur culte aux Génies, Dieux ou Démons, & n'en rendoient aucun à Dieu.

Puisqu'ils devinrent féroces & sanguinaires, il n'y a plus rien d'incroyable dans le fait rapporté par quelques Ecrivains Ecléſiaſtiques : ſçavoir, que Julien, Théurgiſte forcené, immola une victime humaine dans le temple de Carres en partant pour la guerre de Perſe, & voulut lire l'avenir dans ſes entrailles. Vainement ſes Panégyriſtes ont rejetté cette narration comme une calomnie groſſiere; (*a*) l'obſervation de l'Encyclopédiſte eſt très-propre à la confirmer.

S'il n'avoit pas reçu lui-même une forte doſe d'enthouſiaſme, ſi ſes idées n'étoient pas des viſions, nous en concluerions que le culte extérieur de l'Egliſe Catholique n'eſt point d'une invention récente, comme certains Critiques l'ont avancé, puiſque dès le ſecond ſiecle il a été copié par les Théurgiſtes. Mais nous ne pourrions emprunter de nos adverſaires que des contradictions. Les uns veulent que nos cérémonies viennent des Païens, les autres, qu'une Secte païenne les ait contrefaites au ſecond ſiecle. Rêveries, abſurdités, menſonges de part & d'autre.

§. V.

Nous ne ſommes pas à la fin du Roman.

(*a*) Queſt. ſur l'Encyclop. *Apoſtat.*

Selon le Généalogiste de l'Eclectisme, la conformité des deux Partis produisit des effets opposés. Quelques Chrétiens, séduits par les mensonges des Eclectiques, se précipiterent dans leurs écoles; quelques Eclectiques au contraire, qui avoient le jugement sain, renoncerent à la Philosophie & se firent baptiser.

La premiere partie de cette observation est fausse. Il n'y eut jamais d'opposition plus visible qu'entre la Religion Chrétienne & le Paganisme des Eclectiques, soit dans le dogme, soit dans la morale, soit dans le culte; jamais les Chrétiens n'eurent d'ennemis plus déclarés que les Théurgistes. On ne connoît qu'un seul exemple avéré d'un Chrétien transfuge & précipité dans l'Eclectisme, c'est celui de Julien; il ne fut pas séduit par la ressemblance des deux religions, puisqu'il a écrit avec emportement contre la nôtre; mais par son génie curieux, avide de merveilleux, ardent, sanguin, triste & mélancolique: l'Encyclopédiste en convient assez ouvertement.

Il a cru trouver un autre exemple dans Ammonius Saccas, qui apostasia, dit-il, après avoir reçu une éducation chrétienne. C'est une calomnie de Porphyre qu'Eusebe a réfutée (*a*); il nous apprend qu'Ammonius, Philosophe célebre, & l'un des fondateurs de l'École d'Alexandrie, vécut & mourut Chrétien. Vainement l'Auteur veut distinguer deux Ammonius; Eusebe étoit trop instruit & trop voisin de l'événement, pour ignorer s'il y avoit eu plusieurs personnages du même nom dans la même école.

L'Apostasie de Porphyre ne peut servir d'exemple, puisque, selon l'Encyclopédie, Porphyre apostasia pour quelques coups de bâton que des Chrétiens lui donnerent mal-à-propos.

Non content de peindre Ammonius comme un Apostat, il lui prête encore un discours absurde; il lui fait dire en parlant du Christanisme : « Si la Secte intolé-
» rante qui nous persécute aujourd'hui,
» peut nous procurer quelques lumieres
» sur Dieu, sur l'origine du monde, sur
» l'ame, sur sa condition présente, sur son
» état à venir, sur le bien & le mal moral,
» profitons-en » (*b*).

Ammonius, successeur de Potamon, fondateur de l'Eclectisme, ne peut avoir

(*a*) Hist. Eccl. L. VI, c. 19.
(*b*) *Eclectisme*, p. 274, col. 2.

vécu plus tard qu'au commencement du troisieme siecle. En quel sens les Chrétiens pouvoient-ils persécuter alors, eux qui étoient sous le poids des Edits & sous le glaive des bourreaux? Ils confondoient les Philosophes Païens la plume à la main; voilà toute la persécution.

Il est faux que sous Constantin même, au quatrieme siecle, les temples du Paganisme aient été renversés, les écoles Eclectiques fermées, les Philosophes dispersés & persécutés, qu'il en ait coûté la vie à quelques-uns de ceux qui oserent braver les conjonctures (*a*). Constantin ne fit détruire que les temples où l'on pratiquoit *dans les ténebres & dans des lieux souterrains* la magie, la prostitution, les sacrifices de sang humain & les autres abominations des Théurgistes, & le nombre n'en étoit pas considérable (*b*). Les écoles d'Alexandrie ne furent point fermées. Jamblique, qui vivoit pour lors, ne fut point persécuté. Si Sopatre étoit un de ces Théurgistes pratiques qui avoit *l'esprit égaré, l'ame féroce, & des mains sanguinaires*, il méritoit la mort, non comme Philosophe, mais comme malfaiteur.

(*a*) *Ibid.* p. 277, col. 1.
(*b*) Mém. de l'Acad. Tom. XXII, *in*-12. p. 373.

Constantin déclara si peu la guerre à la Théurgie, qu'il permit de consulter les Aruspices lorsque la foudre tomberoit sur le palais ou sur les édifices publics; il défendit de faire le procès à ceux qui se serviroient de la magie pour conserver la santé aux hommes ou pour les guérir (*a*). Il ne fit donc punir que les maléfices, la magie noire & malfaisante.

Sous Valens en 374, plusieurs ayant eu recours à la magie pour sçavoir quel seroit son successeur, il les fit mettre à mort, non comme Théurgistes, mais comme criminels de Lezé-Majesté. Maxime, corrupteur & favori de Julien, fut du nombre. Les écoles Eclectiques d'Athenes & d'Alexandrie n'ont été fermées & la Secte éteinte que sous Justinien, environ l'an 533. A en juger par le portrait que notre Auteur en a fait, ce n'est pas une perte à regretter.

§. VI.

Il demande pourquoi la persécution a fait fleurir le Christianisme & éteint l'Eclectisme; pourquoi les Eclectiques en-

---

(*a*) Cod. Theod. tit. de Paganis, Sacrif. & Templis, L. I & III.

thousiastes n'ont pas été martyrs; la seule raison solide, c'est qu'il y a une différence essentielle entre l'œuvre de Dieu & les caprices des hommes, & qu'il n'est pas vrai que la persécution par elle-même contribue au progrès d'une Secte.

D'ailleurs, la persécution de l'Eclectisme & de la Philosophie en général est imaginaire. Tant que les Philosophes se sont renfermés dans les bornes de leur métier, loin de les vexer, on a eu souvent plus de considération pour eux qu'ils n'en méritoient. Mais dans tous les temps ces êtres singuliers se sont crus fort importans, & ont porté très-loin leurs prétentions; l'orgueil, la fatuité, l'esprit hargneux, cabaleur, tracassier, leur ont souvent attiré de mauvaises affaires: ils ont crié qu'on en vouloit à la Philosophie, comme si elle étoit la même chose que les travers des Philosophes. Insolens & durs lorsqu'ils se sont sentis en crédit, poltrons & rampans dès qu'on les a réprimés, ils ne sont pas nés de la souche qui produit les Martyrs.

L'Encyclopédiste a pris une tournure singuliere pour affoiblir le témoignage qu'a rendu Porphyre aux miracles de Jesus-Christ. Porphyre, dit-il, fut assez peu Philosophe pour imaginer qu'il placeroit Jesus-

Chriſt & Plotin ſur le même niveau en attribuant des miracles à ce dernier. Si l'on rendoit juſtice à Porphyre ſur cette miſérable ſupercherie, loin d'ajouter foi aux miracles de Plotin, on regarderoit ſon Hiſtorien, malgré ſa haine contre la Religion Chrétienne, comme peu convaincu de la fauſſeté des miracles de Jeſus-Chriſt.

Pour parler plus ſenſément il faut dire que, ſi Porphyre avoit vu qu'il fût poſſible de nier les miracles de Jeſus-Chriſt, il n'auroit pas eu recours à une auſſi miſérable ſupercherie que d'en attribuer à Plotin. Quoique ſon diſciple, il n'a pas été aſſez impudent pour affirmer qu'il les avoit vus, que d'autres en avoient été témoins, qu'il étoit prêt à les atteſter aux dépens de ſa vie. Nous avons rapporté ailleurs ce qu'il a dit de Jeſus-Chriſt & de ſes miracles.

Nous ne pouſſerons pas plus loin nos remarques ſur l'article *Eclectiſme*, parce qu'il a été ſolidement réfuté. Nous avertiſſons ſeulement que les autres articles de l'Encyclopédie qui regardent la Philoſophie ancienne, ne ſont pas faits avec plus de juſteſſe & de bonne foi que celui-ci; nous l'avons fait voir en examinant les articles *Epicuréiſme*, *Cyniques* & *Cyrénaïques*.

Mais deux Philoſophes célebres, Celſe & Julien, ont écrit contre notre Religion, l'un au ſecond ſiecle, l'autre au quatrieme; leurs ouvrages ſont-ils redoutables ? Nous croirions manquer à l'exactitude & à la ſincérité dont nous faiſons profeſſion, ſi nous négligions d'en donner un extrait fidele.

ARTICLE SECOND.

Analyſe de l'ouvrage de Celſe contre la Religion Chrétienne.

§. I.

Le Philoſophe Celſe vivoit ſous Adrien au commencement du ſecond ſiecle; ſi l'on examine ſa doctrine, on a de la peine à juger de quelle Secte il étoit. Origene & d'autres Anciens ont cru qu'il étoit Epicurien : cependant il ſoutient la plupart des dogmes de Platon; ſoit qu'il ait diſſimulé ſes véritables ſentimens, ſoit que, comme les Eclectiques, il n'en ait épouſé aucun; il s'agit moins ici de ce qu'il a penſé, que de ce qu'il a écrit.

Il avoit pompeuſement intitulé ſon ouvrage: *Diſcours vrai*, ou *Leçons de vérité*; il ſe vante de connoître à fond le Chriſtia-

nisme;

nisme ; il avoit lu nos Evangiles & les Livres de plusieurs Hérétiques, ceux des Juifs ne lui étoient pas inconnus : il paroît avoir eu sous les yeux l'Evangile de saint Matthieu, il le suit assez exactement ; mais il n'y a aucun ordre dans son ouvrage. Origene, qui l'a réfuté au troisieme siecle, a eu la bonne foi de rapporter les propres termes du Philosophe, & de conserver ainsi le fond d'un ouvrage qui auroit péri sans cette attention.

Celse commence son premier livre par blâmer les assemblées que les Chrétiens tenoient malgré les loix ; leur doctrine, dit-il, vient des Barbares ou des Juifs ; leur morale est la même que celles des Philosophes. Il ne les blâme point de condamner l'adoration des idoles (*a*).

Origene répond que ces assemblées sont innocentes ; cela étoit prouvé par les informations que Pline avoit faites sous Trajan. La Philosophie vient aussi des Barbares ; mais la doctrine de Moïse est plus ancienne que les Philosophes, & la morale chrétienne est plus pure que la leur. Puisque l'Idolâtrie fut toujours inséparable du Polythéisme, Celse, fauteur de la pluralité des

(*a*) Orig. contre Celse, L. I, n. 1—5.

Dieux, autorise par-là même l'adoration des idoles.

Selon Celse, le pouvoir des Chrétiens leur vient des enchantemens & de l'invocation des démons. Jesus a opéré par magie les prodiges qu'il a semblé faire; ensuite il a banni de sa société les Magiciens; c'est une contradiction (*a*).

Le pouvoir de Jesus & des Chrétiens, reprend Origene, est réel ou apparent; s'il n'est qu'apparent, nous n'avons besoin ni des démons ni de la magie; s'il est réel, les démons peuvent-ils le donner contr'eux-mêmes & pour détruire leur culte? Jesus a donc eu raison de réprouver les faiseurs de prestiges. Jamais ces fourbes n'en ont fait pour porter les hommes à la vertu & au culte d'un seul Dieu. L'accusation de magie démontre qu'il se faisoit encore alors des miracles dans l'Eglise, comme le dit Origene (*b*).

Celse ne blâme point la constance des Martyrs: Je ne prétends pas, dit-il, que celui qui a une fois embrassé la vérité, doive jamais la trahir ou la dissimuler; cependant il déplore ailleurs l'aveuglement des

(*a*) L. I, n. *6*.
(*b*) *Ibid.* n. 8.

Chrétiens qui meurent pour Jesus-Christ.

La plupart, continue-t-il, ne veulent rendre aucune raison de leur doctrine; ils disent, *ne disputez point, croyez, si vous voulez être sauvé*; ils préferent ainsi la folie à la sagesse.

Il en est de même des disciples des Philosophes, dit Origene: ils embrassent une Secte sans savoir si elle a raison ou tort. Mais dès que Jesus a prouvé sa mission, il est absurde de disputer contre lui (*a*).

Dans ce premier livre, Celse blâme Moïse d'avoir enseigné la création; il soutient le monde éternel; & dans le livre 4, n. 52, il admet la création.

Moïse, dit-il, a emprunté sa doctrine des autres nations & de quelques sages plus anciens que lui; & les Juifs ont reçu la circoncision des Egyptiens (*b*). Où sont, réplique Origene, les sages plus anciens que Moïse? L'Histoire n'en connoît aucun; la circoncision vient d'Abraham: jamais on ne prouvera que les Egyptiens l'aient pratiquée alors.

Les Juifs, continue Celse, trompés par les artifices de Moïse, ont admis un seul

---

(*a*) L. I, n. 9—11.
(*b*) *Ibid.* n. 17—22.

Dieu ; quelque nom qu'ils lui aient donné, ils ont entendu *le monde*, rien de plus. Ils rendent un culte aux Anges, & pratiquent la magie ſelon les leçons de Moïſe : pour Jeſus, il n'a paru que depuis peu de temps, & les Chrétiens le regardent comme le Fils de Dieu.

Mais ſi Moïſe admet un Dieu créateur du monde, comment ce Dieu peut-il être le monde? Numénius & d'autres anciens Philoſophes ont reconnu que les Juifs adoroient un Dieu incorporel; ils ont cru aux miracles de Moïſe, & ont placé les Juifs parmi les peuples les plus ſages (*a*). Leurs propres livres atteſtent leur croyance. S'ils ſont tous Magiciens, Jeſus n'a pas eu beſoin d'apprendre la magie en Egypte. Ainſi Origene fait voir que Celſe étoit auſſi embarraſſé des miracles de Moïſe que de ceux de Jeſus-Chriſt.

§. II.

Celſe, qui avoit reproché aux Chrétiens leur ignorance, reconnoît néanmoins qu'il y a parmi eux des ſages modérés, tempérans, & tres-capables d'inſtruire. N'ou-

(*a*) Euſebe, Prép. Evang. L. 9, c. 7 & 8.

blions pas que c'étoit cent ans tout au plus après la mort de Jesus-Christ (*a*).

Désormais il prend le masque d'un Juif pour attaquer les Chrétiens. Il reproche à Jesus d'avoir feint qu'il étoit né d'une Vierge, pendant qu'il est né d'une pauvre Juive qui gagnoit sa vie à filer; que sa mere, convaincue d'adultere, fut chassée par son mari qui étoit un Artisan; que, réduite à une vie vagabonde, elle mit au monde Jesus sans témoins; qu'il fut obligé lui-même de servir en Egypte; qu'y ayant appris les secrets magiques dont les Egyptiens font grand cas, il revint dans sa patrie, où il eut l'orgueil de se faire passer pour un Dieu (*b*).

Telle est la fable que les Juifs ont répétée dans le Talmud & dans les vies de Jesus plus récentes. Il suffit de connoître les loix & les mœurs des Juifs, pour sentir l'absurdité de ce reproche. Si la naissance de Jesus avoit été suspecte, les Juifs n'auroient pas souffert qu'il enseignât dans le Temple, qu'il fît des Disciples, qu'il fût nommé fils de David; les habitans de Nazareth ne lui auroient pas reproché qu'il

(*a*) Orig. L. I, n. 27.
(*b*) *Ibid.* n. 28.

étoit *fils de Joſeph l'Artiſan* ; les Juifs Ebionites n'auroient pas ſoutenu qu'il étoit né de Joſeph & de Marie comme les autres hommes. Ainſi la ſéparation prétendue de ces deux époux, la ſervitude de Jeſus en Egypte, ſon application à la magie, ſont des calomnies. D'ailleurs, quel ſens donner à ce mot de *Magie* auquel Celſe a continuellement recours ?

L'Hiſtoire de la conception de Jeſus, dit-il, eſt une fable ſemblable à ce que l'on raconte de Danaé, de Mélanippe, d'Augé & d'Antiope. Dieu a-t-il aimé Marie à cauſe de ſa beauté ? Il ne convenoit pas à la Divinité d'avoir de la paſſion pour une femme qui n'étoit recommandable ni par ſa fortune, ni par ſa naiſſance, & qui n'étoit pas ſeulement connue dans le voiſinage. Ni la puiſſance divine, ni ſes diſcours artificieux ne l'ont pas miſe à couvert du mépris & de la haine de ſon mari (*a*).

Celſe ne faiſoit pas attention que les femmes dont il parle n'ont jamais exiſté ; ce ſont des noms de fontaines. On ſuppoſoit que des dieux revêtus d'une forme humaine avoient eu commerce avec elles :

(*a*) L. I, n. 37, 39.

rien de semblable dans la conception de Jesus. La noblesse de Marie étoit certaine; elle descendoit de David : mais Dieu ne fait point attention aux vaines distinctions inventées par les hommes, il n'a égard qu'à la vertu. Il vouloit opérer le salut du monde par Jesus-Christ; point d'autre raison de la grace qu'il a faite à Marie. Quant à la prétendue haine de son mari, nous l'avons réfutée ailleurs.

§. III.

Celse révoque en doute l'étoile miraculeuse qui conduisit les Mages au berceau de Jesus, & la descente du Saint-Esprit sur lui à son Baptême. Quel est, dit-il, le témoin digne de foi qui l'a vu? Un ou deux peut-être de ceux qui ont été suppliciés avec Jesus, ont entendu la voix du Ciel qui le déclaroit Fils de Dieu (*a*).

Mais l'adoration des Mages, la fuite de Jesus en Egypte, le massacre des Innocens, sont trois faits qui se tiennent; & le dernier étoit très-public : si tous étoient faux, pourquoi ne pas invoquer ici le témoignage de toute la Judée? Notre Philo-

(*a*) L. I, n, 39, 40.

ſophe n'en fait rien, il ſe contente d'argumenter : ſi Jeſus étoit venu pour régner, dit-il, ſi Hérode en a eu peur, pourquoi donc Jeſus n'eſt-il pas parvenu à la Couronne (*a*)? Ce n'eſt point ainſi que l'on réfute un fait public.

Le Juif de Celſe devoit ſçavoir que Jean-Baptiſte, perſonnage très-reſpecté de ſa nation, avoit vu le Saint-Eſprit deſcendre ſur Jeſus, avoit entendu la voix du Ciel, & en avoit rendu témoignage. On pouvoit argumenter contre les miracles de Moïſe de la même maniere que contre ceux de Jeſus; Celſe fait donc raiſonner très-mal ce Juif qu'il met ſur la ſcene.

Selon ce raiſonneur, un Prophete a prédit autrefois à Jeruſalem, qu'il viendroit un Fils de Dieu pour juger les bons & les méchans : mais cette prophétie ne regarde pas Jeſus, plutôt que cent autres qui ſont venus depuis ce temps-là. Ce ſont des fanatiques & des impoſteurs qui ſe donnent pour des fils de Dieu deſcendus du Ciel. Dans un ſens, tout homme eſt enfant de Dieu, né par un decret de la Providence (*b*).

Origene fait voir, & nous l'avons prouvé,

(*a*) L. I, n. 61.
(*b*) *Ibid.* n. 49, 50, 57.

que les anciennes prophéties ſe ſont vérifiées dans Jeſus, & non dans aucun autre. Sa filiation divine eſt prouvée par les miracles qu'il a faits pour la confirmer; aucun impoſteur n'a prouvé ſes titres de même.

Jeſus, continue l'Auteur, ne s'eſt attaché que dix ou douze hommes déshonorés, des Publicains, des Matelots, gens de mauvaiſes mœurs, & n'a fait que courir honteuſement avec eux de côté & d'autre, trouvant à peine de quoi vivre (*a*).

La pauvreté de Jeſus ne devoit ſcandaliſer ni un Juif, ni un Philoſophe, ſi ce n'eſt un Epicurien. Jeſus & ſes Apôtres ont converti le monde; voilà ce que ne feront jamais des hommes de mauvaiſes mœurs.

Celſe revient à la fuite de Jeſus en Egypte; il compare ſa naiſſance à celle des Héros; c'eſt toujours le même hors-d'œuvre. La queſtion eſt uniquement de ſavoir ſi la doctrine de Jeſus eſt vraie, ſa morale pure, ſa conduite irrépréhenſible, ſes miracles certains; tout le reſte ne fait rien contre ſa miſſion.

§. IV.

Comment Celſe a-t-il parlé des miracles? « Suppoſons vrai, dit-il, ce qui eſt

(*a*) L. I, n. 62.

» écrit des guérisons, des résurrections, » de la multiplication des pains, & des » autres prodiges que les Apôtres ont exa- » gérés à l'excès. Il n'y a rien là de plus » que ce qu'operent les Charlatans Egyp- » tiens, qui vendent pour quelques oboles, » sur les places publiques leurs merveil- » leux secrets. Ils chassent les démons, ils » guérissent les malades par leur souffle, » ils évoquent les ames des Héros, ils font » paroître des tables somptueusement ser- » vies, font mouvoir des animaux qui ne » sont qu'apparens. Parce qu'ils font tout » cela, faut-il les reconnoître pour les fils » de Dieu? Ne doit-on pas plutôt regarder » toutes ces merveilles comme des prestiges » d'hommes très-méchans & très-dange- » reux » (a)?

Foible subterfuge. 1°. Celse avoit-il vu des Charlatans guérir les malades par le souffle, évoquer des ames, rassasier des milliers d'hommes, faire mouvoir des animaux? Voilà les Incrédules; ils croient tout, excepté ce qui est prouvé. Les Apôtres avoient vu les miracles de Jesus, ils en prennent les Juifs à témoin. Quadratus,

(a) L. I, n. 68.

contemporain de Celſe, atteſtoit que des malades guéris & des morts reſſuſcités par Jeſus, avoient vécu juſqu'à ſon temps (*a*). 2°. Celſe attribue les miracles des Chrétiens à l'intervention des démons. Si ces eſprits impurs ne peuvent produire que des illuſions & des apparences, tous les miracles du Paganiſme allégués par Celſe ne ſont que des viſions. 3°. Les Charlatans Egyptiens ont-ils jamais opéré des prodiges pour inſtruire les hommes, pour les détourner du vice & les porter à la vertu? Origene inſiſte principalement ſur cette circonſtance, parce qu'elle eſt déciſive: les Incrédules n'y ont jamais répondu.

Ce premier Livre finit par une apoſtrophe ridicule à Jeſus-Chriſt. « Le corps d'un » Dieu ne ſeroit pas tel que le vôtre: il » ne ſeroit pas né de même, il n'auroit » pas beſoin de nourriture; il ne parleroit » pas comme vous, & ſauroit mieux per» ſuader. Toutes vos œuvres ſont celles » d'un Charlatan ſcélérat & maudit de » Dieu » (*b*).

Celſe ſavoit donc de quelle eſpece devoit être le corps d'un Dieu, comment

(*a*) Euſebe, Hiſt. Eccl. L. IV, c. 3.
(*b*) L. I, n. 69 & 70.

il devoit naître & parler; il avoit vu les Dieux incarnés pour les comparer à Jesus-Christ. Il prête cette tirade à un Juif qui ne croyoit pas aux métamorphoses; lui-même n'y ajoutoit pas de foi. Quel crime avoit commis Jesus-Christ? Selon Celse, il avoit trompé les hommes, il s'étoit donné faussement pour le Fils de Dieu. C'est justement le point de la question: Celse n'a pas détruit les preuves par lesquelles Jesus-Christ a démontré sa mission & sa divinité.

§. V.

Au commencement du second Livre, le Juif reproche à ses concitoyens d'avoir quitté la foi de leurs peres, pour s'attacher à un imposteur *supplicié depuis peu*, & d'avoir embrassé une doctrine qui n'a d'autre fondement que la loi même des Juifs, & les prédictions de leurs Prophetes (*a*).

Remarquons ici un aveu important: savoir, qu'une multitude de Juifs s'étoient attachés à Jesus immédiatement après sa mort. Ils pouvoient répondre: Loin de quitter la foi de nos peres qui attendoient un Messie, nous nous sommes attachés à

(*a*) L. II, n. 1 & 4.

Jesus, parce qu'il a prouvé par ses miracles, qu'il est ce Messie, & parce que nous voyons les prophéties accomplies en lui.

La doctrine des Chrétiens, continue le Juif, sur la résurrection des morts, sur le jugement de Dieu, sur les peines & les récompenses de l'autre vie, n'est point nouvelle; ce sont les anciens dogmes du Judaïsme. Jesus a observé les rites Judaïques; il n'y a rien ajouté du sien que des dogmes arrogans, des mensonges & des impiétés. Plusieurs autres personnages auroient pu paroître aussi grands que lui à ceux qui veulent être trompés. Mais comment aurions-nous pu le couvrir d'opprobres, s'il avoit été envoyé de Dieu? L'aurions-nous ainsi traité, pour être punis plus rigoureusement que les autres peuples (a)?

Cette objection est encore aujourd'hui dans la bouche des Juifs. Non-seulement la doctrine de Jesus est l'ancienne croyance des Juifs, mais c'est celle des Patriarches; elle est aussi ancienne que le monde. Il a observé les rites Judaïques, parce que Dieu ne les avoit pas encore abrogés: mais quel autre personnage a exécuté comme lui le dessein de changer la face du monde,

(a) L. II, n. 5—8.

& a fait tomber la vengeance divine sur la nation qui l'avoit rejeté? Un Juif pouvoit-il avoir déjà oublié la maniere dont sa nation avoit été traitée sous Tite & Vespasien, sous Trajan, & récemment sous Adrien? Aucun autre peuple n'a été aussi rigoureusement puni.

Ce Juif demande : Comment pouvions-nous prendre pour un Dieu un homme qui n'a rien exécuté de ce qu'il avoit promis, qui, après avoir été accusé, jugé & condamné à mort, s'est caché, a été pris en fuyant honteusement, & trahi par ceux-mêmes qu'il nommoit ses Disciples (a)?

Jesus avoit promis de ressusciter, d'envoyer le Saint-Esprit à ses Apôtres, de convertir le monde, de punir les Juifs de leur incrédulité; il a tout accompli. Il n'a été condamné que parce qu'il a déclaré qu'il étoit le Messie Fils de Dieu; il n'a pris la fuite & ne s'est caché ni devant, ni après. Il a été trahi par un de ses Disciples, mais qui s'en est puni lui-même; les autres l'ont abandonné, mais lui sont demeurés fideles après sa mort, & ont versé leur sang pour lui. Comment cela s'est-il fait s'il les avoit trompés?

Selon le Juif de Celse, c'est une mau-

(a) L. II, n. 9.

vaise excuse de dire que Jesus avoit prévu & prédit tout ce qui lui est arrivé. S'il avoit prévu ses souffrances, il les auroit évitées ; s'il avoit prédit à ses Disciples qu'ils alloient le trahir & le renier, ces Disciples s'en seroient abstenus. A supposer que Dieu l'ait prédit, il a donc fallu que cela fût : un Dieu a mis ses Disciples dans la nécessité d'être perfides. Si Jesus a souffert de son plein gré, pourquoi a-t-il conjuré son Pere de détourner le calice de sa mort (*a*)?

Non-seulement Jesus a prédit ce qui lui est arrivé, mais il en a dit les raisons & en a prédit les effets ; il a prouvé par plusieurs exemples, qu'il pouvoit se soustraire à la haine des Juifs quand il le vouloit. Par ses souffrances mêmes, il a prouvé qu'il est le Sauveur des hommes, il a rempli ses desseins ; sa résurrection, son ascension, la descente du Saint-Esprit, la conversion du monde, la destruction de ses ennemis, ont pleinement effacé l'opprobre de sa mort. Les prédictions d'un Dieu n'imposent aucune *nécessité* aux hommes ; elles leur laissent une pleine liberté de faire le bien ou le mal : si Celse étoit Epicurien, le dogme du *Destin* n'étoit pas sa doctrine. Jesus,

(*a*) L. II, n. 13—23, 44.

après avoir prié ſon Pere, s'eſt offert volontairement à ſes ennemis : il auroit voulu, dit Origene, détourner le calice, pour prévenir le crime des Juifs & leur punition ; mais il a conſenti à le boire, pour inſpirer le même courage à ceux qui devoient ſouffrir pour lui (*a*).

§. VI.

Celſe accuſe les Chrétiens d'altérer & & de tourner comme il leur plaît le texte des Evangiles. Origene ſoutient que les ſeuls coupables de ce crime ſont les Marcionites, les Valentiniens, & les Sectateurs de Lucain (*b*).

Les prophéties, pourſuit le Juif, annoncent un Roi puiſſant, un conquérant, un vainqueur des nations ; ces caracteres ne conviennenr point à Jeſus : on pourroit les appliquer à cent autres avec plus de probabilité (*c*). Nous avons prouvé le contraire en parlant des prophéties.

Il dit qu'un Fils de Dieu devoit paroître comme un ſoleil, être reçu & connu par

(*a*) L. II, n. 25.
(*b*) *Ibid.* n. 27.
(*c*) *Ibid.* n. 28, 29.

tout le monde, & non sous l'extérieur d'un homme méprisable, flagellé & mis en croix (*a*). L'avénement, ou la conversion du monde, prouve que Dieu a pensé plus sagement que les Juifs & les Epicuriens; un Sauveur tel qu'ils le vouloient auroit achevé de rendre les passions incurables. A moins qu'une preuve ne les aveugle comme le soleil, ils refusent de s'y rendre.

Les Auteurs de la généalogie de Jesus, dit-il, ont porté trop haut leurs prétentions, lorsqu'ils l'ont fait descendre du premier homme & des Rois de la nation Juive; l'épouse d'un Artisan n'auroit pu ignorer cette noblesse de sa race (*b*).

Elle l'ignoroit si peu, qu'elle alla se faire inscrire avec son époux à Bethléem, lieu de la naissance de David. Il est évident, par les paroles de Celse, qu'il avoit vu non-seulement la généalogie de Jesus-Christ tracée par S. Matthieu, mais encore celle qui a été donnée par S. Luc, & qui remonte jusqu'au *premier homme*. Il le regarde d'abord comme un personnage méprisable, ensuite il lui conteste sa naissance: mais l'a-t-il démontrée fausse?

(*a*) L. II, n. 30, 31.
(*b*) *Ibid.* n. 32.

Jesus, continue-t-il, ne s'est point moqué de ses ennemis sur la croix, ne s'en est pas vengé; pressé par la soif, il a bu avec avidité du vinaigre & du fiel (*a*).

Jesus a mieux fait, il a prié pour ses bourreaux; après avoir goûté le vinaigre & le fiel, il a refusé de boire. Celse voudroit trouver dans le Fils de Dieu le même personnage que les Poëtes ont prêté aux dieux de la fable; mais des dieux imaginaires & le vrai Dieu ne sont pas la même chose.

Il conclut cependant que Jesus n'a été ni exempt de foiblesse, ni exempt de crime (*b*). Où sont donc ces crimes? où est la foiblesse?

Que les Chrétiens courent à la mort pour Jesus, pendant qu'aucun de ses Disciples n'a voulu s'exposer à mourir avec lui; voilà ce que Celse ne peut comprendre. « Jesus vivant n'a pu s'attacher que dix » Matelots ou Publicains très-méchans; » encore ne lui sont-ils pas demeurés » fideles: & après sa mort, quiconque le » veut vient à bout de lui faire une infi» nité de Disciples, y a-t-il rien de plus » absurde? » (*c*)

(*a*) L. II, n. 33—37.
(*b*) *Ibid.* n. 41, 42.
(*c*) *Ibid.* n. 45, 46.

Abſurde ſans doute, quand on déguiſe les faits. Ce ſont ces mêmes Diſciples, d'abord ſi timides, qui ont verſé enſuite leur ſang pour Jeſus; ce ſont eux qui rapportent & qui avouent leur infidélité : ils donnent pour cauſe de leur changement la réſurrection de Jeſus & la deſcente du Saint-Eſprit. Si la cauſe n'eſt pas vraie, quelle autre cauſe a pu produire cet effet, & la converſion d'*une infinité* d'autres Diſciples? Cet aveu de Celſe eſt encore remarquable.

§. VII.

La réſurrection de Jeſus étoit l'article incommode; comment s'en eſt-il débarraſſé? Suppoſons, dit-il, que Jeſus ait promis de reſſuſciter; bien d'autres ont forgé de ſemblables prodiges pour ſéduire les ignorans. Zamolxis, Pythagore, Rampſinite, Orphée, Protéſilaüs, Hercule, ſont deſcendus aux enfers & en ſont revenus; du moins on le dit : Vous ſoutenez que ce ſont des fables, ce que vous dites eſt-il mieux prouvé? (*a*)

Aſſurément. 1°. Ces Héros revenus des enfers, n'étoient pas morts; on ſuppoſe

(*a*) L. II, n. 53—56.

qu'ils y ſont deſcendus en corps & en ame. 2°. Perſonne n'en eſt témoin, eux ſeuls ſe ſont vantés de ce voyage; ou plutôt il a été forgé long-temps après eux. 3°. La deſcente aux enfers n'étoit probablement autre choſe que l'initiation de ces perſonnages aux myſteres du Paganiſme; Warburthon l'a fait voir. Jeſus au contraire étoit véritablement mort; Celſe & les Juifs en conviennent. Ses Diſciples atteſtent qu'il a reparu vivant, qu'ils l'ont vu & touché, qu'ils ont converſé, bu & mangé avec lui pendant 40 jours; ils l'ont publié & ont été crus ſur le lieu même immédiatement après l'événement. Il n'eſt donc point ici queſtion d'une mort imaginaire, ni d'une réſurrection par métaphore.

Celſe l'a très-bien ſenti. « Il faudroit » examiner, dit-il, ſi jamais un homme » véritablement mort eſt reſſuſcité en corps. » Vous croyez avoir trouvé un dénouement » merveilleux à votre fable en ſuppoſant » un grand cri de Jeſus mourant, un tremblement de terre, des ténebres. Vous » ajoutez que cet homme, qui n'a pu ſe » délivrer des tourmens, eſt reſſuſcité après » ſa mort, a montré les veſtiges de ſon » ſupplice ſur ſon corps, & ſes mains percées de cloux. Qui a vu tout cela? Une

» femme visionnaire, comme vous l'avouez » vous-mêmes, ou quelqu'un de ceux » qui professent la même magie, qui a » rêvé selon ses dispositions actuelles, & » qui a cru voir ce qu'il desiroit, comme » cela est arrivé à tant d'autres; ou plutôt, » comme je le pense, qui a voulu étonner » les hommes par ce prodige, & donner » à d'autres par un mensonge le moyen de » tromper comme lui (*a*). »

Ce Philosophe devoit donc commencer par démontrer l'impossibilité d'une résurrection corporelle; il ne le fait pas. Si les ténebres & le tremblement de terre étoient faux, pourquoi ne pas invoquer la notoriété publique de toute la Judée? L'aspect du Calvaire déposoit & dépose encore aujourd'hui de la réalité du tremblement. Jesus a été vu & touché non-seulement par des femmes, mais par tous les Apôtres, & par cinq cents Disciples rassemblés. On ne rêve pas pendant 40 jours: Celse lui-même a compris l'absurdité de cette supposition.

Si ces Disciples ont menti, comme il le croit, par quelle magie ont-ils persuadé le fait à une infinité de Juifs sur le lieu même,

(*a*) L. II, n. 55.

& comment n'ont-ils pas été confondus par les Chefs de la nation? Voilà ce qu'il falloit expliquer, puisque Celse convient de leur succès.

§. VIII.

Mais non, il recourt au grand argument des Incrédules. « Si Jesus vouloit prouver » sa résurrection & son pouvoir divin, il » devoit se montrer à ses ennemis, à ses » juges, *à tout le monde*. Il ne pouvoit » plus craindre personne, puisqu'il avoit » subi la mort, & que, selon vous, il étoit » Dieu; il n'étoit pas venu pour demeurer » caché. Si même cela pouvoit servir à » prouver sa divinité, il a dû se détacher » de la croix, & disparoître. Pendant sa vie, » lorsqu'il ne pouvoit persuader personne, » il n'a cessé de prêcher à tous venans; » après sa résurrection, devenu capable de » convertir tout le monde, il ne s'est mon- » tré qu'à une femme & à ses Disciples. Il » y a eu une infinité de témoins de sa mort; » il n'y en a qu'un de sa résurrection : il » falloit faire tout le contraire s'il vouloit » éclairer *les bonnes ames*, faire miséri- » corde aux pécheurs & aux pénitens » (a).

(a) L. II, n. 63, 67, 70, 71.

Quoique nous ayons répondu ailleurs à ce raisonnement triomphant, remarquons-en de nouveau le progrès absurde. 1°. Jesus a dû se montrer à ses ennemis, à ses juges, *à tout le monde*, non-seulement à Jérusalem & dans la Judée, mais dans toute la Grece, à Rome & à la Chine. Comme on ne peut pas être convaincu de sa résurrection sans l'être de sa mort, J. C. a dû mourir de nouveau, ressusciter partout, aux yeux des mécréans de tous les siecles. 2°. Pourquoi Jesus-Christ l'a-t-il dû? Parce qu'il n'avoit pas réussi à persuader les Juifs par ses miracles pendant sa vie. Ainsi, parce qu'ils ont été malicieusement & opiniâtrément incrédules, Jesus-Christ a été tenu en conscience de multiplier les preuves & les graces pour vaincre leur opiniâtreté. 3°. Combien de fois & pendant combien de temps Jesus-Christ a t-il dû se montrer à ses ennemis, pour qu'aucun n'eût lieu de se plaindre ou de dire: C'est un démon qui a pris l'apparence de Jesus pour nous tromper? 4°. Malgré la vie de Jesus ressuscité, tous pouvoient encore dire comme Celse: Jesus devoit descendre de la croix; il ne convient pas à un Dieu de se laisser crucifier. 5°. Jesus étoit venu sans doute pour éclairer les bonnes ames & faire miſéricorde aux pécheurs pénitens; il n'eſt plus queſtion que de prouver que ſes ennemis, ſes juges, & tous les incrédules étoient de bonnes ames & des pécheurs pénitens. 6°. Il eſt faux qu'il n'y ait qu'un ſeul témoin de la réſurrection de Jeſus; ils ont été au moins cinq cents; ſi ce n'étoit pas aſſez, combien en falloit-il ?

Voilà néanmoins le chaos d'abſurdités ſur lequel Celſe triomphe & inſulte aux Chrétiens, comme les Incrédules d'aujourd'hui (*a*). Quoi, dit-il, un Dieu n'a pu ſe faire reconnoître de ceux-mêmes qui l'attendoient ? N'eſt-il donc venu que pour les rendre incrédules (*b*) ? C'eſt donc Dieu, ſelon lui, qui eſt la cauſe de la malice & de l'opiniâtreté des hommes, puiſqu'il ne les force pas à être dociles. Ce trait ſeul ſuffit pour juger juſqu'à quel point ils ſont capables de pouſſer l'entêtement.

§. IX.

Dans le troiſieme Livre, Celſe change de perſonnage; il attaque les Juifs auſſi-bien que les Chrétiens, & condame les premiers

(*a*) L. II, n. 74.
(*b*) *Ibid*. n. 75—77.

encore

encore plus rigoureusement que les seconds. Leur dispute sur la venue du Messie lui paroît absurde. De même, dit-il, que les Juifs se sont séparés autrefois des Egyptiens par une sédition, ainsi les Chrétiens se sont séparés des Juifs pour s'attacher à Jesus. Une preuve de leur caractere séditieux, c'est qu'ils ont déja formé différentes Sectes qui se détestent les unes les autres. La jalousie & l'esprit de parti sont les seuls fondemens de leur foi (*a*).

Vous avez tort, répond Origene, de prendre les Juifs pour une peuplade Egyptienne, leur langue a toujours été différente. Par le tableau que Celse a tracé lui-même de la religion des Egyptiens (*b*), il est évident que les Juifs n'ont pas eu tort de s'en séparer. La dispute ent'eux & nous regarde le sens & l'application des prophéties; nous verrons si Celse poura venir à bout d'en faire voir l'absurdité.

Quant à la multitude des hérésies nées au second siecle, il oublie que c'est l'ouvrage des Philosophes ses confreres; elles démontrent que le Christianisme ne s'est

(*a*) L. III, n. 1—14.
(*b*) N. 17.

point établi en ſecret & dans les ténebres, comme les Incrédules modernes le prétendent; que les Apôtres ont été dans l'impoſſibilité d'en impoſer; qu'ils étoient ſurveillés & contredits ſur tout; qu'ils n'ont réuſſi que par la force de la vérité.

Il déſaprouve les dogmes effrayans du Chriſtianiſme. A Dieu ne plaiſe cependant, dit-il, que perſonne travaille à détruire la croyance d'une punition future pour les méchans, & d'une récompenſe pour les gens de bien : mais les Chrétiens ont dénaturé l'ancienne doctrine ; ils épouvantent d'abord leurs proſélytes, comme l'on fait dans les myſteres des Corybantes (*a*).

Ce reproche, malgré le correctif, ſent un peu l'Epicuréiſme : nous ne tarderons pas de le voir éclore plus ouvertement. Loin de dénaturer l'ancienne doctrine, les Chrétiens l'ont purgée des rêveries de la métempſycoſe & de la fable des enfers : erreurs qui avoient fait tomber cette doctrine dans le mépris.

Il compare les belles apparences de la doctrine chrétienne avec ce que les Egyptiens enſeignoient ſur le culte des animaux,

(*a*) L. III, n. 16.

Comme ce parallele eſt abſurde & dénué de preuves, il eſt inutile de s'y arrêter.

§. X.

« Les Chrétiens, dit-il, ne peuvent » ſouffrir que l'on adore comme des dieux » Hercule, Bacchus, Eſculape, malgré les » ſervices qu'ils ont rendus au genre hu- » main, parce qu'ils ont été des hommes; & » ils adorent Jeſus comme un Dieu, parce » qu'il eſt apparu après ſa mort : mais ſes » Diſciples n'ont vu que ſon ombre ». Il leur oppoſe les Hiſtoires d'Ariſtée le Proconnéſien, de l'Hyperboréen Abaris, d'Hermotime de Clazomene, de Cléomede d'Aſtypalæa, qui cependant n'ont pas été pris pour des dieux. Le culte rendu à l'infame Antinoüs par les Egytiens, lui paroît plus raiſonnable que celui que l'on rend à Jeſus, puiſqu'Antinoüs n'eſt pas placé dans le même rang qu'Apollon & Jupiter (*a*).

Sans examiner ſi Hercule, Bacchus & les autres étoient des hommes ou des démons imaginaires, les actions infames qui leur étoient attribuées méritoient-elles les

(*a*) L. III, n. 22—27.

honneurs de la Divinité ? Celſe ne blâmoit point les Chrétiens de rejeter l'Idolâtrie (*a*). En quel lieu du monde ces perſonnages avoient-ils été adorés autrement que par l'Idolâtrie ? Elle étoit inſéparable du Polythéiſme ; il n'a jamais ſubſiſté ſans elle.

Qui a vu les miracles d'Abaris, d'Ariſtée, &c. ? Perſonne. La plupart ſont de plates allégories, une Phyſique groſſiere entendue de travers ; Celſe lui-même paroît en juger ainſi (*b*).

Nous ne ſavons pas ce que c'eſt que l'*ombre* d'un mort, ſi une ombre peut boire, manger, parler, marcher, ſe faire toucher, comme Jeſus a fait pendant 40 jours après ſa réſurrection. Tantôt les Apôtres ont rêvé qu'ils avoient vu Jeſus reſſuſcité, tantôt ils ont forgé un menſonge, tantôt ils ont vu du moins une ombre : voilà bien des variations.

La comparaiſon de ſon culte avec celui de l'infame Antinoüs, n'eſt qu'une inſulte, rien de plus ; elle démontre combien un Philoſophe faiſoit peu de cas de la pureté des mœurs.

Il accuſe les Chrétiens d'une foi aveu-

(*a*) L. I, n. 5.
(*b*) L. III, n. 43.

gle, d'une crédulité ſtupide. Ils prennent, dit-il, pour un Dieu un mortel revêtu d'un corps : mais ce corps eſt plus corruptible que la matiere des ſtatues. Ils ſe moquent du culte de Jupiter dont on voit le tombeau dans l'iſle de Crète, & ils adorent un mort ſans ſavoir la raiſon du culte des Crétois (*a*).

C'eſt plutôt Celſe & ſes ſemblables qui ſont crédules à l'excès ; il croit ou fait ſemblant de croire aux Fables, aux Oracles, aux Aruſpices ; ſur quelles preuves toutes ces belles choſes ſont-elles appuyées ? Nous n'adorons point le corps de Jeſus-Chriſt, mais ſa perſonne. Le culte de Jupiter, de quelque maniere qu'il fût enviſagé, étoit déshonorant pour la Divinité.

§. XI.

Selon Celſe, les Chrétiens ne reçoivent parmi eux aucun homme inſtruit, ſage, prudent ; ces qualités leur déplaiſent : mais ils font accueil aux ignorans, aux inſenſés, aux imbécilles ; ils ne ſavent gagner que les eſclaves, les femmelettes, les enfans (*b*).

(*a*) L. III, n. 39—43.
(*a*) *Ibid.* n. 44 & ſuiv.

Il a désavoué lui-même ailleurs cette calomnie (*a*). Si par des *Sages* il entend des raisonneurs entêtés comme lui de magie, de fables, de sophismes, nous convenons qu'ils n'étoient pas fort propres à devenir Chrétiens ; ils n'ont embrassé notre Religion que pour la défigurer par des hérésies. Mais la vérité doit être faite pour les esclaves & les femmes, aussi-bien que pour les Philosophes.

De ces paroles de l'Evangile, *Je ne suis pas venu appeler les Justes, mais les Pécheurs à la pénitence*, il conclut que le Christianisme n'admet que les malfaiteurs, & fonde là-dessus une vigoureuse invective (*b*).

Mais lorsque Jesus-Christ appelle les pécheurs à la pénitence, c'est sans doute pour les rendre justes ; voilà ce que le Christianisme a opéré : nos Apologistes défioient les Païens de citer un seul malfaiteur parmi les Chrétiens.

Notre Philosophe ne vouloit point de conversions. Il dit que ceux qui ont fortifié en eux le penchant par l'habitude, ne changent jamais par les punitions, encore

(*a*) L. I, n. 27.
(*b*) L. III, n. 59.

moins par l'indulgence & le pardon (*a*). Morale déteſtable & réfutée par la révolution que le Chriſtianiſme produiſit dans les mœurs.

Quand il ajoute que le changement de la nature n'eſt pas aiſé, il ne fait que rendre un hommage plus éclatant à la grace de l'Evangile.

Les Sages, dit ſaint Paul, *ne peuvent goûter notre doctrine, trompés & abuſés par leur propre ſageſſe.* Comment en effet, reprend Celſe, croire des choſes auſſi abſurdes? Tout homme ſage en eſt dégoûté par la multitude même de ceux qui embraſſent cette doctrine (*b*). Ainſi, en blâmant la réflexion de l'Apôtre, il la vérifie par ſon propre exemple; il aime mieux déraiſonner avec les Philoſophes, que de parvenir au ſalut avec la multitude.

§. XII.

Au commencement du quatrieme Livre, il trouve très-mauvais que les Juifs & les Chrétiens diſputent pour ſavoir ſi Dieu eſt venu ou n'eſt pas venu ſur la terre. A

(*a*) L. III, n. 65.
(*b*) *Ibid.* n. 72, 73.

quelle fin y viendroit-il ? Pour voir ce qui s'y passe ? Il sait tout. Pour corriger les hommes ? *Il le peut* sans venir habiter parmi nous. Pour se faire mieux connoître ? Il est insensible à la gloire humaine. Il ne peut quitter sa demeure ni changer l'ordre du monde, sans le faire retomber dans le chaos (*a*).

Un peu plus haut Celse a rejeté la maxime des Chrétiens, *Dieu peut tout* (*b*) ; à présent il l'adopte. Dieu ne peut-il habiter parmi nous sans quitter sa demeure ? Notre Philosophe a senti qu'il attaquoit la Providence, il s'est corrigé. Dieu, dit-il, n'a pas besoin d'être connu, mais il veut nous sauver par cette connoissance ; il la donne aux hommes, afin que ceux qui la reçoivent en deviennent meilleurs & soient récompensés, & que ceux qui la rejetent malicieusement soient punis (*c*). Voilà justement ce qu'enseignent les Chrétiens, & le motif pour lequel ils croient que Dieu est venu habiter parmi nous.

Mais, dit-il, comment après tant de siecles Dieu a-t-il pensé à ramener les hom-

(*a*) L. IV, n. 2 & suiv.
(*b*) L. III, n. 70.
(*c*) L. IV, n. 7.

mes à la vertu, s'il n'y penſoit pas auparavant? Nous retombons dans l'Epicuréiſme: quiconque admet la Providence, doit avouer que Dieu fait dans un temps ce qu'il n'avoit pas fait dans un autre. Nous verrons bien d'autres contradictions.

Il rejete ce que diſent les Chrétiens de la fin du monde & des ſupplices éternels; tout cela, dit-il, n'eſt bon qu'à effrayer les ſimples (*a*). Cependant il a dit qu'il ne faut pas détruire la croyance des peines & des récompenſes futures (*b*) : l'a-t-il oublié?

Vainement il répete que Dieu ne peut pas venir parmi les hommes ſans quitter ſa demeure, ſans changer de bien en mal, ſans devenir foible, malheureux & méchant (*c*). Tout cela eſt faux. Ce Philoſophe n'avoit qu'une fauſſe idée de l'immenſité, de la puiſſance, de l'immutabilité de Dieu.

Ou Dieu, dit-il, s'eſt véritablement changé en un corps mortel, *comme les Chrétiens le penſent*, & cela ne ſe peut pas; ou il a ſeulement paru ainſi changé:

(*a*) L. IV, n. 10 & 11.
(*b*) L. III, n. 16.
(*c*) L. IV, n. 14.

dans ce cas il nous trompe & nous induit en erreur (*a*).

L'imputation faite aux Chrétiens est une calomnie. Ils croient que Dieu s'est uni substantiellement à un corps mortel, ou plutôt au corps & à l'ame de Jesus-Christ, & non qu'il s'est changé en un corps mortel.

Il trouve un orgueil insupportable dans les Juifs & dans les Chrétiens, qui disputent pour savoir si Dieu est venu à cause des péchés des premiers ou des seconds; autant vaudroit, selon lui, entendre contester les fourmis & les vers, pour savoir si Dieu fait plus de cas des uns que des autres. Il en prend occasion d'avilir l'origine, les mœurs, les loix, la croyance des Juifs (*b*).

Cependant il convenoit ci-devant qu'il n'est point indigne de Dieu de se faire connoître aux hommes pour les rendre meilleurs, & de punir ceux qui le refusent (*c*). Les Chrétiens ne croient point que le Fils de Dieu soit venu pour eux seuls, mais pour donner des moyens puissans de salut à tous les hommes.

(*a*) L. IV, n. 18.
(*b*) *Ibid.* n. 22 & suiv.
(*c*) *Ibid.* n. 7.

§. XIII.

Selon lui, l'hiſtoire de la création, du déluge, de la tour de Babel, des anciens Patriarches, eſt abſurde; une partie eſt empruntée de la Mythologie des Poëtes, le reſte n'a aucun ſens & ne peut être juſtifié par aucune allégorie. Héſiode & pluſieurs autres hommes *divinement inſpirés* ont mieux parlé que Moïſe de l'origine du monde. Cependant, malgré leur inſpiration, il ne s'en tient point à leur doctrine. « La raiſon nous enſeigne, dit-il, que » Dieu n'a rien pu faire de mortel & de » corruptible, que tous ſes ouvrages ſont » immortels, que ce ſont eux qui ont produit des créatures mortelles: l'ame eſt » l'ouvrage de Dieu; mais la nature du » corps eſt différente. Rien de ce qui vient » de la matiere n'eſt immortel. Les maux » de ce monde ne viennent point de Dieu, » mais de la matiere & ſont l'apanage » d'une nature mortelle. Les révolutions » de la nature ſe reſſemblent toujours, & » ſelon l'ordre qu'elles ſuivent *il eſt néceſſaire* que les maux paſſés, préſens & » futurs ſoient toujours les mêmes (*a*). »

(*a*) L. IV, n. 21, 36, 52, 65.

Sublime Philosophie ! Est-elle d'accord avec elle-même ? 1°. Comment est-il démontré que Dieu ne peut rien faire de mortel & de corruptible ? Platon l'a dit ; mais l'a-t-il prouvé ? 2°. Dans le Livre I, n. 19, Celse soutient l'éternité du monde ; ici il admet la création, ou du moins la nouveauté du monde ; & dans le n. 99, il dit que ce monde est l'ouvrage de Dieu. Ce monde est-il immortel ? 3°. Selon lui, l'ame de l'homme est aussi l'ouvrage de Dieu : est-elle tirée de la matiere ? *Rien de ce qui vient de la matiere n'est immortel*. L'ame est donc *créée* dans toute la rigueur du terme. 4°. Qui a formé les corps ? Selon Celse, ce n'est pas Dieu, ils seroient immortels ; ce sont les intelligences ou *dieux* secondaires qui ont tout fait & qui gouvernent tout : telle est la doctrine de Platon. Il seroit singulier que Dieu qui a pu créer des esprits, n'eût pas pu créer la matiere. 5°. Les maux viennent de la matiere ; soit. Si elle est incréée & éternelle comme Dieu, elle est immuable comme lui ; si elle est son ouvrage, les maux viennent de Dieu. 6°. Si l'ordre & les révolutions de la nature sont *nécessaires*, il n'y a pas besoin de Providence ; le mal moral est aussi nécessaire, il ne peut être puni.

Jugeons par ce chaos philosophique, s'il n'étoit pas nécessaire que Dieu daignât révéler aux hommes une doctrine plus pure & plus sensée.

§. XIV.

Celse, tantôt Platonicien & tantôt Epicurien, ne veut point que tout ait été fait pour l'homme, qu'il ait aucune prééminence ni aucune autorité sur les animaux, que Dieu ait pour lui aucune prédilection. Selon lui, les animaux participent aussi-bien que l'homme à la connoissance de la Divinité; Dieu leur révele l'avenir; ce sont eux qui le dévoilent à l'homme. Ils ont donc une relation plus étroite que nous avec la Divinité, plus de sagesse & de mérite que nous (*a*).

Puisque Dieu, selon Celse, se fait connoître à l'homme pour le rendre meilleur, pour récompenser les uns & punir les autres, sans doute il se fait connoître aux animaux dans le même dessein; ils ont la même destinée morale que l'homme.

En effet, il enseigne que dans ce monde, qui est l'ouvrage de Dieu, les parties ne

---

(*a*) L. IV, n. 88.

ſont point faites principalement l'une pour l'autre, mais pour le tout; c'eſt du tout que Dieu prend ſoin, ſa providence ne ceſſe d'y veiller. Il ne ſe fâche pas plus contre les hommes que contre les ſinges & contre les mouches, il ne leur fait point de menaces : toute choſe garde le rang dans lequel Dieu l'a placée (*a*).

Mais ſi tout eſt néceſſaire dans la nature, il n'eſt plus beſoin que Dieu y veille, la providence eſt très-ſuperflue. Puiſque Dieu ne ſe fâche pas plus contre les hommes que contre les mouches, ne leur fait pas plus de menaces; il ne leur impoſe pas plus de loix, il ne veut pas plus punir ou récompenſer les uns que les autres.

Ainſi, après bien des détours & des contradictions, Celſe dévoile enfin ſa doctrine. C'eſt la fatalité des Stoïciens, l'inaction de la divinité d'Epicure, le ſort égal des hommes & des animaux : voilà où reviennent encore les Incrédules modernes.

Tels ont été les Philoſophes dans tous les temps. Forts pour attaquer la vérité, ils ne ſavent lui ſubſtituer qu'un ſyſtême abſurde qui dégrade l'homme, lui ôte toute conſolation & tout motif de vertu.

(*a*) L. IV, n. 99.

§. XV.

Il eſt étonnant, dit Celſe au commencement du Livre V, que les Juifs qui honorent le Ciel & les Anges ou les *démons*, ne rendent aucun culte au ſoleil, à la lune, aux planetes, aux étoiles, qui ſont cependant les principales parties du Ciel. Il eſt abſurde de penſer que *le tout eſt Dieu*, & que les parties ne ſont point divines, qu'il faut honorer les eſprits qui apparoiſſent aux Magiciens ou dans les ſonges, & non les interpretes de la divinité qui ſont ſur nos têtes, ces Anges vraiment céleſtes qui prophétiſent ſi évidemment aux yeux de tous, qui produiſent la pluie, la chaleur, les fruits, & auxquels nous devons la connoiſſance de Dieu (*a*).

Voici donc le plan du Paganiſme philoſophique. Toute la nature eſt animée par des intelligences ou des démons qui en dirigent toutes les opérations, & qui ſont autant de portions de la Divinité; c'eſt dans ce ſens que *le tout eſt Dieu*, & c'eſt à ces différentes parties que l'on adreſſe le culte religieux. Tel étoit le ſentiment des Stoï-

---

(*a*) L. V, n. 2 & 6.

ciens, développé par Balbus dans le second Livre de Cicéron sur la Nature des Dieux : il est aisé à détruire.

1°. Si ces intelligences sont autant de portions de la Divinité, Dieu n'en est point le créateur; il est absurde que le tout ait créé ses parties. Cette opinion est donc incompatible avec celle de Platon, qui semble admettre un Dieu créateur des intelligences & des ames humaines. Celse qui les adopte l'une & l'autre, déraisonne & ne s'entend point lui-même. 2°. Dans cette hypothèse la Providence est chimérique; tout est éternel & nécessaire comme Dieu, puisque tout est Dieu : Dieu est le monde, & non le créateur & le gouverneur du monde. 3°. Dès que tout est nécessaire, il n'y a plus ni mérite ni démérite, ni peines ni récompenses futures. L'ame de l'homme, éternelle & immortelle, portion de la Divinité, tout comme les intelligences qui animent la nature, ne peut avoir une subsistance personnelle & individuelle après la mort : une portion de Dieu n'est susceptible ni de peines ni de récompenses. 4°. Il est absurde qu'une portion de Dieu rende un culte à une autre portion de Dieu, que l'homme adore les intelligences qui animent la nature. Il est leur égal & de même nature qu'elles ; on ne leur doit aucune reconnoiſſance pour des bienfaits ou des phénomenes *néceſſaires* ; la religion n'eſt qu'une momerie. 5°. Il ne ſeroit pas moins ridicule d'admettre un Dieu ſuprême, diſtingué des autres dieux, qui ſont ſes parties. Quand Celſe dit que les intelligences céleſtes nous ont donné la connoiſſance de Dieu, c'eſt comme s'il diſoit que les parties de Dieu nous ont fait connoître le tout de Dieu. 6°. Il ne ſe trompe pas moins en ſuppoſant que les Juifs adorent le Ciel & les Anges ; ils adorent le Créateur du Ciel & des Anges, Eſprit pur qui n'a ni parties ni étendue, qui n'eſt point le monde, puiſqu'il a ſubſiſté éternellement avant le monde. Faute d'admettre la création, telle que Moïſe l'enſeigne, les Philoſophes ont tout confondu, n'ont connu ni la nature de Dieu ni la nature de l'homme, ont ſapé la morale & la religion par les fondemens. Ce dogme de la création, révélé au premier homme, eſt la baſe de toute vérité.

§. XVI.

Celſe rejete la réſurrection future. Quelle eſt l'ame humaine, dit-il, qui voulût retourner dáns un corps pourri? Dieu, quoique tout puiſſant, ne peut remettre un corps diſſous dans ſon premier état, parce que cela eſt indécent & contraite à la nature. Je ne nie point que Dieu ne puiſſe donner à l'ame une vie éternelle; pour les cadavres, ils ſont moins que de la boue. Dieu eſt lui-même la raiſon de tout ce qui eſt: il ne peut donc rien faire contre la raiſon ni contre lui-même (*a*).

Si ce Philoſophe s'entend, il veut dire que la nature des choſes eſt la nature même de Dieu, par conſéquent éternelle, néceſſaire, immuable. C'eſt donc une abſurdité d'ajouter que Dieu peut donner à l'ame une vie éternelle, puiſque la nature de l'ame eſt la nature même de Dieu. Elle ne peut avoir non plus une exiſtence individuelle diſtinguée de celle de Dieu. Dans ce cas, la réſurrection eſt ſans doute inutile: mais eſt-il moins indécent qu'une portion de Dieu ſoit unie pendant la vie à un corps deſtiné à la pourriture, que de s'y réunir après la mort? Celſe doit donc répondre à ſa propre objection, Qu'étoit le corps humain, ſinon une maſſe de pourriture, avant d'être animé?

(*a*) L. V, n. 14.

Il trouve très bien que les Juifs réunis en corps de nation se soient donné des loix conformes à leur caractere, & gardent une religion qu'ils ont reçue de leurs aïeux. Il lui paroît convenable que tous les peuples suivent ce qui est publiquement établi. Il est probable, dit-il, que les intelligences préposées aux différentes nations les gouvernent de la maniere qu'il convient; il n'est pas permis de détruire ce qui a été établi pour chaque pays dès le commencement (*a*).

Pourquoi donc attaquer, comme fait Celse, la religion, les mœurs, les loix des Juifs & des Egyptiens ? Toutes les erreurs sont consacrées, selon lui, par leur antiquité. Mais s'il est permis aux peuples de changer leurs loix civiles lorsqu'ils reconnoissent qu'elles sont mauvaises, pourquoi n'en feroient-ils pas de même de leurs loix religieuses ? & pourquoi les intelligences, qui les gouvernent comme il leur convient, ne leur inspireroient-elles pas ce changement ? Le caractere des peuples n'est pas immuable; leurs besoins peuvent changer. Voilà un argument personnel auquel il faut répondre.

(*a*) L. V, n. 25.

S'il en vient d'autres, dit-il, je leur demanderai d'où ils viennent, qui est l'auteur de leurs loix (*a*).

Ils répondront aisément. De même que les Egyptiens, selon vous, avoient reçu leurs loix d'Ammon, les Hébreux reçurent les leurs de Moïse ; ils étoient d'autant mieux fondés, que, selon vous, les loix religieuses des Egyptiens sont absurdes (*b*). Quand elles auroient convenu au climat de l'Egypte, elles ne convenoient point à celui de la Palestine. Ainsi nous trouvons bon d'adopter les loix de Jesus, parce que celles de Moïse ne conviennent que dans la Judée, à une nation séparée de toutes les autres : celles des Grecs péchent en plusieurs choses ; celles des Romains ne sont pas meilleures. La question est de savoir si Jesus a été moins autorisé de Dieu à donner de nouvelles loix, qu'Ammon à en donner aux Egyptiens, Moïse aux Juifs, Cécrops aux Athéniens, Numa aux Romains. Ce qui est aujourd'hui nouveau deviendra ancien par la suite des siecles ; une vérité nouvelle nous paroît préférable à une ancienne erreur.

(*a*) L. V, n. 33.
(*b*) L. III. n. 17.

§. XVII.

Les Juifs, continue Celse, ont le même Dieu que les Perses, qui, au rapport d'Hérodote, nomment *Jupiter* toute l'étendue du Ciel; le nom ne fait rien à la chose. Les Juifs ne sont ni plus saints que les autres peuples par leurs loix cérémonielles, ni plus favorisés de Dieu par le don qui leur a été fait de la Palestine. Ils ne connoissent point *le grand Dieu*, ils ont été trompés par Moïse pour leur malheur (*a*).

Hérodote n'a pas mieux connu le Dieu des Perses, que Celse ne connoît celui des Juifs. Ceux-ci adorent non le Ciel, mais le Créateur du Ciel; ce n'est ni Jupiter ni un autre Dieu particulier. Dans son premier Livre, n. 24, Celse les accuse d'avoir entendu *le monde* sous le nom d'un seul Dieu: ici il leur reproche de ne pas connoître le grand Dieu, qu'il confond lui-même avec l'univers. Les loix cérémonielles des Hébreux étoient très-bonnes pour eux, leur pays très-fertile, leur état très-heureux lorsqu'ils ont été fideles à leurs loix.

Quand le Maître des Chrétiens, dit-il,

(*a*) L. V, n. 34, 41, 42.

feroit un Ange, il n'eſt pas Dieu, puiſqu'il a été envoyé de Dieu; d'autres Anges que lui ont été envoyés, il n'eſt pas plus grand qu'eux. Celſe allegue l'opinion de quelques Hérétiques qui admettent un Dieu plus grand que le Créateur (*a*).

Comment un Philoſophe qui diviſe la Divinité entre mille intelligences, peut-il nier la divinité de Jeſus-Chriſt? Eſt-il plus indigne de Dieu de s'unir à l'humanité dans un ſeul homme, que de s'incorporer à la terre, aux plantes, aux aſtres, aux élémens? Dieu n'a révélé nulle part ces corporations innombrables, mais il a révélé l'incarnation de ſon Verbe ou de ſon Fils. Si Celſe avoit raiſonné conſéquemment, il n'auroit pas pu rejeter les myſtères de la Sainte Trinité & de l'Incarnation. Le Fils de Dieu fait homme eſt plus grand que les Anges, puiſqu'ils ont été envoyés pour le ſervir. Les opinions des Sectes hérétiques ſont étrangeres au Chriſtianiſme.

Celſe lui-même en fait la différence. Les Chrétiens, dit-il, ont le même Dieu que les Juifs, *la grande Egliſe* fait profeſſion de le croire: elle reçoit comme vrais les Livres des Juifs; d'autres ſe forgent un

(*a*) L. V, n. 52, 54.

Dieu à leur gré : les différentes Sectes se haïssent & se déchirent (*a*).

Cette distinction entre la grande Eglise, ou l'Eglise Catholique, & les Sectes hérétiques, est digne d'attention, sur-tout au commencement du second siecle; cette Eglise étoit la seule qui fît profession de recevoir sa doctrine par tradition. Les Simoniens, les Marcelliens, les Carpocratiens, les Marcionites dont parle Celse, se forgeoient un Dieu à leur gré sur le modele de celui des Philosophes. Tous ces raisonneurs nuisoient beaucoup au progrès de la vraie Religion; on la rendoit responsable de leurs rêveries, & souvent de leurs crimes.

§. XVIII.

Dans le sixieme Livre, Celse traite d'abord de la morale Chrétienne. La doctrine de Platon sur le souverain bien lui paroît fort supérieure à celle de Jesus-Christ. Ce Philosophe, dit-il, ne se vante point, ne forge point de révélation, n'impose point la nécessité de la foi, ne se donne point pour un envoyé du Ciel (*b*).

(*a*) L. V, n. 59 & suiv.
(*b*) L. VI, n. 2, 3, 8, 10.

Que Platon, toujours incertain & flottant, cherchant la vérité à tâtons & ne trouvant que des doutes, n'ait point exigé la foi à sa parole, cela n'est pas fort étonnant; aussi avouoit-il lui-même la nécessité d'une révélation, & le commun des hommes en avoit encore un plus grand besoin.

Mais, répond Celse, toutes les Sectes exigent également la foi : à laquelle donnerons-nous la préférence (*a*)?

Vous l'avez décidé vous-même, la grande Eglise est reconnoissable; elle seule fait profession de conserver le dépôt de la doctrine de Jesus-Christ.

Les Chrétiens, dit-il, vantent beaucoup l'humilité; ils n'ont fait que défigurer une maxime de Platon. Ce Philosophe a dit qu'un homme riche à l'excès ne peut être un homme de bien : Jesus rend assez mal cette pensée, en disant qu'un riche ne peut entrer dans le Royaume de Dieu. Les lettres de Platon renferment une morale plus pure que celle des Chrétiens (*b*).

Si dans Platon l'on trouve quelques bonnes maximes, il y en a aussi de fort

(*a*) L. VI, n. 11.
(*a*) *Ibid.* n. 15, 16, 17.

mauvaises.

mauvaiſes. Malgré tous ſes talens, ſa morale n'a pas réformé une ſeule bourgade; celle de Jeſus-Chriſt a converti déjà une bonne partie du monde. C'eſt la réflexion qu'Origene ne ceſſe de répéter à ſon adverſaire, & qui eſt ſans replique.

Nous ne trouvons point mauvais que Celſe s'éleve contre les blaſphêmes & les rêveries des Ophites, contre les preſtiges & la magie de quelques autres Sectes (*a*). Ses reproches ne regardent point le Chriſtianiſme.

Il eſt abſurde, ſelon lui, d'imaginer un diable, un ennemi de Dieu, nommé *Sathan*, de ſuppoſer qu'il a traverſé le Fils de Dieu, & qu'il viendra ſur la terre pour tromper les hommes. On reconnoît là, dit-il, la précaution d'un impoſteur qui veut en empêcher un autre de faire des diſciples. C'eſt une imitation groſſiere de la fable des Titans, qui ne ſignifie autre choſe que le combat des élémens. Il valoit mieux exterminer le diable que d'en menacer les hommes (*b*).

Mais Celſe lui-même admet les démons ou génies, les uns bons, les autres mau-

(*a*) L. VI, n. 27—41.
(*b*) *Ibid.* n. 42.

vans, il attribue [illegible] des mi[illegible] des Chrétiens. [illegible] *Dieu*, si [illegible] n'exerçoit-il pas [illegible] plusieurs [illegible] [illegible]

§ X[illegible]

[illegible] Les [illegible] monde [illegible] [illegible] le Fils de Dieu [illegible] n'est pas [illegible] [illegible] donnoit lieu [illegible] Dieu [illegible] Ainsi le [illegible] les incrédules modernes, qui [illegible]

(a) L. VI, n. 47.

que *Dieu le Fils* eſt une notion empruntée du *Logos* de Platon.

Celſe trouve indécent le mot de Moïſe, *fiat lux*; cela marque, dit-il, un deſir qui ne convient point à Dieu (*a*). Fauſſe critique. Un commandement n'eſt point un ſimple deſir. Dieu dit: *Que la lumiere ſoit, & la lumiere fut;* Dieu opere donc par le ſimple vouloir: c'eſt le pouvoir créateur exprimé avec autant d'énergie que de dignité. Nous avons répondu ailleurs aux autres objections de Celſe contre l'hiſtoire de la création.

On dit, continue le Philoſophe, que Dieu, trop grand pour être compris, a envoyé ſon eſprit revêtu d'un corps, afin que nous puſſions l'entendre & recevoir ſes leçons; c'eſt à peu près le ſentiment des Stoïciens, qui regardent Dieu comme un Eſprit qui pénetre & renferme toutes choſes. Dans ce cas, le Fils de Dieu n'étoit point immortel. Si en mourant il a rendu l'eſprit à Dieu, il n'a pu reſſuſciter corporellement. Dieu n'a pas pu recevoir un eſprit ſouillé par ſon ſéjour dans un corps. Il pouvoit faire deſcendre ce corps du ciel, ſans le faire naître d'une femme; alors

(*a*). L. VI, n. 51.

tout le monde auroit cru en lui. D'ailleurs, le corps de Jesus n'a été remarquable par aucune qualité divine ; on dit au contraire qu'il étoit d'une petite ſtature, d'une phyſionomie abjecte & peu agréable (*a*).

Comme Celſe ne paroît point adopter le ſentiment des Stoïciens ſur la nature de Dieu, nous ne ſavons pas s'il croyoit que Dieu fût un corps ou un eſprit. Il confond l'eſprit de Dieu avec l'ame de Jeſus-Chriſt. C'eſt une erreur. C'en eſt une autre d'imaginer qu'un eſprit ſoit ſouillé par ſon ſéjour dans un corps ; Celſe lui-même ſuppoſe que ſes dieux imaginaires ſont incorporés au ſoleil, à la lune, à tous les corps de la nature. Lorſque Jeſus-Chriſt eſt mort, la divinité ne s'eſt ſéparée ni de ſon ame ni de ſon corps ; ſa réſurrection s'eſt opérée par la réunion de l'ame au corps. Les qualités extérieures du corps ne décident point du mérite de l'homme, & ne ſont d'aucun prix aux yeux de Dieu ; ſouvent des hommes d'une figure avantageuſe ont été très-vicieux. Une deſcente miraculeuſe du Ciel ne prouveroit pas plus que l'aſcenſion de Jeſus-Chriſt. Celſe n'auroit pas plus ajouté foi à l'une qu'à

(*a*) L. VI, n. 69 & ſuiv.

l'autre : la méthode des Incrédules eſt toujours de rejeter les miracles que Dieu a faits, & d'exiger ceux qu'il n'a pas voulu faire.

Conſéquemment Celſe demande pourquoi Dieu n'a envoyé ſon eſprit que dans un coin de l'univers : les Chaldéens, dit-il, les Mages, les Egyptiens, les Perſes, les Indiens, méritoient mieux cette faveur que la nation mépriſable des Juifs. Dieu a ignoré qu'il envoyoit ſon Fils à des hommes méchans & pervers qui le mettroient à mort (*a*).

Dieu l'a ſi peu ignoré, que cela étoit prédit long-temps auparavant. Dans quelque temps, en quelque lieu qu'il eût fait naître ſon Fils, la même plainte, ou plutôt la même abſurdité reviendroit : Celſe l'avoue. Les Juifs ne mépriſoient pas moins les autres nations, qu'ils en étoient mépriſés : que prouvent toutes ces préventions nationales ? Rien. Tous les peuples étoient à peu près également vicieux, aveugles, corrompus ; aucun ne méritoit plus qu'un autre le bienfait de la rédemption. La ſeule queſtion ſenſée que l'on puiſſe faire ſur la maniere dont il s'eſt accompli, eſt

(*a*) L. VI, n. 78 & ſuiv.

de ſavoir ſi Dieu [illegible] ſes ſignes & des [illegible] aſſez certains, pour qu'[illegible] de tous les hommes. Nous [illegible] Dieu [illegible], & Celſe n'a pas [illegible]

§. XX.

[illegible] attaque les prophéties [illegible] il lui paroît [illegible] [illegible] ne faſſent [illegible] [illegible] ſme, & [illegible] [illegible] ont été rendus dans la [illegible] [illegible] en eſt claire, puiſque [illegible] Oracles des Païens [illegible] [illegible], ni convenables [illegible] au lieu que les prophéties [illegible] tous ces caracteres. Il eſt donc bien plus étonnant qu'un Philoſophe encenſe des Oracles de la Pythie, de Dodone, de Claros, &c. n'ajoute aucune foi [illegible] des Juifs.

J'ai connu, dit-il, pluſieurs [illegible] Prophetes qui courent le monde, ce ſont des [illegible] & des hommes du néant (*b*). [illegible] les anciens Prophetes Juifs [illegible] [illegible] ne [illegible] oient pas.

(*a*) L. VII, *n.* 3.
(*b*) *Ibid. n.* 9.

Selon lui, ces prophéties doivent être rejetées sans examen, parce qu'elles prédisent des choses indignes de Dieu; il ne convenoit pas plus à un Dieu de manger de la chair de brebis, de boire du fiel & du vinaigre, que d'avaler de l'ordure : de vrais Prophetes n'ont pu le prédire, parce que cela est absurde & impie (*a*).

Mais un Philosophe qui coupe la nature divine en morceaux pour l'identifier avec toute la nature, qui donne à des Dieux le soin de faire croître les choux & les champignons, & d'inspirer les passions humaines, n'est pas fort en état de juger ce qui est digne ou indigne de Dieu. Les abaissemens du Verbe incarné, qui révoltent les Philosophes, ont sanctifié les hommes; ceux auxquels le Paganisme réduisoit ses dieux prétendus, n'ont servi qu'à corrompre les peuples. Au jugement de ces raisonneurs mêmes, Socrate mourant injustement étoit plus grand que Jupiter : Jesus mourant pour sauver les hommes est cent fois plus grand que Socrate.

Le même Dieu, poursuit Celse, qui a ordonné aux Juifs par Moïse d'amasser des richesses, d'asservir les autres peuples,

(*a*) L. VII, n. 12, 13, 14.

d'exterminer leurs ennemis, ne peut avouer pour son Fils Jesus qui a commandé le contraire, & qui veut que l'on renonce aux biens de ce monde (*a*).

Il n'y a point là de contradiction : Dieu par Moïse donnoit aux Juifs non-seulement des loix religieuses & morales, mais des loix civiles & politiques ; Jesus donne des loix de perfection aux particuliers, de quelque nation qu'ils soient. Les loix de Moïse ne regardoient qu'un seul peuple, étoient relatives à l'état dans lequel tous étoient pour lors les uns à l'égard des autres ; les maximes de Jesus sont pour tous les siecles, & concernent souvent les Apôtres en particulier. Ces loix & ces maximes ne peuvent être les mêmes. Il est faux que les conseils de ne rien amasser, de ne point penser à la nourriture, de tendre l'autre joue quand on nous frappe, soient *des loix*, & sur-tout des loix générales. Nous avons déjà fait voir le contraire, & nous y reviendrons encore en parlant de la morale du Christianisme.

(*a*) L. VII, n. 18.

§. XXI.

Au jugement de Celſe, les Chrétiens ont tort d'attribuer à Dieu un corps, & un corps de forme humaine (*a*). Il les en accuſe mal à propos. Dieu, quoique pur Eſprit, peut ſe revêtir de la nature humaine, & ſe rendre ſenſible ſous cette forme ; lui-même dit que le ſoleil & la lune ſont des dieux viſibles & ſenſibles.

Platon & les Anciens, dit-il, n'ont eu qu'une idée très-obſcure du ſéjour des ames juſtes après la mort : mais les Chrétiens n'en ont pas une notion plus claire (*b*). Soit; Celſe en ſait-il plus que les Anciens? Les vaines imaginations des Philoſophes n'avoient ſervi qu'à dégrader les notions de la vie future, à en éteindre la croyance & le déſir : Jeſus-Chriſt en a rétabli la foi, ranimé l'eſpérance, enflammé le déſir ; il a formé des Saints & non des diſcoureurs.

Platon eſt convenu qu'il eſt difficile de découvrir le Créateur & le Pere de ce monde, & impoſſible de le faire connoître à tous. Celſe, plus habile, prétend apprendre aux Chrétiens à connoître Dieu :

(*a*) L. VII, n. 27.
(*b*) *Ibid*, n. 28, 31.

il débite sur la nature divine un fatras inintelligible, qui n'a aucun sens, & le même que nous avons réfuté plus haut (*a*). Jesus-Christ, meilleur Maître, a fait connoître Dieu aux plus ignorans; ils l'adorent comme leur pere, leur bienfaiteur, leur sauveur, leur juge, leur éternelle félicité: les spéculations des Philosophes dessèchent le cœur, & ne présentent rien à l'esprit.

Ne valoit-il pas mieux, reprend Celse, adorer Hercule, Esculape, Orphée, Anaxarque, ou Epictete, qu'un homme tel que Jesus? Epictete dit sans s'émouvoir à son maître qui le frappoit: *Vous me casserez la jambe;* lorsqu'elle fut cassée, *Ne vous l'avois-je pas dit?* Votre Dieu a-t-il rien dit de semblable dans son supplice (*b*)?

Notre Dieu n'a rien dit, répond Origene, & cela est encore mieux; Epictete, avec moins d'orgueil, auroit conservé sa jambe. La patience de Jesus a été invincible, non-seulement dans son supplice, mais pendant toute sa vie.

Lorsqu'il a dit, *Si quelqu'un vous frappe sur une joue, tendez-lui l'autre;* il n'a fait,

---

(*a*) L. VII, n. 36, 42, 45.
(*b*) *Ibid.* n. 53.

ſelon Celſe, que rendre groſſiérement cette ſentence de Platon : il ne faut point repouſſer une injure par une autre injure (*a*). Mais à qui Platon a-t-il perſuadé cette morale ? A perſonne ; la plupart des Philoſophes ont approuvé la vengeance. Jeſus-Chriſt a fait pratiquer ſa maxime par ſes Diſciples & par une infinité de Martyrs.

Celſe s'étonne encore de ce que les Chrétiens ne peuvent ſouffrir les ſimulacres ; pluſieurs nations barbares & athées, dit-il, font de même. Héraclite blâme hautement ce culte. Eſt-ce parce que les ſtatues ne ſont pas des dieux ? Jamais perſonne n'a été aſſez inſenſé pour le croire. Diront-ils que les dieux n'ont pas une forme humaine ? Mais ils enſeignent que Dieu a fait l'homme à ſa reſſemblance, & eux-mêmes adorent Dieu ſous une forme humaine. Soutiendront-ils que les êtres, repréſentés par les ſtatues, ne ſont pas des dieux, mais des démons ? Ils n'adorent ni Dieu ni les démons, mais un homme mort (*b*).

Les Chrétiens pouvoient répondre : Nous

(*a*) L. VII, n. 58,
(*b*) *Ibid.* n. 62, 68.

n'adorons point les statues, parce qu'elles représentent des êtres chimériques, de l'existence desquels vous n'avez aucune preuve, auxquels vous attribuez des actions & des qualités indignes de la Divinité; parce que la plupart sont indécentes, sont les symboles du vice & non de la vertu. Si Héraclite & d'autres Philosophes ont blâmé ce culte, quoiqu'ils crussent à vos dieux, à plus forte raison devons-nous le détester, nous qui n'y croyons pas, & qui connoissons les abominations dont il a toujours été accompagné. Nous adorons le seul Dieu créateur, dans son Fils & par son Fils auquel il s'est uni consubstantiellement; chez vous, le peuple ne le connoît pas, & les Philosophes, qui se vantent de le connoître, ne l'adorent pas. Nous allons en voir les preuves.

§. XXII.

C'est sur la fin du septieme Livre & au commencement du huitieme, que Celse entreprend l'apologie du Polythéisme, par conséquent de l'Idolatrie, qui en étoit une conséquence inséparable. « Pourquoi, » dit-il, ne rendroit-on pas un culte aux » démons ou génies? Ce qui se fait par

» un Dieu, par les Anges, par les Génies, » par les Héros, ne se fait qu'en vertu de » la volonté *du Dieu suprême*; c'est lui qui » leur a donné le pouvoir & l'autorité sur » certaines parties de la nature. Quiconque » honore Dieu, ne doit-il pas honorer » aussi les êtres auxquels Dieu a donné du pouvoir (a)? »

La premiere chose que Celse devoit faire, étoit de prouver l'existence des démons ou génies, & leur incorporation avec les différentes parties de la nature; la seconde, de démontrer que le Dieu suprême, pour se reposer, avoit légué à ces esprits inférieurs le soin de gouverner l'univers: deux dogmes niés formellement par les Chrétiens. Ou ces génies sont éternels & increées comme le Dieu suprême, ou ils ont été créés par lui: s'ils sont éternels & increées, ils lui sont égaux; il n'y a plus de *Dieu suprême*. S'il les a créés, ce ne sont plus des *Dieux*; il est absurde que le Créateur & les créatures soient de même nature. La raison démontre l'unité de Dieu, & non la pluralité. Il falloit, en troisieme lieu, produire la révélation, ou le decret par lequel le Dieu suprême avoit cédé à ses lieute-

(a) L. VII, n. 68.

nans le culte & les honneurs de la Divinité, & dispensé les hommes de lui rendre leurs hommages. Il est certain, qu'excepté chez les Juifs, le Dieu suprême n'étoit adoré dans aucun lieu de l'univers : Porphyre décidoit qu'on ne devoit point s'adresser à lui, mais seulement aux dieux inférieurs (*a*); & Celse paroît être de même avis; du moins il n'enseigne point clairement le contraire.

Selon les Chrétiens, on ne doit point servir deux maîtres. « Cette maxime, dit » Celse, ne convient qu'à des séditieux » qui cherchent à rompre toute société » avec les autres hommes, & qui attri- » buent à Dieu leurs propres affections. » Cela peut être vrai à l'égard des hommes » qui ont besoin du service entier de leurs » esclaves, & qui ne peuvent rien relâ- » cher qu'à leur propre désavantage : mais » Dieu n'a besoin de rien, il ne peut rien » perdre ni rien acquérir ; il est donc ab- » surde de lui attribuer de la jalousie, com- » me si c'étoit un homme ou un génie » particulier. Celui qui honore plusieurs » dieux, se rend par-là même agréable au » Dieu souverain en honorant ses servi-

(*a*) De l'Abstin. L. II, n. 34.

» teurs. Ce feroit un crime de rendre un » culte à des êtres pour lefquels Dieu n'a » point ordonné de culte : mais ce n'en » eft pas un de le rendre à ceux qui lui » appartiennent & qui dépendent de » lui (*a*) ».

Très-bien. Vous avouez que *ce feroit un crime* de rendre un culte à des êtres pour lefquels Dieu n'a point ordonné de culte ; produifez donc l'ordre formel par lequel Dieu a commandé de rendre un culte à vos dieux prétendus. Jufqu'alors il demeurera évident que les Chrétiens, qui ne veulent adorer que Dieu, ne font point des féditieux, mais des fujets très-fideles à leur légitime & unique Souverain. Ce n'eft pas nous qui attribuons à Dieu nos propres affections ; c'eft vous qui lui attribuez nos infirmités, en fuppofant qu'il a befoin de ferviteurs ou de lieutenans, ou qu'il ne daigne pas gouverner le monde qu'il a créé. Nous ne fondons point comme vous notre croyance fur des préfomptions, mais fur le commandement formel qu'il a fait aux Patriarches dès le commencement du monde, aux Juifs par Moïfe, à tous par J. C. de n'adorer que lui feul.

(*a*) L. VIII, n. 2.

Il n'exige point notre culte par jalousie ou par besoin, mais parce qu'il est absurde & impie d'adorer comme Dieu ce qui n'est pas Dieu. Celse lui-même avoue que Dieu n'a pas besoin de se faire connoître à nous, mais qu'il nous donne cette connoissance pour nous rendre meilleurs (*a*); il exige notre culte par la même raison. Celse croit encore que les génies n'ont besoin de rien, mais qu'ils approuvent la piété de leurs adorateurs (*b*) : donc, quoiqu'il soit évident que Dieu n'a besoin de rien, il ne s'ensuit pas qu'il nous dispense de l'adorer.

On doit conserver la société avec les hommes dans tout ce qui est juste & raisonnable, & non dans ce qui est absurde & criminel ; c'est une maxime de Celse lui-même (*c*).

§. XXIII.

Celui, dit-il, qui, en parlant de Dieu, affirme qu'il n'y a qu'un seul Seigneur, est un impie; il divise le regne de Dieu, il y

(*a*) L. IV, n. 7.
(*b*) L. VIII, n. 63.
(*c*) *Ibid.* n. 66.

ſuppoſe une ſédition & des factions, comme ſi Dieu pouvoit avoir des rivaux (*a*).

Où eſt donc l'impiété, ſinon dans la doctrine de Celſe? Sans raiſon, ſans révélation, fondé ſur la ſeule croyance populaire, il attribue à Dieu non-ſeulement des rivaux, mais de prétendus miniſtres qui le détrônent, qui s'attribuent excluſivement tout le pouvoir & les honneurs de la Divinité. Il ne diviſe point le Royaume de Dieu, il l'anéantit; ſelon lui, ce n'eſt pas Dieu qui regne, ce ſont les démons.

Mais il faut qu'un Philoſophe ſe contrediſe & ſe réfute. « Si les Chrétiens, dit-il, » n'adoroient qu'un ſeul Dieu, on pourroit admettre leurs raiſons : mais ils honorent à l'excès un homme né depuis » peu, & ne croient point pécher contre » Dieu en honorant ſon Miniſtre (*b*) ».

On pourroit admettre leurs raiſons : ce n'eſt donc plus une impiété d'adorer Dieu ſeul. Nous n'adorons point ſon Miniſtre, mais lui-même incarné & revêtu de la nature humaine.

« Sous prétexte d'adorer le grand Dieu, » continue-t-il, les Chrétiens adorent un

---

(*a*) L. VIII, n. 11.
(*b*) *Ibid.* n. 12.

» Fils de l'Homme, auquel ils donnent le » premier rang; ils disent qu'il est plus » puissant que Dieu qui gouverne toutes » choses, qu'il est son Seigneur (*a*) ». Calomnies. Si des Hérétiques ont enseigné ces blasphêmes, ils n'étoient plus Chrétiens.

Dieu, dit-il, est le Dieu de tous les hommes, la bonté même, sans besoins & sans jalousie : qui empêche donc ceux qui se consacrent à son culte, d'assister aux fêtes publiques (*b*) ?

C'est que ces fêtes ne se célébrent point à l'honneur de Dieu, mais pour des démons imaginaires. De ce que Dieu est la bonté même, sans besoins & sans jalousie, il s'ensuit qu'il est le seul Dieu & qu'il doit être adoré seul. Des démons bizarres, capricieux, jaloux, vicieux, avides de victimes & d'encens, ne sont point des êtres dignes de culte.

Les Chrétiens, dit toujours Celse, s'abstiennent des victimes, pour *ne point participer à la table des démons*; mais les fruits & les grains qu'ils mangent, le vin & l'eau qu'ils boivent, l'air qu'ils respi-

(*a*) L. VIII, n. 15.
(*b*) *Ibid.* n. 21, 24.

rent, ſont auſſi le don de certains démons qui ont reçu commiſſion d'y préſider (a).

Voilà juſtement ce que nient les Chrétiens; c'eſt une impiété d'attribuer les dons de la nature aux démons & non à Dieu.

Notre Philoſophe, Païen dévot, ou qui en fait ſemblant, dit que les Chrétiens n'inſultent point impunément les Dieux ni leurs ſimulacres, qu'on les bannit de tous les pays du monde, qu'on les charge de chaînes, qu'on les traîne au ſupplice, qu'on les attache au gibet, ſans que leur Dieu en tire aucune vengeance : au lieu que ceux qui ont crucifié & mis à mort ce Dieu prétendu, n'ont éprouvé aucune punition de leur crime pour lors ni longtemps après (a).

Mais Celſe ne pouvoit ignorer le carnage horrible qui avoit été fait des Juifs ſous Tite & Veſpaſien, & plus récemment encore ſous Adrien. Origene lui oppoſe avec raiſon cette punition éclatante de la nation Juive que Jeſus-Chriſt avoit clairement prédite.

Remarquons encore ce que dit le Philoſophe de la maniere dont les Chrétiens

(a) L. VIII, n. 28, 33.
(b) *Ibid.* n. 39, 41.

étoient traités par les Païens, & jugeons de la bonne foi des incrédules modernes, qui osent affirmer que les prétendues cruautés exercées sur les Martyrs sont des fables, qu'ils étoient punis, non pour leur religion, mais pour des crimes, parce-qu'ils étoient turbulens & séditieux. Celse ne les en accuse point, & Origene soutient que jamais les Chrétiens ne sont allés insulter aux dieux des Païens, troubler leur culte ni leurs cérémonies.

§. XXIV.

Celse allegue pour preuve de la puissance de ces dieux prétendus, les prodiges, les oracles, la divination, les augures, les voix entendues dans les temples, les apparitions des dieux en songe, les bienfaits reçus par leurs adorateurs, les châtimens tombés sur les profanateurs des sanctuaires, & toutes les autres merveilles dont les Païens repaissoient leur crédulité (*a*).

Il ne manquoit à toutes ces belles choses que de bonnes attestations; la plupart des Philosophes n'y ajoutoient aucune foi: Cicéron s'en mocque dans son Traité de la Divination; les uns étoient des fables,

(*a*) L. VIII, n. 45, 48.

les autres n'avoient rien de surnaturel, plusieurs étoient des fourberies évidentes.

Celse avoue que les Chrétiens vont à la mort sans répugnance, plutôt que d'abjurer leur religion, & dans l'espérance d'une éternelle félicité. Il observe que cette croyance d'une vie à venir n'est point un dogme particulier aux Chrétiens; c'est une vérité, dit-il, que personne ne doit abandonner. Il leur reproche très-mal à propos d'être trop attachés à la foi de la résurrection des corps, comme s'ils faisoient plus de cas de la béatitude du corps que de celle de l'ame (*a*).

Après avoir cité pour preuve de l'existence & du pouvoir des démons, l'opinion des Egyptiens, dont il a méprisé ailleurs la religion; il reconnoît que, selon les Sages, la plupart de ces démons terrestres aiment les femmes, le sang, l'odeur des chairs brûlées, la musique; que leur pouvoir se borne à soigner les corps, à prédire l'avenir, à connoître ce qui regarde les mortels. On ne doit les honorer, dit-il, qu'autant que l'on s'en trouve bien, & non par goût & par caprice (*b*).

(*a*) L. VIII, n. 49.
(*b*) *Ibid.* n. 58, 60.

Tels ſont donc ces dieux reſpectables dont Celſe défend le culte avec tant de zele contre les Chrétiens. Sur la notion ſeule qu'il en donne, un homme raiſonnable pouvoit-il ſe perſuader que Dieu, *qui eſt la bonté même*, eût créé des êtres auſſi vicieux & auſſi mépriſables, leur eût abandonné le ſoin de l'univers, & eût aſſujetti les hommes à leur rendre un culte? On ſait les pernicieux effets qui en étoient réſultés chez tous les peuples.

Si l'on commandoit, dit-il, à un adorateur du vrai Dieu de dire une impiété ou de faire une mauvaiſe action, il ne doit jamais obéir; il doit plutôt ſouffrir la mort & les tourmens que de mal penſer ou mal parler de Dieu (*a*).

C'eſt préciſément le cas dans lequel ſe trouvoient les Chrétiens perſécutés; ainſi ces prétendus ſéditieux ſont juſtifiés par leur propre accuſateur.

Vainement il ſoutient qu'en honorant Jupiter, le Soleil ou Minerve, on adore Dieu lui-même. Cela eſt faux; nous avons démontré que le culte des Païens n'étoit point relatif, qu'il ne pouvoit pas l'être, que les Païens n'en avoient point cette

(*a*) L. VIII, n. 66.

idée. Quand ils l'auroient eue, il auroit encore fallu, selon les principes de Celse, savoir si Dieu agréoit ce culte ou le défendoit.

Il prétend qu'un Roi de la terre a droit de punir un sujet qui refuse de jurer par son nom (*a*). Mais jurer par son nom, c'étoit lui rendre un honneur divin; c'étoit donc *dire une impiété*, sur-tout dans un temps où la flatterie divinisoit les Empereurs. Cette complaisance étoit regardée, par les Païens mêmes, comme une abjuration du Christianisme: nous le voyons par la lettre de Pline & par les Actes des Martyrs.

§. XXV.

Celse oppose la prospérité dont jouissoient les Romains, & dont ils étoient redevables à leur religion, à l'état de proscription dans lequel gémissoient les Juifs & les Chrétiens, malgré leur attachement au culte du Très-Haut (*b*). Et comment étoit-il prouvé que les Romains devoient à leur superstition la prospérité dont ils jouis-

(*a*) L. VIII, n. 67.
(*b*) *Ibid.* n. 69.

ſoient ? Les Grecs avoient adoré les mêmes dieux ; cependant ils avoient été ſubjugués & avoient vu ruiner leurs républiques ; les Romains eux-mêmes avoient failli plus d'une fois à être écraſés par les Gaulois.

Notre Philoſophe devenu prophete, prédit que les Chrétiens ne réuſſiront point dans leur projet. Ils ſe flattent, dit-il, de ranger ſous la même loi les peuples de l'Aſie, de l'Europe & de l'Afrique, les Grecs & les Barbares juſqu'aux extrémités de la terre ; celui qui croit ce projet poſſible n'y entend rien. Cependant cette révolution qui paroiſſoit impoſſible au commencement du ſecond ſiecle, étoit à peu près accomplie deux cents ans après ; aujourd'hui d'autres raiſonneurs viennent nous dire qu'elle n'a rien de merveilleux ni de ſurnaturel.

Il finit en exhortant les Chrétiens à obéir au Souverain, à porter les armes, à remplir les magiſtratures & les autres emplois de la ſociété. Jamais ils ne l'ont refuſé lorſqu'on n'a point exigé d'eux, que, pour le faire, ils abjuraſſent leur religion.

Nous nous ſommes peut-être trop étendus à examiner cet ouvrage publié contre le Chriſtianiſme naiſſant, & qui auroit ſuffi pour l'étouffer, ſi l'Auteur avoit eu

pour

pour lui la vérité & la justice. Mais il nous a paru important de montrer que la plupart des objections, étalées par les Incrédules modernes, ont près de dix-huit cents ans d'antiquité, puisque Celse les a faites avant eux. Ceux qui ont embrassé notre Religion dans ces temps-là, n'ignoroient donc pas ce que l'on pouvoit alléguer contre elle; Celse n'étoit pas le seul Philosophe zélé pour le maintien du Paganisme; & sous le regne de plusieurs Empereurs du second siecle, ces personnages importans jouirent de la plus haute consi dération. Fussent-ils aujourd'hui cent fois plus honorés, nous n'avons pas plus à craindre leurs attaques, que nos peres ne les ont redoutées : la main qui a établi le Christianisme, a vaincu des obstacles plus terribles que leurs argumens.

ARTICLE TROISIEME.

Extrait de l'ouvrage de Julien contre la Religion Chrétienne.

§. I.

Lorsque Julien écrivit contre notre Religion, elle avoit fait de plus grands progrès que du temps de Celse; elle étoit mieux affermie ; les conversions s'étoient multipliées sous Constantin, & les Philosophes avoient été forcés de la respecter. Un Empereur qui s'étoit fait leur disciple, qui regardoit la ruine du Christianisme comme un coup de politique & comme un titre à l'immortalité, étoit sans doute un ennemi redoutable ; mais que peuvent la puissance & la sagesse humaine contre les desseins de Dieu ? Le regne de Julien fut court, & ses projets insensés périrent avec lui. Son écrit n'est ni plus solide ni mieux arrangé que celui de Celse, il est même beaucoup plus foible ; il répete les mêmes objections, & la plupart attaquent le Judaïsme plutôt que le Christianisme. Nous n'avons donc pas besoin d'en donner une notice aussi détaillée que celle de l'ouvrage précédent. S. Cyrille, qui l'a réfuté en dix Livres, en a conservé les propres termes ; le premier Livre n'est qu'un préliminaire.

Au commencement du second, Julien reproche aux Chrétiens d'avoir fait un mélange de ce qu'il y a de plus mauvais dans la Religion des Juifs & dans celle des Grecs, pour en composer la leur ; d'avoir reçu des premiers la haine du Polythéisme, & des seconds leur morale relâchée. Ils ont profité, dit-il, de notre inertie & de nos désordres pour s'établir & se fortifier. Il avoue que les Grecs ont forgé sur les dieux des fables absurdes, telles que celles de Saturne, de Jupiter & de Bacchus (*a*).

Il s'ensuit déjà, que les Juifs & les Chrétiens n'avoient pas tort de suivre une Religion plus sensée; quand les derniers auroient fait des emprunts, Julien avoit fait de même pour en composer son systême de philosophie; & pour réformer le Paganisme, il déroboit aux Chrétiens plusieurs articles de croyance & de morale. On voit dans ses Lettres qu'il avoit honte des mœurs païennes, lorsqu'il les comparoit à celles des *Galiléens*, & qu'il auroit voulu introduire, parmi les Prêtres du Paganisme, la même discipline qui régnoit parmi les Ministres de la Religion Chrétienne.

Quand il auroit supprimé toutes les fables indécentes, auroit-il aboli le culte de Vénus pour lequel il étoit si zélé? Les fables & le culte étoient tellement liés, que l'un ne pouvoit subsister sans l'autre.

Il prétend que Platon a beaucoup mieux expliqué que Moïse la création du monde; il reproche à Moïse de n'avoir rien dit de

(a) Dans S. Cyrille, L. II, p. 43 & 44.

la création des Anges, d'avoir supposé la matiere éternelle, d'avoir donné à entendre que Dieu n'a fait autre chose que l'arranger (*a*).

C'est une injustice d'attribuer à Moïse l'erreur de Platon; ce Philosophe n'a jamais enseigné la création de la matiere: mais Moïse avoit eu un meilleur Maître. Les Eclectiques puisoient dans ses Livres mêmes, & dans ceux des Chrétiens, les idées par lesquelles ils s'efforçoient de rectifier la doctrine inintelligible de Platon.

Celui-ci suppose que Dieu a créé les intelligences ou dieux du second ordre, que ce sont eux qui ont formé le monde, les hommes & les animaux; parce que si Dieu les avoit formés lui-même, ils auroient été immortels comme lui (*b*). Nous avons vu cette même doctrine adoptée par Celse, & nous l'avons suffisamment réfutée (*c*).

Moïse avoit donc eu de bonnes raisons pour ne pas parler de la création des Anges, puisque le culte de ces esprits du second ordre avoit anéanti chez toutes les nations le culte du vrai Dieu.

(*a*) L. II, p. 49, 58. L. III, p. 96.
(*b*) L. II, p. 65
(*c*) Art. préced. §. 13.

Platon nomme *Dieux viſibles* le ſoleil, la lune, les aſtres, le ciel; mais le ſoleil, dit Julien, n'eſt que l'image de l'intelligence que nous ne voyons pas. Il n'eſt pas poſſible de regarder le ciel ſans reconnoître qu'il eſt l'ouvrage d'un Dieu tout-puiſſant; l'ordre conſtant des corps céleſtes, leur mouvement régulier, leur nature immuable démontre que Dieu en eſt l'auteur, & qu'ils ſont immortels (*a*).

La premiere queſtion étoit de prouver que ces corps ſont animés, immuables, immortels; la philoſophie le ſuppoſoit ſans raiſon. Leur marche réguliere annonce l'action d'un ſeul & unique moteur, & non la volonté de pluſieurs intelligences différentes. Cependant c'étoit-là l'unique fondement du Polythéiſme philoſophique & populaire & de l'idolatrie. Il falloit donc une révélation ou pour le confirmer ou pour le détruire.

§ II.

Dans le Livre troiſieme, Julien fait contre l'hiſtoire de la chûte de nos premiers parens, les objections des Manichéens

---

(*a*) L. II, p. 65, 69.

répétées encore par les Incrédules modernes : nous les avons réfutées ailleurs (*a*).

Selon lui, Moïſe a ſuppoſé que Dieu ne prenoit ſoin que de la nation Juive, qu'il négligeoit les autres : puiſqu'il ne dit point par quels Dieux les autres peuples étoient gouvernés ; il leur accorde tout au plus l'uſage du ſoleil & des aſtres. Tel a été, dit-il, la doctrine des Prophetes, de Jeſus, & de Paul le plus grand impoſteur & le plus odieux Magicien qui fut jamais. Cependant Paul a varié ſur ce point ; car il dit que le Dieu des Juifs eſt auſſi le Dieu des Nations. Mais pourquoi les abandonner ainſi pendant des milliers d'années, les laiſſer croupir dans l'ignorance & dans l'idolatrie (*b*) ?

S'il y a une vérité clairement enſeignée dans les Livres de Moïſe, dans l'Ancien & le Nouveau Teſtament : c'eſt la Providence générale de Dieu ſur tous les peuples, & ſa bonté à l'égard de tous les hommes ſans exception : nous l'avons prouvé dans notre ſeconde Partie. Dieu, à la vérité, avoit donné aux Juifs plus de connoiſſances & de ſecours qu'aux autres

(*a*) L. III, p. 75, 86, 93.
(*b*) Pag. 99, 100, 106.

Nations ; mais il eſt faux qu'il en ait jamais abandonné aucune.

Elles ont croupi dans l'erreur & dans l'idolatrie ; c'eſt leur faute & non celle de Dieu. Il leur avoit donné non-ſeulement la raiſon & la conſcience pour s'inſtruire, pour le connoître & l'adorer dans ſes ouvrages, mais encore la tradition de la révélation & du culte primitif ; elles ont réſiſté à ces différentes leçons. La faute eſt principalement venue des Philoſophes ; loin de rectifier les idées du peuple, il les ont confirmées par des ſophiſmes, & n'ont jamais voulu déférer à la révélation.

Ce n'eſt point par défaut de lumiere, que Julien, élevé dans le Chriſtianiſme, s'étoit égaré ; c'étoit par un travers d'eſprit & une corruption de cœur très-volontaires. Il en étoit de même de tous ceux qui avoient entraîné les peuples.

Quand il reproche à Moïſe d'avoir dit que Dieu eſt jaloux, qu'il punit les péchés des peres ſur les enfans, il vérifie lui-même cette maxime ; s'il étoit venu à bout de ſes projets, nous ſerions peut-être encore aujourd'hui victimes de ſa démence, & nous porterions la peine de ſa haine contre Jeſus-Chriſt. Nous avons expliqué en ſon lieu le ſens des paroles de Moïſe.

§. III.

Dans le Livre quatrieme, il oppose la doctrine des Philosophes à celle de Moïse. « Nos Auteurs, dit-il, enseignent que » Dieu est le pere de tous les peuples, qu'il » a préposé à chaque Nation, & à chaque » ville, des Dieux pour les gouverner & » pour présider à chaque talent particulier. « De-là vient la diversité de caracteres, de » talens, de mœurs, de loix chez les » différens peuples ; point d'autre cause » probable de cette diversité. Nos dogmes » sont donc confirmés par l'expérience, les » vôtres lui sont contraires (a) ».

Quelle expérience, quel raisonnement ! 1°. Il n'est pas vrai que selon Platon Dieu soit le pere de tous les peuples ; ce n'est pas lui qui les a créés, ce sont les Dieux secondaires. 2°. S'il est leur pere, n'a-t il pas été assez puissant pour diversifier leur caractere, lui qui n'a pas formé deux feuilles d'arbres parfaitement semblables ? Julien lui-même nous dira bientôt que cette diversité vient de la différence des climats. Si elle prouvoit quelque chose, il

(a) L. IV, p. 115, 131.

s'ensuivroit qu'il y a autant de dieux que d'hommes ; y eût-il jamais deux hommes parfaitement ressemblans ? 3° Il auroit encore fallu que Dieu apprît à chaque peuple par révélation, quel etoit le Dieu qu'il lui avoit donné pour le gouverner. Julien étoit-il en état de le deviner ? Il avoit plutôt emprunté sa doctrine, des Prophêtes, que des Auteurs du paganisme ; Daniel parle d'un Ange qui présidoit à la Monarchie des Perses, & d'un autre qui protégeoit les Juifs (*a*) ; mais ces anges n'étoient pas des dieux.

Il tourne en ridicule l'histoire du déluge & de la confusion des langues. Moïse, dit-il, veut rendre raison de la diversité des langues, & il n'en rend aucune de la diversité du génie, du caractere, des talens, des loix & des coutumes (*b*).

Cela n'étoit pas nécessaire, puisque, selon Julien lui-même, cette diversité est analogue à celle du tempérament physique, qui dépend beaucoup du sol & du climat (*c*). Il suffit que Dieu ait fait naître les hommes sous différens climats, pour

(*a*) Dan. c. 10, ℣. 13.
(*b*) L. IV, p. 134, 138.
(*c*) Pag 143.

qu'ils aient un tempérament, un caractere, & des usages différens.

Si Dieu, dit-il, n'a pas eu soin de nous & n'a rien fait pour nous, nous n'avons aucune action de graces à lui rendre (*a*). Où est-il écrit que Dieu n'a pas soin de tous les peuples & ne fait rien pour eux? Dans l'endroit même censuré par Julien, Moïse dit que c'est Dieu qui a dispersé les enfans de Noé dans les différentes contrées de la terre (*b*). Ils l'y ont oublié, mais il ne les a pas abandonnés.

Dieu, continue Julien, nous a fait plus de bien qu'aux Hébreux, & nous a donné des Législateurs plus sages que Moïse (*c*). Soit pour un moment; cette prédilection prouve-t-elle quelque chose contre la providence générale de Dieu? Il est permis, sans doute, aux Hébreux d'avoir autant de vanité nationale que vous. Comme Julien n'aimoit pas les Perses, qui étoient les ennemis de l'Empire, il traite fort mal leurs loix & leurs coutumes. Il dit que les Perses se permettent le commerce avec leurs sœurs, leurs filles & leurs meres.

(*a*) Pag. 138.
(*b*) Gen. ch. 11, ℣. 9.
(*c*) Pag. 141.

De deux choſes l'une, ou le Dieu ſouverain avoit donné aux Perſes un tempérament & un caractere déteſtables, ou il leur avoit prépoſé un très-mauvais gouverneur.

« Moïſe, dit-il, ſuppoſe lui-même la » pluralité des dieux, puiſqu'il leur fait » dire, *allons*, *confondons* le langage des » enfans d'Adam : nous avons donc raiſon » d'attribuer ce phénomene aux dieux in» férieurs (*a*) ». D'autres ont fait la même réflexion ſur ces mots, *faiſons* l'homme à notre image ; cette façon de parler, très-ordinaire dans toutes les langues, ne prouve rien.

Il ajoute : « Si Moïſe a penſé que le » Dieu des Hébreux n'eſt qu'un Dieu par» ticulier qui partage le ſoin de l'univers » avec d'autres, nous penſons mieux que » lui, en ſuppoſant que tous ces dieux » ne ſont que les lieutenans & les mi» niſtres du Dieu ſouverain créateur du » monde (*b*) ».

Julien ſavoit très-bien que Moïſe n'a point connu d'autre Dieu que le créateur du monde, & qu'il ne lui a point donné de lieutenans ; il le reconnoît, Livre VIII :

(*a*) L. IV, p. 146.
(*b*) *Ibid.* p. 148.

mais en bon Philosophe, il ne se piquoit pas de sincérité. Il trahissoit la doctrine de Platon, qui n'attribue point au Dieu souverain, mais aux intelligences inférieures, la création du monde.

§ IV.

Julien commence le cinquieme Livre en disant, qu'à l'exception de la défense d'honorer plusieurs dieux & de la loi du Sabbat, le Décalogue ne commande rien qui n'ait été ordonné de même par les autres Législateurs (*a*).

Cela est faux; les autres Législateurs ont approuvé ou toléré le meurtre des enfans mal conformés, la dureté envers les esclaves, la prostitution, la vengeance, &c. Cela n'est certainement pas permis par le Décalogue.

Selon Julien, il est absurde de défendre d'adorer plusieurs dieux, sous prétexte que Dieu est jaloux, est un feu dévorant. C'est donc malgré lui que les autres nations adorent les dieux. Pourquoi ne les en a-t-il pas empêché? Est-ce défaut de puissance ou de volonté? Le premier est un blas-

(*a*) L. V, p. 154.

phême, le second nous excuse & nous autorise (a).

Par ce bel argument les Perses étoient excusés & autorisés à se souiller avec leurs sœurs, leurs filles & leurs meres. Un Chrétien pouvoit dire à Julien : pourquoi vos Dieux ne nous empêchent-ils pas de détruire leur culte, & de leur débaucher des adorateurs? Est-ce défaut de puissance ou de volonté, &c.? Excellent moyen d'autoriser tous les crimes. Le terme de *jalousie* dont les incrédules sont révoltés, & sur lequel Julien argumente encore ailleurs (b), ne signifie autre chose que la sainteté de Dieu, qui défend & punit les crimes; c'en est un de lui refuser le culte pour le prodiguer à des êtres dont l'existence est démontrée fausse par la raison & par la révélation.

Il nous demande, pourquoi donc adorez-vous un fils que vous supposez à Dieu & qu'il n'a jamais reconnu (a)?

Nous l'adorons parce que Dieu l'a reconnu authentiquement pour son fils, par le pouvoir qu'il lui a donné sur la nature,

---

(a) L. V, p. 155.
(b) L. VII, p. 224.
(c) L. V, p. 159.

par ses vertus, par sa doctrine sainte, par sa résurrection, par les prophéties qui l'ont annoncé, par les miracles opérés en son nom, &c. Le Pere & le Fils ne sont pas deux Dieux.

Il n'est pas croyable, dit-il, que Dieu se soit mis dans une si grande colere, parce que les Hébreux avoient adoré Béelphégor, & qu'il ait voulu détruire une nation entiere pour la faute de quelques-uns. Il seroit plus digne de lui de conserver un méchant pour épargner un million d'innocens (*a*).

Cela est très-croyable quand on considere les circonstances. Dieu avoit sévérement défendu l'idolatrie, les Hébreux s'étoient soumis à cette Loi; ils ne subsistoient dans le désert que par un miracle continuel de la providence, ils étoient donc punissables de vouloir adorer de faux dieux. Les coupables seuls furent punis, & non les innocens. Julien excusoit tous les cultes, excepté le vrai.

Nos Philosophes, continue-t'il nous recommandent d'imiter les dieux; dans le dieu des Juifs on ne trouve rien à imiter

(*a*) L. V, p. 160.

que la fureur, la colere, la vengeance, la jalousie (a).

Excellens modeles à imiter que Jupiter, Bacchus, Mars & Vénus. Julien auroit répliqué sans doute que les crimes dont on les chargeoit étoient des fables; mais quelle bonne action pouvoit-on leur attribuer qui ne fût aussi fabuleuse, puisque c'étoient des êtres chimériques? Les punitions prétendues que ces dieux avoient envoyées aux profanateurs de leur culte, étoient donc aussi des actes de fureur, de colere, de vengeance. S'il étoit permis à Jupiter de punir, nous ne voyons pas pourquoi cela étoit indigne du Dieu Souverain.

Une preuve, dit Julien, que Dieu a soin de toutes les Nations, c'est qu'il les a beaucoup mieux traitées que les Juifs. Les Egyptiens, les Chaldéens, les Assyriens, les Grecs ont eu des Sages qui ont mieux connu la nature divine que les Hébreux, des guerriers auxquels les Juifs n'oseroient comparer les leurs: la Philosophie & toutes les sciences sont nées & se sont perfectionnées chez les premiers, les Juifs n'en ont cultivé aucune (a).

(a) L. V, p. 171.
(b) *Ibid.* p. 176, 178.

Selon cette regle lumineuſe, les peuples les plus vicieux & les plus méchans ont été ſouvent les plus agréables à la Divinité. Si Julien eût ſurvécu à ſa défaite par les Perſes, auroit-il trouvé bon que l'on argumentât contre lui ſelon ce préjugé ? Quel aveuglement de regarder comme *ſages* les Egyptiens qui adoroient des animaux ! Les autres nations n'étoient gueres plus ſenſées.

§. V.

Il continue de raiſonner de même dans le Livre ſixieme. Il vante les Philoſophes, les grands Capitaines, les Artiſtes célebres, les Légiſlateurs nés chez les nations Païennes, les exploits & les loix de Minos, de Dardanus & d'Enée. Ils ont mieux traité, dit-il, les ennemis dont ils avoient à ſe plaindre que Moïſe n'a traité ceux qui ne lui avoient point fait de mal (*a*).

Mais quel mal avoient fait à Julien les villes de Diacires, d'Ozogardane, de Maogamalque, dont il extermina les habitans ? Nous avons vu ailleurs les raiſons de la rigueur avec laquelle furent traités les Cana-

(*a*) L. VI, p. 186, 190.

néens. Quant aux exploits de Minos & des autres, ce sont des fables que Julien croyoit comme un enfant.

« Pour Jesus, dit-il, il n'a pu se faire
» suivre que par un petit nombre & par
» les plus méchans d'entre les Juifs; on ne
» parle de lui que depuis environ trois cens
» ans. Pendant toute sa vie il n'a rien fait
» de mémorable, à moins qu'on ne regar-
» de comme de grands exploits d'avoir
» guéri les boîteux & les aveugles, & exor-
» cisé les démons dans les villages de Beth-
» saïde & de Béthanie (*a*) ».

Du moins la résurrection de Jesus étoit un exploit assez mémorable; Julien n'en parle pas, il fait semblant d'ignorer le nombre des Juifs & des Païens convertis par la prédication des Apôtres. Persuadé comme il l'étoit du pouvoir des dieux, comment a-t-il pu supposer que Jesus leur ennemi avoit guéri des boîteux & des aveugles? Il faut que ces miracles soient incontestables, puisque Julien n'ose ni les nier ni les combattre, & en parle si légerement.

Il vante l'inspiration de la Sibylle & des Devins, les dons miraculeux accordés aux

(*a*) L. VI, p. 191.

Romains par Jupiter, le bouclier tombé du Ciel, la tête déterrée sur le Capitole, &c. Au lieu de révérer ces gages de la protection du Ciel, les Chrétiens adorent le bois de la Croix. Vous imprimez, leur dit-il, ce signe sur votre front, vous le gravez sur la porte de vos maisons, vous quittez le culte des dieux pour adorer un Juif puni du dernier supplice (*a*).

Aucune fable Païenne que Julien n'adoptât. Mais enfin ces gages prétendus de la protection du Ciel ont été forcés de céder au signe sacré de notre rédemption; l'ouvrage étoit déjà bien avancé du temps de Julien, sa mort acheva bientôt d'en completter le succès.

Il dit que l'inspiration divine a cessé chez les Hébreux & chez les Egyptiens; mais que Jupiter pour en dédommager les hommes, leur a donné les arts sacrés ou la théurgie, pour qu'ils eussent toujours commerce avec les Dieux. Il raconte les miracles d'Esculape & les met fort au-dessus de ceux dont se glorifioient les Hébreux (*b*).

Si l'inspiration divine *avoit cessé* chez les Hébreux, elle y avoit donc été autrefois;

(*a*) L. VI, p. 194.
(*b*) *Ibid.* p. 200.

dans ce cas, quel argument ne pouvoit-on pas tirer contre Julien des Prophéties qui annonçoient Jesus-Christ comme envoyé de Dieu & Sauveur des hommes? Dieu avoit-il pu donner l'inspiration aux Prophêtes pour confirmer une religion fausse & injurieuse aux dieux, tel qu'étoit le Judaïsme aux yeux de Julien? Ce Sophiste raisonne à l'aveugle, il ne voit pas les conséquences de ses aveux, & ses copistes ne sont pas plus clairvoyans que lui.

Les prétendus miracles d'Esculape étoient imaginaires. Les malades l'invoquoient à la vérité; mais lorsqu'ils étoient guéris par quelle preuve étoient-ils assurés que leur convalescence venoit de ce dieu fantastique & non de la nature & des remedes? Quant à la Théurgie, c'étoit un chaos de superstitions & de profanations.

§. VI.

« Si vous étiez demeurés dans le parti » des Juifs, continue Julien, au lieu de » plusieurs Dieux, vous en adoreriez un » seul, & non un homme mort, ou plutôt » plusieurs hommes malheureux comme » vous faites; votre culte seroit plus pur & » plus saint. Vous n'avez pas seulement

» conservé l'idée qu'ils avoient de la sain-
» teté ; vous n'imitez que leur fureur à dé-
» truire les temples & les autels. Vous
» avez mis à mort non-seulement ceux qui
» persévéroient dans la religion de leurs
» peres ; mais encore les hérétiques imbus
» de la même erreur que vous, & qui ne
» s'accordoient point à pleurer un mort
» avec vous. Ni Jesus ni Paul ne vous en
» ont fait une loi, parce qu'ils n'ont pas
» espéré que vous parvinssiez jamais à un
» si haut degré de puissance. Ils se conten-
» toient de séduire les esclaves, d'entraî-
» ner quelquefois les femmes & leurs ma-
» ris, tels que Corneille & Sergius. Si par-
» mi leurs disciples de ce temps-là, sous
» l'Empire de Tibere & de Claude, on
» peut citer un seul personnage illustre, je
» consens à passer pour un imposteur (a) ».

Examinons tous ces reproches. 1°. Julien savoit très bien qu'en rendant un culte à Jesus-Christ les Chrétiens ne croyoient point adorer un pur homme, mais Dieu le fils personnellement uni à l'humanité. Il y a donc de la mauvaise foi à supposer qu'ils adoroient un homme mort. 2°. Il n'ignoroit pas que le culte rendu aux Apô-

(a) L. VI, p. 201, 205.

tres & aux Martyrs étoit un respect religieux, mais non une *adoration*; il calomnie les Chrétiens en affirmant le contraire. 3°. Faire consister, comme les Juifs, la sainteté dans la multitude des cérémonies & des pratiques extérieures, est une erreur bien grossiere pour un Philosophe. 4°. Il est faux qu'il y eût eu des Païens mis à mort pour avoir persévéré dans la religion de leurs peres, ni des hérétiques *pour leurs erreurs*; si quelques-uns avoient été punis, ç'avoit été pour des séditions. 5°. Julien convient qu'avant la mort de S. Jean les tombeaux de S. Pierre & de S. Paul étoient déja honorés en secret (*a*); il n'étoit donc pas nécessaire que Jesus ni S. Paul en eussent fait une loi. Non-seulement ils n'ont pas ignoré, mais ils ont prédit les progrès que feroit l'Evangile. 6°. Quand il seroit vrai que sous l'empire de Tibere & de Claude, avant l'an 54, il n'y avoit encore aucun personnage illustre parmi les Chrétiens, Julien ne pouvoit disconvenir que sous Domitien, avant l'an 96, plusieurs personnes de la famille Impériale, des Consuls mêmes, n'eussent fait profession du Christianisme. Il est incertain si en 54

(*a*) L. X, p. 327.

les Apôtres avoient déja prêché à Rome. Quelle induction peut-on tirer delà ?

Julien oppose de nouveau la splendeur & la prospérité des Romains, à l'état de servitude, dans lequel ont vécu les Patriarches & leur postérité; c'est, selon lui, une preuve convaincante de l'approbation que le Ciel a donnée au culte des dieux (a).

Mais les Perses qui n'adoroient point les dieux, qui avoient brûlé les temples de la Grece & brisé les statues, auroient pu de même étaler leurs victoires pour prouver que la religion des Mages valoit mieux que le Paganisme. Qu'auroit dit Julien, s'il avoit vu l'Empire Romain détruit par les Barbares ?

Cependant il insiste encore sur la même réfléxion. « Jesus même, dit-il, étoit sujet » de César; vous dites qu'il fut inscrit dans » le cens fait sous Cyrénius avec son pere » & sa mere. Après sa naissance quel bien » a-t-il fait à ses parens ? Mais ils n'ont pas » voulu se soumettre à lui. Quoi, ce peu- » ple inflexible & indomptable a cepen- » dant obéi à Moïse. Jesus qui comman- » doit aux esprits, qui marchoit sur la » mer, qui chassoit les démons, qui a fait,

(a) L. VI, p. 209.

» à ce que vous dites, le Ciel & la Terre, » n'a pas pu changer les cœurs de ses pro- » ches & de ses amis pour leur salut? Mais » aucun de ses Disciples n'a osé lui attri- » buer le pouvoir créateur, si ce n'est le » seul Jean, encore ne l'a-t-il pas dit fort » clairement; mais qu'il l'ait dit, j'y con- » sens (a) ».

Julien ne révoque point en doute le cens fait sous Cyrénius, contre lequel nos incrédules s'inscrivent en faux; il devoit savoir ce qui en étoit. Ce cens attestoit la légitimité de la naissance de Jesus sur laquelle ils ont voulu, comme les Juifs, jetter des soupçons; s'il y avoit eu le moindre fondement, Julien n'auroit pas manqué de le remarquer.

Les parens de Jesus qui eurent dabord de la peine à croire en lui, ont été persuadés de sa mission dans la suite; plusieurs sont morts pour lui dans le temps qu'il n'étoit plus sur la terre : les deux saints Jacques & S. Simeon étoient parens du Sauveur.

On sait que les Hébreux n'ont obéi à Moïse qu'après plusieurs punitions miraculeuses, & qu'ils se sont révoltés plus

---

(a) L. VI, p. 213.

d'une fois; Jesus n'a point voulu faire usage de son pouvoir pour effrayer les pécheurs, encore moins pour forcer les incrédules à se soumettre; mais Julien ne pouvoit ignorer l'accomplissement des prédictions que Jesus avoit faites de la punition des Juifs; lui-même auroit dû se convertir par le prodige des feux sortis des fondemens du temple qu'il vouloit faire rebâtir.

§. VII.

Il continue dans le septieme Livre à soutenir la prééminence des Païens sur les Juifs; c'est une insipide répétition. De quoi ont servi aux Païens leurs Héros, leurs Guerriers, leurs Législateurs, leurs Philosophes? A les rendre plus aveugles & plus corrompus que les Juifs.

Si Salomon, dit-il, étoit un sage, s'il étoit inspiré, il a adoré nos Dieux; c'est donc par inspiration qu'il a embrassé le même culte que nous (*a*). Mais Salomon, vieux, affoibli, dominé par les femmes, n'étoit plus inspiré; il fut puni de son idolatrie; & le châtiment s'étendit sur sa postérité: l'inspiration ne rend pas l'homme impeccable.

(*a*) L. VII, p. 224.

Pourquoi

Pourquoi, ajoute Julien, voulez-vous étudier les ſciences des Grecs, ſi la lecture de vos écritures vous ſuffit ? Il valoit mieux défendre aux hommes cette étude que l'uſage des viandes immolées. L'étude des ſciences n'a jamais manqué de déſabuſer de votre impiété tous ceux qui avoient un peu de bon ſens naturel. Par un trait de folie inconcevable vous attribuez à la Divinité des Livres qui n'ont jamais rendu un ſeul homme plus ſage, plus courageux, plus vertueux ; & ceux qui donnent la ſageſſe, la vertu, la juſtice, vous les attribuez à Satan & à ſes adorateurs (*a*).

Ici notre Sophiſte ſe confond lui-même. Il ſentoit ſi bien l'aſcendant que donnoient aux Chrétiens les ſciences & les talens, qu'il leur défendit par un Edit l'entrée des écoles & la profeſſion d'enſeigner. Si les Lettres avoient dégoûté du Chriſtianiſme, il auroit fallu faire le contraire. On nous combat, diſoit-il, par nos Auteurs ; nous laiſſerons-nous égorger de notre épée (*b*) ? Plus d'une fois il a été obligé de rendre juſtice aux vertus des Chrétiens (*c*).

(*a*) L. VII, p. 229.
(*b*) Vie de Julien, L. IV, p. 262.
(*c*) Vie de Julien, p. 165. Lettre 32 à Arſace.

Il revient encore aux miracles d'Esculape, d'Apollon, des Muses, de Mars, de Vulcain, de Pallas; il atteste Jupiter qu'Esculape l'a souvent guéri & lui a indiqué des remedes. Il accuse de nouveau les Chrétiens d'avoir abandonné ce qu'il y avoit de meilleur dans la religion Juive, les cérémonies, les purifications, les abstinences. Moïse, dit-il, avoit défendu *de maudire les dieux*; mais les Juifs n'ont point observé cette loi. Vous n'avez retenu d'eux que leur aversion pour le culte des dieux, & vous y avez ajouté la liberté de manger de tout indifféremment.

Tel est le relâchement dans les mœurs dont il fait un crime aux Chrétiens (*a*); c'est le langage d'un superstitieux enthousiaste dont Esculape n'avoit pas guéri le cerveau.

Pour prouver la corruption de mœurs dont les Chrétiens étoient coupables, il cite le passage de S. Paul aux Corinthiens; « Ne vous trompez-pas, les fornicateurs, » les idolâtres, les adulteres, les impudi- » ques, les voleurs, les avares, les intem- » pérans, les calomniateurs, les ravisseurs, » ne posséderont point le Royaume de

(*a*) L. VII, p. 235, 238.

„ Dieu. Vous avez été tels autrefois, mais „ vous êtes purifiés, corrigés & sanctifiés „ par le nom de Notre Seigneur Jesus-„ Christ, & par l'esprit de Dieu (a) ». Cependant, dit Julien, le baptême ne guérit ni la lépre, ni la goutte, ni les défauts du corps, ni les maladies de la peau; comment peut-il effacer les adulteres, les rapines & tous les vices de l'ame sans exception (b)?

Mais les purifications du Paganisme dont il étoit si entêté guérissoient-elles les maladies du corps? Une preuve qu'elles avoient encore moins de pouvoir sur l'ame, ce sont les vices dont S. Paul faisoit souvenir les Corinthiens, & auxquels ils s'étoient livrés avant leur conversion au Christianisme. Si les Chrétiens en général y avoient été sujets, Julien n'auroit-il pu en donner d'autre preuve que ce raisonnement frivole?

§. VIII.

Le Livre huitieme contient encore des répétitions. Moïse, dit-il, n'admet qu'un seul Dieu, il ne lui donne point de second

(a) I. Cor. c. 6, ℣. 9.
(b) *Ibid.* pag. 245.

ni d'égal comme font les Chrétiens; il promet aux Juifs un Prophête semblable à lui, & non semblable à Dieu; cela ne peut s'entendre du fils de Marie. La Prophétie qui annonce que le sceptre ne sera point ôté de Juda jusqu'à l'arrivée du Messie regarde Ezéchias sous lequel finit le regne de David; les Chrétiens en ont altéré la lettre & le sens. Jesus ne descend pas de Juda, puisqu'il est né, non de Joseph, mais du S. Esprit: Matthieu & Luc ne s'accordent point dans la généalogie qu'ils lui ont dressée (a).

Jesus n'est point un second ni un égal à Dieu, c'est Dieu lui-même revêtu de l'humanité. Il est semblable à Moïse, puisqu'il est Législateur comme lui. Le regne de David n'a point fini sous Ezéchias, puisque son fils Manassés lui succéda. Nous avons prouvé ailleurs que la Prophétie de Jacob regarde exclusivement Jesus-Christ, & qu'il n'y a point de contradiction dans sa généalogie.

Julien soutient que les paroles de S. Jean, *au commencement étoit le Verbe*, &c. ne s'accordent point avec Moïse; on ne conçoit rien au raisonnement qu'il fait

(a) L. VIII, p. 253, 261.

pour le prouver : tout ce qui s'ensuit c'est que Moïse n'a point enseigné le mystere de l'Incarnation.

Les paroles d'Isaïe, *une Vierge enfantera un fils*, &c. n'annoncent point un Dieu; il est question là, dit-il, de la femme d'Isaïe. Il n'est point dit qu'elle enfantera un Dieu; l'on a donc tort de nommer Marie *mere de Dieu*. Il n'est point exprimé non plus qu'il sera le fils unique de Dieu, ni celui par qui tout a été fait. Comment une femme peut-elle enfanter un Dieu qui est un homme semblable à nous? Dieu dit, *je suis seul, il n'y a point d'autre Sauveur que moi*, & vous osez nommer *Sauveur* celui qui est né de Marie (*a*).

Julien devenu disciple des Juifs argumente très-mal. Isaïe annonce un Dieu, puisque l'enfant dont il parle doit être nommé *Emmanuel*, Dieu avec nous, & *le Dieu fort*. Une Vierge doit en être la mere, donc ce n'est pas la femme d'Isaïe; donc Marie est *mere de Dieu*. Julien soutient gravement que Minerve est née du cerveau de Jupiter sans le concours d'une femme (*a*); cela est-il plus aisé que de naître

(*a*) L. VIII, p. 262, 276.
(*a*) L. VII, p. 235.

d'une Vierge. Il n'est pas nécessaire d'expliquer *comment* se fait un miracle lorsque c'est Dieu qui l'opere ; nous ne savons pas *comment* il forme un homme dans le sein d'une femme. Jesus n'est pas un autre Sauveur que Dieu ; il est Dieu lui-même.

§. IX.

Nouvelles répétitions dans le Livre neuvieme. Moïse parle du mariage des enfans de Dieu avec les filles des hommes : Julien prend ces enfans de Dieu pour des Anges ; & pense que les géans sont nés du mêlange d'une nature mortelle avec des êtres immortels ; c'étoit l'opinion vulgaire du Paganisme. Mais Moïse, dit-il, ne parle point d'un fils unique de Dieu, il ne le connoissoit pas ; il ne parle que d'un seul Dieu & de ses enfans, *auxquels il a confié le soin des Nations.* Ce dernier dogme est de l'invention de Julien ; il est singulier qu'il veuille trouver tout à la fois dans Moïse la Théologie Païenne & les mysteres du Christianisme (*a*).

Les Prophêtes ont ordonné d'adorer & de servir *Dieu seul :* Jesus au contraire com-

(*a*) L. IX, p. 290.

mande de baptiser les Nations au nom du Pere, du Fils & du S. Esprit. C'est le même grief répété dix fois.

Selon lui, Moïse semble avoir connu les dieux expiateurs, *averrunci*, dans la cérémonie du bouc émissaire (a). Comment cela peut-il s'accorder avec ce qu'il avoue & répete, que Moïse n'a parlé que d'un seul Dieu.

Mais il veut opiniâtrément trouver le Paganisme dans Moïse. Vous n'offrez point, dit-il aux Chrétiens, les Sacrifices ordonnés par ce Législateur de la part de Dieu : vous avez imaginé un autre genre de Sacrifice ; pourquoi ne pas observer les anciens ? Les Juifs ne different de nous que dans le culte exclusif d'un seul Dieu ; tout le reste, les temples, les autels, les lustrations, les victimes, les cérémonies, leur sont communs avec nous.

Ce culte exclusif d'un seul Dieu est justement ce qui distingue la vérité d'avec l'erreur, la religion d'avec la superstition. Le Sacrifice ordonné par Jesus-Christ a fait tomber ceux des Juifs & des Païens ; les premiers ne convenoient qu'aux nations en-

(a) L. IX, p. 289.
(a) *Ibid.* p. 305.

core grossieres, les seconds étoient accompagnés de crimes & d'abominations.

L'abstinence & le choix des viandes que Julien jugeoit très-nécessaires, étoient une précaution relative au climat, & qui eût été ridicule par-tout ailleurs. Cependant, selon lui, S. Pierre a eu tort de déclarer purs des alimens que Dieu avoit défendus comme impurs; il n'a point fait de miracle pour prouver que Dieu a révoqué cette défense, il a seulement forgé une révélation à ce sujet *(a)*. Mais Dieu lui-même fit le miracle; la descente du Saint-Esprit sur Corneille & sur toute sa maison démontra que saint Pierre n'avoit pas forgé une fausse révélation.

Moïse a déclaré cent fois, dit Julien, que sa loi seroit éternelle, il a défendu de la part de Dieu d'y ajouter ou d'en retrancher, il a prononcé une malédiction contre ceux qui ne l'observeroient pas fidelement; de quel droit les Chrétiens osent-ils dire qu'elle est abolie *(b)* ?

Quand Jesus-Christ n'auroit pas été envoyé de Dieu pour le déclarer, les Prophêtes l'avoient annoncé, la nature même

(a) L. IX, p. 314.
(b) *Ibid.* p. 319.

de cette loi prouve qu'elle étoit purement *nationale* & attachée au climat : Dieu l'a rendue impraticable par la destruction du temple & de la nation Juive.

Vu la prédilection que Julien témoigne pour le cérémonial Judaïque à cause de sa ressemblance à celui du Paganisme, on ne doit pas être étonné du dessein qu'il avoit formé de rebâtir le temple de Jérusalem & d'y rétablir l'exercice de la religion Juive. Ce projet entroit parfaitement dans ses vues, de mortifier les Chrétiens, de rendre fausses les prédictions de Jesus-Christ, de mettre le Christianisme aux prises avec ses divers ennemis. Vainement les incrédules ont révoqué en doute les tentatives qu'il fit pour l'exécuter, & le miracle qui le déconcerta.

Il dit que S. Pierre étoit un hypocrite, puisqu'il fut repris par S. Paul de ce qu'il vivoit, tantôt comme les Juifs & tantôt comme les Gentils. Nous avons éclairci ce fait en parlant de la conduite de S. Paul.

§. X.

Dans le dixieme Livre il accuse les Chrétiens d'avoir changé la doctrine des Apôtres. Le bon homme Jean, dit-il, est le ſeul qui ait oſé dire que Jeſus eſt *Dieu* ; encore ne l'a-t-il enſeigné qu'en termes ambigus. Il met cette doctrine dans la bouche de Jean-Baptiſte ; & une preuve que ſa déclaration n'eſt ni expreſſe ni inconteſtable, c'eſt qu'une partie des Chrétiens ne reconnoît point la divinité de Jeſus. Jean paroît même ſe rétracter en diſant que perſonne n'a jamais vu Dieu ; cependant ſi le Verbe incarné eſt Dieu, il a été vu & a demeuré parmi vous (*a*).

Julien ſavoit très-bien que non-ſeulement S. Jean, mais S. Pierre, S. Paul, S. Thomas & tous les Apôtres avoient confeſſé & prêché hautement la divinité de Jeſus-Chriſt, que les Ariens qui la nioient étoient de mauvaiſe foi ; mais il empruntoit les ſophiſmes de ces hérétiques pour le plaiſir de contredire & de diſputer.

« Ce que vous avez imaginé depuis, » continue-t-il, en ajoutant d'autres morts » à celui-là, eſt encore plus abominable ; » vous avez rempli l'univers de tombeaux » & de monumens, quoique vos Livres » n'aient jamais dit qu'il faut les honorer. » Jeſus lui-même ſemble blâmer cette pra- » tique, en diſant aux Juifs : *Vous êtes*

(*a*) L. X, p. 327, 333.

» *semblables à des sépulchres blanchis rem- » plis d'ossemens & d'immondices*, & *lais- » sez les morts ensevelir leurs morts*. Com- » ment donc osez-vous y invoquer Dieu & » vous y prosterner ? Isaïe parle de ceux » qui dorment sur les tombeaux & dans les » cavernes pour avoir des rêves ; c'étoit » une vieille superstition des Juifs. Je crois » volontiers que vos Apôtres ont fait de » même & vous ont enseigné cette magie » exécrable (*a*) ».

S'il n'étoit question que de réfuter Julien par lui-même, il seroit aisé de fournir les preuves du respect que les Païens avoient pour les tombeaux vrais ou supposés de leurs héros, & du culte des dieux manes. Comme ce culte étoit absolument le même que celui des autres dieux, Julien prête les mêmes idées aux Chrétiens & suppose qu'ils rendoient aux reliques des Martyrs le même culte qu'à Jesus-Christ, ce qui est très-faux. Lui-même étant Chrétien avoit honoré les tombeaux des Martyrs, on le voit par une Lettre de son frere Gallus (*b*). Ce ne sont pas les Chrétiens qui avoient *rempli l'univers* de tombeaux,

(*a*) L. X, p. 335, 339.
(*b*) Lettres choisies de Julien, p. 142.

ce font les perfécuteurs ; Julien à fon tour en augmenta le nombre.

Les Chrétiens prioient fur les tombeaux des Martyrs pour ranimer leur foi, pour s'encourager à imiter leur conftance, pour obtenir leur interceffion auprès de Dieu, & non pour avoir des rêves. Julien reconnoît que cet ufage étoit regardé comme une tradition venue des Apôtres; on voit dans l'Apocalypfe les Martyrs placés fous l'autel, fur lequel l'agneau eft en état de victime (*a*) : le même ufage eft confirmé par les Actes du martyre de S. Ignace & de S. Polycarpe.

§. XI.

Julien perfifte à demander pourquoi les Chrétiens n'ont point confervé l'ufage des Sacrifices, de la Circoncifion, du Sabbat, &c. La loi qui les prefcrit eft appellée une alliance éternelle; Jefus, lui-même, a dit qu'il étoit venu, non pour détruire la loi, mais pour l'accomplir (*b*). Nous avons répondu ailleurs à cette objection des Juifs.

J'adore, dit-il, le Dieu d'Abraham, d'Ifaac & de Jacob, le Dieu très-grand &

(*a*) Apoc. c. 6, ℣. 9.
(*b*) L. X, p. 343—351.

très-puiſſant qui a comblé de ſes faveurs tous ceux qui l'ont adoré de la même maniere qu'Abraham, au lieu qu'il vous traite aſſez mal. Abraham étoit habile dans la divination, il obſervoit les augures, il avoit un devin pour économe. Dieu lui dit: *Regarde le Ciel, compte les étoiles ſi tu peux, ainſi ſera ta poſtérité*; il vouloit donc lui faire obſerver par le cours des aſtres les decrets du Ciel qui gouverne tout & diſpoſe de tous les événemens. De même il lui ordonne de paſſer entre les parties de la victime, & des oiſeaux viennent s'y repoſer. Dieu confirma donc ſa promeſſe par un augure; ſans cette confirmation la foi d'Abraham auroit été un enthouſiaſme & une folie (*a*).

Ainſi un eſprit ſuperſtitieux cherche & trouve de toutes parts des preuves pour confirmer ſes folles idées; mais Julien ajoute à l'enthouſiaſme l'impoſture & la contradiction. 1°. Depuis ſon apoſtaſie il n'adoroit plus le Dieu d'Abraham, mais les dieux chimériques du paganiſme qui n'avoient rien de commun avec le vrai Dieu. 2°. Il dit que Dieu a comblé de ſes faveurs ceux qui l'ont adoré comme Abra-

(*a*) L. X, p. 354 & ſuiv.

ham, & il ſoutient dans tout ſon Ouvrage que Dieu a traité fort mal les deſcendans d'Abraham, qui l'adoroient cependant comme avoit fait leur pere. 3°. Où a-t il pris qu'Abraham pratiquoit la divination & les augures comme les Chaldéens, lui que Dieu fit ſortir de la Chaldée pour le tirer de l'idolatrie & des erreurs des Chaldéens ?

§. XII.

Tel eſt en abrégé le fameux Ouvrage de Julien dont les incrédules font encore de nos jours un trophée contre le Chriſtianiſme. Ils l'ont traduit, commenté, mis en pieces, pour en rajeunir toutes les objections ; c'eſt une des grandes ſources dans leſquelles ils ont puiſé leur érudition. Ou il ne falloit pas tant vanter les talens & le génie de cet Auteur, ou il ne falloit pas en produire une ſi mauvaiſe preuve. Si Julien avoit de l'eſprit, on voit qu'il manquoit de jugement ; ſouvent il fournit des armes contre lui-même, & les aveux qu'il fait ſuffiſent pour le couvrir de confuſion. Il ne pouvoit mieux peindre ſon génie ſuperſtitieux, étroit, pointilleux, ſophiſtique, qu'il le fait dans cette production ; le ton & la maniere conviennent peu à un Philoſophe, encore moins à un Empereur. L'affectation de déprimer les Juifs & de vouloir en même-temps concilier leur religion avec le Paganiſme, eſt d'un ridicule inconcevable.

Si le Chriſtianiſme étoit auſſi mal-fondé que les incrédules le prétendent, eſt-il croyable qu'on ne l'auroit pas mieux attaqué? Julien avoit tout l'avantage poſſible. Au lieu de s'amuſer à chicaner ſur des paſſages, il pouvoit emprunter des Juifs qu'il protégeoit des hiſtoires, des faits, des traditions, des circonſtances, s'ils avoient de quoi renverſer la preuve fondamentale du Chriſtianiſme, les miracles de Jeſus-Chriſt & des Apôtres, & ſur tout le fait important de la réſurrection du Sauveur; il n'en parle ſeulement pas.

Dans l'hypotheſe de la fauſſeté de l'hiſtoire Evangelique, Celſe & Julien avoient beau jeu; ils auroient dit aux Chrétiens, avec le ton ferme que donne naturellement la vérité: jamais l'on n'a vu dans la Judée ni ailleurs ces malades guéris, ces morts reſſuſcités, ces peuples miraculeuſement nourris, &c. dont vos Apôtres & vos Evangéliſtes font mention; les Juifs atteſtent le contraire; la notoriété publique de toute la Judée dépoſe contre vous. Jamais vous n'avez osé publier chez eux ces miracles imaginaires, ils vous auroient convaincus d'imposture. Paul ni ses Collegues n'en ont jamais fait aucun dans les Villes de l'Asie ni de la Grece; tout ce qu'il y a de Juifs & de Païens dans ces Villes reclame contre les fables que vous avez forgées. La prétendue résurrection de Jesus n'a été crue par aucun de ceux qui étoient sur le lieu; l'inspection de son tombeau, la fame publique, le témoignage des gardes, ont constamment prouvé que les Apôtres avoient enlevé son corps, &c. Il n'est pas besoin d'être Philosophe pour imaginer ce plan de dispute; ainsi eût raisonné l'homme le plus ignorant.

Nous ne voyons rien de semblable. Celse biaise, doute, glisse légerement sur les miracles, les attribue à la magie, dit que d'autres imposteurs en ont fait autant, que les faits sont exagérés, que les Apôtres ont rêvé, qu'ils ont vu une ombre, au lieu de Jesus ressuscité. Julien parle deux fois des miracles de Jesus; sans les attaquer, il demande si ce sont là de grandes merveilles: il traite S. Paul de magicien, & ne dit pas un mot de la résurrection de Jesus-Christ. C'est que la fermeté, la constance, l'uniformité du témoignage des

Apôtres, le nombre de ceux qui avoient cru sur le lieu, le silence forcé des Juifs, la notoriété publique, étoient un rempart inattaquable.

On doit raisonner de même de la maniere dont le Christianisme s'étoit établi, de la sainteté des mœurs & de la conduite des premiers Chrétiens, du courage héroïque des Martyrs, de l'impression que tous ces faits réunis avoient produite & continuoient de produire sur les Juifs & sur les Païens.

Loin d'être fâchés de la conservation des Ecrits de Celse & de Julien, nous avons une obligation sincere aux Peres de l'Eglise qui ont eu la bonne foi d'en copier fidelement le texte, & de nous le donner tel qu'ils l'avoient. Ils nous ont ainsi transmis des faits, des aveux, des réflexions qui ne se trouvent point ailleurs; ils nous ont mis à portée de juger de la force ou de la foiblesse de nos anciens ennemis. Le seul aspect du champ de bataille démontre de quel côté a dû pencher la victoire. Ceux d'aujourd'hui, qui se parent de ces vieilles dépouilles & recommencent un combat dans lequel leurs prédécesseurs ont succombé, peuvent prévoir dès à présent la destinée de leurs ouvrages; il n'en restera dans les ſiecles futurs que les lambeaux dont les Apologiſtes du Chriſtianiſme auront fait uſage pour les réfuter.

Mais il eſt à propos de raſſembler, en peu de mots, les aveux favorables au Chriſtianiſme que Julien a faits dans ſes divers Ouvrages. Il avoue la conſtance des Chrétiens à ſouffrir le martyre, & leur amour pour la ſolitude (*a*); il reconnoît leur libéralité envers les pauvres (*b*). Il convient que le Chriſtianiſme s'eſt établi par la charité envers les étrangers, par le ſoin d'enſevelir les morts, par la ſainteté des mœurs que les Chrétiens ſavent contrefaire; qu'ils nourriſſent non-ſeulement leurs pauvres, mais encore ceux des Païens (*c*). Il dit que les Chrétiens meurent volontiers pour leur Religion, qu'ils ſouffrent plutôt la faim & l'indigence, que de manger des viandes impures; qu'ils adorent le Dieu ſouverain de l'univers; que toute leur erreur conſiſte à rejeter le culte des autres dieux (*d*). Ce témoignage, rendu par un ennemi, devroit fermer la bouche aux Incrédules.

(*a*) Juliani Oper. fragm. p. 288.
(*b*) Miſopogon, p. 363.
(*c*) Lettre 49 à Arſace, p. 419, 420.
(*d*) Lettre 63 à Théodore, p. 463.

ARTICLE QUATRIEME.

Conclusion des Chapitres précédens : l'établissement du Christianisme est évidemment surnaturel.

§. I.

Après avoir examiné les circonstances dans lesquelles les Apôtres ont prêché, les faits qu'ils ont allégués, le nombre & la qualité des Prosélytes qu'ils ont persuadés, les obstacles qu'ils avoient à vaincre, les ennemis qu'ils ont eus à combattre, il n'est pas difficile de juger du principe & de la nature de leurs succès. Une révolution générale à laquelle aucune cause naturelle n'a pu contribuer, à laquelle tous les moyens humains mettoient obstacle, ne peut être l'ouvrage des hommes : tel a été l'établissement du Christianisme. Pour achever de nous en convaincre, il suffit de rappeller en peu de mots les événements qui l'avoient précédé, ceux qui l'ont accompagné & ceux qui l'ont suivi.

1°. La conversion du monde avoit été prédite ; les Juifs en étoient persuadés ; ils l'attendent encore à l'arrivée de leur Messie futur, sur la foi des anciens Oracles. Nous n'en citerons qu'un petit nombre; on peut voir les autres dans M. Huet (a).

Dieu avoit prédit à Abraham que *toutes les nations de la terre seroient* bénies en son nom : dans la Prophétie de Jacob, le Messie est annoncé comme un chef qui doit rassembler les peuples sous ses loix (b).

Dans le Pseaume 2, le Seigneur dit au Messie : » Demandez, je vous donnerai » les nations pour héritage & vous mettrai » en possession de toutes les contrées de » la terre «. Dans le Pseaume 21, ℣ 28 : » Toutes les contrées de la terre se sou- » viendront du Seigneur & se tourneront » vers lui; toutes les nations viendront » l'adorer, parce que l'empire de l'univers » lui appartient : il regnera sur tous les » peuples «.

» Dans les derniers temps, dit le Pro- » phete Isaïe, la colline sur laquelle est » placée la maison du Seigneur, s'élevera » au-dessus des plus hautes montagnes; » toutes les nations y viendront en foule, » & diront : Venez, allons à la montagne » du Seigneur, à la maison du Dieu de » Jacob; il nous enseignera ses volontés

(a) Démonstr. Evang. prop. 9, c. 58.
(b) Gen. c. 22, ℣. 18; c. 49, ℣. 10.

» & nous fera marcher dans ses voies : car
» la loi viendra de Sion, & la parole du
» Seigneur sortira de Jérusalem ; il jugera
» les peuples & en corrigera un grand
» nombre «. (a)

Nous avons vu dans la seconde Partie de cet Ouvrage les Chapitres 42, 53 & 54 d'Isaïe, où la même prédiction est répétée, & les Prophéties d'Aggée & de Malachie qui la confirment.

Lorsque Jesus-Christ envoyoit ses Apôtres prêcher l'Evangile à toutes les nations, leur promettoit l'assistance du S. Esprit, les assuroit de leur victoire sur le monde ; il ne faisoit que répéter les anciens Oracles : il n'est pas étonnant que les Apôtres aient compté sur sa parole. Ces Prophéties n'annonçoient point la conversion du monde comme l'ouvrage des hommes, mais comme un effet de la puissance divine : Jesus-Christ l'attribue de même à la grace du Saint-Esprit ; les Apôtres ont constamment rapporté leurs succès à la même cause.

(a) Isaïe, c. 2, ℣. 2.

§. II.

Les Envoyés de J. C. étoient-ils par eux-mêmes capables d'opérer une pareille révolution ? Nos adverſaires ne ceſſent de les peindre comme des hommes ignorants, ſtupides, inſenſés, ſans talents & ſans vertus ; loin de diminuer le prodige de leurs ſuccès, ils l'augmentent. Des Juifs déteſtés & mépriſés de toutes les Nations, viendront-ils à bout de les ſubjuger ? feront-ils ce que Pythagore, Zénon, Platon, Socrate n'ont pu faire & n'auroient pas ſeulement oſé tenter ? Ils avouent qu'ils ſont le rebut du monde, un objet de mépris pour les faux Sages, un ſcandale pour les Juifs, un ſujet de haine pour les Païens. C'eſt bien mal commencer que de s'avilir aux yeux de ceux que l'on veut perſuader. Ou la docilité des premiers fideles eſt un trait de démence, comme le penſent les incrédules, ou ç'a été un effet de la grace divine & de la notoriété des faits publiés par les Apôtres. Mais un accès de folie ne ſaiſit point tout-à-coup des peuples auſſi différens par les mœurs & par les préjugés que l'étoient les Juifs & les Païens ; il n'a pu opérer le même effet dans la Judée, dans la Grece, à Rome, chez les nations policées & chez les barbares : c'est la seule fois que ce phénomene ait paru dans l'univers.

3°. Les Apôtres n'ont point choisi d'abord pour théâtre de leur mission les lieux éloignés de la scène des événements ; ils n'ont point attendu que le temps eût répandu des nuages sur les faits qu'ils annoncent. Cinquante jours après la mort de Jesus, à Jérusalem, sous les yeux des témoins oculaires, ils publient ses miracles & sa résurrection : ils invoquent la notoriété publique, protestent qu'ils ont vu, entendu, touché Jesus ressuscité ; qu'ils ont conversé, bu & mangé avec lui pendant quarante jours : ils rendent ce témoignage à la multitude des Juifs rassemblés, non-seulement de toutes les Villes & Bourgades de la Judée dans lesquelles Jesus a paru & enseigné deux mois auparavant, mais de toutes les Provinces de l'Empire Romain dans lesquelles les Juifs sont dispersés : ils ne vont publier ces mêmes faits au loin que lorsque la croyance en est établie, professée & rendue incontestable sur le lieu même par une société nombreuse, prête à verser son sang pour en soutenir la vérité. Des imposteurs qui auroient compté sur leurs talents & ſur la crédulité populaire, auroient ſuivi un plan tout différent. C'eſt en vertu de l'effuſion des dons du S. Eſprit, dont les Juifs étoient actuellement témoins, que S. Pierre commence ſa premiere Prédication & convertit trois mille hommes.

Avant cette époque, les Juifs n'envoyoient point de Miſſionnaires aux autres nations, ils ne faiſoient des Proſélytes que dans la Judée ou dans les lieux qu'ils habitoient : lorſque le moment fixé par Jeſus-Chriſt eſt arrivé, douze Apôtres & un plus grand nombre de Diſciples ſe diſperſent & vont annoncer l'Evangile aux peuples les plus éloignés. Dans quelle ſource ces nouveaux Docteurs ont-ils puiſé tant de zele & de courage? Avant ſa converſion, Paul, Phariſien zélé, ſe bornoit à perſécuter dans la Judée & dans la Syrie les Sectateurs de l'Evangile; après ſon baptême, il va prêcher en Arabie, & brûle du deſir de porter le nom de Jeſus-Chriſt aux extrémités de l'Occident : voilà un changement bien ſingulier.

4°. Quels moyens ont-ils employé pour gagner des Proſélytes? Ils nous l'apprennent & en font ſouvenir leurs auditeurs. „ Lorſque je ſuis venu vous annoncer J. C., „ dit ſaint Paul aux Corinthiens, je n'ai „ employé

» employé ni l'éloquence, ni la sagesse humaine; j'ai fait profession de ne sçavoir autre chose que Jesus crucifié; j'ai laissé voir toute ma foiblesse, la crainte & la défiance dont j'étois saisi : mes discours n'ont point été appuyés par les raisonnements de la Philosophie, mais par les signes de la puissance divine & de la grace du Saint-Esprit; afin que votre foi ne fût point fondée sur la sagesse humaine, mais sur la puissance divine « (*a*). Voyez, mes freres, de quelle maniere vous avez été appellés à la foi. Il n'y a pas parmi vous un grand nombre de savans, de nobles, d'hommes puissans; mais Dieu a choisi des insensés pour confondre les sages, des foibles pour vaincre les forts, d'hommes vils & méprisables pour subjuguer les Grands, de ceux qui ne sont rien, pour renverser ce qui étoit le mieux établi, afin que personne ne pût se glorifier devant lui (*b*) ».

Vainement nos ennemis veulent triompher de ces aveux, puisque ces moyens qui paroissoient absurdes, ont réussi : plus on se révolte contre ce phénomene, mieux

(*a*) I. Cor. c. 2, ℣. 1.
(*b*) *Ibid.* c. 1, ℣. 26.

on fait sentir qu'il ne vient point d'une cause naturelle.

§. III.

5°. Ce qu'enseignoient les Apôtres, devoit indisposer tous les esprits, alarmer toutes les consciences; c'est encore une remarque de nos adversaires. Des dogmes inconcevables qui étonnent la raison, une morale sévere qui attaque toutes les passions & réprouve les mœurs communément suivies, un culte simple, sans appareil, peu propre à flatter les sens. Si on veut concevoir combien l'on dut avoir de répugnance à l'embrasser, on n'a qu'à se rappeller les tableaux qu'en ont tracés Celse & Julien, & que les incrédules renouvellent encore; tel il dut paroître à la plupart de ceux auxquels il fut présenté.

Les Juifs tenoient opiniâtrément à l'espérance d'un Messie puissant & vainqueur des nations, à la prospérité dont ils se flattoient de jouir sous son regne, à leurs cérémonies & aux promesses temporelles que Dieu y avoit attachées. Dix-huit siecles de retard & de malheurs n'ont encore pu les guérir : tel est le lien qui les enchaîne encore à leur religion. Il falloit y renoncer pour devenir Chrétien, adorer un Messie pauvre & crucifié, ne plus espérer que les biens éternels, fraterniser avec les incirconcis, partager avec eux l'adoption divine & les promesses faites à la postérité d'Abraham. On sait combien les Apôtres ont eu de peine à vaincre sur ce point la répugnance des Juifs même convertis.

Un de nos adversaires observe que l'idée de faire reconnoître Jesus-Christ pour le Messie est peut-être la plus hardie, si elle n'est la plus folle, qu'on ait jamais pu concevoir. « Il falloit, dit-il, prouver à » toute une nation qu'elle n'entendoit pas » sa langue, qu'elle ignoroit la valeur de » ses Symboles, que les Prophéties conte- » nues dans ses Livres & qui lui étoient » adressées ne la concernoient pas; que ce » Jesus que l'on avoit décoré du nom de » *Christ* étoit vraiment le *chef* annoncé par » les Prophêtes, qu'il descendoit directe- » ment de David par les mâles jusqu'à sa » mere, qu'en un mot il étoit le Messie » attendu avec tant d'ardeur & depuis si » long-temps : cette entreprise n'étoit pas » d'une exécution facile (*a*) ». Cet exposé

(*a*) Septieme Lettre à Sophie, p. 96.

est certainement faux, quant au sens des Prophéties ; mais nous demandons à ceux qui le prennent pour vrai, comment ils osent soutenir que tout cela s'est fait naturellement.

Les Païens tenoient à leur religion non-seulement par l'attrait des fêtes publiques, d'un cérémonial pompeux, des jeux du théâtre, de la licence qui regnoit dans les solemnités, des passions autorisées par l'exemple des dieux ; mais par la croyance des bienfaits qui y étoient attachés, par la persuasion où l'on étoit que la prospérité de l'Empire en dépendoit. On ne manqua pas d'attribuer au christianisme & à la colere des dieux tous les fléaux qui arriverent, & d'en rendre les Chrétiens responsables. Plusieurs villes jouissoient de grands priviléges qui dépendoient du culte de leurs dieux tutélaires, & de certains gages qu'elles prétendoient avoir reçus de telle ou telle divinité. L'origine des Républiques, dit un de nos Philosophes, les principes de la Législation, les droits des Magistrats, les limites des Etats, tenoient à la Mythologie (*a*). Il falloit fouler aux pieds tous ces objets de la vénération publique, & y sub-

(*a*) De la Félicité publ. sect. 2, c. 2, T I, p. 158.

stituer la croix de Jesus-Christ. L'enthousiasme dont Julien étoit saisi nous fait concevoir jusqu'à quel point le paganisme avoit fasciné ses sectateurs, & s'il étoit aisé de les guérir.

Celse, au commencement du second siecle, trouvoit absurde le projet de ranger sous la même loi & sous la même croyance les nations des trois parties du monde connu ; cependant ce projet si chimérique en apparence s'est accompli très-peu de temps après.

§. IV.

6°. Quelle résistance n'ont point opposé à l'Evangile les Empereurs, les Magistrats, les Grands, les Politiques, les Philosophes, les Prêtres du Paganisme, pendant trois cents ans. Les loix anciennes & les édits nouveaux les menaces, l'inquisition & les supplices, les calomnies, les opprobres, les libelles diffamatoires, tout ce que peuvent suggérer l'intérêt, l'orgueil, la jalousie, la cruauté & le fanatisme ; rien n'a été épargné. Nos adversaires n'ont pas oublié sans doute les excès dont ce dernier monstre est capable. Cependant, Princes, Magistrats, Prêtres, Philosophes, tous puissans, furieux & fanatiques ont été obligés de céder.

Il semble que Dieu se soit plu à multiplier les obstacles pour mieux faire éclater la puissance de son bras. Aux persécutions des Païens se sont jointes les divisions intestines capables d'arrêter seules le progrès de l'Evangile. Une multitude de sectes a déchiré le sein de l'Eglise dès son origine. A peine Constantin lui avoit donné la paix, que l'Arianisme la mit à deux doigts de sa perte. La même épreuve a duré dans tous les siecles, les derniers n'ont pas été moins orageux que les premiers. Nos adversaires sont attentifs à le faire remarquer. Comment avec tant de principes de destruction le Christianisme a-t-il pu s'établir & durer jusqu'à nous ?

7°. Cependant il a jetté de profondes racines par-tout où il a été prêché par les Apôtres. La diversité des climats, la variété des préjugés & des mœurs, les divers degrés d'ignorance & de dépravation chez les différens peuples ne lui ont jamais opposé des barrieres insurmontables; il a encore aujourd'hui des sectateurs dans toutes les contrées de l'univers. Il faut donc que la grace divine ait agi dans tous ces lieux : Jesus-Christ qui a su le prédire a eu sur ce point des lumieres surnaturelles ; c'est lui qui a opéré le prodige, puisqu'il l'avoit promis.

8°. Cette religion a produit par-tout des effets semblables, elle n'a pénétré nulle part sans causer une heureuse révolution dans les mœurs; lorsqu'elle en a été bannie, la barbarie a repris sa place. Nous le verrons lorsque nous traiterons des effets civils & politiques du Christianisme. Les schismes, les hérésies, les guerres, les massacres dont les incrédules retracent continuellement le tableau, n'ont point été l'effet de l'Evangile, mais des passions révoltées contre lui. Semblables à des animaux féroces, elles n'ont cessé de mordre la chaîne qui les retient captives; elles ne la souffrent point encore, les clameurs de la Philosophie nous font souvenir des cris dont retentissoit l'amphithéâtre, & de la fureur des hérétiques. Jesus-Christ a prédit ce combat, il durera jusqu'à la fin des siecles; la maniere dont il s'est toujours terminé dans les temps qui nous ont précédés, doit nous rassurer sur l'issue qu'il doit avoir parmi nous.

Si Dieu n'avoit soutenu constamment cette Religion sainte, les persécutions des Païens, les disputes des raisonneurs croyans ou incrédules, l'inondation des barbares, la chûte des Empires, les vices de ses enfans, la longueur du temps qui suffit seule pour tout miner & tout détruire, auroient certainement opéré sa ruine. Mais elle subsiste, & la parole d'un Dieu est le garant de sa durée.

§. V.

9°. La révolution arrivée dans le monde par le Christianisme est le dernier trait d'un plan suivi, constant, uniforme de la Providence. De même que la Religion donnée aux Patriarches étoit proportionnée à l'état d'enfance dans lequel étoit alors le genre humain, celle que Dieu avoit prescrite par Moïse étoit évidemment relative à l'état de séparation & de guerre mutuelle dans lequel les nations déja formées vivoient entr'elles. Le Christianisme, au contraire, s'est trouvé exactement analogue à l'état de société & de commerce auquel les peuples étoient parvenus, lorsque Jesus-Christ a paru sur la terre.

Dieu avoit instruit les Patriarches immédiatement par lui-même, il s'étoit fait connoître aux Hébreux & aux nations voisines par des prodiges qui inspiroient la terreur; par le ministere de son Fils unique il n'a répandu que des bienfaits. L'objet des miracles du Sauveur étoit d'éclairer les esprits en gagnant les cœurs. Sa doctrine, ſa morale, ſes promeſſes toutes ſpirituelles, auroient fait peu d'impreſſion ſur les hommes encore à demi-ſauvages, elles pouvoient en faire davantage ſur des peuples civiliſés & devenus plus dociles par la culture des ſciences & des arts.

Pour prouver que notre Religion eſt l'ouvrage du hazard ou de quelques hommes adroits, il faut commencer par démontrer que depuis la création la Providence divine n'eſt intervenue pour rien dans l'établiſſement & le maintien de la vraie Religion. Lorſque la Philoſophie enviſage le Chriſtianiſme comme un édifice iſolé, qui ne tient à rien, comme un accès de démence qui a ſaiſi tout-à-coup une grande partie du genre humain, elle montre que ſes vues ſont très-bornées, qu'elle ne connoît pas ſeulement le ſyſtême qu'elle oſe attaquer.

Dans l'art. I. du chap. V. nous avons réfuté les raiſons par leſquelles les incrédules ont voulu prouver que l'établiſſement du Chriſtianiſme étoit un événement très-naturel. Un Philoſophe qui ſe flatte de penſer plus profondément que les autres en a imaginé de nouvelles; ſeront-elles plus ſolides?

§. VI.

« Le Christianisme, dit-il, succéda au » Judaïsme. L'asservissement d'une République, maîtresse du monde, à des monstres de tyrannie, la misere effroyable » que le luxe d'une Cour & la solde des » armées répandirent dans le vaste Empire » sous le regne des Nérons, les irruptions » successives des Barbares qui démembrerent ce grand corps, la perte des provinces qui se souleverent ou furent envahies; tous ces maux physiques avoient » préparé les esprits à une nouvelle religion, & les révolutions de la politique » en devoient amener une dans le culte. » On ne voyoit plus dans le Paganisme » vieilli que les fables de son enfance, » l'ineptie ou la méchanceté de ses dieux, » l'avarice de ses prêtres, l'infamie & les » vices des Rois qui soutenoient ces dieux » & ces prêtres. Alors le peuple qui ne » connoissoit que ses tyrans sur la terre, » chercha son asyle dans le Ciel. Le Christianisme vint le consoler & lui apprendre à souffrir (*a*).

(*a*) Hist. des Etabliss. des Europ. dans les Indes, Tome VII, c. 1, p. 2. De la Félicité publ. sect. 2, c. 2 & 3.

Rêve sublime ! Il s'accorde bien mal avec les faits. Il y avoit 300 ans que la République Romaine étoit asservie, lorsque le sang des Chrétiens couloit sous Dioclétien; l'Empire ne fut démembré que plus d'un siecle après la paix donnée à l'Eglise par Constantin.

Les maux physiques avoient si peu disposé les esprits à une nouvelle religion, qu'on les attribuoit à sa naissance; pendant trois siecles on rendit les Chrétiens responsables de toutes les calamités publiques, on demandoit leur sang à cris redoublés pour appaiser la colere des dieux. Saint Augustin réfutoit encore ce préjugé au cinquieme siecle, dans ses Livres de la Cité de Dieu.

Est il vrai que Celse, Julien, Porphyre, Hiéroclès, Libanius, Maxime de Madaure, & tant d'autres défenseurs du Paganisme, n'y voyoient plus que les fables de son enfance, la méchanceté de ses dieux, &c. ? L'ont-ils représenté sous ces couleurs? Il n'est pas à présumer que le peuple ait eu la vue plus perçante ou plus nette que tous ces Philosophes.

L'Auteur lui-même peint le Christianisme comme la Religion la plus capable de révolter tous les esprits. Les Temples des Chrétiens, dit-il, furent bâtis en croix, couverts de croix, remplis de croix, décorés d'images horribles & funebres, d'échafauds, de supplices, de martyrs, de bourreaux; les arts furent condamnés à effaroucher continuellement l'imagination par des spectacles de sang, de mort, d'enfer (*a*). Nous convenons que les tableaux rians & lascifs, qui décoroient les temples du Paganisme, devoient plaire davantage aux hommes voluptueux & corrompus.

Il est vrai encore que le Christianisme vint consoler le peuple & lui apprendre à souffrir; & cette leçon étoit fort nécessaire. Il est donc probable que le peuple continuera d'être Chrétien tant qu'il aura besoin de consolation, & que les Philosophes se reconcilieront avec la Religion lorsqu'ils auront quelque chose à souffrir.

§. VII.

« Tandis, poursuit l'Auteur, que les » vexations & les débauches du trône sa- » poient le Paganisme avec l'Empire, des » sujets opprimés & dépouillés, qui avoient » embrassé les nouveaux dogmes, ache-

(*a*) Hist. des Etabliss. *ibid.* c. 12.

» voient cette ruine par l'exemple de toutes les vertus qui accompagnent toujours le zele du prosélytisme. Mais une religion née dans les calamités publiques, devoit donner à ceux qui la prêchoient beaucoup d'empire sur les malheureux qui se réfugioient dans son sein. Aussi le pouvoir du Clergé naquit-il, pour ainsi dire, dans le berceau de l'Evangile ».

Nous n'avions pas lieu de nous attendre à des aveux aussi importans. Il n'est donc pas vrai que les Apôtres & leurs Disciples aient réussi par des prestiges, des fourberies, des fables, & par l'imbécilité des peuples, comme les Incrédules les en accusent; ils ont persuadé par l'exemple de toutes les vertus.

Il n'est pas plus vrai que ces signes persuasifs accompagnent toujours le zele du prosélytisme; les Hérésiarques n'ont jamais manqué de zele, mais la plupart ont eu très-peu de vertus.

Enfin il ne l'est point, que le pouvoir du Clergé soit venu de l'ambition de ses membres, de la politique des Papes, de l'ignorance & de la crédulité des peuples, comme l'Auteur le dit ailleurs; puisque, selon lui, c'est un effet de la vertu des premiers Prédicateurs de l'Evangile, des conſolations qu'ils ont procurées aux malheureux, de la confiance qu'ils ſe ſont acquiſe. Il ſeroit difficile de fonder ce pouvoir ſur une baſe plus reſpectable.

En nous parlant toujours de calamités publiques, l'Auteur oublie les regnes fortunés de Titus, de Trajan, des Antonins; c'eſt cependant alors que le Chriſtianiſme fit les plus grands progrès, parce qu'alors les vertus de ſes ſectateurs étoient les mêmes que dans les calamités publiques.

« Du débris des ſuperſtitions païennes, » dit notre Hiſtorien, & des ſectes philo» ſophiques, il ſe forma un corps de rites » & de dogmes, que la ſimplicité des pre» miers Chrétiens ſanctifia par une piété » vraie & touchante, mais qui laiſſerent » en même temps un germe de diſputes » & de débats, d'où ſortit cette compli» cation de paſſions qu'on voile & qu'on » honore du nom de zele. Ces diſſenſions » enfanterent des Ecoles, des Docteurs, » un Tribunal, une Hiérarchie. Le Chriſ» tianiſme avoit commencé par des pê» cheurs qui ne ſavoient que l'Evangile; » il fut achevé par des Evêques qui for» merent l'Egliſe ».

Cette théorie n'eſt ni juſte, ni d'accord avec elle-même. 1°. Quels débris Jeſus-

Christ a-t-il empruntés du Paganisme & des sectes de Philosophie ? Les Apôtres n'ont parlé des superstitions païennes que pour les faire détester, & des Philosophes que pour démasquer leurs erreurs & leurs vices.

2°. Le Christianisme n'est pas seulement formé de dogmes & de rites, mais de faits miraculeux qui prouvent la mission de ses Fondateurs. Ces faits sont-ils vrais ou faux? S'ils sont faux, la piété la plus sincere & la plus touchante n'a pu les sanctifier ; s'ils sont vrais, ils ont suffi avec des vertus pour fonder le Christianisme tel qu'il est.

3°. Le germe des disputes & des débats est venu, non de l'Evangile & des Apôtres, mais des Philosophes. Avant l'Evangile, ils s'étoient querellés sur la nature & sur son Auteur; sous le Christianisme, ils se jetterent sur tous les dogmes & voulurent les assujettir à leurs idées : telle est la source des hérésies & de leurs suites ; un autre Philosophe en convient (*a*).

4°. Il est faux que les Ecoles, les Docteurs, la Hiérarchie, l'Eglise ne soient nés qu'après les disputes : Jesus Christ lui-même avoit établi ses Apôtres *Pasteurs &*

(*a*) De la Félicité publ. *ibid.* Tome 1, p. 182.

Docteurs; il leur avoit dit qu'ils seroient assis sur douze sieges *pour juger* les douze Tribus d'Israël : les Apôtres se sont placés sur ce Tribunal au Concile de Jérusalem; leurs successeurs n'ont fait que les imiter.

5°. Ce n'est point l'Evangile qui inspire les passions masquées du nom de zele; les incrédules n'y ont pas puisé le faux zele & les passions qui éclatent dans leurs écrits, & dont les effets seroient redoutables, s'ils étoient plus puissans.

§. VIII.

» Alors, continue notre Philosophe, le » Christianisme gagna de proche en proche » & parvint jusqu'à l'oreille des Empereurs. » Les uns le tolérerent par mépris ou par » humanité; les autres le persécuterent. La » persécution hâta les progrès que la tolé- » rance lui avoit ouverts : le silence & la » proscription, la clémence & la rigueur, » tout lui devint utile. La liberté naturelle à » l'esprit humain le fit adopter à sa naissan- » ce, comme elle l'a fait souvent rejetter » dans sa vieillesse. Cette indépendance, » moins amoureuse de la vérité que de la » nouveauté, devoit lui donner des Secta- » teurs dans toutes les conditions, quand il

» n'auroit pas eu tous les caracteres propres » à lui attribuer de la vénération «.

Rendons graces à l'Auteur de ce nouvel hommage : le Christianisme réunissoit tous les caracteres propres à lui attribuer de la vénération; donc il n'étoit pas fondé sur des impostures. Il dut avoir des Sectateurs dans toutes les conditions; donc il est faux qu'il n'ait été d'abord embrassé que par la plus vile partie du peuple.

Dès son origine, le Christianisme parvint à l'oreille des Empereurs, puisque Néron le persécuta. Selon Tacite, on l'avoit déjà réprimé avant cette époque : *Repressaque in præsens exitiabilis superstitio rursùs erumpebat*. Il fut encore persécuté sous Domitien; Trajan ne le toléra point, puisqu'il ordonna de mettre à mort tous ceux qui seroient convaincus d'être Chrétiens. Les Antonins, par humanité, voulurent arrêter l'excès du carnage; leurs ordres furent très-mal exécutés.

En quel temps la *tolérance* a-t-elle donc ouvert les progrès au Christianisme? Connoît-on d'ailleurs une autre Religion à laquelle le silence & la proscription, la clémence & la rigueur aient été également utiles?

Que la liberté naturelle à l'esprit humain

lui ait fait adopter une Religion qui retranche cette liberté naturelle d'examiner, de discuter, d'expliquer les dogmes; voilà ce que nous ne concevons point. Mais on comprend très-bien que *l'indépendance, moins amoureuse de la vérité que de la nouveauté*, a dû faire rejetter le Christianisme dans tous les temps; nous en voyons des preuves, & nous prions le lecteur d'y faire attention.

§. IX.

» Constantin, dit notre politique, au » lieu d'unir à sa Couronne le Pontificat » quand il se fit Chrétien, comme ils » étoient unis dans la personne des Empe- » reurs païens, accorda au Clergé tant de » richesses & d'autorité, tant de moyens » de les accroître de plus en plus, que cet » aveugle abandon fut suivi d'un despotis- » me Ecclésiastique qui, avec le temps, » devint intolérable «.

Constantin n'avoit rien à prétendre au Pontificat de la Religion Chrétienne : sous le Paganisme, c'étoit une dignité purement civile; sous l'Evangile, c'est une *vocation* qui donne des pouvoirs surnaturels : ces pouvoirs ne peuvent venir que de Jesus-Christ, par voie de succession & d'ordination. Nous verrons ailleurs s'il est vrai que Constantin ait accordé au Clergé tant de richesses & tant d'autorité, & s'il a été aveugle. Il n'est aucune nation qui ait donné aux Prêtres moins de pouvoir que les Juifs & les Chrétiens (*a*).

De Constantin, l'Auteur passe à la naissance de la prétendue réforme. Un saut de douze siecles est un peu brusque; mille révolutions politiques arrivées dans cet intervalle, ont varié à l'infini la somme des richesses & le dégré d'autorité temporelle dont le Clergé a joui. Nous prouverons dans la suite, par les aveux même de l'Auteur & par les monuments de l'Histoire, que le prétendu despotisme Ecclésiastique a été l'ouvrage de la nécessité, & un remede indispensable aux maux que l'irruption des Barbares avoit causés dans toute l'Europe.

„ Ce despotisme, dit-il, étoit porté au „ dernier excès, quand une partie de l'Eu- „ rope en secoua le joug. Un Moine lui fit „ perdre presque toute l'Allemagne ; un „ Chanoine la moitié de la France ; un Roi, „ pour une femme, la moitié de l'Angle- „ terre. Dans d'autres Etats beaucoup d'es-

(*b*) Mém. de l'Acad. des Inscr. Hist. Tom. XV, *in*-12. p. 143.

» prits hardis se détacherent des dogmes
» du Christianisme, & les plus vertueux
» d'entr'eux n'en conserverent qu'un certain attachement à la pureté de sa morale,
» quoiqu'extérieurement ils pratiquassent
» ce que prescrivoient les loix de la société
» où ils vivoient «.

Ce qu'il y a de faux dans ces remarques ne nous est pas moins avantageux que ce qu'il y a de vrai. Il est très-faux qu'à la naissance de la réforme, le pouvoir temporel du Clergé fût aussi étendu qu'il l'avoit été au douzieme & au treizieme siecle. Lorsque Luther sortit de son Cloître pour mettre en feu l'Allemagne, il pensoit moins à renverser le despotisme Ecclésiastique qu'à fonder le sien; Calvin établit à Geneve une Inquisition plus rigoureuse que celle du Pape; Henri VIII, tiran civil en Angleterre, voulut, pour une femme, être encore despote spirituel : tel est en effet le principe de la prétendue réforme, l'ambition, l'humeur, le desir de l'indépendance; & tels ont été, dans tous les siecles, les motifs des Prédicans de toute espece.

Mais remarquons le progrès. Les esprits hardis n'eurent pas plutôt secoué le joug de l'autorité de l'Eglise, qu'ils se détacherent des dogmes du Christianisme; bientôt ils furent Sociniens & Déiſtes : ſous leurs drapeaux s'eſt élevé le Matérialiſme qui domine aujourd'hui. Jugeons par-là ſi ce ſont les plus vertueux qui ont pouſſé le plus loin les conſéquences. On ſait ce qu'eſt devenue la morale dans toute cette belle progreſſion ; jamais Ecrivain n'en a débité une plus ſcandaleuſe que celle de l'Auteur que nous réfutons.

§. X

Selon lui, cette maniere de penſer ne deviendra jamais générale & populaire, à moins que le Magiſtrat ne recouvre ſes premiers droits : il voudroit que tous les Etats euſſent à peu près le même code moral de Religion, & que le reſte fût livré, non pas aux diſputes, mais à l'impulſion de la conſcience. » Cette tolérance indé- » finie, dit-il, ſur tous les dogmes & les » opinions qui n'attaqueroient pas le code » moral des nations, ſeroit l'unique moyen » de prévenir ou de ſaper ce pouvoir, ſoit » temporel, ſoit ſpirituel du Clergé, qui, » avec le temps, en fait un corps formida- » ble à l'Etat, d'éteindre l'enthouſiaſme » des Miniſtres & le fanatiſme des peu- » ples ». Il prophétiſe que cette tolérance » arrivera enfin.

Mais la tolérance des prétendus Réformateurs nous a fait connoître d'avance celle de nos Philosophes ; on sait si l'impulsion de leur conscience les portera jamais à respecter la morale en attaquant le dogme. Les Magistrats sont trop sages pour prétendre aucun *droit* sur ce que Dieu a révélé, & pour favoriser un système qui en nous conduisant à l'athéisme sappe du même coup le dogme & la morale. Nous ferons voir qu'ils sont tellement liés dans le Christianisme, soit entr'eux, soit avec le culte extérieur, que l'un ne peut subsister sans l'autre. Il est difficile de ne pas être indigné lorsque l'on entend des Epicuriens nous parler d'un code moral des nations.

Nous ne suivrons pas plus loin les rêves de notre Historien Philosophe. Sur l'établissement du Christianisme il est un peu moins fougueux que ses confreres, mais il ne raisonne pas mieux. Si les aveux qu'il fait pouvoient prouver quelque chose, ils confirmeroient nos réflexions, & acheveroient de démontrer que l'établissement du Christianisme a été l'ouvrage de la puissance, de la sagesse & de la bonté divine.

Sur cette question nos adversaires sont aussi mal d'accord que sur toutes les autres. L'un a voulu prouver que ce phénomene ſur l'effet de la fourberie des Apôtres & de l'imbécillité des peuples ; un ſecond ſoutient le contraire, il attribue la converſion du monde à l'eſprit raiſonneur qui s'étoit emparé de toutes les têtes : celui - ci nous apprend qu'elle eſt venue du beſoin de conſolation qu'avoit le peuple dans l'excès des calamités publiques & des vertus éminentes des premiers Prédicateurs de l'Evangile ; nous acquieſçons volontiers à ces deux cauſes. Tous prétendent que les perſécutions y ont contribué : nous avons vu en quel ſens & par quels moyens.

Comme il eſt abſurde de ſuppoſer que la Providence divine s'eſt ſervie d'hommes très-vertueux pour perſuader des fables, & qu'elle a voulu attacher la conſolation du genre humain à des impoſtures, il s'enſuit évidemment que les faits de l'Evangile ſont vrais, & que la Religion à laquelle ils ſervent de baſe eſt divine.

§. XI.

Un Auteur Anglois, dont les Incrédules ont recueilli ſoigneuſement les réflexions, a expliqué d'une autre maniere les cauſes prétendues naturelles de la propagation du Chriſtianiſme. Ces cauſes ſont, ſelon lui, le zele intolérant, la croyance inébranlable d'une vie future, le don des miracles attribué à l'Eglise primitive, la morale pure & austere des Chrétiens, leur union & leur discipline (*a*). Probablement cet Auteur a voulu se jouer de ses lecteurs en nommant tout cela *des causes naturelles* ; il faut les examiner en détail.

1°. Par le zele intolérant il entend sans doute l'aversion des Chrétiens pour le polythéisme & l'idolatrie, pour les préjugés & les pratiques des Juifs, le courage avec lequel ils alloient à la mort plutôt que d'abjurer leur religion, leur empressement à instruire & à faire des prosélytes. Est-ce la nature qui leur inspiroit ces dispositions? Ils étoient nés Juifs ou Païens, ils avoient sucé avec le lait les dogmes, les rites, les mœurs de l'une ou l'autre de ces religions; par quelle raison naturelle y avoient-ils renoncé, au risque d'en être les victimes? Si nous en croyons nos adversaires, le zele intolérant est une maladie propre & particuliere au Christianisme de laquelle les Païens étoient exempts; quelle cause Phy-

(*a*) Suppl. à l'Hist. de la décadence & de la chûte de l'Empire Romain, par M. Gibbon, c. 15 & 16, p. 113 & suiv.

sique

tique la leur donnoit dès qu'ils étoient convertis ? Nous cherchons vainement le motif naturel qui a conduit les Martyrs sur l'échafaut, les Confesseurs aux pieds des Juges, les Apôtres & leurs Disciples aux extrémités du monde ; la religion des Juifs ni celle des Païens n'avoient pas donné cet exemple, il est unique : c'est aux incrédules d'en assigner la cause naturelle.

Ils disent que les persécutions suscitées par l'intolérance des Païens, contribuerent aux progrès du Christianisme ; le zele intolérant des Chrétiens devoit donc aussi affermir le regne de l'idolatrie & du Judaïsme. Par une contradiction grossiere, l'Auteur Anglois prétend que l'on toléra dans l'Eglise les sophismes des Gnostiques, la licence des allégories, l'entêtement des Judaïsans, les visions des millénaires : tout cela est faux ; mais s'il étoit vrai où seroit le zele intolérant des Chrétiens ?

2°. La croyance inébranlable d'une vie future n'étoit point naturelle dans un temps où les sophismes des Philosophes, les fables de la Mythologie, les rêveries de la Métempsycose, les erreurs des Saducéens avoient ébranlé cette croyance. Aristote, Platon, Socrate, Cicéron doutoient de la vie future, les Epicuriens la nioient, les

Poëtes la tournoient en ridicule ; Jesus-Christ parle, & les Chrétiens n'en doutent plus : en quel sens cela est-il naturel ? L'Auteur dit que les promesses d'une vie future inspiroient de l'orgueil ; il est fort singulier que les Chrétiens, tous nés dans la lie du peuple, selon l'opinion de nos adversaires, se soient trouvés plus orgueilleux que les Philosophes.

3°. Ou le don des miracles attribué à l'Eglise primitive étoit réel, ou il étoit imaginaire : s'il étoit réel, ce don n'est pas une cause naturelle ; s'il étoit faussement supposé, les miracles crus par les Chrétiens ne devoient pas produire plus d'effets que les prodiges vantés par les Païens. Pourquoi ces derniers n'ont-ils pu empêcher la chûte du Paganisme, pendant que les premiers ont établi le regne de notre Religion ?

Vainement l'Auteur nous parle de visions & de révélations particulieres : ce n'est point là-dessus que les Apôtres & leurs disciples ont fondé leur prédication ; ils ont allégué les miracles de Jesus-Christ, sa résurrection, l'effusion des dons du Saint-Esprit, les guérisons miraculeuses qu'ils opéroient eux-mêmes ; ils en ont cité à témoins, non-seulement leurs prosélytes, mais les Juifs & leurs propres ennemis; ce ne sont point là des visions.

§. XII.

4°. Nous convenons que la morale pure & austere du Christianisme a dû inspirer aux cœurs vertueux de l'estime & du respect pour cette Religion; mais pendant que la morale étoit altérée chez les Juifs, scandaleuse chez les Païens, contestée par les Philosophes, étouffée par la corruption des mœurs publiques, il n'est pas naturel que des pêcheurs de Judée aient prêché une morale pure, sublime, irrépréhensible, l'aient fondée sur sa vraie base, & l'aient fait généralement adopter. Il ne l'est point que des hommes élevés dans le sein de la licence & des désordres, aient pris du goût pour une morale qui ne tolere aucun vice, ne ménage aucune passion, ne dispense d'aucune vertu. La plupart des incrédules soutiennent que cette morale est désolante, absurde, impraticable, inventée pour rendre la vertu odieuse & l'homme malheureux; comment a-t-elle été un attrait pour engager les hommes à la profession du Christianisme.

5°. Il en est de même de l'union, de la

charité, de la discipline sévère observée parmi les premiers fidèles. Des Juifs & des Païens accoutumés à se détester & à se mépriser mutuellement, commencent tout à coup à fraterniser, ne forment qu'une même famille, *n'ont qu'un cœur & qu'une ame*; étrange spectacle! Il devoit [illegible] sans doute, donner une [illegible] idée du Christianisme à ses propres ennemis (a). Jesus-Christ l'avoit promis; il avoit dit en parlant des Juifs & des Païens, [illegible] *un seul troupeau sous un même Pasteur* (b). Nous demandons par quel moyen naturel ce phénomène s'est opéré.

Rendons néanmoins graces à nos adversaires de l'hommage que la vérité leur arrache en faveur du Christianisme. Les plus furieux d'entre eux l'ont [illegible] ges; ils en ont noirci les dogmes, la morale, les rites, la discipline, [illegible] les mœurs, la sincérité, la conduite de ses premiers Sectateurs. A leurs yeux cette Religion n'est qu'un tissu d'erreurs & d'impostures, prêché par des fourbes ou par des fanatiques, adopté sans examen par la plus vile partie du peuple, rédigé en système [illegible]

(a) Act. c. 4, ℣. 32. Tertull. Apol. c. 39.
(b) Joan. c. 10. ℣. 16.

dans la ſuite par des Docteurs ruſés & ambitieux, établi enfin par les violences & les cruautés de quelques Empereurs deſpotes. Voici de profonds raiſonneurs qui en jugent plus favorablement; ſelon leur avis la croyance inébranlable d'une vie future, l'attrait d'une morale pure & ſévere, l'union des premiers Chrétiens, la diſcipline auſtere de l'Egliſe, le zele infatigable de ſes Miniſtres ont propagé rapidement notre religion: elle n'a pas lieu d'en rougir, nous acquieſçons volontiers à cet aveu, il démontre la divinité du Chriſtianiſme.

En effet il en réſulte que ſes premiers Sectateurs ont cru aux miracles de Jeſus-Chriſt, de ſes Apôtres, de leurs Diſciples; ils étoient à la ſource de ces faits, pluſieurs en avoient été témoins oculaires: donc ces miracles étoient inconteſtables. Par la force de cette perſuaſion ils ont profeſſé hautement l'unité de Dieu, les peines & les récompenſes de la vie future, deux dogmes eſſentiels ſur leſquels portent tous nos devoirs & tous les liens de ſociété; ils ont ſuivi une morale pure & ſublime, ont cimenté entre eux une union parfaite, ont banni tous les déſordres par une diſcipline auſtere. Des miracles forgés par des fourbes, ou imaginés par des imbécilles, n'auroient pas produit d'aussi heureux effets. A portée de comparer par expérience cette nouvelle Religion avec celle qu'ils avoient quittée, ces mêmes Chrétiens ont désiré avec ardeur de procurer le même avantage à tous les hommes, ils ont bravé les tourmens & la mort pour répandre une croyance qu'ils envisageoient comme la source du bonheur de l'univers. Dites-nous, savans dissertateurs, si cette religion étoit l'ouvrage de Dieu, qu'auroit-elle fait davantage ?

CHAPITRE VII.

Des Dogmes, de la Morale, du Culte extérieur de la Religion Chrétienne.

PENDANT trois ſiecles, le Chriſtianiſme eut à combattre les préjugés & les eſpérances des Juifs, la ſuperſtition des Païens, la politique des Empereurs, l'entêtement des Philoſophes. Ils ont employé contre lui les ſubtilités de la diſpute, les noirceurs de la calomnie, la ſévérité des loix, la cruauté des ſupplices, toutes les forces de la terre, les preſtiges de l'enfer. Vaine réſiſtance; Dieu agiſſoit, l'homme a été forcé de céder. D'autres ennemis lui préparoient de nouvelles attaques: une multitude d'Hérétiques n'ont ceſſé de s'élever contre les divers articles de notre croyance; c'eſt une épreuve qui doit durer juſqu'à la fin des ſiecles. Dieu a permis cette guerre, ſoit étrangere, ſoit inteſtine, pour faire éclater la puiſſance de ſon bras. Il avoit annoncé le plan de ſa providence, il l'a pleinement exécuté; il l'accomplit encore ſous nos yeux. Nous ſentirions moins le prix de ses bienfaits, si nous en jouissions avec plus de tranquillité. L'Eglise tire de ses anciennes victoires la force de soutenir de nouveaux combats; une partie de ses ennemis sont toujours les mêmes : ils peuvent lire l'arrêt de leur défaite sur le tombeau de leurs prédécesseurs.

Plaçons d'un côté ce tableau, de l'autre Jesus seul au milieu de la Judée, traçant froidement à douze pêcheurs leurs travaux, leurs courses, leur destinée & leur promettant le succès. Il compare sa doctrine à une semence presque imperceptible, qui, jetée sur la terre, pousse un foible germe, devient bientôt un arbre dont les branches s'étendent au loin & servent de retraite aux oiseaux du ciel. A peine ce germe commença-t-il de paroître, que toutes les puissances de ce monde s'efforcerent de l'étouffer; il a pris son accroissement sous leurs yeux & malgré elles. Planté depuis dix-huit siecles, il n'a rien perdu de sa séve & de sa vigueur; souvent on en a retranché des branches, le tronc est demeuré immobile : il ne cesse de pousser des rameaux; Dieu préside à sa durée, l'homme ne viendra point à bout de l'arracher.

Je ne suis point venu, dit Jesus-Christ,

apporter la paix ſur la terre, mais le glaive & la diviſion. Les familles s'éleveront contre les familles, le fils contre ſon pere, une mere méconnoîtra ſa fille; les parens, les alliés, les voiſins ſe feront une guerre ouverte, les domeſtiques deviendront les ennemis de leur maître. Alors on reconnoîtra ceux qui ſont à moi. Mais celui qui donnera ſa vie pour moi ne la perdra pas: elle lui ſera rendue pour l'éternité (*a*).

Philoſophes, cette prédiction vous ſcandaliſe: vous continuez cependant de l'accomplir; vous invectivez contre la guerre, & vous la déclarez. Vous déplorez la quantité de ſang répandu, & vous ſoufflez le feu qui l'a fait répandre. Quels ſont les motifs de votre haine? Une doctrine myſtérieuſe qui vous déplaît, une morale qui vous rebute, un culte onéreux qui vous incommode: n'eſt-il pas poſſible de les juſtifier? Le Chriſtianiſme porte certainement, dans les ſignes exrérieurs qui l'ont accompagné, un caractere évident de Divinité: montrons encore qu'en lui-même, dans ſes dogmes, dans ſa morale, dans le culte extérieur, il eſt également digne de Dieu; que les clameurs des Incrédules ſont

(*a*) Matt. c. 10, ℣. 34. Luc, c. 12, ℣. 51.

contraires à la raiſon, de laquelle ils prétendent défendre les droits, & au bien de la ſociété dont ils ſe déclarent les protecteurs.

Dans les religions forgées par des hommes, ces trois parties n'ont aucune liaiſon; le chef-d'œuvre de la Sageſſe divine a été de les enchaîner ſi étroitement dans le Chriſtianiſme, que l'une ne peut ſubſiſter ſans l'autre. Le dogme ſert à fonder la morale, le culte extérieur eſt une profeſſion de foi muette, qui rappelle à l'homme ſes devoirs. Toute Secte qui a donné atteinte à l'un de ces trois objets, n'a pu en conſerver aucun dans ſon entier; ici, les principes & les faits ſe ſoutiennent mutuellement. Nous traiterons de chacun en particulier, & nous ajouterons un article ſur l'intolérance que l'on reproche au Chriſtianiſme.

ARTICLE PREMIER.

Des Dogmes ou des Myſteres de la Religion Chrétienne.

§. I.

» Comme le monde n'avoit point connu
» la Sageſſe divine par la Philoſophie, il a

» plu à Dieu de sauver les croyans par la » folie de la Prédication « (a). Tel est en deux mots l'apologie que fait S. Paul de la Doctrine Chrétienne & de ses Mysteres ; c'est le délire de la Philosophie qui les a rendu nécessaires. Pendant cinq ou six cens ans, les Philosophes n'avoient cessé d'attaquer les dogmes de la Religion naturelle ; par une fausse politique ils avoient autorisé l'idolatrie ; par leurs sophismes ils avoient ébranlé la croyance d'un Dieu & d'une autre vie. Il falloit imposer silence à ces raisonneurs téméraires, mettre une barriere à leurs attentats, les forcer de reculer devant des Mysteres sur lesquels la raison n'avoit point de prise, sauver les hommes par une humble soumission à la parole divine.

Vainement ils se révoltent contre une conduite que leur témérité a rendue indispensable ; ils disent que la foi aux Mysteres est une absurdité & une folie. Soit, leur répond l'Apôtre ; cette folie qui vient de Dieu, est préférable à votre prétendue sagesse : celle-ci avoit aveuglé & dépravé les hommes ; celle-là les éclaire & les sanctifie. Avec tous vos raisonnements vous n'avez

(a) I. Cor. c. 1, ℣. 21.

pu détruire une ſeule erreur populaire; par la Foi Dieu veut convertir le monde & le changer. Ainſi ce que vous nommez folie, triomphera de la ſageſſe, & la force ſera vaincue par la foibleſſe même (*a*). L'événement démontre de quel côté ſe trouve la vraie folie ou la véritable ſageſſe.

Pour corriger les hommes aveugles qui adoroient les différentes parties de la nature, Dieu avoit frappé autrefois ſur la nature des coups terribles, pour faire ſentir qu'il en étoit le ſeul maître. Ainſi lorſque devenus Philoſophes ils ont abuſé du raiſonnement pour détruire toute Religion, Dieu a frappé ſur les prétendus droits de cette raiſon préſomptueuſe, & l'a réduite à plier ſur le joug de la Foi.

Les Myſteres ſont ainſi devenus la baſe des vérités même démontrables & les plus néceſſaires à notre repos; celles-ci n'ont été connues & conſervées que chez les nations qui ont conſenti à croire & à n'adorer qu'un ſeul Dieu par Jéſus-Chriſt. Les Philoſophes raiſonneurs, les ſçavans indociles ſont retombés & retombent encore dans le cahos des anciennes erreurs, dès qu'ils refuſent de ſubir le joug que Dieu a voulu

(*a*) I. Cor. c. 1, ℣. 25 & 27.

leur imposer. Nous n'avons pas besoin d'une autre preuve pour sentir que J. C. & ses Apôtres étoient les interprêtes de la Divinité.

Quand on examine le symbole du Christianisme, on voit qu'il n'y a pas un seul article qui ne soit opposé à l'erreur de quelqu'une des sectes de Philosophie. Saint Clément d'Alexandrie, Lactance, Théodoret l'ont fait voir, & ont confondu, par ce symbole lumineux, les sophismes des Philosophes.

§. II.

Dans la premiere Partie de cet Ouvrage, chap. 7, art. 1, nous avons démontré que Dieu nous révele des Mysteres, soit dans lui-même, soit en nous, soit dans le reste de la nature, & qu'il seroit absurde de n'y pas croire. Nous avons fait voir qu'il n'est aucun systême d'incrédulité dont les Sectateurs ne soient forcés de croire des mysteres plus révoltans & en plus grand nombre que ceux du Christianisme. Nous avons répondu aux objections que l'on fait contre la croyance des Mysteres en général, & il n'en est aucune que nous n'ayons retorquée contre les Incrédules.

C'est donc une erreur de penser que les

Mysteres sont un inconvénient particulier à la Religion Chrétienne : les Athées même soutiennent qu'il est impossible d'admettre un Dieu, sans croire des Mysteres; ils avouent qu'un Chrétien raisonne plus conséquemment qu'un Déiste. En effet, dès que Dieu daigne nous révéler ce qu'il est en lui-même, ce qu'il a fait & ce qu'il veut faire pour nous, il est impossible que ces vérités ne soient pas des Mysteres. Un Etre infini ne peut, ni dans sa nature, ni dans ses décrets, ni dans sa conduite, être compréhensible à un esprit borné.

Aussi Dieu a révélé des Mysteres depuis le commencement du monde. La création, la chute de l'homme, sa rédemption future, la conduite de la Providence à l'égard des différentes nations, sont des Mysteres dont les Incrédules sont aussi révoltés que de celui de la Trinité divine. C'est donc une absurdité de déclamer contre la Doctrine de Jesus-Christ, comme si ce divin Législateur étoit le premier qui eût révélé des Mysteres aux hommes.

Il y a plus. En fait d'opinions, les Philosophes même ont toujours commencé par croire, avant d'être convaincus; c'est la réflexion de Cicéron. » Un Philosophe, dit-» il, se trouve engagé dans les sentiments

» d'une secte, avant d'être capable d'en » juger : un ami le conduit à une école ; » il entend le discours d'un Professeur, & » il s'attache à lui. Des circonstances par- » ticulieres le conduisent à un parti plutôt » qu'à un autre ; il s'y fixe comme à un ro- » cher : il juge à l'aventure que tel Maître » mérite la préférence, sur cette présomp- » tion vague que c'est un homme sage, au » discernement duquel on peut se fier ; » comme s'il ne falloit pas beaucoup de » sagesse pour décider qui mérite le nom » de sage « (a). De l'aveu des Incrédules modernes, la plupart croient *sur parole*, & ils trouvent étrange que nous ajoutions foi à la parole de Dieu.

Par la foi des Mysteres, le Christianisme a procuré aux hommes un avantage inestimable, en établissant pour jamais le dogme d'un seul Dieu créateur & gouverneur de l'univers, dogme que les Philosophes n'ont jamais enseigné ; il a banni de l'imagination des peuples la multitude de divinités bizarres que l'on croyoit répandues dans toute la nature. En proscrivant l'idolâtrie, il a retranché les vaines terreurs, les su-

(a) Acad. quest. L. IV, n. 8 & 9. Théodoret, Therapeut. I. Disc. p. 479.

perſtitions & les crimes qui en étoient inſéparables, qui l'accompagnent encore aujourd'hui, & qui ſont toujours prêts à renaître dans les eſprits foibles.

§. III.

Dans les Religions les plus fauſſes, il y a eu des myſteres; mais loin de porter les hommes à la vertu, ils ſervoient de modele & d'aliment au crime. Ceux du Chriſtianiſme, au contraire, tiennent à la morale; ils ſuggerent des motifs d'amour & de reconnoiſſance envers Dieu, de charité envers nos freres, de vigilance ſur nous-mêmes. Ce qui nous engage à les croire, eſt, dit ſaint Jean, l'amour que Dieu a eu pour nous (*a*); caractere qui ne ſe trouve point ailleurs.

Otez du Symbole chrétien le Myſtere de la Sainte-Trinité, tout l'édifice de notre Religion s'écroule, la divinité de Jeſus-Chriſt ne peut plus ſe ſoutenir, les effuſions de l'amour divin à notre égard ſe réduiſent à rien. Ce Myſtere ne nous eſt point propoſé comme un dogme de foi purement

---

(*a*) *Nos credidimus charitati quam habet Deus in nobis*. I. Joan. c. 4, ℣. 16.

ſpéculatif, mais comme un objet d'admiration, d'amour, de reconnoiſſance. Dieu, éternellement heureux en lui-même, a créé le monde par ſon Verbe éternel; c'eſt par lui qu'il le conſerve & le gouverne. Ce Verbe divin, conſubſtantiel au Pere, a daigné ſe faire homme, ſe revêtir de notre chair & de nos foibleſſes, habiter parmi nous, pour nous ſervir de maître & de modele : il a donné ſa vie pour nous; il ſe donne encore à nous ſous la forme d'un aliment, afin de s'unir plus étroitement à nous. L'Eſprit divin, amour eſſentiel du Pere & du Fils, après avoir parlé aux hommes par les Prophetes, nous a été envoyé pour nous éclairer & nous inſtruire; communiqué par les Sacrements, il opere en nous par ſa grace & préſide à l'enſeignement de l'Egliſe. Ces idées ſont non-ſeulement grandes & ſublimes, mais affectueuſes & conſolantes : elles élevent l'ame & l'attendriſſent. Dieu, tout grand qu'il eſt, s'eſt occupé de nous de toute éternité; tout ſon être, pour ainſi dire, s'eſt approprié à nous. L'homme, quoique foible & pécheur, eſt donc précieux à Dieu; par les excès de la bonté divine, nous pouvons eſtimer le prix du bonheur qu'il nous prépare.

Sous ces traits aimables Dieu est non-seulement notre Créateur & notre Maître, notre Bienfaiteur & notre Pere dans l'ordre de la nature; mais notre Sauveur dans l'ordre de la grace, notre consolateur, l'ami intime & inséparable de notre ame, notre bonheur éternel. Il commande la vertu, mais il nous aide à la pratiquer; il nous a donné l'exemple, & il nous montre de loin le salaire : il n'est pas étonnant que cette doctrine ait fait des Saints. De-là naissent les sentimens d'humanité, de charité, de fraternité envers nos semblables; malgré l'empire des passions, ces sentimens brillent encore dans le Christianisme : ils ont fait éclore la multitude d'institutions utiles dont aucune autre religion n'a eu seulement l'idée. Le Déiste qui a demandé de quoi servent à la société civile les dogmes de la Trinité, du péché originel, &c. ne connoissoit gueres notre Religion (*a*).

Sans croire le mystere de la sainte Trinité, comment pourrions-nous admettre la mission de Jesus-Christ? Il a dit à ses Apôtres : « Allez, enseignez toutes les nations, » & baptisez-les au nom du Pere, du Fils

(*a*) Lettres écrites de la Montagne, p. 34.

» & du Saint-Esprit ». Sans doute il n'a pas voulu que les fideles fussent baptisés sous un autre nom que le sien, ni sous un autre nom que celui de Dieu. Si les trois personnes ne sont pas un seul Dieu, qui sont ces deux qu'il met sur la même ligne que le Pere ? Auroit-il voulu que le sacrement qui nous rend Chrétiens fût pour nous un piége d'erreur ? N'auroit-il détruit le polythéisme des Païens que pour lui en substituer un autre ?

Dès l'origine du Christianisme, Simon le Magicien, Cérinthe, les différentes sectes de Gnostiques s'éleverent contre ce dogme ; ils soutinrent que Jesus-Christ n'étoit pas Dieu, ou qu'il n'étoit homme qu'en apparence. Les Apôtres, pour les combattre, ont constamment enseigné que Jesus-Christ étoit *le Verbe fait chair*. Arius, au quatrieme siecle, ne fit que renouveller sous un tour différent l'erreur que les Apôtres avoient déjà frappée d'anathême ; les Sociniens ont ressuscité à leur tour les idées & les sophismes des anciens Hérétiques. La réfutation la plus ingénieuse que l'on ait faite de leur systême, est une dissertation dans laquelle on a démontré que, selon leurs principes & leur maniere de raisonner, on doit affirmer que les femmes ne participent point à la nature humaine.

§. IV.

Selon la plupart des Incrédules, le dogme de la Trinité est tiré de Platon; ce Philosophe a-t-il enseigné réellement quelque chose de semblable? Après avoir rapproché cinq ou six passages de ses écrits, on trouve que Platon admet, 1°. l'Être suprême, qu'il nomme *le Pere.* 2°. Le monde, qui est son ouvrage ou *son Fils.* 3°. L'ame du monde que Dieu a produite pour l'animer & le gouverner. Mais Platon a-t-il dit que ce sont trois Êtres co-éternels, égaux, qui sont un seul Dieu? Il dit le contraire; les deux derniers sont *produits* (*a*).

L'Auteur de l'Histoire critique de Jesus-Christ prétend que de la *bonté*; de la *sagesse*, de la *puissance* de Dieu, Platon a fait trois hypostases, & qu'il a personifié ces trois attributs (*b*). C'est une fausseté; d'ailleurs, cette distinction ne formeroit point encore le dogme que nous croyons. Un autre dit que, selon Platon, la premiere

(*a*) Quest. sur l'Encyclop. *Trinité.*
(*b*) Hist. crit. de J. C. c, 17, note, p. 353.

personne est le Dieu suprême, la seconde l'intelligence divine, la troisieme l'esprit, ou l'ame du monde (*a*). Nouvelle erreur. Platon admet pour second être le monde, & il n'admet point pour l'animer un esprit distingué de l'intelligence divine.

Il paroît certain que ce Philosophe ni ses disciples n'ont jamais admis la *Création* proprement dite; ils jugeoient que le monde étoit sorti de Dieu par *émanation*, que l'univers étoit une espece d'extension de la Divinité; le Dieu de Platon étoit l'univers animé, rien de plus. Or, les Peres de l'Eglise ont certainement admis la création; c'est le premier article du Symbole des Apôtres: il est donc impossible qu'ils aient adopté la prétendue Trinité de Platon.

Lorsque Jesus-Christ a nommé Dieu *son Pere*, qu'il s'est donné lui-même pour Fils de Dieu, qu'il a promis à ses Apôtres le Saint-Esprit, il n'entendoit ni le monde ni l'ame du monde; il n'y pensoit pas davantage lorsqu'il a ordonné de baptiser les Croyans au nom du Pere, du Fils & du Saint-Esprit.

S. Jean ne copioit point Platon lorsqu'il

(*a*) Christian. dévoilé, c. 7, note, p. 94.

a dit: « Au commencement étoit le Verbe ; » il étoit en Dieu & il étoit Dieu, &c. » Et « il y a trois (personnes) qui rendent » témoignage dans le Ciel, le Pere, le » Verbe & le Saint-Esprit, & ces trois » sont une même chose (*a*) ». S. Paul dit aux Fideles dispersés, qu'ils ont été élus *selon la prescience de Dieu le Pere, pour être sanctifiés par le Saint-Esprit, par l'obéissance & l'aspersion du Sang de Jesus-Christ* (*b*). Voilà toujours les trois Personnes divines réunies pour opérer le salut des hommes.

On sçait d'ailleurs de quelle maniere saint Paul & les autres Apôtres ont parlé des Philosophes & de leur doctrine, les précautions qu'ils ont prises pour en détourner les Fideles. Est-il croyable que, malgré leurs leçons, les anciens Peres se soient laissé séduire par le Platonisme?

Ce n'est point ce qu'en ont pensé les Platoniciens du second siecle & des suivans. Celse & Julien n'ont point trouvé entre nos dogmes & ceux de Platon la prétendue conformité qu'il plaît aux Sociniens & aux Incrédules de supposer. » Les An-

(*a*) I. Joan. c. 5, ℣. 7.
(*b*) I. Petr. c. 1.

» ciens, dit Celſe, ont envisagé ce monde
» comme engendré de Dieu; ils l'ont ap-
» pellé l'Enfant ou le Fils de Dieu; mais
» il ne reſſemble en rien à celui dont les
» Chrétiens nous parlent » (*a*). Julien oppoſe de même la doctrine de Platon à celle de Moyſe & de Jeſus-Chriſt (*b*).

Si l'on veut comparer les premiers Verſets de l'Evangile de S. Jean avec l'extrait que donne Julien de la doctrine de Platon, l'on verra qu'il n'eſt pas un ſeul de ces Verſets qui ne réfute une erreur du Philoſophe. Et on vient nous dire que ce commencement de l'Evangile a été fait par un Grec Platonicien.

Plotin, vers le milieu du troiſieme ſiecle, imagina une autre eſpece de Trinité; on ne ſçait ce que c'étoit : Brucker convient que ce Philoſophe ténébreux ne s'entendoit pas lui-même. Mais les Peres de l'Egliſe n'ont puiſé leur croyance ni dans Plotin, ni dans Porphyre, ſon diſciple & ſon éditeur : ces deux Philoſophes étoient ennemis mortels de la Religion Chrétienne. Selon un Encyclopédiſte, les nouveaux

(*a*) Dans Orig. L. V, n. 47.
(*b*) Dans S. Cyrille, L. II & III, p. 49, 58, 65, 96.

Platoniciens ou Eclectiques copierent les dogmes du Christianisme ; ce ne sont donc pas les Peres qui ont copié les nouveaux Platoniciens.

Entre les divers Philosophes qui se convertirent, les uns abjurerent sincérement toutes les opinions qui ne s'accordoient point avec la doctrine de nos Livres saints ; ils ont été les plus zélés défenseurs du Christianisme : d'autres s'obstinerent à vouloir plier les paroles de J. C. & des Apôtres aux dogmes philosophiques ; ils enfanterent les premieres hérésies : Tertullien & d'autres Peres le font remarquer. Lorsqu'Arius & ses adhérens furent condamnés, ils n'accuserent point le Concile de Nicée de Platonisme : au contraire, les Peres reprocherent aux Ariens d'avoir été endoctrinés par des Philosophes, & d'avoir puisé leurs idées dans Platon (*a*).

Vainement les Incrédules prétendent que le Mystere de la Sainte-Trinité est absurde & contradictoire. En parlant des Mysteres en général, nous avons fait voir que ces contradictons prétendues viennent uniquement d'une comparaison fausse que l'on fait entre la nature & la personne di-

(*a*) S. Cyrille contre Julien, L. I, sur la fin.

vine, & la nature & la perſonne humaine: comparaiſon qui ne prouve rien. D'ailleurs, pour faire paroître ce Myſtere ridicule, les Incrédules ne manquent jamais de le défigurer; ils n'argumentent que ſur un faux énoncé.

§. V.

Nous convenons que le Myſtere de l'Incarnation n'eſt pas plus concevable que celui de la Sainte-Trinité; l'un ne peut ſubſiſter ſans l'autre. En comparant toujours la nature divine avec une nature humaine, on ne comprendra jamais comment deux natures peuvent être réunies dans une ſeule perſonne, comment Jeſus-Chriſt peut être vrai Dieu & vrai Homme: nous ne concevons pas même comment une ame ſpirituelle peut être unie à un corps matériel, parce que nous ne pouvons comparer cette union à aucune autre; mais ce qui eſt incompréhenſible n'eſt pas pour cela démontré faux.

Nous avons fait voir ailleurs, que Jeſus-Chriſt a révélé très clairement & profeſſé hautement ſa divinité; qu'il fut condamné par les Juifs, pour avoir déclaré qu'il étoit *le Chriſt, Fils de Dieu.* S'il ne l'avoit été que dans un ſens figuré & métaphorique, par quelle raison les Juifs l'auroient-ils condamné comme blasphémateur? Jesus-Christ lui-même auroit-il consenti à être victime d'une équivoque? Les Apôtres ont distinctement prêché ce même article de foi. Julien, plus sincere que les Incrédules modernes, convient qu'au moins Jean l'Evangéliste attribue à Jesus le pouvoir créateur, & le nomme *Dieu Verbe* (*a*).

A la vérité, la divinité de Jesus-Christ est la pierre de scandale contre laquelle se sont heurtés les premiers Hérétiques, aussi-bien que les Juifs; ils ne pouvoient se persuader qu'un Dieu pût naître & mourir. Tel est le *scandale de la Croix* sur lequel saint Paul a tant insisté, & auquel il ne vouloit pas donner atteinte. Où seroit ce scandale, si Jesus-Christ n'eût été qu'un homme? Saint Jean, parlant des premiers ennemis de la divinité de son Maître, dit que celui qui nie que Jesus-Christ soit le Fils de Dieu, est un Antechrist: Cérinthe, les Gnostiques, Arius & ses adhérens n'ont jamais refusé d'admettre cette filiation dans un sens métaphorique, comme l'entendent les Sociniens.

(*a*) Dans S. Cyrille, l. VI, p. 213; l. VIII, p. 262; l. X, p. 327, 333, 335.

Mais le Concile de Nicée, en condamnant Arius, s'eſt ſervi d'un nouveau terme qui n'eſt point dans l'Ecriture; jamais Jeſus-Chriſt n'a dit qu'il étoit *conſubſtantiel* à ſon Pere : ce mot fatal a mis l'univers en combuſtion.

Réponſe. Jeſus-Chriſt a dit : *Mon Pere & moi ſommes une même choſe;* & ce mot fatal rendit les Juifs furieux : *Tu blaſphême*, s'écrierent-ils; *tu n'es qu'un homme, & tu te fais Dieu;* ils voulurent le lapider (*a*). Les Ariens auſſi incrédules, mais plus ruſés que les Juifs, tordoient le ſens des paroles de Jeſus-Chriſt, comme font encore les Sociniens. Rien de plus captieux que leurs profeſſions de foi. Le Concile de Nicée, pour couper racine à leurs artifices, fixa par un terme clair le ſens des paroles du Sauveur : les clameurs des Ariens firent tomber le maſque dont ils ſe couvroient.

Ce n'eſt donc ni le terme, ni le dogme qui ont mis l'Egliſe en combuſtion; c'eſt l'opiniâtreté des Hérétiques. Le dogme étoit cru & profeſſé depuis trois cents ans, & le terme le rendoit dans toute l'exactitude poſſible.

(*a*) Joan. c. 10, ℣. 30 & ſuiv.

Cependant les Incrédules concluent, que Constantin, en appuyant de son autorité la décision du Concile de Nicée, est devenu le véritable Auteur de la divinité de Jesus-Christ : quelques-uns disent que c'est saint Paul; Julien prétendoit que c'est S. Jean. Tous ont deviné avec un égal succès; c'est J. C. lui même qui l'a révélé à ses Apôtres. Les Juifs, plus sinceres, conviennent que leurs peres ont rejeté Jesus & l'ont mis à mort, parce qu'il s'est donné pour un Dieu : Celse le lui reprochoit; le Juif Tryphon, qui disputoit contre S. Justin, en étoit scandalisé (*a*). Il est trop tard pour en accuser Constantin ou les Peres de Nicée.

§. VI.

Il est clair que le Mystere de la Rédemption des hommes est une conséquence de celui de l'Incarnation, & suppose le dogme du péché originel. Si Jesus-Christ n'étoit pas Dieu, sa mort n'auroit pas eu la force de nous racheter de la damnation éternelle; & si notre premier pere n'avoit pas péché, il n'eût pas été besoin d'un Rédempteur.

(*a*) Dial. avec Tryph. n. 48 & 49.

Selon les Incrédules, ce dogme est absurde : le Christianisme, disent-ils, représente Dieu comme un tyran dont la colere est implacable, qui, peu content d'avoir accablé de maux le genre humain pour un morceau de pomme, pousse la fureur jusqu'à vouloir le damner éternellement, & ne peut être appaisé que par le sang de son Fils. Un Roi ne pourroit imiter cette conduite, sans passer pour un insensé; c'est une injustice de punir un innocent pour des coupables. Ce prétendu Mystere est né de la même démence qui a persuadé aux peuples barbares que la Divinité exigeoit l'effusion du sang humain pour expier les péchés (a).

Réponse. Toujours des comparaisons pour juger des Mysteres! Cent fois nous avons démontré qu'elles sont toutes fautives.

1°. Si c'est un Déiste qui propose cette objection, nous lui dirons : Ou l'état de souffrance dans lequel gémit le genre humain sur la terre, est la punition d'un péché, ou c'est la condition naturelle dans laquelle Dieu nous a créés : point de milieu. Est-il plus digne de Dieu de nous faire souffrir sans raison, que de nous punir du

(a) Tindal, c. 14, p. 384 & suiv.

péché de notre premier pere ? Choisissez. Si notre état ne peut se concilier avec la justice d'un Dieu vengeur, l'accorderez-vous mieux avec la bonté d'un Dieu créateur ?

A un Athée nous repliquons : Vous soutenez que les souffrances de l'homme ne peuvent s'accorder ni avec la bonté paternelle du Créateur, ni avec la justice d'un Dieu vengeur ; soit pour un moment. Etes-vous fort soulagé en les attribuant à une nécessité aveugle, à une nature marâtre, qui ne nous laisse point de ressource, ni d'espérance en ce monde ni en l'autre ? Des blasphêmes contre la Providence ne sont pas un remede fort efficace pour guérir nos maux.

Où est donc cette colere d'un Dieu implacable ? Quoiqu'irrité contre l'homme pécheur, Dieu n'a cessé de lui faire du bien depuis la chute d'Adam. S'il lui en fait moins sur la terre qu'il ne lui en auroit fait dans l'état d'innocence, il ne s'ensuit pas qu'il manque de justice ou de bonté. Nous l'avons démontré dans la question de l'origine du mal. Quelque péché que l'homme eût pu commettre, Dieu en auroit-il reçu plus de préjudice que d'un morceau de pomme mangé ? Laissons donc de côté cette impertinente comparaison.

2°. Dieu, loin de vouloir damner éternellement le genre humain, promet un Rédempteur au moment même de la condamnation d'Adam. La réconciliation a donc été aussi prompte que la colere, & il ne s'est pas trouvé là un tiers pour obtenir de Dieu ce traité de paix. Dieu, dit saint Paul par une réflexion sublime, Dieu étoit en Jesus-Christ se réconciliant le monde & pardonnant les péchés des hommes (*a*). C'est donc Dieu qui fait, pour ainsi parler, tous les frais de la réconciliation: & les Incrédules osent le peindre comme un Dieu implacable.

3°. Un Roi n'auroit pas le pouvoir de ressusciter son fils, s'il le livroit à la mort; il n'y a point de ressemblance entre Dieu & un Roi; point d'injustice à recevoir la satisfaction qu'offre volontairement un innocent, lorsqu'il doit en être dédommagé par une victoire complette sur la mort & par les adorations de tous les hommes.

4°. Le Sacrifice de Jesus-Christ, loin d'autoriser l'effusion du sang humain sur les Autels, a fait cesser la coutume d'offrir

(*a*) II. Cor. c. 5, ℣. 19.

même des animaux. Quand Jesus-Christ n'auroit point apporté d'autre réforme sur la terre, il seroit encore vrai de dire qu'il est le Rédempteur des hommes, puisqu'il a sauvé des milliers de victimes humaines qui auroient été immolées sans lui.

§. VII.

Il eût mieux valu, disent nos adversaires, pardonner absolument & sans réserve, que d'y mettre tant d'appareil ; puisque Dieu commande aux hommes de pardonner à leurs semblables, il devoit leur en donner l'exemple (*a*).

Réponse. Dieu a-t-il donc fait autre chose que pardonner dans le fond ? Qui l'empêchoit d'exercer sa vengeance ? Il n'a point voulu annoncer la grace sous le titre d'un simple pardon ; il y a mis un appareil de justice, pour effrayer les ingrats & les impénitens, & pour exciter la confiance des cœurs vertueux. Son Fils nous a donné des leçons, des loix, des exemples, des graces, des secours de toute espece, nous a fait voir jusqu'où peut aller le courage de la vertu, jusqu'où s'étend la justice de Dieu

(*a*) Tindal, c. 14, p. 358.

lorſqu'elle punit, & ſa libéralité lorſqu'il récompenſe. Le monde ignoroit ces vérités, Jeſus-Chriſt les a fait connoître & les a fait aimer; des milliers de Saints ont marché ſur ſes traces. Mais les Incrédules ne voudroient ni leçons, ni loix, ni exemples, ni menaces, ni punitions; ils demandent le bonheur, ſans être obligés de l'acheter par des vertus.

En vue des mérites & des ſatisfactions de Jeſus-Chriſt, le droit à la béatitude éternelle nous eſt rendu; nous pouvons mériter un bonheur plus parfait que celui de l'homme innocent. Dieu n'a pas attendu que le ſacrifice fût conſommé pour en appliquer les effets; en vertu des mérites futurs de ſon fils unique, il a donné à l'homme déchu de l'innocence, & à toute ſa poſtérité, des moyens de ſalut plus ou moins abondans; pas un ſeul homme n'a été entiérement privé des graces méritées par le Rédempteur. Il eſt, ſelon l'expreſſion de S. Jean, la vraie lumiere qui éclaire *tout homme* qui vient en ce monde. S. Paul nous aſſure que le bienfait de la rédemption eſt plus étendu que la condamnation de l'homme pécheur (*a*).

(*a*) Rom. c. 5, ℣. 15 & ſuiv.

Vainement les Sociniens & les Déistes veulent expliquer dans un sens allégorique la satisfaction & la rédemption opérées par Jesus-Christ; ils font violence à tous les termes & se jouent du langage. Jesus-Christ disent-ils, est mort pour nous; il a été notre victime, parce qu'il a confirmé par sa mort la doctrine évangélique, parce qu'il nous a donné en mourant l'exemple de la parfaite obéissance par laquelle nous pouvons mériter le Ciel, & parce qu'il a demandé à Dieu pour nous le même courage : c'est dans ce sens qu'il nous a rachetés (*a*).

Mais Jesus-Christ lui-même s'est clairement expliqué; il dit: « Ceci est mon sang, » le sang d'une nouvelle alliance, qui sera » répandu pour vous & pour plusieurs en » rémission des péchés (*b*) ». Lorsque l'on immoloit une victime pour sceller une alliance, il n'étoit question ni de confirmation d'une doctrine, ni d'exemple, ni d'intercession. Selon la réflexion de saint Paul, « si le sang des boucs & des taureaux & » l'aspersion de la cendre d'une victime purifient les coupables des transgressions

---

(*a*) Morgan. Tom. I, p. 163, 228.
(*b*) Matt. c. 26, ℣. 28.

» légales, à plus forte raison le sang de » Jesus-Christ purifiera notre ame des œu- » vres mortes (a) ». Donc Jesus-Christ est notre victime dans le même sens que les animaux immolés dans l'ancienne Loi. L'Apôtre nomme Jesus-Christ souverain Prêtre & médiateur d'une nouvelle alliance, parce qu'il a offert en sacrifice son propre sang pour le rachat du genre humain. Saint Pierre dit aux Fideles : « Vous n'avez pas » été rachetés à prix d'or ou d'argent, mais » par le sang précieux d'un agneau sans ta- » che qui est Jesus-Christ (b) » : donc ce sang est le prix de notre rédemption dans le même sens que l'or & l'argent sont le prix du rachat d'un esclave. La licence de tordre ces passages par des allégories forcées, ne sert qu'à démontrer la nécessité d'une tradition vivante pour entendre l'Ecriture dans son vrai sens.

§. VIII.

Nos adversaires objectent, que l'efficacité de cette redemption n'est prouvée par aucun effet sensible : les hommes sont

(a) Hebr. c. 9, ℣. 13 & 14.
(b) I. Petr. c. 1, ℣. 18.

aussi vicieux & aussi insensés; Dieu ne cesse de punir & d'envoyer des fléaux sur la terre, tout comme il faisoit avant la venue de Jesus-Christ (*a*).

Réponse. 1°. C'est une témérité de faire des comparaisons qu'il est impossible de vérifier. Personne n'a tenu registre des crimes & des vertus, des châtimens & des bienfaits qui ont été répandus sur la terre avant & après la venue de Jesus-Christ : sur quoi peut-on juger de l'égalité de ces deux périodes ?

2°. Il est faux que les effets de la rédemption n'aient pas éclaté par la révolution qui s'est faite dans les mœurs des nations lorsqu'elles ont embrassé le Christianisme, & que ces nations soient aussi corrompues que les Infideles anciens ou modernes.

3°. Si elles sont très-dépravées par-tout où il y a des incrédules, c'est à eux principalement que l'on en a obligation : s'applaudiront-ils des obstacles qu'ils mettent à l'efficacité de la rédemption? Mais ils jugent mal du gros des nations, lorsqu'ils les supposent semblables à leurs propres disciples.

(*a*) Tindal, c. 14, pag. 369, 371. Orobio, l'Espion Chinois, &c.

Ils ajoutent que, selon la maniere ordinaire de penser des Chrétiens, & selon la maxime, *hors de l'Eglise point de salut*, le bienfait de la rédemption se trouve réduit presque à rien; il n'y a pas la millieme partie du genre humain qui en profite.

Réponse. Si on entend la maxime dans ce sens, que hors de la profession actuelle du Christianisme & hors de l'Eglise il n'y a aucun moyen de salut, aucune grace, c'est une erreur contraire aux passages que nous avons cités; à S. Paul, qui assure que Dieu veut que tous les hommes soient sauvés & parviennent à la connoissance de la vérité, que Jesus-Christ est le Sauveur de tous les hommes, *sur-tout des fideles*; à S. Pierre, qui enseigne que chez toutes les nations, celui qui craint Dieu & pratique la justice, est agréable à Dieu.

Aucun homme sur la terre n'est donc entiérement exclus du bienfait de la rédemption, quoique ce bienfait ne soit pas appliqué à tous également & au même degré; en vertu des mérites de Jesus-Christ, tous reçoivent des moyens de salut plus ou moins abondans, plus ou moins prochains & efficaces, desquels ils peuvent profiter ou abuser.

De cette vérité il s'ensuit que personne n'est exclus du salut que celui qui résiste aux graces que Dieu lui fait, aux lumieres qu'il lui communique ; & dans ce sens il n'est point de salut pour quiconque est sciemment & volontairement hors de l'Eglise. De savoir par quels moyens & de quelle maniere Dieu aide, éclaire, conduit les Infideles pour les amener à l'Evangile & à la véritable Eglise ; jusqu'à quel point ils sont coupables lorsqu'il n'y parviennent point ; quel sera leur sort dans l'autre vie ; ce n'est point notre affaire. Il nous suffit de savoir que Dieu ne fait injustice à personne, ne demande compte que de ce qu'il a donné ; qu'un homme ne peut être réprouvé que par sa faute.

Il seroit absurde de penser que la venue de Jesus-Christ sur la terre ait été un malheur pour aucune créature ; que le salut soit aujourd'hui plus difficile à un seul homme qu'il ne l'étoit avant la publication de l'Evangile. Comme nous ne savons pas de quelle maniere Dieu a pourvu au salut de tous avant cette heureuse époque, nous ignorons de même comment il y pourvoit depuis ce temps-là, & nous n'avons pas besoin de le savoir. La maniere dont Dieu opere notre propre salut, est un mystere pour nous ; & nous voudrions deviner comment il arrange celui d'un Turc ou d'un Chinois.

En quoi devroit consister la bonté de Dieu & la rédemption de Jesus-Christ selon les Incrédules ? A sauver tous les hommes en dépit d'eux-mêmes & malgré leur résistance aux moyens de salut ? C'est une absurdiré. Selon nous, cette bonté consiste à donner à tous des secours, aux uns plus, aux autres moins abondamment, lors même que Dieu prévoit qu'ils y résisteront. Nous puisons cette idée, non-seulement dans une révélation claire & formelle, mais encore dans le témoignage de notre propre conscience, qui nous reproche nos résistances fréquentes aux graces que Dieu nous fait. L'opinion des Incrédules n'est qu'une présomption folle qui les endurcit dans le crime ; la nôtre est un sentiment intérieur qui nous humilie, qui peut nous rendre vertueux & reconnoissans : laquelle des deux mérite la préférence ?

§ IX.

Le Mystere de l'Eucharistie ne pouvoit manquer de fournir à nos adversaires des sarcasmes injurieux. Aucun peuple, disent-ils, excepté les Egyptiens & les Chrétiens, n'a été assez insensé pour croire qu'il mangeoit son Dieu. Nous supprimons d'autres indécences plus fortes, que la malignité leur a dictées (*a*).

Réponse. Il n'est aucun dogme si respectable que l'impiété ne puisse le tourner en dérision, en le rendant sous des expressions révoltantes. Les Païens, les Juifs, les Ariens, ne pouvoient souffrir qu'un *Dieu fût mort.* En effet, quand on se figure un Dieu dédaigneux & hautain, tel que celui des Philosophes, très-peu occupé du salut de ses créatures, comment admettre les abaissemens du Verbe incarné? Mais *il s'est anéanti*, dit S. Paul, il a pris la forme d'un esclave, il s'est revêtu de notre chair & des miseres de l'humanité; il a jugé que rien n'étoit indigne de lui pour nous témoigner son amour & obtenir le nôtre. Il a donné son corps & son sang pour victime; les donner pour aliment en est la suite: de tout temps les hommes ont mangé la chair des victimes; c'est ainsi que l'on participe au sacrifice.

Mais Jesus-Christ a retranché de ce Mys-

(*a*) L'Américain sensé. Dîner du Comte de Boulainv. Quest. sur l'Encyclop. *Eucharistie.*

tere auguste toute idée grossiere, toute apparence capable de blesser les sens. Après avoir dit que sa chair est une nourriture & son sang un breuvage, il nous les donne sous la forme de nos alimens ordinaires, du pain & du vin. Nous mangeons les symboles; selon sa propre expression, nous mangeons sa chair & nous buvons son sang, mais *nous ne mangeons pas Dieu*; il est pur Esprit, & les Esprits ne se mangent point. Une expression absurde n'est point une démonstration de la fausseté d'un article de foi.

Quelques Philosophes ont nié l'immensité de Dieu, par respect pour sa Majesté suprême; ils craignoient que Dieu, présent par tout, ne fût souillé par les ordures de ce monde : d'autres ont nié l'incarnation du Verbe divin, par le même motif. Puissans cerveaux! Ils raisonnoient comme les détracteurs de l'Eucharistie.

De quelle maniere Jesus-Christ, vrai Dieu & vrai Homme, est-il présent sous les symboles eucharistiques? De quelle maniere Dieu lui-même est-il présent en tout lieu? De quelle maniere notre ame est-elle présente à notre corps? Toutes ces questions sont également absurdes. Si nous pouvions en concevoir la maniere, ce ne feroient plus des Myfteres; fi nous pouvions les comparer à quelque chofe, ils ne feroient plus inexplicables.

Pour exprimer le changement par lequel cette préfence s'opere, l'Eglife fe fert du terme de *tranffubftantiation*. Nouveau fcandale. Selon toutes les écoles de Philofophie, il eft impoffible qu'une fubftance foit changée en une autre fubftance.

Mais ceux qui ont prononcé cet oracle ont-ils l'idée claire & nette d'une *fubftance* lorfqu'il s'agit des corps? S'ils font forcés de convenir que l'on ne peut pas l'avoir, comment viendroient ils à bout de démontrer leur axiome prétendu? Le terme de *tranffubftantiation* étoit néceffaire pour prévenir les fubtilités des Hérétiques, qui n'admettoient la préfence de Jefus-Chrift dans l'Euchariftie, que dans un fens figuré & métaphorique: fens évidemment contraire à l'énergie des paroles de ce divin Sauveur; de même que celui de *confubftantiel* fut autrefois néceffaire pour diffiper les équivoques des Ariens. Dans ces deux circonftances l'Eglife s'eft conduite avec la même fageffe & la même fermeté; mais elle n'a pas prétendu expliquer par-là deux Myfteres effentiellement inexplicables.

Le plus fort argument qui ait été fait

contre la tranſſubſtantiation, eſt celui de la Placette & de Tillotſon. Ils ont dit que la certitude morale que nous pouvons avoir du changement de la ſubſtance du pain & du vin, certitude que nous puiſons dans la révélation, ne peut pas prévaloir à la certitude phyſique de nos ſenſations, qui nous aſſurent que la ſubſtance des corps ſe trouve par-tout où nous appercevons leurs accidens ou leurs qualités ſenſibles; qu'ainſi Dieu ne peut nous obliger à croire ce changement.

Dans notre Diſſertation ſur les différentes eſpeces de certitude, nous avons fait voir que ce principe eſt faux, qu'il attaqueroit la réalité de l'incarnation; que D. Hume s'en eſt ſervi pour prouver qu'aucun miracle ne peut être certain pour ceux qui n'en ont pas été témoins oculaires. Nous prions le Lecteur de recourir à cet endroit (*a*).

Nos ſens nous atteſtent les qualités ſenſibles des corps, rien de plus; quant à la ſubſtance, ils ne peuvent nous en certifier ni la préſence ni l'abſence. Si nous jugeons que la ſubſtance du pain ſe trouve par-tout où nous appercevons les qualités ſenſibles

(*a*) Tom. IV, art. 11, §. 11.

du pain, c'eſt une ſimple préſomption & non une démonſtration. D. Hume lui-même a prouvé que nous n'en avons aucune certitude (*a*). Nos ſens ne nous trompent donc point lorſqu'ils nous atteſtent qu'une hoſtie conſacrée conſerve toutes les qualités ſenſibles du pain ; cela eſt exactement vrai : ſi nous en concluons que la ſubſtance du pain s'y trouve encore, nous le faiſons ſans fondement ; la révélation, qui nous apprend le contraire, ne nous force point de réſiſter au témoignage de nos ſens.

§. X.

Dans les queſtions ſur l'Encyclopédie ; l'article *Euchariſtie* eſt un chef-d'œuvre d'hypocriſie & d'abſurdité. L'Auteur, après avoir proteſté qu'il eſt ſoumis de cœur & d'eſprit à ce qu'enſeigne ſa religion, copie toutes les groſſiéretés qu'ont vomies contre ce Myſtere les Hérétiques les plus emportés. Il convient enſuite que la croyance de ce dogme met aux crimes *le plus grand frein poſſible*, que l'on ne pouvoit en imaginer un qui retînt plus fortement les hom-

(*a*) Quatrieme Eſſai ſur l'Entend. hum. T. II, p. 80, 83, 87.

mes dans la vertu : par quel motif s'efforce-t-il de les en débarrasser ?

Après une longue énumération de ceux qui avoient consacré ou reçu l'Eucharistie, & qui ont commis de grands crimes, il conclut que tous ces gens-là ne croyoient pas véritablement en Dieu, qu'ils ont encore moins cru qu'ils eussent mangé le corps de Dieu & bu son sang. « Quelle est donc, » dit-il, la ressource qui nous reste contre » la déprédation, la violence, &c ? De » bien persuader l'existence de Dieu au » puissant qui opprime le foible. Il ne rira » pas du moins de cette opinion. Un mys- » tere incompréhensible l'a rebuté ; pourra- » t-il dire que l'existence d'un Dieu rému- » nérateur & vengeur est un mystere in- » compréhensible » ?

Réponse. Il le dira ; déja toute la secte des Athées le dit, le répete, prétend le prouver : elle soutient que le Dieu des Théistes ou Déistes est un monstre aussi incompréhensible que tous les Mysteres du Christianisme ; que quiconque admet un Dieu, raisonne très-mal quand il rejette un autre mystere quelconque. Les Matérialistes rient de Dieu, comme vous riez vous-même de l'Eucharistie ; c'est une absurdité de dire que des impies *qui ne croient pas véritablement en Dieu*, ne riront pas de Dieu.

Les scélérats dont on nous parle avoient étouffé tout à la fois dans leur cœur la foi à l'Eucharistie, & la croyance d'un Dieu vengeur : par quelle preuve persuadera-t-on l'un plutôt que l'autre à des esprits aveuglés par les passions, & parvenus à une espece de démence ? L'Auteur lui-même a décrédité d'avance le remede qu'il nous propose, en répétant les sophismes des Athées, en attaquant la Providence, en niant la liberté humaine, en soutenant que l'immortalité de l'ame n'est pas démontrée, &c. Quel antidote nous donnera-t-il contre le poison qu'il a répandu ?

Quiconque n'a pas assez de droiture pour se rendre aux preuves de la révélation, n'aura pas plus d'égard à celles qui démontrent l'existence d'un Dieu vengeur. Nous le voyons par la promptitude avec laquelle on passe du Déisme au Matérialisme, & par la connexion des divers chaînons de l'incrédulité. Tout homme qui sait raisonner ne peut être incrédule à demi ; nos adversaires en conviennent : ils sappent toutes les vérités qui mettoient aux crimes *le plus grand frein possible* ; ils sont donc complices de tous les crimes que l'irréligion fera commettre.

§. XI.

La résurrection des corps leur paroît absurde ; ils l'ont attaquée (*a*). Celse ne concevoit point qu'un corps ressuscité pût être le même que celui qui a été réduit en poudre dans le sein de la terre.

Mais Celse & ses copistes pourroient-ils nous dire en quoi consiste l'*identité* des corps, ce qu'il faut pour qu'un corps qui a passé par différens états soit censé le même ? Ils jugeront sans doute qu'un corps humain n'est pas essentiellement changé tant qu'il conserve le même fond de matiere & la même configuration, tant intérieure qu'exterieure, & qu'il est animé par la même ame ; voilà précisément ce que nous croyons à l'égard des corps ressuscités. Il nous paroît qu'il n'est pas plus difficile à Dieu de ressusciter un corps humain, que de lui donner la vie pour la premiere fois.

Nos adversaires sont encore plus révoltés de l'éternité des peines de l'enfer. Ce dogme, disent-ils, ne peut se concilier avec les notions de la justice divine ; il est absurde de croire que Dieu est implacable

(*a*) Quest. sur l'Encyclop. *Résurrection*.

dans ſa colere. « Si la ſuprême puiſſance » eſt unie dans un être à une infinie ſa- » geſſe, elle ne punit point, elle perfec- » tionne, ou elle anéantit. Cette vérité eſt » auſſi évidente qu'un axiome de Mathé- » matique. Tout eſt bien dans l'univers (*a*) ». Dieu ne peut avoir droit de faire à ſes créatures plus de mal qu'il ne leur fait de bien ; or une éternité malheureuſe eſt un plus grand mal que tous les biens dont une ame peut avoir été comblée. On ne concevra jamais que des ames ſpirituelles puiſſent être brûlées par un feu matériel, ni que des corps puiſſent en reſſentir continuellement les ardeurs ſans ſe conſumer jamais (*a*.).

Réponſe. Comment accorderons-nous ces divers Oracles ? L'un conſent que Dieu puniſſe le crime au moins par un châtiment paſſager ; l'autre ne veut pas que Dieu inflige aucune punition : voilà comme les Déiſtes ſont toujours fideles à la croyance d'un Dieu vengeur. Si tout eſt bien dans l'univers, le ſupplice éternel des méchans eſt donc un bien, il peut effrayer ceux qui ſont tentés de les imiter.

(*a*) Code de la Nat. III. Part. p. 123.

(*b*) Tindal, c. 4, p. 37. Penſées Phil. n. 10, &c.

A

A proprement parler, ce n'eſt pas Dieu qui damne, c'eſt l'homme qui ſe plonge volontairement & librement dans une éternité de malheur ; tout ce que Dieu fait, tend à l'en préſerver. Il eſt donc abſurde de comparer la damnation au bien que Dieu nous fait ; le bien eſt ſon ouvrage, le mal vient de nous ſeuls. Il l'eſt encore davantage de vouloir trouver une proportion entre la durée du crime & celle de la peine, entre la juſtice divine & la juſtice humaine, &c. Dès qu'il eſt queſtion de l'infini, notre imagination ſe perd ; aucun calcul, aucune comparaiſon ne peuvent avoir lieu. La ſeule queſtion eſt de prouver qu'un Dieu bon, juſte, ſage, tout-puiſſant, ne peut donner à l'homme la liberté de ſe rendre éternellement heureux ou malheureux ; que c'eſt un don perfide, empoiſonné, funeſte, & non un bienfait ; nous avons démontré le contraire en traitant de l'origine du mal.

L'éternité de l'enfer ne peut effaroucher que ceux qui ſont dans le deſſein de le braver ; un cœur vertueux, convaincu que la damnation n'eſt réſervée qu'aux méchans obſtinés, bien réſolu de ne s'y expoſer jamais, l'enviſage ſans effroi ; il ſe repoſe ſur la bonté de Dieu, ſur les mérites de

Jesus-Christ, sur le secours de la grace : il tremble moins que les Incrédules. « Malgré les menaces terribles du Créateur, „ disoit Tertullien à Marcion, à peine „ pouvons nous encore nous abstenir du „ crime ; que seroit-ce, s'il ne menaçoit „ point ? Appellerez-vous un mal la justice „ qui ne peut souffrir le mal ? La cause du „ bien est sans doute un très-grand bien. „ Nous ne pourrions nommer souverainement bon un Dieu qui rendroit l'homme méchant par la sécurité dans le crime. Peut-il être auteur du bien sans en „ être le Juge, ou l'ennemi du mal s'il n'en „ est le vengeur (*a*) » ?

Ce frein est inutile, disent nos adversaires, il est nul, puisqu'on le brave. On croiroit plus aisément, & l'on craindroit plus efficacement des peines temporelles.

Cela est faux. Croit-on plus aisément & craint-on plus efficacement les feux du Purgatoire que ceux de l'Enfer? Les Incrédules ne veulent rien croire, ni rien craindre, ils veulent pécher impunément. La plupart soutiennent, comme les Stoïciens, que Dieu ne peut ni menacer ni punir, exercer sa justice, ni en ce monde ni en

(*a*) Adv. Marcion. L. II, c. 13.

l'autre. Si un frein étoit censé inutile, parce qu'il n'arrête pas tous les crimes, les loix, les menaces, les supplices de la Justice humaine devroient être supprimés, puisque malgré les roues & les gibets il y a encore des malfaiteurs.

Il n'est pas plus difficile à Dieu de faire sentir de la douleur à une ame séparée du corps, qu'à cette même ame unie à un corps. Il n'y a pas plus de relation nécessaire entre la blessure ou la brûlure d'un corps & la douleur de l'ame, qu'entre le feu de l'enfer & le tourment des damnés. Que nous concevions ou ne concevions pas comment ce feu ne consumera pas les corps, il ne s'ensuit rien; lorsque nous aurons conçu tous les phénomenes de ce monde, nous serons excusables de vouloir encore concevoir ceux de l'autre.

§. XII.

Sous le nom de *prédestination*, disent nos adversaires, les Chrétiens ont introduit un vrai fatalisme; selon plusieurs Théologiens la prédestination absolue est clairement enseignée par S. Paul; cet Apôtre est un vrai fataliste (*a*).

(*a*) Tableau des Saints, Tom. I, p. 251.

Réponse. La prédestination absolue, ou les *décrets absolus* de choix & de réprobation de la part de Dieu, sont une erreur condamnée par l'Eglise, ils n'ont été soutenus que par des Théologiens hétérodoxes; c'est sur-tout dans le chap. 9 de l'Epître aux Romains, qu'ils ont cru trouver cette Doctrine : y est-elle véritablement ? Dans ce chapitre & dans toute la Lettre, S. Paul enseigne que ni les Juifs ni les Gentils n'avoient mérité leur vocation à la foi; qu'ils y ont été appellés par une grace purement gratuite, par miséricorde & non par justice; que Dieu a laissé les uns dans l'incrédulité & qu'il a éclairé les autres, non parce que ceux-ci l'avoient mérité, mais parce qu'il lui a plû; qu'en cela il n'a fait injustice à aucun, parce qu'il ne devoit rien à personne, & qu'il est le maître absolu de ses dons.

L'Apôtre cite pour exemple la vocation d'Abraham, la bénédiction donnée à Isaac par préférence à Ismael, & à Jacob plutôt qu'à Esau, sans que ni l'un ni l'autre eussent mérité cette prédilection; les Israélites sauvés de l'Egypte, pendant que Dieu laissoit Pharaon dans l'endurcissement. S. Paul en conclut que Dieu fait miséricorde à qui il lui plaît, & laisse endurcir qui il veut, que la vocation à la foi n'est point la récompense de celui qui l'a desirée ou qui a fait des efforts pour y parvenir, mais un don de la miséricorde divine.

Que ce choix purement gratuit de la part de Dieu soit nommé *prédestination* ou autrement, cela est égal ; il n'y a pas ici plus de fatalité que dans la distribution inégale des dons naturels : Dieu les accorde en telle mesure qu'il lui plaît, sans faire aucune injustice & sans que personne ait droit de se plaindre. On peut dire de ces dons naturels tout ce que S. Paul dit des graces surnaturelles : *Homme, qui êtes-vous pour demander compte à Dieu ? Le vase peut-il demander au potier, pourquoi m'avez vous fait ainsi ? O profondeur des trésors de la sagesse & de la science de Dieu ! Ses jugemens sont impénétrables, & ses voies incompréhensibles, &c.* (a).

On raisonneroit très-mal si on concluoit de-là que Dieu peut donc de même prédestiner l'un à la gloire éternelle, & l'autre à la damnation, sans avoir égard aux mérites de l'un ni de l'autre. Il est de la nature d'une récompense & d'une punition d'être méritées : or la révélation nous re-

(a) Rom. c. 11, ℣. 33.

préſente conſtamment la gloire éternelle comme une récompenſe, & la damnation éternelle comme une punition, Dieu comme un Juge ſouverainement équitable, &c. Jamais, au contraire, la vocation à la foi n'eſt repréſentée comme une récompenſe. S. Paul s'attache à prouver que ce n'en eſt pas une, mais une pure grace. S. Auguſtin a fait de même contre les Pélagiens & les Semipélagiens : il n'y a donc aucune comparaiſon à faire entre la prédeſtination à la grace ou à la foi, & la prédeſtination à la gloire.

De-là réſulte une autre différence. Lorſque Dieu laiſſe un homme ou un peuple dans l'infidélité, il ne lui ôte pas pour cela toute grace, tout moyen de ſalut, comme il fait aux damnés; la perſévérance dans l'infidélité & l'endurciſſement ne ſuppoſent pas un abandon abſolu de la part de Dieu, comme la damnation. D'autre part, la vocation à la foi ne décide pas abſolument du ſalut d'un homme; il faut qu'il perſévere, qu'il travaille, qu'il mérite le ciel par de bonnes œuvres : au lieu que dans l'état des bienheureux, il n'eſt plus beſoin de mérites nouveaux. C'eſt donc un paralogiſme de comparer le decret par lequel Dieu veut donner à un homme la grace

& la foi, avec le decret par lequel il veut lui accorder la gloire éternelle; les Prédestinateurs auroient dû le comprendre.

§. XIII.

Un Déiste soutient qu'il n'y a point non plus de comparaison à faire entre la distribution des dons naturels & celle des graces surnaturelles. L'inégalité des dons naturels, dit-il, dans les créatures contribue à l'ordre de l'univers & au bien du tout : mais l'inégalité des graces surnaturelles n'est bonne à rien qu'à faire manquer la fin générale pour laquelle Dieu a créé tous les hommes, qui est le bonheur éternel (*a*).

Réponse. Cette spéculation sublime peut satisfaire peut-être un homme content de lui-même & des avantages qu'il a reçus de la nature; mais il n'est pas aisé de persuader à un boiteux, à un manchot, à un homme attaqué de la goutte ou de la gravelle, que ses infirmités contribuent à l'ordre de l'univers & au bien général du tout.

Non-seulement il y a beaucoup d'inégalité dans les dons qui n'ont point de rapport direct à la vertu & au bonheur éternel, mais encore dans les qualités morales des hommes; les uns sont nés avec

(*a*) Tindal, c. 14, p. 375.

des passions plus vives, avec des inclinations plus mauvaises que les autres : cette différence n'est-elle bonne à rien qu'à faire manquer la fin générale pour laquelle Dieu nous a créés ? La Philosophie sans doute peut contribuer à la vertu & au bonheur ; Dieu cependant n'a pas donné à tous des talens & des moïens égaux pour l'acquérir.

Le seul moïen de justifier sur ce point la sagesse, la bonté, la justice divine, est de reconnoître que Dieu ne demande compte à chacun que de ce qu'il lui a donné, soit dans l'ordre naturel, soit dans l'ordre surnaturel ; qu'il punit ou récompense, non selon le dégré de graces qu'il nous a faites, mais selon la mesure du profit que nous en avons tiré. J. C. l'enseigne ainsi dans la parabole des talens. Il fait remarquer que les Païens, qui avoient reçu moins de graces que les Juifs, avoient cependant plus de foi & de docilité. Il est donc faux que l'inégalité des graces fasse manquer la fin pour laquelle Dieu les donne.

Nous ne prenons aucun intérêt aux invectives lancées contre les Prédestinateurs dans les questions sur l'Encyclopédie (*a*) ;

(*b*) Art. *Grace*.

mais, avant d'en parler, l'Auteur auroit dû se mettre du moins au fait de la question.

§. XIV.

A propos de Prédestination plusieurs sont scandalisés du petit nombre des Elus: ce dogme, disent-ils, clairement enseigné dans l'Evangile est désolant, il étouffe toute confiance en Dieu, toute espérance du salut; une Religion qui nous oblige à le croire ne peut pas être révélée de Dieu (*a*).

Réponse. Il falloit citer en quel endroit l'Evangile enseigne clairement le petit nombre des *Elus*, c'est-à-dire, de ceux qui parviennent au salut éternel. J. C interrogé sur cette question ne voulut pas la decider. Un homme lui demanda: *Seigneur, y a-t-il peu de gens qui soient sauvés?* J. C. répondit: *Tâchez d'entrer par la porte étroite, parce que plusieurs chercheront à entrer & ne le pourront pas* (*b*). La porte étroite est évidemment la morale austere que J. C. prêchoit; peu de Juifs avoient le courage de l'embrasser. Lorsque la Judée fut dévastée par les Romains, que les Juifs furent

(*a*) Syst. de la Nat. Tom. II, c. 10. p. 316.
(*b*) Luc. c. 13, ℣. 23.

dispersés ou exterminés, plusieurs sans doute se repentirent de n'avoir pas imité les Chrétiens qui se déroberent à l'orage: il paroît que c'est le sens de la prédiction de J. C.

Dans S. Matthieu nous lisons deux fois cette sentence: *Il y en a beaucoup d'appellés, mais peu d'élus.* Si on veut lire attentivement le chap. 19 & les suivans, jusqu'au chap. 22, ℣. 15, on verra que J. C. parle constamment de ceux qui sont *appellés* à pratiquer sa morale, & du petit nombre de ceux qui en ont le courage; c'est l'objet de plusieurs paraboles qui se suivent. La comparaison du chameau, les ouvriers de la vigne, les deux enfans du pere de famille, l'héritier tué par les vignerons, le festin des noces, sont autant d'emblêmes sous lesquels il peint l'incrédulité des Juifs, & leur répugnance à embrasser sa doctrine.

De tous les conviés admis au festin il ne s'en trouve qu'un seul privé de la robe nuptiale & chassé déhors. Cette circonstance prouveroit plutôt la multitude que le petit nombre des hommes sauvés.

Dans le chap. 20, ℣. 16, il est dit: *Les derniers seront les premiers, & les premiers seront les derniers, car il y en a beaucoup d'appellés, mais peu d'élus.* Par là J. C. entend que les Gentils appellés les derniers se convertiront plus promptement & en plus grand nombre que les Juifs appellés les premiers; c'est de ceux-ci que J. C. ajoûte qu'il y en a beaucoup d'appellés, mais peu d'élus, ou peu de convertis. La même sentence répétée chap. 22, ℣. 14, ne peut pas signifier autre chose; elle vient à la suite de plusieurs paraboles qui tendent au même but. Dans le chap. 24, ℣. 22 & 31, les *Elus* sont évidemment les Fidèles, ceux qui ont cru en Jesus-Christ.

S'il y a des Commentateurs, des Théologiens, des Peres de l'Eglise, qui aient conclu de-là le petit nombre des hommes sauvés, d'autres y ont vu le sens que nous indiquons (*a*); l'Eglise n'a condamné l'opinion ni des uns ni des autres. Mais quand on pourroit prouver cette these par d'autres argumens, par la corruption générale des mœurs, par le défaut de sincérité & de constance dans les conversions, &c. les Incrédules seroient-ils fondés à tourner en preuve contre la Religion, ce qui suit essentiellement de la sainteté & de la justice de son Auteur.

(*a*) *Voyez* la Synopse des Critiques sur les chapitres cités.

§. XV.

La vie éternelle, dit un Incrédule, ou le bonheur que la Religion Chrétienne promet à l'homme, n'est rien moins que certain; outre que l'existence de Dieu est un problême, on ne sait de quelle nature est son bonheur : s'il pouvoit nous être communiqué, il ne seroit plus infini. Il faut que ce bonheur ne soit pas si parfait, puisque les Anges rébelles n'en ont pas été contens; on ne sait s'il consiste dans la science ou dans l'ignorance, dans l'action ou dans le repos. N'est-il pas absurde d'exiger de nous le sacrifice du bonheur dont nous pouvons jouir en ce monde & que nous sentons très-bien, pour mériter un bonheur chimérique duquel nous n'avons aucune idée (*a*)?

Réponse. Nous convenons qu'il est inutile de proposer le bonheur éternel à un Incrédule qui regarde l'existence de Dieu comme un problême : mais les Chrétiens pensent différemment; ils croient un Dieu souverainement heureux & puissant, qui peut les faire jouir du bonheur sans diminuer le sien.

(*a*) Deuxieme Lettre à Sophie, p. 14.

Qui a révélé à l'Auteur que les Anges rébelles ont joui du bonheur céleste, & n'en ont pas été contens? Bel exemple à proposer que celui des Anges rébelles! Il est digne de l'émulation des Incrédules.

Nous n'avons pas besoin de savoir de quelle nature est le bonheur éternel, pour être convaincus que Dieu peut & veut nous rendre souverainement heureux; il l'a promis par Jesus-Christ, & ce divin Sauveur n'a manqué à aucune de ses promesses. Puisque Dieu nous a rendu capables de goûter sur la terre une très-petite portion de bonheur, craindrons-nous qu'il ne soit pas assez puissant pour l'augmenter à l'infini dans une autre vie? Un Déiste a parlé plus sensément. « Le Christianisme, » dit-il, est peut-être le seul culte établi » dans le monde, qui ait proposé aux hom» mes une récompense digne d'eux; le » Chrétien jouira de son Dieu (*a*) ».

Il n'est pas vrai que la Religion exige de nous le sacrifice du bonheur que nous pouvons goûter en ce monde. Une ame vertueuse jouit ici-bas d'un sort plus heureux qu'un Epicurien esclave des sens & des

(*a*) Essai sur le mérite & la vertu, L. I, troisieme Part. note, p. 74.

passions. L'incrédulité ne met ses partisans à couvert d'aucun des maux de ce monde; elle les y laisse sans consolation & sans espérance: elle les tient dans le doute & dans l'incertitude sur la réalité d'une vie future; ceux qui reviennent de leur aveuglement avouent de bonne foi qu'ils n'ont jamais été heureux. Les trois quarts des hommes sentent très-bien qu'ils ne sont pas nés pour jouir du bonheur sur la terre; si l'espérance d'une autre vie ne les consoloit & ne leur servoit de frein, rien ne les empêcheroit de se ruer sur les Epicuriens qui insultent à leur crédulité.

§. XVI.

Dans notre premiere Partie, Chap. VII, art. 1, nous avons répondu à plusieurs objections sur les Mysteres en général; dans la seconde, Chap. VIII, art. 3, nous avons résolu celles des Juifs: celles des Déistes reviennent au même dans le fond; mais il est à propos d'y satisfaire sous les différentes tournures que l'on peut y donner

Ire Objection. Les Mysteres ne nous font pas connoître Dieu plus parfaitement, ils le rendent au contraire plus incompréhensible; ce sont de nouvelles obscurités ajoutées à celles dans lesquelles la raison nous laisse. On peut dire des Chrétiens, aussi-bien que des Païens, qu'ils adorent *un Dieu inconnu*. A quoi bon bouleverser l'univers par la révélation, pour nous laisser sur ce grand objet dans des ténebres aussi profondes que celles dont les Anciens se plaignoient ?

Réponse. Avant de faire cette objection, les Déistes devroient se souvenir que les Athées leur reprochent aussi d'adorer un Dieu inconnu, un Etre incompréhensible dont nous ne pouvons parler que comme les aveugles parlent des couleurs, sur la nature duquel les plus grands Philosophes n'en savent pas plus que le vulgaire ignorant.

Il est faux que la révélation ne nous ait pas mieux fait connoître Dieu que la Philosophie; par la notion de *Créateur* elle nous a mis en état de démontrer son unité, & sa spiritualité parfaite : deux points essentiels que les anciens Philosophes n'ont jamais prouvés ni conçus. Quand elle n'auroit pas augmenté nos connoissances spéculatives & métaphysiques, elle nous a donné des notions qui nous inspirent pour la Divinité le respect, l'admiration, la reconnoissance, la soumission, la confiance, l'amour ; cela vaut mieux que des ſpéculations, & tel a été l'effet des Myſteres. Elle a banni l'idolatrie & les abominations dont elle étoit accompagnée. Quand elle ne nous auroit pas appris à mieux raiſonner, elle nous a du moins appris à mieux vivre.

Les Païens n'avoient de Dieu que des idées fauſſes, abſurdes, ignobles, injurieuſes à la Majeſté ſuprême ; un ignorant, un enfant médiocrement inſtruit de la Religion Chrétienne a des notions plus exactes, plus certaines, plus reſpectables, que n'en avoient les plus grands Philoſophes de l'antiquité. Il falloit des Myſteres pour couper la racine de leurs ſpéculations fauſſes & téméraires.

Il en eſt de même des autres vérités les plus eſſentielles, telles que la ſpiritualité, l'immortalité, la deſtinée éternelle de notre ame, & ſur tout la regle des mœurs. C'eſt par les Myſteres que Dieu a confirmé la croyance de toutes ces vérités ; & c'eſt l'abus de la Philoſophie qui a rendu les Myſteres abſolument néceſſaires. Nous verrons ailleurs les autres effets qu'a opérés la révélation chrétienne.

§. XVII.

IIe. Objection. En insistant sur la nécessité & sur les avantages de la révélation, vous accusez la Providence divine, vous justifiez l'aveuglement & les désordes des Païens. De deux choses l'une : ou Dieu ne leur avoit pas donné des secours suffisans pour connoître la vérité, & alors ils ne sont plus coupables; ou ils pouvoient la connoître sans révélation, & alors celle-ci n'étoit plus nécessaire. Ou les désordres qui regnoient autrefois ne prouvent point la nécessité de la révélation, ou ceux qui regnent encore aujourd'hui démontrent qu'il en faut une autre (*a*).

Réponse. Par ce raisonnement lumineux les Déistes prouvent sans réplique, ou que Dieu a toujours tort, ou que les hommes ne l'ont jamais; que s'ils sont coupables, Dieu doit les laisser tels qu'ils sont, s'il ne veut pas les rendre impeccables. Prodige de sagesse!

Jamais la lumiere n'a manqué aux hommes, puisque Dieu avoit donné une révélation dès l'origine du monde. Lorsqu'ils

(*a*) Tindal, c. 14, p. 347.

en ont oublié les leçons, il leur restoit encore un flambeau, la raison ; ils n'ont pas mieux suivi l'un que l'autre. Parce qu'ils étoient doublement coupables, s'ensuit-il qu'ils n'avoient pas besoin de remede, ou que Dieu a mal fait de leur en donner un ?

Ils y résistent encore ; est-ce la faute du médecin ou des malades ? Lorsque les Nations furent formées & séparées, la révélation primitive oubliée par-tout ne suffisoit plus ; Dieu en donna une seconde à la vue des peuples qui en avoient le plus besoin : ils n'ont pas voulu en profiter. Lorsque les communications ont été établies, & les hommes capables d'être plus réunis, Dieu qui avoit promis une révélation universelle a été fidele à sa parole Qu'ils en profitent ou la rejettent, elle subsiste malgré eux & les condamne. Les Incrédules ne sont pas encore venus à bout d'exterminer l'Evangile, comme leurs prédécesseurs avoient banni le culte d'un seul Dieu. De quoi serviroit donc à présent une nouvelle révélation ? Elle ne seroit analogue à aucun état de la nature humaine.

Du moins, continuent les Déistes, si la révélation étoit nécessaire, c'étoit pour rétablir les connoissances naturelles de la

Divinité & de la morale que les hommes avoient laissé perdre; il ne falloit rien ajouter de plus; des mysteres, des préceptes positifs, ne sont qu'un hors-d'œuvre superflu.

C'est-à-dire qu'il falloit précisément renouveller la révélation primitive, afin que l'homme la laissât perdre de nouveau & forgeât de fausses révélations, comme il avoit fait la premiere fois. Dieu a fait mieux; par une révélation qui subsiste depuis dix-huit siecles, par les mysteres & les préceptes positifs contre lesquels les Déistes s'élevent, il a mis les vérités de la Religion naturelle hors de danger de se perdre jamais.

§. XVIII.

IIIe. Objection. Dieu ne peut pas attacher le salut à la foi de certaines opinions. Un homme ne professe telle ou telle croyance que parce qu'il est né dans les contrées où ces opinions sont établies: Dieu récompenseroit donc ou puniroit cet homme précisément, parce qu'il est né dans telle contrée plutôt que dans telle autre; c'est une injustice & une absurdité. S. Pierre dit qu'il n'y a point en Dieu acception de personnes, que chez toute nation celui qui craint Dieu & pratique la justice est agréable a Dieu (*a*).

Réponse. De ce principe un Athée conclut doctement que pourvu qu'il soit honnête homme, il n'a pas besoin de croire en Dieu, & que Dieu ne peut le punir avec justice.

Il est faux qu'un homme croie toujours par pur préjugé les opinions de son pays. Si cela est ainsi dans les fausses Religions, il n'en est pas de même dans la nôtre; non-seulement nous en connoissons les preuves; mais encore les objections par lesquelles les Incrédules les attaquent depuis dix-huit siecles. Ce sont plutôt eux qui croient au hazard le systême Philosophique qui se trouve adopté par les chefs de la Secte : Il a été un temps où tous étoient Déistes sans savoir pourquoi; aujourd'hui presque tous sont Matérialistes sans y entendre davantage.

Celui qui craint Dieu ne se révolte point contre l'autorité de Dieu, il croit par respect pour l'autorité divine tout ce qu'il a plu a Dieu de révéler. Quoique S. Pierre fût convaincu que le Centurion Corneille

(*a*) Tindal, c. 14, p. 375.

craignoit Dieu, & pratiquoit la justice, il en exigea néanmoins la foi en Jesus-Christ & le baptême.

IVe. Objection. Les Mysteres rendent la raison inutile & apprennent à en mépriser les lumieres ; les hommes accoutumés à croire aveuglement sur la parole des Prêtres s'imaginent qu'il faut être absurde pour plaire à Dieu (*a*).

Réponse. La raison nous est très-utile pour peser les preuves de la révélation & les comparer aux frivoles objections des Incrédules ; lors que la révélation est prouvée, la raison nous dit que nous devons nous y soumettre, & qu'il est absurde de vouloir discuter la Doctrine qu'il a plu à Dieu de nous enseigner. Pour les Incrédules ils n'écoutent ni la raison ni la révélation, & en parlant toujours de la raison ils ne cessent de déraisonner.

Dans toutes les circonstances de la vie nous croyons sur des témoignages, lorsqu'ils sont suffisans, quand même nous ne comprendrions pas la raison, la maniere, les causes des phénomenes qui nous sont

(*a*) Celse dans Orig. L. I, n. 9. Christianis. dévoilé, c. 12, p. 169. Catéchisme de l'honnête homme, p. 59.

attestés. Nous verrons ailleurs que les simples Fideles les plus ignorans croient au Christianisme sur un fondement très-sage & très-solide, & non sur la parole des Prêtres.

§. XIX.

Ve. Objection. Le préjugé dans lequel sont les Chrétiens que le salut est attaché à la croyance de certaines opinions, a produit les plus funestes effets; il inspire de la haine & du mépris pour les peuples qui ont une croyance différente, une jalousie ombrageuse pour la Secte que l'on a épousée, un zele persécuteur au premier soupçon de danger que courent ces opinions mêmes (*a*).

Réponse. Jamais un Chrétien bien instruit n'a pensé que le salut fût attaché à la croyance *seule* de certaines opinions; encore moins qu'il fût permis de haïr & de mépriser ceux qui sont dans l'erreur : mais lorsque les Incrédules joignent à l'entêtement de l'erreur le mépris, la haine, les insultes contre ceux qui croient, ils se font mépriser & détester par représailles.

Les peuples qui ne connoissent point la

(*a*) Tindal, ch. 14, p. 379.

révélation se haïssent, se battent, se détruisent avec beaucoup plus de cruauté que ceux qui la connoissent; tous sont jaloux & infatués de leurs loix, de leurs mœurs, de leurs usages, se croïent seuls sages, & regardent tous les autres comme des insensés. Il est fâcheux que les Incrédules soient eux-mêmes attaqués de cette maladie, & qu'en déclamant contre le zèle des persécuteurs, ils montrent un penchant très-décidé à persécuter s'ils le pouvoient.

ARTICLE DEUXIEME.

De la Morale & des Vertus Chrétiennes.

§. I.

En examinant les preuves de la mission de J. C. nous avons justifié sa morale contre plusieurs reproches des Incrédules (*a*). Dans notre seconde Partie nous avons prouvé, contre les Juifs, que la morale de ce divin Maître est plus parfaite & développée plus clairement que celle de Moïse; nous avons répondu à plusieurs objections des Rabbins

(*a*) Ci-dessus, ch. 3, art. 1.

qui ont été copiées par les Déistes (*a*). La morale de Moïse & ses loix étoient relatives à l'état de séparation & de guerre dans lequel les Nations se trouvoient pour lors: celle de J. C. est analogue à la fraternité que Dieu, par la Religion, vouloit établir entre tous les hommes. Mais des Philosophes, Disciples des Rabbins, n'ont pas la vue assez perçante pour découvrir le plan qu'a suivi la sagesse divine. S'ils s'étoient donné autant de peine pour entendre l'Evangile qu'ils en ont pris pour l'obscurcir, ils se seroient épargné des absurdités & des contradictions qui ne leur feront jamais honneur. Nous ne devons pas craindre de répéter des réflexions qu'il est essentiel de ne pas perdre de vue.

1°. Lorsque nos Adversaires ont commencé à professer le Déisme, ils parloient avec respect de la morale chrétienne; ils la jugeoient supérieure à celle de Moïse & à celle des Philosophes; c'étoit à leur avis la meilleure preuve de la divinité de l'Evangile. Tindal, dans son Christianisme aussi ancien que le monde, l'Auteur des Lettres sur la Religion essentielle à l'homme, plusieurs Déistes Anglois, l'Auteur

(*a*) Deuxieme Part. c. 8, art. 2.

d'Emile, qui copioit Tindal, &c. ont tenu le même langage (*a*). Ceux qui ont passé du Déisme à l'Athéisme n'ont plus voulu d'autre morale que celle d'Epicure; après avoir calomnié l'Evangile sur tous les points, ils ont conclu d'un ton d'oracle que nulle bonne morale n'est compatible avec la Religion Chrétienne. L'intérêt du moment a décidé de leur systême.

2°. Ils ont fait de même à l'égard de la morale des anciens Philosophes. Ils l'ont exaltée d'abord, lorsqu'ils vouloient persuader que la révélation n'étoit pas nécessaire pour donner aux hommes un code parfait de morale & de législation. Devenus Athées, ils ont dit qu'à la réserve d'Epicure, les anciens Moralistes n'étoient que des rêveurs. Nous avons fait voir ailleurs l'excellence & les effets merveilleux de leur morale Epicurienne.

3°. De-là même il résulte que la Philosophie est essentiellement incapable de réformer les mœurs; elle s'accommode à leur corruption, & se laisse gangrener par les vices de chaque siécle. Le phénomene qui

(*a*) *Voyez* encore, Essai sur le mérite & la vertu, sect. 3, p. 41. Code de la Nat. II Part. p. 69 & 70.

parut autrefois à Rome & dans la Grèce ne manquera pas de renaître chez tous les peuples. Il faut aux hommes une morale fondée sur l'autorité divine, indépendante des siécles & des climats, couchée dans des Ecrits inaltérables, surveillée par une tradition vivante, inaccessible aux attentats du luxe & de la Philosophie son esclave.

§. II.

4°. *La morale naturelle* dont on veut nous bercer, est un mot vuide de sens, il ne porte que sur une abstraction. *La nature humaine*, prise dans un sens abstrait, n'existe point; l'homme, dans les différens siecles, sous divers climats, chez les nations plus ou moins civilisées, bien ou mal élevé, n'est plus le même. Chez un peuple frugal, pauvre, laborieux, ennemi des superfluités, endurci à la fatigue & aux souffrances, la morale naturelle est très-austere; la Philosophie de ce peuple, s'il en a une, doit être le Stoïcisme : il ne verra dans l'Evangile qu'une morale très-naturelle, c'est-à-dire, très-pure & très-sublime, capable de rendre l'homme vertueux & heureux. Chez une nation corrompue, voluptueuse, amollie par le luxe, réduite à l'égoïsme & à l'inertie, la morale prétendue naturelle est l'Epicuréisme, la volupté est le souverain bien; là, l'Evangile doit paroître un Livre absurde, un code de morale impraticable, un recueil de loix contraires à la *nature*, c'est-à-dire, à toutes les passions identifiées avec l'humanité. Alors les Philosophes, serviles adulateurs de leur siecle, doivent conjurer contre ce Livre; ils n'y ont jamais manqué. Un Epicurien & un Stoïcien, un Spartiate & un Sybarite, un méchant & un homme de bien, ne voient point la nature des mêmes yeux; leur morale naturelle ne peut être la même.

5°. Une morale divine, conçue dans les termes les plus clairs & les plus formels, ne suffiroit pas encore, s'il n'y avoit une autorité vivante pour en conserver le dépôt. Par les subtilités de la Dialectique, par les rafinemens des Commentateurs, par le relâchement des Casuistes, il n'est point de loi si formelle qu'elle ne puisse être éludée. Malgré la multitude & la clarté des loix civiles, il faut des Tribunaux pour les interpréter & en faire l'explication; l'Eglise, chargée d'enseigner les Fidèles, est le Tribunal que Jesus-Christ a établi pour déterminer le vrai sens des loix morales de

L ij

l'Évangile, aussi bien que celui des dogmes écrits. On raisonne très-mal quand on dit que ce sens doit être déterminé par la loi naturelle ; que ce qui n'est point ordonné par celle-ci ne peut être prescrit par l'Evangile : la loi naturelle fut-elle jamais connue chez les nations qui n'ont pas été éclairées par les lumieres de la foi ?

6°. Il y a encore moins de bon sens à objecter que, malgré la perfection de la morale évangélique, les nations chrétiennes ne laissent pas de se corrompre ; que cette morale ne sert donc à rien. Chez les peuples qui ont les meilleures loix civiles il y a encore des injustices & des procès ; cela ne prouve point que les loix civiles ne servent à rien. La loi *naturelle*, dans le sens de nos Adversaires, est souvent violée par ceux qui la connoissent le mieux ; il ne s'ensuit point qu'elle soit inutile. Lorsque chez les nations chrétiennes les mœurs sont pures, on doit en faire honneur à l'Evangile, puisqu'alors il est exactement suivi ; si elles viennent à se dépraver, ce n'est plus la faute de la loi ; elle réclame contre le désordre, & condamne les prévaricateurs. Aucune loi ne fait violence à la liberté des hommes, & ne peut les empêcher d'être vicieux quand ils ſe veulent. Lorſqu'un artiſte fait une excellente ſtatue, en ſuivant fidèlement ſon modèle, c'eſt une preuve de la bonté de celui-ci; s'ils s'en écarte & réuſſit mal, ce n'eſt pas le modèle qui a péché.

§. III.

Les Philoſophes des premiers ſiécles ne ſe déchaînoient pas contre la morale chrétienne avec autant de fureur que les modernes; les Empereurs qui cultivoient la Philoſophie, faiſoient cas de pluſieurs de nos maximes. Alexandre Severe faiſoit graver ſur les édifices publics : *Ne faites pas aux autres ce que vous ne voulez pas que l'on vous faſſe.* Celſe & Julien, admirateurs outrés de la morale philoſophique, n'accuſoient point celle de l'Evangile d'être contraire à la loi naturelle; ils prétendoient ſeulement qu'elle étoit empruntée des anciens Sages, & qu'elle rendoit groſſiérement pluſieurs de leurs préceptes (*a*); ils reprochoient à Jeſus-Chriſt d'avoir changé la morale de Moïſe (*b*). Julien ſoutenoit

(*a*) Celſe dans Orig. L. VI, n. 15 & ſuiv. L. VII, n. 58.
(*b*) *Ibid.* L. VII, n. 18.

que Salomon étoit beaucoup moins sage que Socrate (*a*).

Nos Apologistes n'eurent pas de peine à prouver la supériorité de la morale de l'Evangile, à montrer les erreurs de morale dans lesquelles étoient tombés les Philosophes, à faire voir que la morale de J. C. & de Moïse étoit plus ancienne que la Philosophie. Mais le triomphe de la morale chretienne est d'avoir converti le monde, au lieu que celle des Philosophes n'a eu que très-peu de sectateurs. » Aristote & » Platon, dit Lactance, ont été louables » d'enseigner la vertu aux hommes; ils au» roient eu plus de succès si leurs efforts, » leur éloquence, leur génie, avoient eu » le soutien de l'autorité divine. Ils n'ont » rien opéré, & n'ont fait embrasser leurs » préceptes à personne, parce qu'ils n'ont » point reçu l'assistance du Ciel. Notre » Doctrine est plus solide, elle vient de » Dieu même. Les Philosophes peignoieut » la vertu sous les plus belles couleurs; » mais ils ne pouvoient en montrer le mo» dèle, ni confirmer leurs leçons par des » exemples. On pouvoit leur répondre qu'ils » traçoient un plan de vie chimérique,

(*a*) Dans S. Cyrille, L. VII, p. 224.

» puisqu'aucun homme ne l'avoit jamais » suivi. Pour nous, nous prouvons, par des » exemples incontestables, que nous ne di- » sons rien de faux ni d'impossible (*a*) «.

§. IV.

En effet les vertus des premiers Chrétiens sont incontestables. « Nous connoissons, dit S. Clément de Rome, plusieurs » d'entre nous qui se sont mis dans les chaînes pour en tirer ceux qui y étoient détenus : plusieurs se sont faits esclaves & » ont employé le prix de leur liberté à » nourrir les pauvres (*b*) ». Pendant la peste qui ravagea l'Empire Romain en 252, & pendant les dix années suivantes, le courage des Chrétiens brava le danger ; ils rendirent des soins charitables, non-seulement à leurs freres, mais aux Païens, pendant que ceux-ci abandonnoient leurs malades (*c*). Si l'on joint au témoignage des Peres celui de l'Empereur Julien que nous avons cité ailleurs, pourra-t-on révoquer

(*a*) Divin. Instit. L. V, c. 18.

(*b*) S. Clem. Epist. I, n. 7.

(*c*) Eusebe, Hist. Eccl. L. VII, c. 22. Ponce, Vie de S. Cyprien.

en doute ces faits essentiels ? S. Jean Chrysostome exhorte les Chrétiens de son temps à faire de même ; c'est, dit-il, le moyen le plus efficace pour convertir les Infideles (*a*). On n'a rien vu de semblables chez les Philosophes anciens, encore moins chez les modernes.

La morale des Philosophes étoit prouvée, disent certains Déistes ; celle de l'Evangile ne l'est pas.

On sait à quoi se réduisoient ces belles preuves, le cas qu'en faisoient les Académiciens rigides & les Sceptiques. Ciceron convient que les plus belles spéculations morales ne pouvoient tenir contre leurs argumens (*b*). Mais nous avons vu de quelle maniere réussissent les modernes lorsqu'ils veulent prouver leur morale. Disons donc que celle de l'Evangile est très-bien prouvée ; que celle des Philosophes ne l'est point & ne peut pas l'être.

Sur quoi porte la premiere ? Sur l'autorité souveraine d'un Dieu Législateur qui a non seulement gravé ses loix dans le cœur des hommes, mais qui les lui a intimées de vive voix dès le commencement du mon-

(*a*) Préf. sur l'Epître aux Philip.
(*b*) De Legib. L. I.

de, & qui a renouvellé cette révélation dans la suite des siecles ; fait important, confirmé par toutes les preuves dont les faits sont susceptibles.

Delà naissent les divers motifs d'éviter le crime & de pratiquer la vertu. L'espérance certaine d'une récompense éternelle, & la crainte des châtimens de l'autre vie, le repos & la paix de la conscience, la satisfaction de correspondre à la dignité de notre nature & à la grandeur de notre destinée, l'estime & l'amour de nos semblables, le respect que les méchans mêmes sont souvent forcés de rendre à la vertu ; la reconnoissance pour un Dieu qui s'est fait notre victime, qui revêtu de notre nature & de nos foiblesses, nous a tracé le modele de la perfection ; l'exemple des Saints qui se sont formés sur ce divin modele & dont les vertus nous inspirent une tendre vénération : tous ces motifs se soutiennent ; l'un n'affoiblit point l'autre, dès qu'ils sont subordonnés l'un à l'autre.

De ces divers secours les Philosophes n'ont retenu que le plus foible, l'intérêt de notre bien-être en ce monde, c'est-à-dire, le desir d'être aimés de nos semblables, & de pouvoir nous estimer nous-mêmes. Nous avons fait voir la fragilité de ce motif lorsqu'il est seul, & les écueils contre lesquels il se brise. Par ce procédé ils ont sappé toutes les vertus qui ont Dieu pour objet, & ont énervé celles qui regardent les hommes. Ils soutiennent que les vertus chrétiennes sont impossibles, fausses & pernicieuses : écoutons leurs argumens.

§. V.

Ire. Objection. La foi sur laquelle l'Evangile insiste si fort est une vertu impossible ; elle consiste à croire non-seulement ce que nous ne concevons pas, mais le contraire de ce qui nous paroît évident. Elle ne peut pas être méritoire, il n'y a aucun mérite à croire ce que l'on juge vrai, il est même impossible de faire autrement. Elle est pernicieuse, on se persuade qu'elle peut tenir lieu de toutes les autres vertus ; que l'on est assez Chrétien dès que l'on croit aveuglément ce que l'Evangile enseigne ; que le zele pour la pureté de la foi efface tous les crimes, que tous sont permis pour maintenir l'Orthodoxie : c'est le principe de toutes les Sectes & de toutes les Religions. Plusieurs Théologiens ont soutenu que la foi, sans les œuvres, suffit pour être sauvé (*a*).

Réponse. La foi est *impossible*. Il est donc impossible à un aveugle né de croire l'existence des couleurs, la réalité d'une perspective & d'un miroir, les phénomenes de la lumiere & de la vision. Philosophes, nous vous en conjurons depuis long-temps, prouvez une fois pour toutes cette impossibilité ; la question sera terminée pour toujours. La foi est impossible, & cependant il est impossible de ne pas croire ce que l'on juge vrai. Accordez cela si vous pouvez.

Nous avons fait voir que la croyance de choses inconcevables a nécessairement lieu, non-seulement dans toutes les Religions, mais dans toutes les sectes de Philosophes, dans tous les systêmes d'incrédulité. La seule différence qu'il y ait entre les mécréans & nous ; c'est que nous croyons, parce qu'il est prouvé que Dieu a parlé, au lieu qu'ils croient parce qu'il leur plaît de croire. Il est donc faux que la foi soit impossible.

(*a*) Christian, dévoilé, c. 12, p. 169. Tableau des SS. II Part. c. 10, p. 233, 243. Deuxieme Lettre à Sophie, p. 27, &c.

Elle eſt très-méritoire, puiſque de tous les temps elle a été éprouvée & combattue, non-ſeulement par les paſſions, mais par des ennemis très-opiniâtres. Souvent pour lui rendre témoignage, il a fallu que les Chrétiens portaſſent leur tête ſur un échafaut ; ce courage nous paroît très-méritoire. Aujourd'hui les Incrédules travaillent de leur mieux à augmenter le mérite de notre Foi par des ſophiſmes, par des calomnies, par des outrages. Ce zele de leur part ne nous ſemble pas fort méritoire, ils s'en font cependant gloire comme d'une vertu.

Ce n'eſt pas un paradoxe de ſoutenir que la *Foi*, priſe dans toute l'étendue que l'Evangile donne à ce terme, tient lieu de toutes les vertus & les renferme toutes. En effet l'Evangile ne nous propoſe pas ſeulement des dogmes ſpéculatifs, mais des maximes pratiques ; on n'eſt pas Chrétien, ſi on ne croit les uns & les autres. Jeſus-Chriſt a dit : Bienheureux les pauvres d'eſprit, les hommes doux & pacifiques, ceux qui ſouffrent perſécution pour la juſtice ; il a dit qu'il faut renoncer à ſoi-même, porter ſa croix, faire du bien à tous, même à nos ennemis, ne point ſe venger, traiter les autres comme nous voulons qu'ils nous traitent, &c. On ne croit véritablement toutes ces vérités qu'autant qu'on les pratique. C'est dans ce sens seul que l'homme est justifié par la foi, que la foi se prouve par les œuvres, que S. Paul attribue à la foi toutes les vertus des Saints de l'ancien Testament, que selon la promesse de Jesus-Christ, quiconque croira à l'Evangile sera sauvé. La foi dans ce sens n'est rien moins qu'une vertu facile, oisive & sans mérite.

Si des Théologiens hétérodoxes ont soutenu que la Foi suffit sans les œuvres, ils se contredisoient & ne s'entendoient pas; l'Eglise les a condamnés. Quand S. Paul a dit que l'homme est justifié par la foi *sans les œuvres*, il parloit des œuvres cérémonielles de la Loi ancienne; il le fait entendre clairement.

Assurer que dans toutes les Religions le zele pour la pureté de la foi tient lieu de toutes les autres vertus, c'est calomnier l'univers entier à pure perte. Peut être dans toutes les Religions y a-t-il des insensés qui pensent ainsi; mais aucune Religion n'est un antidote assuré contre la démence. Par réciprocité les Incrédules se persuadent que le Fanatisme anti-religieux les dispense d'avoir égard à la vérité & à la justice. Une de ces maladies vaut bien l'autre.

Quand ils décident que l'Evangile consiste moins dans la foi que dans les œuvres, ils ne font que copier un trait d'hypocrisie des anciens hérétiques (*a*) ; on sait par expérience que ceux qui ne croient point les dogmes de l'Evangile n'ont jamais respecté sa morale.

§. VI.

IIe. Objection. L'espérance chrétienne est une vertu chimérique ; il est impossible de la concilier avec les notions que l'on nous donne de la justice redoutable de Dieu, de son penchant à la colere, du choix arbitraire qu'il fait d'un petit nombre d'élus, de la nécessité de la grace qui n'est pas donnée à tous ; ni avec la maxime qui enseigne que l'homme doit opérer son salut *avec crainte & tremblement*. Chez la plupart des Chrétiens l'espérance ne porte que sur l'efficacité prétendue de certaines dévotions extérieures, sur l'invocation des Saints, sur les jeûnes & les prieres, sur l'effet des Sacremens & le pouvoir des Prêtres, &c. Autant de rêveries qui ne sont propres qu'à

(*a*) *Voyez* S. Aug. contrà Faustum, L. V, c. 1.

détourner les hommes de la pratique des vertus morales & civiles (*a*).

Réponse. Des erreurs que le Christianisme condamne sont-elles la croyance du Christianisme ? Il faut montrer dans les Livres saints, dans nos Professions de Foi, dans nos Cathéchismes, que Dieu est enclin à la colere, qu'il choisit arbitrairement un petit nombre d'élus, que la grace n'est pas donnée à tous, &c. Le contraire y est enseigné formellement.

Est-il vrai que S. Paul exhorte les Philippiens à opérer leur salut *avec crainte & tremblement ?* Il les invite à se réjouir dans le Seigneur, à n'avoir point d'inquiétude, à prier Dieu avec action de graces, à conserver la paix de Dieu dans leur cœur & dans leur esprit (*b*). Il veut les consoler de la part qu'ils prenoient à ses souffrances, les rassurer contre la crainte de leurs ennemis, les affermir contre les assauts *d'une nation perverse & dépravée*. S'est-il contredit en les effrayant par les difficultés du salut ?

On traduit ordinairement, c. 2, ℣. 12,

(*a*) Christian. dévoilé, c. 12, p. 174. Tableau des SS. II. Part. c. 10, p. 224, 244.

(*b*) Philip. c. 2, ℣. 12; c. 4, ℣. 4 & suiv.

« Ayez soin, non-seulement lorsque je suis » parmi vous, mais encore plus lorsque » je suis absent, d'opérer votre salut *avec* » *crainte & tremblement*; car c'est Dieu » qui opere en vous le vouloir & l'action » *comme il lui plaît* ». Cette leçon de l'Apôtre n'est-elle pas susceptible d'un autre sens?

1°. ὑπὲρ τῆς εὐδοκίας, *pro bonâ voluntate*, ou *suprà bonam voluntatem*, ne signifie point *comme il lui plaît*. εὐδοκία, dans S. Paul, exprime souvent *affection*, *bienveillance*, *volonté de faire du bien à quelqu'un*, ou volonté de faire des bonnes œuvres (*a*).

2°. Il seroit ridicule d'exhorter les Philippiens à la crainte, parce que Dieu leur donne le vouloir & l'action par l'affection qu'il a pour eux; c'est plutôt un motif de confiance & de courage.

On peut donc traduire sans faire violence au texte: « Travaillez à votre salut » non-seulement comme vous faisiez lorsque j'étois présent, mais encore plus » pendant que je suis absent, au milieu » de la crainte & du tremblement dont » vous êtes saisis; car c'est Dieu qui opere

(*b*) Ephes. c. 1, ℣. 9. Philipp. c. 1, ℣. 15. II. Thess. c. 1, ℣. 11, &c.

» en vous le vouloir & l'action par l'affec-
» tion qu'il a pour vous ». Loin de vouloir effrayer les Philippiens, S. Paul cherche à les rassurer & les encourager. Ce sens nous paroît le plus analogue au but général de la Lettre aux Philippiens.

Les motifs de notre espérance sont la bonté de Dieu, ses promesses, le pouvoir de sa grace, les mérites de Jesus-Christ, l'expérience que nous avons faite de sa miséricorde. Pour peu qu'un Chrétien soit instruit, il sait qu'aucune dévotion, aucune pratique n'est utile au salut qu'autant qu'elle nous fait desirer la grace divine, & nous dispose à y coopérer. Les Sacremens ne peuvent nous la donner sans ces dispositions. Il est donc absurde de supposer que notre confiance à ces pratiques change les motifs de notre espérance, que des pratiques destinées à nous rappeller le souvenir de nos devoirs, nous détournent de les remplir.

§. VII.

IIIe. Objection. La charité ou l'amour de Dieu n'est fondé sur aucun motif raisonnable; nous ne pouvons aimer Dieu qu'autant que nous sommes certains qu'il nous aime & nous fait du bien; or, souvent il est difficile de nous le persuader, vu la maniere dont il nous traite. On nous dit que Dieu ne doit rien à personne, qu'il a droit de disposer de ses créatures à son gré, qu'il choisit ou réprouve comme il lui plaît, qu'il exerce ses vengeances pendant toute l'éternité; ce n'est point là le portrait d'un Dieu aimable. L'amour pur & désintéressé n'est qu'un enthousiasme de quelques cerveaux échauffés. On ajoute que, pour aimer Dieu parfaitement, il ne faut rien aimer que lui, qu'il faut haïr son pere, sa mere, ses freres, & se haïr soi-même. Aussi, à force d'aimer Dieu, les dévots se dispensent d'aimer les créatures, & se croient en droit de tourmenter les hommes pour la gloire de Dieu (*a*).

Réponse. Si les Incrédules aimoient autant Dieu qu'ils détestent ses adorateurs, ce seroit des hommes parfaits. Y a-t-il une seule créature à laquelle Dieu n'ait fait du bien dans l'ordre de la nature & dans celui de la grace? Il n'en est point d'assez ingrate pour oser soutenir le contraire; voilà donc un motif de reconnoissance & d'amour. Dieu peut sans doute

(*a*) Christian. dévoilé, c. 12, p. 175.

augmenter ſes bienfaits à l'infini ; mais eſt-ce à nous d'en fixer la meſure ou de nous en plaindre ?

Qu'il nous doive ou ne nous doive rien, qu'importe, dès qu'il nous fait du bien ! Un bienfait gratuit mérite-t-il moins de reconnoiſſance que le paiement d'une dette?

Nous avons expliqué en quel ſens Dieu diſpoſe de nous *à ſon gré ;* mais il eſt faux qu'il choiſiſſe ou réprouve *comme il lui plaît*, ſans aucun égard au mérite ou au démérite des créatures. Ces reproches équivoques & captieux ſont autant de blaſphêmes dans le ſens qu'y donnent les Incrédules.

Il ne punit que les méchans, & il ne tient qu'à nous de ne pas l'être ; eſt-ce par reſpect pour Dieu que les Incrédules prennent contre lui le parti des réprouvés ? Il ne feroit ni juſte ni aimable, s'il traitoit de même les bons & les méchans.

Une ame ingrate, inſenſible, dégradée par un amour propre inſatiable, aſſervie à l'intérêt, eſt ſans doute incapable de l'amour de Dieu pur & déſintéreſſé ; mais ce n'eſt point à elle de juger juſqu'où les Saints peuvent pouſſer l'héroïſme du ſentiment & l'enthouſiaſme de la vertu.

» Si quelqu'un vient à moi, dit Jeſus-

» Chriſt, & ne haït pas ſon pere, ſa mere,
» ſon épouſe, ſes enfans, ſes freres &
» ſœurs, *même ſa propre vie*, il ne peut
» être mon diſciple (*a*) «. Avant de nous révolter contre cette Sentence, il faut du moins en prendre le ſens. *Haïr ſa propre vie*, c'eſt ſans doute être prêt à la ſacrifier lorſqu'il eſt néceſſaire pour confeſſer le nom de Jeſus-Chiſt, ou pour annoncer l'Evangile; donc, de même haïr ſon pere & ſa mere, &c. c'eſt être prêt à les quitter lorſqu'il le faut pour la même raiſon. Eſt-ce alors inimitié ou indifférence à leur égard? Nous pouvons en juger par les promeſſes de Jeſus-Chriſt. » Il n'eſt, dit-il, aucun
» de ceux qui ont quitté leur maiſon, leurs
» parens, leurs freres, leur épouſe, leurs
» enfans, pour le Roïaume de Dieu, qui
» ne reçoive beaucoup plus en ce monde
» & la vie éternelle en l'autre (*b*) «. Comment recevoir beaucoup plus en ce monde, ſinon par les bienfaits que Jeſus-Chriſt s'obligeoit de répandre ſur la famille de ceux qui s'attachoient à lui? Elle ne pouvoit avoir un Protecteur plus puiſſant que ce divin Maître.

(*a*) Luc, c. 14, ℣. 26.
(*b*) Luc, c. 18, ℣. 26.

Il eſt donc faux que Dieu commande de ne rien aimer que lui ; il nous défend ſeulement de rien aimer plus que lui (*a*), ou contre l'ordre qu'il a établi. Un ſarcaſme lancé contre les dévots ne prouve rien.

§. VIII.

4e. *Objection.* Vainement l'Evangile a commandé l'amour du prochain, même l'amour des ennemis, s'il renferme d'autres maximes capables d'énerver & de faire violer cette loi ſi eſſentielle; or c'eſt ce qui eſt arrivé. Jeſus-Chriſt, en diſant qu'il étoit venu apporter, non la paix, mais le glaive, allumer un feu ſur la terre, ſéparer l'homme d'avec ſes proches, mettre l'inimitié entre le maître & ſes domeſtiques; qu'il falloit l'aimer lui-même plus que toute autre choſe, étouffer toute affection naturelle par zèle pour l'Evangile, &c. a donné lieu de conclure que ce zèle tenoit lieu de toute autre vertu; qu'il étoit permis & louable de perſécuter les hommes pour la cauſe de Dieu. Ce ſont ces maximes, bien ou mal entendues, qui ont fait éclore les diſſenſions, les haines, les perſécutions, les guer-

(*a*) Matt. c. 10, ℣. 37.

res, les maſſacres pour cauſe de religion. Jeſus-Chriſt auroit dû s'expliquer plus clairement, & prévenir les fauſſes interprétations; puiſqu'il ne l'a pas fait, il s'enſuit toujours qu'il eſt la cauſe de tout le mal qui eſt arrivé (*a*).

Réponſe. Il eſt faux que Jeſus-Chriſt ne l'ait pas fait. La loi générale & abſolue d'aimer le prochain, même nos ennemis, ne peut être plus claire ni plus formelle; les exemples de patience, de douceur, de charité, par leſquels Jeſus-Chriſt l'a confirmée, ont été conſtans, éclatans & publics; les ordres donnés à ſes Apôtres de ſe conduire comme des brebis au milieu des loups, ſont clairs, & ont été exactement ſuivis. Les maximes que l'on veut y oppoſer n'y ſont point contraires, & n'ont rien que de juſte; nous l'avons fait voir. En quel ſens & de quelle maniere J. C. peut-il être la cauſe des fauſſes interprétations que l'on a pu donner à ſes Loix?

D'ailleurs ces interprétations ont-elles été auſſi fréquentes que les Incrédules le ſuppoſent? C'eſt une vaine imagination

(*a*) Chriſtian. dévoilé, c. 12, p. 177. Tableau des SS. II. Part. c. 10, p. 245. L'Eſpion Chinois, Tom. V, Lettre 73.

de penser que tous ceux qui ont péché contre la charité, sous prétexte de religion, sont allés chercher dans l'Evangile des maximes pour autoriser leur conduite; ils ont trouvé ces maximes dans les principes mêmes des Incrédules; nous le verrons dans un moment.

Selon leur morale, il y a sans doute une loi qui défend de calomnier & d'outrager le prochain, même par zèle pour la vérité. Ces graves Docteurs l'observent-ils, la respecteront-ils jamais? S'ils s'écartent si souvent d'un précepte évident de la morale naturelle, ce n'est pas merveille que des Chrétiens aient violé quelquefois une loi de l'Evangile qui n'est pas moins claire; si les premiers trouvent des prétextes dans leur raison, il n'est pas étonnant que les seconds y en aient trouvé de même.

Lorsque J. C. a dit qu'il étoitvenu apporter non la paix, mais le glaive, il prédisoit les contradictions que sa Doctrine & ses Disciples auroient à essuïer de la part des Juifs, des Païens, des Incrédules de tous les siécles; il ne s'est pas trompé; s'ensuit-il qu'il a voulu que l'Evangile fût prêché l'épée à la main? Par une contradiction grossière on lui reproche d'avoir interdit à ses Disciples la juste défense, en disant qu'il ne faut point résister aux méchans, qu'il faut tendre l'autre joue quand on nous frappe, abandonner le manteau à celui qui veut enlever la tunique, &c. (*a*).

Puisque Jesus-Christ, diront les Incrédules, prévoïoit les divisions que causeroit sa Doctrine, il ne devoit pas la prêcher.

Quoi ! eux-mêmes ont prévu, sans doute, les contradictions qu'éprouveroit la leur; cependant ils ne laissent pas de la publier. Ils disent que c'est un devoir d'annoncer la vérité, de combattre l'erreur, d'attaquer des préjugés qui s'opposent au bonheur des humains (*b*). J. C. a-t-il eu tort de suivre cette maxime? Il seroit singulier que les Déistes & les Athées eussent le privilége de prêcher l'erreur, aux risques de mettre le genre humain aux prises, & que Dieu n'eût pas le droit de faire annoncer la vérité, parce qu'ils sont toujours prêts à lui résister. Les divisions qu'a causées l'Evangile sont le crime de leurs semblables & non celui de Jesus-Christ ni des Apôtres.

Mais des hommes violens, tels que Luther

(*a*) Hist. crit. de J. C. c. 10. *Manimen fidei*, II. Part. c. 37.

(*b*) Syst. de la Nat. Tom. II, c. 7, 11, 14.

ther & d'autres, ont conclu des paroles de Jesus-Christ qu'il falloit établir l'Evangile avec le glaive. Soit. Il y a aussi des incrédules fougueux qui opinent à détruire toutes les Religions & à exterminer les Prêtres. Selon eux, ce n'est plus désormais que sur la destruction de la plupart des Religions qu'on peut, dans les Empires, jetter les fondemens d'une morale saine (*a*); ils observent que tout homme, sans exception, penche à établir ses opinions par la violence (*b*). Ce n'est donc pas l'Evangile qui échauffe le cerveau de tous les insensés.

Nous examinerons dans la suite les guerres & les massacres dont ces déclamateurs ne cessent de nous étourdir; nous verrons qu'ils raisonnent aussi mal sur ces faits que sur tous les autres.

§ IX.

5e. *Objection*. L'humilité commandée par le Christianisme, ne peut pas être une vertu; de même que l'orgueil est un excès, l'humilité en est un autre, la modestie tient le milieu. Renoncer à sa raison, se défier

(*a*) De l'Homme, Tom. I, sect. 1, c. 13 & 14.
(*b*) De l'Esprit, Tom. I, note, p. 103.

des bonnes actions mêmes, ne point prétendre à l'estime des autres, se persuader qu'ils valent mieux que nous, est un sacrifice impossible. Il ne peut servir qu'à dégrader l'homme, à l'avilir à ses propres yeux, à étouffer en lui toute énergie & tout desir de se rendre utile à la société. Défendre aux hommes de s'estimer eux-mêmes, & de rechercher l'estime des autres, c'est briser le ressort le plus puissant qui les porte aux grandes actions, à l'étude, à l'industrie. Il semble que le Christianisme ne se propose que de faire des esclaves abjects, inutiles au monde, à qui la soumission aveugle à leurs Prêtres tienne lieu de toute vertu (*a*).

Réponse. Un Philosophe célébre soutient cependant que l'humilité est recommandée par Platon, par Epictete, par Marc Antonin; il cite leurs maximes. Jamais Capucin, dit-il, n'alla si loin qu'Epictete; l'humilité est la modestie de l'ame; c'est le contrepoison de l'orgueil (*b*). Celse, de son côté, disoit que les Chrétiens, en recommandant l'humilité, n'avoient fait que dé-

(*a*) Christian. dévoilé, c. 12. p. 185. Tableau des SS, II. Part. c. 10, p. 246. De l'Homme, Tom. I, p. 328.

(*b*) Quest. sur l'Encyclop. *Humilité.*

figurer une maxime de Platon (*a*). Voilà donc nos ſages maîtres de morale très-mal d'accord entr'eux.

S. Paul dit aux Philippiens : » Ne faites » rien par eſprit de diſpute ni de vaine » gloire, mais regardez, par humilité, les » autres comme ſupérieurs à vous ; ne cher» chez point votre intérêt, mais celui des » autres «. Il leur propoſe Jeſus-Chriſt pour modèle (*b*). Qu'y a-t-il d'impoſſible dans cette leçon ? Un Savant ne peut pas ſe perſuader qu'un ignorant lui eſt ſupérieur en connoiſſances ; mais il peut croire que cet ignorant lui eſt ſupérieur en vertus ; que Dieu compenſe en lui, par les dons de la grace, les défauts de la nature. En cela il ne fait point violence à la raiſon.

Nous défier de nos bonnes actions, c'eſt juger qu'elles viennent de la grace de Dieu beaucoup plus que de nous, que nous devons compter ſur elle & non ſur nous, qu'aucune bonne action ne nous met à couvert de chûte, & cela eſt vrai.

Dieu ne nous défend point abſolument de rechercher l'eſtime des autres, mais de l'enviſager comme la ſeule récompenſe des

(*a*) Dans Orig. L. VI, n. 15.
(*b*) Philip. c. 2, ℣. 3.

bonnes actions, & d'en faire de mauvaises pour l'obtenir, Le jugement des hommes n'est point infaillible, souvent ils approuvent des actions très-peu louables; si le desir de leur plaire peut produire de grandes vertus, il peut aussi enfanter de grands crimes.

L'humilité, au lieu de dégrader l'homme, substitue à la fausse grandeur qu'il voudroit tirer de lui-même ou de l'opinion d'autrui, une grandeur plus solide fondée sur l'adoption Divine & sur l'excellence de notre destinée. Reconnoissez, Chrétien, disoit S. Leon, la dignité de vôtre caractère; devenu enfant adoptif de Dieu & frere de Jesus-Christ, ne retombez plus dans des désordres capables de vous avilir devant Dieu, devant les hommes & à vos propres yeux, Cette morale vaut bien celle des Stoïciens.

Loin d'étouffer en nous le desir de servir la Société, elle nous apprend que les hommes sont nos freres selon la grace comme selon la nature; elle annoblit les services que nous leur rendons, par la croïance que tous ont une ame rachetée par le sang de J. C., & que le bonheur éternel doit être le salaire des travaux consacrés au bien de nos semblables; morale très-nécessaire pour nous porter à leur rendre des services auxquels les hommes n'attachent aucune gloire. La vanité philosophique n'engagera personne à se dévouer au service des pauvres, des malades, des prisonniers, des enfans abandonnés, &c.; c'est le propre de la charité humble & désintéressée qu'inspire le Christianisme.

§. X

VIe. Objection. En érigeant en vertu la *mortification*, le Christianisme défend à l'homme de s'aimer lui-même, lui ordonne de haïr les plaisirs & de chérir la douleur; il lui fait un mérite des maux volontaires qu'il se fait. De-là ces austérités, ces pénitences destructives de la santé, ces mortifications extravagantes, ces privations cruelles, enfin ces suicides lents, par lesquels les plus fanatiques des Chrétiens croïent mériter le Ciel. Ils renoncent aux bienfaits qu'un Dieu bon leur présente; ils supposent que ce Dieu s'irriteroit s'ils en faisoient usage. Le bon sens peut-il admettre un Dieu qui veut que l'on se rende malheureux, & qui se plaît à contempler les tourmens de ses créatures? Quel fruit la Société peut-elle recueillir de ces vertus qui rendent l'homme ſombre, miſérable, incapable d'être utile à ſa patrie (*a*)?

Réponſe. Les Prédicateurs de cette morale devroient ſe ſouvenir de la manière dont ils furent autrefois accueillis par les Stoïciens, & des titres honorables que leur prodiguoit l'Ecole de Zenon. Le Chriſtianiſme ne pouſſe pas plus loin les maximes de mortification que l'ont fait les deux ſectes de Philoſophie les plus reſpectables, celle de Pythagore & celle du Portique, même quelques Platonicens du troiſiéme & du quatriéme ſiécle (*b*). Ce n'eſt pas dans les étables d'Epicure qu'il faut aller chercher des leçons de bon ſens, de vertu, de zèle pour le bien public.

Quels hommes ont été les plus utiles au monde, ont fait plus d'honneur à l'humanité, les ſectateurs des maximes auſtères du Stoïciſme, ou les partiſans du ſouverain bien d'Epicure? Nous avons vu ailleurs les importans ſervices que ceux-ci ont rendus à la ſociété (*c*). Dans quels lieux du monde

(*a*) Chriſtian. dévoilé, c. 12, p. 186. Tableau des SS. II. Part. c. 10, p. 211. Lettre à M. de Beaumont, p. 92.

(*b*) *Voyez* le Manuel d'Epictete & les Notes de Simplicius, le Traité de l'Abſt. de Porphyre.

(*c*) *Voyez* ci-deſſus, I. Part. c. 2, art 2, §. 13.

trouve-t-on un plus grand nombre de vieillards? Eſt-ce parmi les voluptueux des grandes villes, parmi les Philoſophes qui prêchent l'humanité dans les fatigues de la digeſtion, ou à la Trape, à Sept-Fonds, dans les Cloîtres de ſainte Claire, parmi les malheureux qui vivent d'un pain groſſier? C'eſt par-là qu'il faut juger ſi ce ſont les mortifications ou les plaiſirs qui détruiſent la ſanté.

Dans quelques intervalles de bon ſens, nos Cenſeurs ſont forcés de convenir que les paſſions & les plaiſirs pouſſés à l'excès, ſe tournent contre nous-mêmes, que la volupté & la diſſolution ſont des vices auxquels doit renoncer tout homme jaloux de ſe conſerver & de mériter l'eſtime de ſes concitoyens (*a*).

§. X I.

Mais l'Evangile, diſent-ils, ne ſe borne pas-là, il ne défend pas ſeulement l'excès dans les plaiſirs, mais toute eſpece de plaiſir quelconque. Cela eſt faux; nous les défions de nous citer cette défenſe.

Quand elle exiſteroit, il ſeroit encore aiſé

(*a*) Criſtian. dévoilé, c. 12, p. 188, 192.

de la justifier. 1°. Pour modérer un penchant aussi impétueux & aussi aveugle que l'amour du plaisir, il faut des maximes rigoureuses; il n'est pas à craindre que le commun des hommes les prenne jamais trop à la lettre: tel est le principe sur lequel les Philosophes mêmes ont dirigé leur morale. 2°. Jesus-Christ a paru dans un siecle aussi voluptueux & aussi corrompu que le nôtre; le Saducéisme chez les Juifs, l'Epicureisme chez les Païens étoient la Philosophie regnante. Pour décréditer cette Doctrine dangereuse qui nourrissoit la volupté en feignant de la modérer, il falloit poser des principes directement contraires, & couper le mal à la racine. 3°. Dans des circonstances où les Chrétiens étoient exposés tous les jours au martyre, il falloit les y préparer par un stoïcisme habituel; ce n'étoit pas-là le temps de prêcher une morale indulgente & timide. Puisque le danger de l'Epicuréisme se renouvelle dans tous les siecles: une morale austere est la seule qui convienne pour tous les temps; il se trouvera toujours assez de voluptueux prêts à la contredire, & de Philosophes accommodans disposés à la mitiger.

Exiger dans les maximes de morale une précision géométrique, c'est une absurdité;

leur application dépend du temps, du lieu, du climat, du génie des peuples, du tempérament des particuliers : autant de circonstances qui se dérobent à un calcul exact. La *loi* se borne à défendre ce qui est *crime*, à commander ce qui est *devoir*; les *conseils* ou maximes doivent aller plus loin, pour la sureté même de la Loi. Sénéque a très-bien fait cette distinction. Regarde-t-on comme autant de loix rigoureuses les *maximes* d'Epicure ? La distinction entre les *préceptes* & les *conseils* est donc fondée sur la nature même des choses ; ce n'est point une vaine subtilité, comme les Incrédules le prétendent.

Mais l'Evangile ordonne de *renoncer à soi-même*; cela est-il possible ni raisonnable ?

Renoncer à nous-mêmes, ce n'est point renoncer à nos intérêts bien entendus, à notre bonheur solide, à un amour propre éclairé & modéré ; il y auroit de la mauvaise foi à entendre l'Evangile en ce sens : mais c'est renoncer à nos passions, à l'intérêt aveugle, à l'amour propre injuste & excessif, que nous confondons mal-à-propos avec *nous-mêmes*. Qu'y a-t-il en cela d'impossible ou de déraisonnable ?

§. XII.

VIIe. Objection. Selon nos critiques, la chasteté ou la continence est une vertu de laquelle il ne résulte rien. En la recommandant comme un état de perfection, la Religion Chrétienne donne lieu de regarder le mariage comme une imperfection. Malgré la bénédiction que Dieu avoit donnée à cet état dès la création, Jesus-Christ dans l'Evangile est venu annuller la Loi que Dieu avoit imposée à l'homme de croître & de multiplier. Si l'on veut considerer le dessein du Créateur dans l'institution du mariage, on sentira que c'est un état plus respectable & plus sacré qu'un célibat destructeur, une castration volontaire, que les Chrétiens ont le front de transformer en vertu. Dieu a institué & béni le mariage pour le bonheur des conjoints, pour le bien de la société; & le Christianisme détourne les hommes de l'embrasser. Il s'oppose au vœu de la nature; il érige en perfection un état qui dépeuple la société, qui invite à la débauche, qui rend l'homme isolé, qui ne peut aboutir qu'à rendre les Prêtres puissans & mauvais citoyens (a).

(a) Christian. dévoilé, c. 12, p. 190—197.

Réponſe. La Loi qui commande la chaſteté à tous ceux qui ne ſont point mariés, a pour but de pourvoir à la ſainteté même du mariage. Les voluptueux incontinens, ou ne ſe marient jamais, ou ſont très-ſujets à violer leurs engagemens; quiconque eſt impudique par habitude continue à l'être, marié ou non. Cela eſt démontré par la comparaiſon des nations qui ont des mœurs avec celles qui n'en ont plus. En blâmant la chaſteté, les Incrédules portent donc atteinte au mariage qu'ils font ſemblant de favoriſer; ils en détruiſent encore les liens qu'ils nomment *ſacrés & reſpectables*; en décidant que Jeſus-Chriſt a eu tort d'abolir le divorce, & de condamner la polygamie (*a*). Sous les dehors d'un feint reſpect pour les intentions du Créateur, ils ne travaillent dans le fond qu'à établir un concubinage univerſel qui dépeupleroit le monde & que Dieu a proſcrit dès la création.

Dieu a-t-il réellement fait une loi à tous les hommes de ſe marier? Les paroles de la Geneſe, *croiſſez, multipliez, peuplez la terre*, renferment une *bénédiction*; le texte le dit formellement; pour une *loi*, il n'y

(*a*) Chriſtian. dévoilé, p. 198.

en a pas plus que dans les ſuivantes : *Regnez ſur les poiſſons de la mer & ſur les oiſeaux du Ciel.* En vertu de ces paroles, l'homme a le *droit* de ſe marier, s'il le veut; il ne s'enſuit pas que ce ſoit un *devoir;* il peut renoncer à ſon droit pour de bonnes raiſons.

D'autre part y a-t-il dans l'Evangile une loi qui défende à quelqu'un de ſe marier; qui condamne le mariage comme une imperfection ? S. Paul dit au contraire que le mariage eſt *honorable* à tous égards, & le lit nuptial ſans tache, qu'il vaut mieux ſe marier que de brûler d'un feu impur. Il condamne comme déſerteurs de la Foi ceux qui détournent du mariage (*a*). Jeſus-Chriſt enſeigne que tous les hommes ne ſont pas en état de comprendre les avantages de la continence, mais ſeulement ceux qui en ont reçu la grace (*b*). Il ne ſuppoſe donc pas que la continence ſoit une perfection *pour tous*, mais ſeulement pour ceux que Dieu y appelle.

Dieu n'a-t-il pas le droit d'appeller certaines perſonnes à la continence, pour les occuper aux fonctions de ſon culte, à la

(*a*) I. Tim. c. 4, ℣. 1 & 3.
(*b*) Matt, c. 19, ℣. 11.

prédication de l'Evangile, aux œuvres de charité, comme Jesus-Christ a fait à l'égard des Apôtres (*a*), en leur promettant pour ce sacrifice une récompense plus abondante? Voilà ce que les Incrédules n'ont pas encore démontré. Un homme né sans aucune inclination pour le mariage, est-il obligé de se faire violence pour l'embrasser?

Au lieu de copier les sophismes & les déclamations des Protestans contre le célibat religieux, il seroit beaucoup mieux de s'élever contre le célibat voluptueux & philosophique, conseillé par Epicure & pratiqué par un bon nombre de ses sectateurs. Nous traiterons amplement cette question dans la suite, & nous verrons quels sont les plus mauvais citoyens, si ce sont les Prêtres ou les Incrédules.

§. XIII.

*VIII*e. *Objection.* Malgré les éloges que donnent les Chrétiens aux préceptes de leur divin Maître, il en est qui sont totalement contraires à l'équité & à la droite raison. Lorsqu'il dit: Faites vous des amis dans le

(*a*) Luc, c. 14, ℣. 26.

Ciel avec *les richesses acquises injustement*; n'insinue-t-il pas visiblement que l'on fait bien de voler pour faire l'aumône aux pauvres ? Il confirme cette morale lorsqu'après avoir reproché aux Pharisiens leurs vols & leurs rapines, il leur dit : *Cependant faites l'aumône, & tout sera purifié.* En vertu de cette maxime une infinité de faux dévots ont volé pendant toute leur vie & se sont crus absous à la mort en faisant des aumônes aux Eglises, aux Monasteres, aux Hôpitaux (*a*).

Réponse. Dans le premier passage Jesus-Christ ne parle point de richesses acquises injustement, mais de richesses fausses & trompeuses : *Mammona iniquum, mammona iniquitatis*, signifie à la lettre, monnoie de mauvais aloi ; cela est clair par le texte même. *Si vous n'avez pas été fideles*, dit le Sauveur, *dans l'administration d'une fausse monnoie, qui vous en confiera de la vraie* (*a*) ?

Lorsqu'un homme s'est enrichi par une infinité d'injustices légeres & de détail, il lui est impossible de restituer à tous ceux auxquels il a fait tort : les uns lui sont in-

(*a*) Christian. dévoilé, c. 11, , note, p. 168.
(*b*) Luc, c. 11, ℣. 41.

connus, les autres ſont morts, & n'ont pas d'héritiers ; la ſeule reſtitution praticable dans ce cas eſt de donner aux pauvres. C'eſt reſtituer au public, puiſque les pauvres ſont à ſa charge. Si des faux dévots ſe ſont diſpenſés de la reſtitution, lorſqu'ils pouvoient la faire à la partie lézée, ils ſe ſont aveuglés eux-mêmes, & l'Evangile n'en eſt pas la cauſe. Lorſque le Publicain Zachée voulut témoigner à Jeſus-Chriſt ſa converſion, il lui dit : « Seigneur, je don» ne la moitié de mon bien aux pauvres, » & ſi j'ai fait tort à quelqu'un, je lui » rends le quadruple (*a*) ». Il ne croyoit donc pas que l'aumône pût tenir lieu de la reſtitution. La maniere dont cet exemple eſt propoſé fait aſſez ſentir que c'eſt une leçon pour ceux qui ſe trouvent en pareil cas.

§. XIV.

IXe. Objection. Les écrits des premiers Chrétiens atteſtent qu'il ne leur étoit pas permis de porter les armes ; ils reſſembloient aux Quakers, aux Anabaptiſtes, aux Memnonites d'aujourd'hui qui ſe piquent de pratiquer l'Evangile à la lettre.

(*a*) Luc, c. 19, ℣. 8.

Jesus-Christ commande de tendre l'autre joue quand on vous donne un soufflet, de donner votre tunique quand on veut vous voler votre manteau, &c. Le grand Philosophe Bayle n'a-t-il donc pas eu raison de dire qu'un Chrétien des premiers temps seroit un mauvais soldat, qu'une société de Chrétiens se défendroit mal contre les attaques d'un ennemi. C'est très-mal à propos que Montesquieu a voulu le réfuter sur ce point, il ne lui oppose que de mauvaises raisons. Mais Montesquieu vouloit sans doute prévenir les injustes accusations qu'il a essuyées de la part des fanatiques; s'il avoit osé écrire aussi librement que Bayle, il auroit pensé de même. Les Chrétiens n'entrerent dans les troupes de l'Empire que quand l'esprit qui les animoit fut changé (*a*).

Réponse. Il est faux que la profession des armes soit défendue aux Chrétiens; l'un des Evangélistes rapporte la leçon que fit S. Jean-Baptiste aux soldats. Il leur dit: Ne faites violence à personne, n'accusez personne injustement, & contentez-vous de votre solde (*b*). Il ne leur ordonna point

(*a*) Quest. sur l'Encyclop. *Esseniens*, p. 329.
(*b*) Luc, c. 3, ℣. 14.

de quitter l'état militaire. S. Paul veut que chacun demeure dans l'état de vie dans lequel il a été appellé à la foi (*a*). Les soldats ne sont pas exceptés.

Lorsque Jesus-Christ conseilloit de tendre l'autre joue, &c. il ne parloit pas à des Soldats, mais aux Disciples qu'il destinoit à prêcher son Evangile; il vouloit les rendre capables de souffrir les outrages *pour son nom*, & sans ce courage les Apôtres n'auroient jamais pu réussir. Jesus-Christ ne pensoit point à établir une police générale, ni à troubler l'ordre de la société. Montesquieu a eu raison de réfuter Bayle qui supposoit le contraire comme font tous les Incrédules.

Telle est leur équité. Ils commencent par affirmer que Jesus-Christ donnoit des loix rigoureuses & générales; ils le prouvent par l'autorité respectable des Quakers, des Anabaptistes, des Memnonites & de quelques autres visionnaires; ensuite ils accusent Jesus-Christ de n'avoir pas suivi ses propres leçons, & S. Paul de les avoir violées. Ces deux exemples sont justement ce qui prouve que nos adversaires pren-

(*a*) I. Cor. c. 7, ℣. 20.

nent mal le ſens de l'Evangile. D'un côté ils décident que ſelon l'Evangile la profeſſion des armes eſt criminelle ; ils diſent que Tertullien en impoſoit lorſqu'il atteſtoit que les armées étoient pleines de Chrétiens ; de l'autre ils s'emportent contre les Prédicateurs, parce qu'ils ne déclament pas contre la guerre. D'une premiere abſurdité ils tirent cinq ou ſix conſéquences fauſſes.

Quant au reproche d'hypocriſie & de reſpect humain fait à Monteſquieu, il ne prouve que la malignité de l'accuſateur ; un hypocrite ſuppoſe toujours que perſonne n'eſt ſincere.

§. XV.

X^e. Objection. On apprend aux Chrétiens dès l'enfance *qu'il vaut mieux obéir à Dieu qu'aux hommes* ; cette maxime n'eſt propre qu'à troubler la ſociété. Obéir à Dieu n'eſt jamais qu'obéir aux Prêtres. Dieu ne parle plus lui-même, c'eſt l'Egliſe qui parle pour lui, & l'Egliſe eſt un corps de Prêtres qui trouve ſouvent dans la Bible que les Souverains ont tort, que les loix ſont criminelles, que les établiſſemens les plus sensés sont impies, que la tolérance est un crime (*a*).

Réponse. Cette maxime si pernicieuse à la société a cependant été enseigne par Socrate, par Platon, par Epictete (*b*). Celse, lui-même est d'avis que l'on ne doit point trahir la vérité par la crainte des tourmens; il ne blâme point les Chrétiens de résister aux loix qui ordonnoient l'idolatrie (*c*). Nos adversaires eux-mêmes bravent sans scrupule les loix qui défendent d'écrire & d'invectiver contre la religion de l'Etat; ont-ils trouvé dans la Bible que ces loix sont criminelles, & que les Souverains ont tort? Ils n'obéissent ni à Dieu, ni aux hommes, ni aux Souverains, ni aux Prêtres.

Lorsque les Apôtres résistoient au conseil des Juifs, c'est aux Prêtres mêmes qu'ils refusoient d'obéir (*d*). Ils en avoient le droit, parce qu'ils prouvoient leur mission par celle de Jesus-Christ, par la descente du Saint-Esprit, par les miracles

(*a*) Christian. dévoilé, c. 11, note, p. 150. Tableau des SS. II. Part. p, 251.

(*b*) *Voyez* l'Apol. de Socrate & le Phédon, Vie d'Epictete, p. 58.

(*c*) Dans Orig. L. I, n. 8.

(*d*) Act. c. 5, ℣. 29.

qu'ils opéroient ; lorsque les Incrédules auront fourni de pareils titres, nous avouerons qu'il leur est permis de dogmatiser, & que ce seroit un crime de ne pas les tolerer.

§. XVI.

XIe. Objection. Malgré la perfection de la morale chrétienne, elle n'a opéré aucun effet parmi les hommes ; le monde est à peu près le même qu'il étoit avant la prédication de l'Evangile. Si les crimes sont un peu moins communs chez certaines nations, que chez les autres, c'est un effet de la civilisation & de la philosophie, plutôt que de la religion. Les guerres sont aussi fréquentes & aussi meurtrieres qu'elles l'ont toujours été, & jamais les Prédicateurs n'ont eu le courage d'invectiver contre ce fléau. Il est fort singulier que Bourdaloue n'ait point fait de sermon contre la guerre (*a*).

Réponse. En parlant des effets civils & politiques de la Religion Chrétienne, nous montrerons la multitude de crimes & de désordres qu'elle a bannis de la société, &

(*a*) Quest. sur l'Encyclop. *Droit de la guerre.*

qui étoient autrefois autorisés par les loix de tous les peuples.

On nous allegue la civilisation. Mais d'où est venue la civilisation des nations Chrétiennes, sinon de leur Religion même? Pourquoi n'y a-t-il aujourd'hui de nations civilisées que celles qui font profession du Christianisme? Et pourquoi celles qui l'ont abandonné sont-elles retombées dans la barbarie?

Pour la Philosophie, on sait les merveilleux effets qu'elle produisit chez les Grecs & chez les Romains : elle n'a pas changé de nature. Un de ses Panégyristes avoue que chez nous elle a émoussé les caracteres, partagé les affections de l'homme, & affoibli l'énergie de tous les sentimens (a); c'est dire assez clairement, qu'elle nous a rendus incapables de vertu; il n'y a pas là de quoi se jacter.

Supposons, si l'on veut, qu'en rendant les hommes lâches, efféminés, égoïstes, incapables d'affection patriotique, elle les rende aussi plus pacifiques; pour que cet avantage soit réel, il faut qu'il soit général. Si, pendant qu'une nation s'amollit par l'Epicuréisme, ses voisins conservent leurs

(a) Hist. des Etabl. des Europ. dans les Indes, Tom. VII, c. 1.

mœurs guerrieres, ils auront bon marché du peuple philosophe. L'histoire nous sert encore ici de guide & de garant. Il nous paroît qu'un Martyr, qui alloit d'un pas ferme au supplice, étoit plus capable de marcher contre l'ennemi qu'un élégant Epicurien.

Si, dans le sein de la paix, un Prédicateur s'avisoit de déclamer contre la guerre, on jugeroit qu'il a perdu l'esprit; s'il le faisoit lorsqu'il y a des armées en campagne, on diroit qu'il invective contre le Gouvernement, que c'est un séditieux. La paix & la guerre sont l'affaire du Conseil des Rois, & non des Prédicateurs; il n'appartient qu'aux Philosophes *de gouverner les Etats du fond de leur cabinet par des brochures (a)*. C'est sans doute à la benigne influence de leurs leçons, que la Pologne, l'Amérique, la Turquie, sont redevables de la tranquillité profonde dont elles jouissent aujourd'hui (*). Mais, après avoir tonné contre la guerre, il ne falloit pas faire l'éloge d'un Roi, parce qu'il a composé autant de livres qu'il a gagné de batailles, & a terrassé autant de préjugés

(a) Quest, sur l'Encyclop. *Economie*.
(*) En 1777.

que d'enemis (*a*). Des livres même philosophiques sont un dédommagement bien léger pour des Villes saccagées, des Provinces dévastées, & trois cents mille hommes plus ou moins égorgés.

Nous parlerons encore de la morale chrétienne en traitant de ses effets civils & politiques.

ARTICLE TROISIEME.

Du Culte extérieur ou des Cérémonies de la Religion Chrétienne.

§. I.

L'homme, esclave des sens & né imitatateur, a besoin de signes sensibles pour graver dans sa mémoire les instructions qu'il reçoit, pour apprendre ses devoirs & en contracter l'habitude. Dès l'enfance il doit en recevoir les premieres leçons; & le propre des enfans est d'imiter ce que l'on fait devant eux: c'est ainsi qu'un art, une profession, un talent, se perpétue dans la même famille. Ce caractère ne change point dans les adultes; il est de tous les temps & de tous les lieux: les Sauvages mêmes ont du goût pour les cérémonies. L'usage des hiérogly-

(*a*) Quest. sur l'Encyclop. *Filosofe.*

phes des allégories, des ſymboles myſtérieux a commencé au berceau des nations; un Apôtre les nomme, avec raiſon, *les leçons élémentaires du monde* (*a*). Tel eſt le mobile par lequel les premiers Légiſlateurs ont tiré les nations de la barbarie; elles y retomberoient bientôt ſi elles ceſſoient d'en faire uſage. Le commun des hommes n'eſt point né pour faire une étude profonde & continuelle des ſciences & de la religion, & l'étude ne peut ſuppléer qu'imparfaitement à l'énergie des ſignes extérieurs, par leſquels nous communiquons aux autres nos penſées & nos affections. S'apperçoit-on que le goût des ſpectacles diminue chez les nations civiliſées? S'ils étoient auſſi utiles qu'on le prétend pour modérer les paſſions, ce ſeroit une preuve de plus pour démontrer leur utilité dans la Religion.

Les anciens Philoſophes, plus ſenſés que ceux d'aujourd'hui, n'oſerent blâmer le culte extérieur, quoiqu'ils fuſſent convaincus des abus qu'il renfermoit; les Epicuriens mêmes s'en acquittoient, quoiqu'il ne s'accordât point avec leurs principes. Ils auroient évité cette contradiction, s'ils n'avoient pas ſenti que cet uſage univerſel

(*b*) Galat. c. 4, ℣. 3.

étoit intimément lié à l'ordre de la société, que l'on ne pouvoit y donner atteinte sans produire un plus grand mal. On prétend que chez les Chinois le cérémonial supplée à un code de loix fixes qu'ils n'ont point, & aux leçons très-imparfaites de leurs Moralistes. Il seroit difficile de juger qu'un ressort, si utile partout ailleurs, pût être pernicieux chez nous.

Des savans, infatués de leurs connoissances, ont cru que les Nations civilisées n'avoient plus besoin de leçons élémentaires; qu'un des avantages du Christianisme étoit de nous avoir affranchis du joug des cérémonies religieuses. Ils ont donc supposé ou que l'homme avoit changé de nature, en devenant moins grossier, ou que Jesus-Christ n'avoit pas connu le fond de l'humanité. Ce divin Législateur savoit que chez les Nations, même policées, le nombre des ignorans est toujours le plus considérable; il ne s'est pas proposé de gouverner l'homme par un miracle continuel. Il a voulu réformer l'homme & non le dénaturer; guérir ses erreurs sans lui retrancher aucun moyen d'instruction, corriger ses penchans vicieux, & non étouffer ceux que l'on peut tourner au bien.

§. II.

Mais qu'avons-nous besoin de raisonnemens lorsque les faits parlent? La Nation n'oubliera de long-temps le spectacle touchant dont elle vient d'être témoin ; il est gravé dans les cœurs plus profondément que sur les médailles (*a*). On sçait de quels sentiments de respect, d'amour, d'attendrissement, d'enthousiasme, les spectateurs furent saisis à la vue d'un jeune Monarque prosterné aux pieds des Autels, consacré par la Religion, revêtu des ornemens de sa dignité, recevant dans cet appareil auguste les hommages de ses principaux sujets. Un Ambassadeur Barbaresque, témoin de la cérémonie, se crut François, & versa des larmes. Il y avoit bon nombre de Philosophes dans l'assemblée ; leur ame de fer ne put tenir à ce spectacle, ils furent émus, pleurerent, & crierent comme les autres. *La Théurgie Chrétienne* est donc bonne à quelque chose, puisquelle attendrit même les Philosophes.

Ce n'est pas la seule occasion dans la-

(a) Ceci a été écrit en 1775.

quelle l'incrédulité ait rendu hommage au culte religieux. Milord Bolingbroke, assistant à la Messe du Roi à Versailles, fut frappé du silence majestueux qui régnoit dans l'assemblée, sur tout à l'élévation de l'Hostie, & du spectacle d'une Cour brillante prosternée, avec son Roi, aux pieds des Autels. En sortant il dit à un Seigneur qui l'accompagnoit : *Si j'étois Roi de France je voudrois faire cette cérémonie.*

Misson, dans son Voyage d'Italie, raconte l'émotion dont il fut saisi à l'aspect du Pape nouvellement élu, & donnant la bénédiction au peuple rassemblé sur la place de S. Pierre : *J'avoue*, dit-il, *que je suis Catholique pour ce moment-là.* Ceux qui ont assisté au dernier Conclave ont éprouvé le même sentiment, lorsque Pie VI donna la bénédiction pour la premiere fois.

Un autre Auteur Anglois, témoin de l'attendrissement que causoit aux Siciliens leur culte extérieur, dit : » J'avoue que j'ai » envié leur état pour quelques instans, & » je maudissois au fond du cœur l'orgueil » de la raison & de la philosophie, qui, » avec sa froideur & ses triomphes insipides, nous laisse dans une espèce d'apathie

» stoïque, & anéantit les plus douces émo-
» tions de l'ame (*a*) «.

Un de nos adversaires observe que le Clergé Romain a très-habilement conservé les signes extérieurs dans le culte (*b*). Le Peuple, dit un autre, se sert mieux de ses yeux que de son entendement; les images prêchent, & ne blessent l'amour propre de personne (*c*).

Le culte extérieur renferme éminemment tous les avantages dont il est susceptible, lorsqu'il a les caractères suivans. 1°. Ce doit être une profession de foi des dogmes révélés, capable d'en perpétuer la croyance, & d'en prévenir l'altération. 2°. Une leçon de morale, qui nous apprenne nos devoirs. 3°. Un lien de société, qui contribue au bon ordre public. 4°. Un monument des faits principaux sur lesquels la révélation est fondée, & qui en rappelle continuellement le souvenir.

Dans notre seconde Partie nous avons fait voir que tel a été le culte extérieur établi par Moïse. Il étoit exactement analo-

(*a*) Voyage en Sicile & à Malte par Brydone, Tom. I, p. 157, 159.

(*b*) Emile, Tom. III, p. 215, note 20.

(*c*) Vie de Séneque, p. 341.

gue au génie particulier des Juifs, aux circonstances dans lesquelles ils se trouvoient, aux vûes que la divine providence s'étoit proposée en prescrivant la Religion Juive. Nous avons insisté sur la nécessité de la pompe extérieure dans les cérémonies de Religion, & nous avons montré la fausseté des réflexions que quelques incrédules, très-bornés dans leurs idées, ont opposées à cette vérité : nous prions le Lecteur de se rappeller ce que nous avons dit (*a*).

Il nous reste à démontrer que le culte établi par Jesus-Christ & par les Apôtres porte les mêmes caractères, & réunit les mêmes avantages. Il exprime les dogmes de notre foi, nous donne des leçons de morale, contribue à l'ordre & au repos de la société, sert de preuve & de monument des principaux faits sur lesquels le Christianisme est fondé : c'est un commentaire muet qui marche toujours à côté de l'Evangile, & lui sert d'interpréte au besoin. Il est donc à tous égards très-analogue au dégré de civilisation dans lequel les Nations commençoient à se trouver lorsque Jesus-Christ est venu sur la terre ; c'est par lui qu'elles y ont fait de nouveaux progrès.

(*a*) II. Part. c. 5, art. 2, §. 1, 4 & suiv.

Dans le Chap. IX nous ferons voir qu'il a contribué, plus que toute autre cauſe, à maintenir & à perfectionner cette civiliſation, de laquelle nous ſommes ſi jaloux, & dont les Philoſophes voudroient s'attribuer l'honneur.

§. III.

Les pratiques principales du culte chrétien ſont les Sacremens que Jeſus-Chriſt a inſtitués; c'eſt ſur tout dans ces auguſtes cérémonies que brille éminemment la ſageſſe de notre divin Légiſlateur.

Par le Baptême, adminiſtré aux enfans dès leur naiſſance, l'Egliſe profeſſe le dogme du péché originel, la néceſſité & l'efficacité de la rédemption conſommée par Jeſus-Chriſt. Dans toutes les Religions l'uſage de ſe laver a été un ſymbole de purification & d'expiation du péché; ceux qui méconnoiſſent cet effet dans le Baptême, ont oublié le deſſein de ſa premiere inſtitution. Les paroles de Jeſus-Chriſt, par leſquelles on l'adminiſtre, ſont l'expreſſion du Myſtère de la Sainte Trinité. La manière dont il étoit conféré autrefois repréſentoit, ſelon S. Paul, la mort & la réſurrection de J. C. Le baptiſé, plongé entièrement dans l'eau, en ſortoit comme Jeſus-Chriſt étoit ſorti du tombeau, pour mener une vie nouvelle & ſemblable à celle d'un corps reſſuſcité (*a*). On le donnoit principalement & plus ſolemnellement à la fête de Pâques, pour faire ſouvenir les nouveaux Fidèles de la Réſurrection du Sauveur, & du Baptême qu'il avoit reçu de ſon précurſeur.

Les obſervations frivoles de l'Auteur *des Queſtions ſur l'Encyclopédie*, à l'article *Baptême*, ne nous apprennent rien; à ſon ordinaire, il y a mêlé des faits très-faux & des erreurs groſſieres.

En général, l'Egliſe n'adminiſtre aucun Sacrement ſans y joindre le ſigne de la croix : elle veut apprendre aux Fideles, que la grace qu'ils reçoivent par ces ſymboles, eſt le fruit du ſang & des mérites d'un Dieu crucifié. Elle répete trois fois ce ſigne dans le Baptême, au nom des trois Perſonnes divines, pour atteſter leur égalité parfaite. Elle tiroit de cet uſage même un argument contre les Ariens, pour leur prouver que la *conſubſtantialité* étoit un dogme auſſi ancien que la coutume de baptiſer les Fideles.

Comme la Trinité & l'Incarnation ſont les deux Myſteres que les Hérétiques ont

(*a*) Rom. c. 6, ℣. 4.

attaqué avec le plus d'opiniâtreté dès la naissance du Christianisme, l'Eglise en a multiplié les symboles dans son culte. De-là l'usage de répéter trois fois plusieurs formules de consécration & de prieres, le *Kyrie*, le *Trisagion*, la *Doxologie* à la fin des Pseaumes, &c. Les Incrédules, très-peu instruits de notre croyance, de nos usages, de la relation qu'il y a toujours entre les uns & les autres, ont imaginé des raisons frivoles & superstitieuses de ce nombre de trois affecté par tout. Qu'ils lisent l'antiquité, ils en verront le motif. Ils objectent gravement, que le nom de *Trinité* ne se trouve ni dans l'Ecriture ni dans le Symbole: qu'importe le nom, si la chose est gravée en caracteres ineffaçables sur tout l'extérieur de notre Religion!

On peut juger en général de l'antiquité d'une cérémonie par son rapport avec tel dogme que l'Eglise a voulu professer plus expressément, & avec telle erreur qu'elle a voulu proscrire en tel temps. Aussi avons-nous vu l'effet qu'a produit, chez les Sectes hétérodoxes, la suppression des cérémonies; le Socinianisme & le Déisme s'y sont rapidement glissés; les dogmes ont disparu avec les signes extérieurs qui les attestoient.

Certains controversistes ont imaginé que l'Eglise avoit introduit les cérémonies pour établir de nouveaux dogmes; la vérité est qu'elle y a eu recours pour réfuter de nouvelles erreurs.

§. IV.

Mais ce qui ne mérite pas moins d'attention, ce sont les conséquences morales qui s'ensuivent du Baptême & de ses effets. En vertu de ce Sacrement, un enfant est fils adoptif de Dieu, frere de Jesus-Christ, racheté par son sang; il devient doublement précieux à ses parens. C'est un dépôt dont ils doivent rendre compte à la religion & à la société, & qui leur impose des devoirs rigoureux. Nous n'avons plus à craindre de voir introduire dans le Christianisme l'usage barbare qui a régné & qui regne ailleurs, d'étouffer les enfans avant ou après leur naissance, de les exposer, de les vendre, de destiner les uns à l'esclavage, les autres à la prostitution. A combien de fruits malheureux de l'incontinence n'auroit-on pas ôté la vie, si la nécessité du Baptême n'avoit retenu la main prête à les immoler? Ce même dogme a rendu la charité industrieuse. Des asyles se font élevés, les uns pour les orphelins, les autres pour les enfans pauvres ou abandonnés; des vierges chrétiennes se consacrent à les élever & à leur servir de meres; des hommes, par le même zele, les instruisent, leur procurent des ressources pour la suite, en font des hommes & des citoyens. Voit-on ce phénomene chez les nations qui ne croient pas au Baptême?

Dans les premiers siecles, les parrains & maraines étoient les garants de la foi & de la bonne conduite du baptisé; c'est encore un appui que la Religion lui procure, un moyen de rapprocher les grands des petits. Ces affinités spirituelles, sagement restreintes comme elles le sont, ne peuvent produire que du bien.

La Puissance séculiere ne pouvoit manquer d'applaudir à l'attention que l'on a d'enregistrer les Baptêmes, de constater ainsi par un titre public la naissance, l'état, les droits d'un enfant, & les devoirs de ses parens. Cette précaution est inconnue chez les peuples qui ne baptisent point (*a*).

(*a*) On se rappelle sans doute un trait de religion de feu M. le Dauphin. Il mit sous les yeux des Princes ses enfans les registres de la Paroisse, leur fit voir leurs noms confondus avec ceux des

Cependant des Incrédules demandent froidement de quoi servent les dogmes de la nécessité du Baptême, du péché originel, de la rédemption de Jesus-Christ. Ils servent à nous apprendre ce que c'est qu'un homme & ce qu'il vaut. Des sociétés de Matérialistes n'en feroient pas plus de cas que d'un animal. Selon leurs idées, les mariages devroient être nuls, les femmes communes, & tous les enfans déclarés enfans de l'Etat: Eh! sages à courte vue, ils sont enfans de la Religion, leur sort est encore meilleur.

§. V.

Par le sacrement que nous nommons *Confirmation*, les Apôtres donnoient aux Fideles le Saint-Esprit, ou la grace nécef-

---

simples fideles, & leur fit à ce sujet une leçon touchante de modestie & de fraternité chrétienne. « Vous voyez, leur dit-il, que vos noms sont ici » mêlés & confondus avec ceux du peuple. Cela » doit vous apprendre que les distinctions dont » vous jouissez ne viennent pas de la nature qui » a fait tous les hommes égaux; il n'y a que la » vertu qui mette entr'eux une véritable différence; » & peut-être que l'enfant d'un pauvre, dont le » nom précède le vôtre, sera plus grand aux yeux » de Dieu, que vous ne le serez jamais aux yeux » des peuples ».

faire pour confesser leur foi ; souvent ce bienfait étoit accompagné des dons miraculeux, des langues, de prophétie, de guérir les malades, &c. Des hommes qui recevoient ces dons, ou qui les voyoient briller dans les Apôtres, étoient sans doute confirmés dans leur foi, prêts à répandre leur sang pour en attester la vérité. Ils se fioient au témoignage de Dieu même, & les Apôtres y renvoyoient les Juifs incrédules (a).

Dans la suite des siecles le don des miracles a été moins nécessaire ; la Religion étoit établie, & l'on n'étoit plus exposé à braver les supplices pour en faire profession. Mais le courage de confesser Jesus-Christ est nécessaire dans tous les temps ; la Religion n'a jamais cessé d'avoir des ennemis, elle en aura toujours. Le sacrement destiné à fortifier les Fideles contre eux ne sera donc jamais inutile. Quand ses effets seroient douteux, c'est toujours un monument de la descente du Saint-Esprit sur les Apôtres & sur les premiers Fideles ; il avertit le Chrétien du devoir qui lui est imposé de préférer sa foi à tous les biens de ce monde. La croyance & les anciens

---

(b) Act. c. 5, ℣. 32. Hebr. c. 2, ℣. 4.

usages, le dogme & la discipline, les monumens historiques & le fond de la Religion se tiennent; il ne faut toucher ni aux uns ni aux autres.

De même que dans l'état civil les militaires engagés à la défense de la patrie portent les marques extérieures de leur destination & s'en font honneur: ainsi le fidele porte sur son front le signe de la Croix, pour se souvenir qu'il est obligé de tout souffrir pour le nom de Jesus-Christ. Les sarcasmes des incrédules contre ce Sacrement sont une nouvelle raison de le conserver.

Ils disent qu'en le recevant un Chrétien contracte l'obligation d'être intolérant & persécuteur. Pas plus qu'un militaire en ceignant l'épée ne contracte l'obligation d'attaquer & d'égorger indistinctement tout le monde. Être obligé à défendre la Foi contre ses ennemis déclarés, ce n'est point faire profession de haine & de persécution contre ceux qui nous laissent tranquilles. Si de droit naturel il nous est permis de défendre nos biens, notre liberté, notre réputation contre ceux qui veulent nous les enlever, il ne l'est pas moins de défendre le dépôt de la Foi contre les agresseurs: ce n'est point à eux de se plaindre des suites de leur témérité.

§. VI.

Dans toutes les religions les offrandes & le sacrifice font partie essentielle du culte divin. De tout temps les hommes ont offert à Dieu leurs alimens comme le plus précieux de tous les biens. Chez les nations policées le pain & le vin sont la base de la nourriture ; il étoit convenable que Jesus-Christ par l'Eucharistie conservât l'usage de cette oblation. Mais il lui a donné un caractere plus auguste, une valeur plus précieuse ; en l'instituant il assura ses Apôtres que son corps & son sang étoient présens sous ces Symboles. « Ceci, leur dit-il, est » mon corps qui sera livré pour vous ; ceci » est mon sang, le sang d'une nouvelle » alliance, qui est répandu pour la rémission des péchés ; mangez & buvez-en » tous, & faites ceci en mémoire de » moi (*a*) ».

Au lieu des victimes grossieres par le sang desquelles avoit été cimentée l'alliance divine avec les Juifs ; il n'est plus dans le Christianisme d'autre victime que celle

(*a*) Matt. c. 26. Marc, c. 14. Luc, c. 22. I. Cor. c. 11.

qui a été immolée sur la Croix pour la rémission des péchés. Jesus - Christ ordonne d'en renouveller l'oblation, mais sous les symboles sous lesquels il rend présens son corps & son sang. Il veut que l'on y participe comme on faisoit autrefois à la chair des victimes immolées. Il supprime tout ce qui étoit capable de blesser les sens & de causer du dégoût. Il réunit dans un seul sacrifice toutes les vues, tous les effets, toutes les leçons, qui étoient attachés aux anciens sacrifices.

Ceux-ci apprenoient aux hommes que les dons de la nature sont des bienfaits de la providence, qu'il est juste d'en faire hommage à la main libérale de laquelle nous les avons reçus ; l'Eucharistie en nous retraçant ces vérités y en ajoute de plus sublimes : elle nous dit que Dieu est non-seulement le Pere de la nature, mais l'auteur de la grace, qu'il nous a donné son Fils pour victime de notre rédemption ; ce divin Sauveur présent sur les autels y fait continuellement les fonctions de médiateur.

Avant de participer aux sacrifices on se purifioit, mais cette purification extérieure faisoit rarement sentir la nécessité de renoncer à ce qui souilloit l'ame. Ici l'ame ſeule eſt l'objet de la cérémonie, il eſt queſtion de la nourrir & non le corps; ſans la pureté intérieure l'homme *mange & boit ſa condamnation.*

Le repas commun étoit un ſymbole de fraternité, tout le monde y étoit admis, les pauvres à côté des riches, les eſclaves auſſi bien que les Maîtres. Mais le Myſtere d'un Dieu incarné & mort pour les hommes, établit entre eux une fraternité plus étroite; tous ſont enfans adoptifs de Dieu, tous freres de Jeſus-Chriſt, deſtinés au même héritage, affranchis de la même ſervitude, reçoivent le même gage du bonheur éternel. A la vue d'un Dieu victime qui a prié pour ſes bourreaux, & qui ſe donne à des pécheurs, la vengeance doit expirer dans les cœurs, les inimitiés ſe calmer, la jalouſie diſparoître. Sur l'Autel comme ſur la Croix ſont proſcrites la loi barbare du plus fort, la loi inſenſée de la ſervitude, la loi vaine d'inégalité fondée ſur des titres chimériques: nous ſommes tous un ſeul corps en Jeſus-Chriſt.

Les anciens Philoſophes ont déclamé ſans fruit contre l'uſage cruel de réduire l'homme à la condition des animaux, de ſe jouer de ſa vie & de ſes mœurs, de l'immoler à des dieux fantaſtiques ou aux plaiſirs d'une multitude raſſemblée. L'homme, dit Séneque, tête ſacrée pour l'homme, eſt mis à mort pour le plaiſir : *Homo ſacra res homini jam per luſum & jocum occiditur* (a). Cette réflexion eſt ſublime, mais elle ne porte ſur rien. Deux loix de Jeſus-Chriſt en rempliſſent toute l'énergie : *Baptiſez toutes les Nations, mangez ma chair & buvez mon ſang*. En vertu de ces paroles, l'homme eſt égal en dignité à tout autre homme ; il s'aſſied à la même table que celui qui voudroit l'aſſervir. « Parmi vous, » dit S. Paul, plus de diſtinction entre l'é- » tranger & le citoyen, entre le maître & » l'eſclave, entre le ſexe foible & le ſexe » fort, vous êtes tous un ſeul en Jeſus- » Chriſt (a) ». Le Fidele inſtruit de ces loix & de leurs conſéquences ira-t-il attenter à la liberté de ſon frere ou ſe repaître du ſpectacle de ſa mort ? Séneque avec toute ſa Philoſophie n'a pas fait fermer l'amphithéâtre ; Jeſus-Chriſt avec deux mots l'a fait démolir.

Mais l'eſclavage eſt encore établi dans nos colonies ; nous le ſavons : il s'enſuit que l'orgueil, l'avarice, la molleſſe l'emportent

(a) Epiſt. 7, L. I. Epiſt. 95, L. XV.
(b) Galat. c. 3, ℣. 28.

souvent sur les sentimens de la nature & de la Religion. Nous verrons ailleurs qu'un de nos Philosophes a fait l'apologie de cet abus. Si donc l'Evangile n'est pas encore venu à bout de le réformer, la Philosophie y réussira encore moins.

Selon nos adversaires, le Mystere d'un Dieu mort est une conséquence du préjugé absurde commun à tous les peuples, que des victimes humaines étoient agréables à Dieu. Aveugles! Jesus-Christ en instituant le sacrifice de son corps & de son sang, & en abolissant tous les autres, a coupé pour jamais la racine à toute espece d'abus & d'effusion de sang dans le culte de la Divinité. Un Chrétien persuadé que la mort d'un Dieu a rendu inutiles tous les autres sacrifices, ira-t-il encore ensanglanter les Autels du vrai Dieu?

§. VII.

On a compris dans toutes les Religions la nécessité des expiations, ou d'un remede pour effacer le péché & détourner les châtimens de la justice divine. L'homme naturellement inconstant, sujet à passer fréquemment de la vertu au vice, & du vice à la vertu, a besoin de motifs pour calmer ſes remords & ſe relever de ſes chûtes. Où en ſerions-nous ſi celui qui a péché n'avoit plus de reſſource & ſe livroit à un ſombre déſeſpoir ? Quelques incrédules ont blâmé les expiations en général, ſelon eux elles enhardiſſent au crime ; d'autres ont exalté les heureux effets des myſteres ou expiations du Paganiſme : ceux-ci ont reconnu que la pénitence & la confeſſion produiſoient de grands biens, ceux-là ont ſoutenu qu'elles opéroient beaucoup de mal. Parmi des Docteurs appliqués à ſe contredire, il ne faut pas chercher la vérité.

Jeſus-Chriſt qui connoiſſoit mieux l'homme que les Philoſophes, a établi la ſeule eſpece de pénitence qui ſoit utile à tous égards. Elle conſiſte dans le regret ſincere d'avoir péché, dans l'humble aveu que l'on fait de ſes fautes, dans la réſolution d'en réparer les effets, & de n'y plus retomber. Ce n'eſt qu'à ces conditions qu'il a donné aux Prêtres le pouvoir d'abſoudre.

Nous ne ferons pas une diſſertation pour prouver l'antiquité de la confeſſion, ſa néceſſité eſt établie par les paroles de Jeſus-Chriſt : *Les péchés ſeront remis à ceux auxquels vous les remettrez, & ils ſeront rete-*

nus à ceux auxquels vous les retiendrez (*a*). Comment les Apôtres pouvoient-ils discerner les péchés qu'ils devoient remettre ou retenir si on ne commençoit par les leur faire connoître ? Remettre indifféremment les péchés à tout le monde sans discernement, ce seroit une conduite pernicieuse ; il en est qui exigent des restitutions, des réparations, des réconciliations avec le prochain : souvent il est nécessaire que le pénitent y ait satisfait avant d'être absous, & qu'il ait donné des marques de repentir plus certaines qu'une simple promesse. Cette pratique s'est trouvée si étroitement liée avec le dogme, que pour la supprimer il a fallu changer entierement la doctrine de l'Eglise sur la justification ; sur la grace, sur le mérite des bonnes œuvres, sur l'application des mérites des Jesus-Christ. Ainsi l'abolition de la confession a frayé le chemin au Socinianisme.

Pour savoir si la confession est utile ou pernicieuse, nous en rapporterons-nous à ceux qui n'en font point usage ? Des calomnies répétées d'après les Protestans ne persuaderont pas ceux qui font l'expérience du contraire ; elles sont d'ailleurs réfutées

(*a*) Joan. c. 20, ℣. 23.

par des faits. Les Luthériens de Nuremberg envoyerent une ambaſſade à Charles-Quint, pour le prier de rétablir chez eux par un Edit l'uſage de la confeſſion (*a*), ceux de Strasbourg ont voulu faire la même choſe (*b*); elle a été conſervée en Suede par les Luthériens, parce que c'eſt un des articles convenus dans la confeſſion d'Auſbourg (*a*).

On dit que ceux qui ſe confeſſent n'ont pas les mœurs plus pures que ceux qui ne ſe confeſſent point; cela eſt faux. Tous ceux qui ſe livrent au déſordre commencent ordinairement par abandonner la confeſſion, & ils y retournent lorſqu'ils veulent ſe convertir.

On ajoute que pluſieurs ſcélérats ſe ſont confeſſés avant de commettre des forfaits. Mais eſt-on bien sûr qu'ils les ont accuſés? Quand cela ſeroit, il s'enſuivroit ſeulement que leur eſprit étoit en auſſi mauvais état que leur cœur, & qu'ils ont tourné le remede en poiſon. Un prodige de ſcélérateſſe ne décide point du cours ordinaire des choſes.

(*a*) Soto in 4, diſt. 18, q. 1, art. 1.
(*b*) Schefmacher, quatrieme Lettre, §. 3.
(*c*) Hiſt. des Variat. L. III. n. 46.

On prétend que des Confesseurs ont abusé de leur ministere pour suggérer des crimes. Ce fait n'est pas prouvé, & il ne peut pas l'être; on n'en cite pour témoins que des scélérats qui vouloient faire retomber leurs crimes sur un Confesseur, parce-qu'ils savoient que celui-ci ne pouvoit se défendre.

Des malfaiteurs ont abusé du serment pour s'engager au crime ou pour tromper un ami, des loix pour pallier des injustices, de l'amitié pour commettre des perfidies, de la médecine pour tuer des malades; s'ensuit-il que le serment, les loix, l'amitié, la médecine sont des choses pernicieuses.

Il y a de l'aveuglement à soutenir qu'un sacrement dans lequel le pécheur est obligé de s'avouer coupable, de se repentir, de s'humilier, de réparer le mal qu'il a fait, peut être dangereux; qu'un Prêtre obligé de montrer au pénitent la grieveté de ses fautes, de l'exhorter à fléchir la Justice divine, de lui donner de sages conseils, &c. est un homme capable de faire du mal (*a*). Ceux qui ont envie d'en faire, ne se chargent pas d'en détourner les autres.

(*a*) Espion Chinois, Tom. II. Lett. 24, 70.

§. VIII.

L'Extrême-Onction destinée aux malades en danger de mort, est une preuve touchante de la charité du Sauveur, & une occasion fréquente pour les Ministres de l'Eglise d'exercer cette vertu. Consoler un mourant, ranimer sa foi & son espérance, l'aider par des prieres, procurer aux pauvres des secours temporels, les exciter à la patience; telles sont les fonctions des Prêtres lorsqu'ils administrent les derniers Sacremens. S'il y a un spectacle capable d'attendrir le cœur, d'inspirer aux pécheurs des réflexions salutaires, c'est la vue de l'homme aux prises avec la mort: les incrédules n'ont garde d'y assister, leur morale s'y trouveroit impuissante, & leur bravoure déconcertée.

En bonne santé, ils accusent la Religion de s'être étudiée à rendre à l'homme la mort mille fois plus amère. » Un Prêtre » tranquille, disent-ils, va porter l'alarme » auprès du grabat d'un mourant; sous pré» texte de le réconcilier avec son Dieu, il » vient lui faire savourer le spectacle de sa » fin. Usage barbare; les Sacremens font » mourir plus de monde que les maladies

„ & les Médecins : la frayeur ne peut que
„ causer des révolutions fâcheuses dans un
„ corps affoibli (*a*) “.

Bientôt le zèle charitable de nos adversaires écartera d'un malade les Médecins & les Notaires ; les premiers tuent par des remèdes, les seconds par la cérémonie fatigante d'un testament. Mais un Chrétien ne pense pas comme un incrédule ; les Sacremens ne lui font pas peur, il y trouve un sujet d'espérance & de consolation ; sa résignation & sa tranquillité nous paroissent préférables au désespoir sombre & stupide dans lequel meurent souvent les incrédules.

Pour combler le ridicule, il a fallu encore que l'Auteur se réfutât par une contradiction. „ L'expérience nous montre,
„ dit-il, que la plupart des Chrétiens vi-
„ vans avec sécurité dans le débordement
„ ou le crime, remettent à la mort le soin
„ de se réconcilier avec Dieu ; à l'aide d'un
„ repentir tardif & des largesses qu'ils font
„ au Sacerdoce, celui-ci expie leurs fautes,
„ & leur permet d'espérer que le Ciel met
„ en oubli les rapines, les injustices, les
„ crimes qu'ils ont commis pendant le

(*a*) Christian. dévoilé, c. 13, p. 218.

„ cours

» cours d'une vie nuisible à leurs sem-
» blables «.

Quelques lignes plus haut les Prêtres étoient des barbares, qui tuent les malades en les faisant trembler de peur; à présent ce sont des flatteurs indulgens, qui font espérer le Ciel pour quelques largesses faites au Sacerdoce, sans aucune réparation des injustices qu'ils ont commises. Mais qu'importe à la malignité de se contredire pourvû qu'elle exhale son poison ?

Un autre Docteur de même trempe, décide d'un côté qu'enseigner que, sans la satisfaction de Jesus-Christ, Dieu n'auroit pas pardonné au pécheur repentant, c'est supposer un Dieu cruel & inexorable; de l'autre, c'est, selon lui, anéantir la justice divine que de penser, qu'après un cercle continuel de péchés & de pénitences, on sera pardonné à la mort (*a*). Est-ce donc à la mort sur-tout que Dieu doit être cruel & inéxorable ?

Lequel des deux est plus avantageux à la société, qu'un criminel meure dans le désespoir, sans avoir réparé aucune injustice, ou qu'on lui promette le pardon & le salut s'il se repent & restitue autant qu'il le peut ?

(*a*) Morgan, Tom. I, p. 150 & 160.

Accuser les Prêtres de pardonner les injustices sans réparation, & moyennant quelques largesses faites au Sacerdoce, c'est une calomnie absurde. Quand tous les prêtres seroient sans religion, ils auroient encore de l'honneur; ils craindroient qu'un malade guéri, contre toute espérance, ne dévoilât leur turpitude.

Ces clameurs ridicules, suggérées par la haine, n'empêcheront pas les Prêtres de continuer aux mourans leurs soins charitables; ceux qui les calomnient, arrivés au dernier moment, feront peut-être amende honorable au Sacerdoce; il faudra leur pardonner, & prier Dieu d'avoir pitié d'eux.

§. IX.

Le Sacerdoce seroit moins outragé, par les incrédules, s'il étoit moins utile; leur haine est la meilleure preuve de la sagesse de Jesus-Christ dans l'institution du sacrement de l'Ordre. Les pouvoirs de remettre les péchés, de consacrer son Corps & son Sang, de présenter à Dieu les oblations & les prieres du peuple, d'annoncer l'Evangile, sont d'un ordre surnaturel; il falloit un sacrement pour les conférer aux Prêtres. Chargés de prier assiduement, de s'instruite pour enseigner les autres, de vacquer aux fonctions du culte divin, d'assister les malades & les pauvres, de consoler les mourans & les affligés; ils doivent être exempts de toute autre occupation, former une classe particuliere, porter les marques extérieures de leur vocation. La vie d'un Pasteur zèlé est laborieuse & fatigante; il fait plus de bonnes œuvres dans une semaine, qu'un Philosophe dans toute sa vie. Ce ministère, nécessaire dans les villes, l'est encore plus dans les campagnes. Au milieu d'un peuple, condamné à des travaux continuels, tout occupé de sa subsistance, il est besoin d'un homme livré tout entier aux fonctions religieuses & charitables; elles cesseroient d'être respectables si elles étoient exercées par le premier venu, sans connoissances, sans talens, sans régle. Nous avons prouvé ailleurs la nécessité du Sacerdoce (*a*).

Mais les accusations ne coûtent rien aux incrédules. Selon eux, les Prêtres s'arrogent des pouvoirs surnaturels par orgueil & par intérêt, pour dominer sur les esprits & sur les consciences; uniquement occupés de leurs droits & de leurs priviléges, ils sont

(*a*) II. Part. c. 5, art. 2, §. 6.

incapables de zèle pour le bien public; redoutables quoiqu'inutiles, méchans & mauvais citoyens.

Réponse. Les magiſtrats & les militaires forment auſſi deux corps à part, ont chacun leurs fonctions, leurs droits, leurs priviléges, leurs intérêts diſtingués de ceux des autres hommes; il faudra donc leur appliquer le même reproche.

Ce n'eſt point l'orgueil des Prêtres qui a forgé les paroles de Jeſus-Chriſt, ſur leſquelles ſont fondés leurs pouvoirs ſurnaturels; il ne paroît pas que les Apôtres, qui ont fait les premieres fonctions du Sacerdoce, aient été des hommes orgueilleux, méchans, mauvais citoyens. En vertu des leçons de Jeſus-Chriſt, le ſeul orgueil permis aux Prêtres, eſt de tâcher de marcher ſur ſes traces, de faire plus de bonnes œuvres, de pratiquer plus de vertus que les ſimples fidèles. Si quelques-uns oublient ces leçons divines, c'eſt qu'ils ſont hommes, & il ne ſied guères à l'orgueil philoſophique de s'en plaindre.

On ne concevra jamais comment des hommes conſacrés au ſervice de la ſociété, qui reçoivent d'elle leur ſubſiſtance, qui ne ſont propriétaires d'aucuns biens, mais de ſimples uſufruitiers, peuvent avoir des intérêts différens de ceux de la société, être suspects à ceux dont ils cherchent à gagner la confiance, afin de rendre leur ministere utile. S'ils sont odieux aux incrédules, Jésus-Christ le leur a prédit, & ils doivent s'en féliciter; mais ils ne doivent pas oublier cette maxime : *Faites du bien à ceux qui vous haïssent, priez Dieu pour ceux qui vous persécutent & vous calomnient.*

§. X.

Dans *le Christianisme dévoilé*, un Philosophe a blâmé le Sacre des Rois; selon lui, c'est un rite de la *Théurgie Chrétienne* qui contribue à rendre les Chefs des nations plus respectables aux yeux des peuples, & leur imprime un caractere tout divin (*a*). Est ce le respect pour la Majesté Royale qui lui a inspiré cette réflexion?

Un Déiste célébre a pensé différemment. Il reconnoît l'influence & la nécessité du cérémonial dans la religion aussi bien que dans la vie civile; il regrette les retranchemens que la molesse de nos mœurs y fait faire de jour en jour. « Dans le gouvernement ancien, dit-il, l'auguste appareil

(*b*) Christian. dévoilé, c. 9, p. 126.

» de la puissance royale en imposoit aux
» sujets. Des marques de dignité, un trône,
» un sceptre, une robe de pourpre, une
» couronne, un bandeau, étoient pour
» eux des choses sacrées. Ces signes respec-
» tés leur rendoient vénérable l'homme
» qu'ils en voyoient orné; sans soldats,
» sans menaces, si-tôt qu'il parloit, il étoit
» obéi. Maintenant qu'on affecte d'abolir
» ces signes, qu'arrive-t-il de ce mépris?
» Que la Majesté royale s'efface de tous
» les cœurs, que les Rois ne se font plus
» obéir qu'à force de troupes, & que le
» respect des sujets n'est que dans la crainte
» du châtiment (*a*) ».

Les bénédictions, les prieres, les exorcismes par lesquels l'Eglise sanctifie ce qui est à l'usage des Fideles, les font souvenir que tous les biens viennent de Dieu, qu'il faut en user avec action de graces, avec modération, avec charité pour nos freres. Par ces pratiques elle a détruit l'erreur des Païens que nous avons vu professée dans les Ecrits de Celse & de Julien : savoir, que les biens de ce monde viennent de certains démons ou génies particuliers auxquels on doit rendre un culte. Elle a

(*a*) Emile, Tom. III, p. 215.

ainsi coupé la racine aux superstitions, aux sortiléges, à la magie dont les Théurgistes étoient infatués : pratiques abominables qui renaîtroient encore chez les esprits foibles, timides, ignorans, si l'on prenoit moins de précautions pour les prévenir.

Dans les familles véritablement chrétiennes, tout événement qui donne lieu à une cérémonie religieuse réveille la charité. Le Baptême d'un enfant, sa Confirmation, sa premiere Communion, la célébration d'un mariage, les obseques d'un mort, la bénédiction d'une maison, &c. engagent à faire des aumônes. On se souvient alors que rien ne prospere si Dieu n'y répand ses bénédictions; que le meilleur moyen de les obtenir est de faire des bonnes œuvres. Dans les villes, graces à la Philosophie, ces sentimens & ces pratiques deviennent rares : mais dans les campagnes, parmi ce peuple qui paroît si rustre & si grossier, l'humanité vit encore, & c'est la Religion qui lui sert d'aliment.

§. XI.

De tous les engagemens que l'homme peut contracter, le plus important est le mariage. Chez les peuples mal policés l'on y apporte peu de formalités ; mais les nations civilisées ont senti la nécessité de donner à ce contrat tout l'appareil & la solemnité possibles. Il doit être indissoluble pour le bien des conjoints, pour celui des enfans, pour celui de la société, & Dieu l'a institué tel dès la création ; nous l'avons prouvé ailleurs. Que ce lien soit formé au pied des autels, sous les yeux de la Divinité, béni par les Ministres de la Religion, accompagné de tout ce qui peut le rendre sacré & respectable ; c'est un usage très-utile & très-sensé. Il est à propos de borner l'autorité des maris sur leurs épouses & sur leurs enfans, pour leur assurer l'affection & la reconnoissance des uns & des autres. Ces avantages ne se trouvent réunis que chez les nations qui réglent les mariages, selon les Loix ecclésiastiques & civiles.

Par un trait de sagesse supérieure, Jesus-Christ ne s'est point contenté de rétablir l'indissolubilité primitive & naturelle de ce contrat, mais il l'a élevé à la dignité de Sacrement. Ceux qui y ont méconnu ce caractere n'ont pas tardé de pousser la témérité plus loin. On n'oubliera jamais que trois chefs de la prétendue réforme, permirent par une décision expresse au Landgrave de Hesse d'avoir deux femmes à la fois ; que par une autre erreur les Protestans croient le mariage dissoluble pour cause d'adultere ; une premiere chûte ne manque jamais d'en entraîner d'autres.

Le désordre seroit allé plus loin sans le frein des Loix civiles & du droit public établi dans toute l'Europe ; mais ce droit même est une conséquence des Loix de Jesus-Christ, & du caractere auguste qu'il a imprimé au mariage. Ici la cérémonie maintient le dogme, & le dogme assure la perpétuité des effets civils ; la société conjugale n'est nulle part mieux réglée ni plus heureuse que chez les nations Chrétiennes : on rougit à la vue des absurdités & des crimes, par lesquels elle est souillée chez la plupart des peuples infideles (*a*).

Que les Incrédules aient blâmé le serment en général, aient voulu justifier la polygamie & le divorce ; que d'autres plus aveugles aient réprouvé toute espece de mariage, aient desiré que les femmes fussent communes, & que le monde entier fût un lieu de prostitution ; nous n'en sommes pas étonnés : c'est une nouvelle preuve de la sagesse des Loix de l'Evangile.

(*a*) *Voyez* l'Esprit des Usages & des Coutumes des différens peuples, L. III.

Ils ont dit qu'en louant la virginité & le célibat, en multipliant les entraves du mariage, le Christianisme en détournoit les hommes; c'est une fausseté, nous avons prouvé le contraire dans l'article précédent. C'est le libertinage & non la Religion qui dégoûte du mariage.

Lorsque le luxe est poussé à l'excès, que les mœurs sont très-licencieuses, la liberté des femmes absolue, leurs prétentions excessives; le mariage est très-onéreux & une source de chagrins amers. Pour faciliter les alliances, pour alléger le joug des époux & des peres, il faut dans les personnes du sexe des vertus que nos vices & nos usages insensés ont étouffées en elles. On ne les retrouve plus que loin des villes, & dans les conditions médiocres; c'est-là seulement que les mariages sont purs, paisibles & heureux. Les Loix contre le célibat si souvent renouvellées à Rome ne produisirent rien, elles n'attestoient que trop l'excès de la corruption; il n'en avoit point fallu lorsque les Romains avoient des mœurs. Si les mêmes déréglemens operent parmi nous le même effet, il ne faut pas s'en prendre à la Religion; la morale scandaleuse des Philosophes, loin de diminuer le mal, n'est propre qu'à l'augmenter.

§. XII.

Il eſt important à l'ordre public & à la ſûreté des particuliers que la mort d'un homme, auſſi bien que ſa naiſſance, ſoit un événement connu ; on ne peut lui donner trop de publicité. C'eſt une des raiſons qui dans l'origine ont fait établir les pompes funébres, les obſeques des morts. Dans notre Religion cette cérémonie eſt accompagnée des leçons les plus capables d'inculquer le dogme de l'immortalité de l'ame & de la vie à venir. L'Egliſe ne néglige rien pour nourrir dans ſes enfans l'eſpérance d'une réſurrection future & d'une béatitude éternelle, ſeul motif capable de diminuer les frayeurs de la mort, & de nous porter à la vertu.

La facilité de commettre des homicides dans les grandes villes où la multitude d'habitans les rend inconnus les uns aux autres, & dans les lieux écartés où un étranger ſe trouve ſans défenſe ; les effets terribles de la vengeance chez les nations peu policées ; la multitude des meurtres chez les peuples barbares, ne font que trop ſentir la néceſſité de multiplier les ſauvegardes de la vie des citoyens. Mais nous jouiſſons ſans attention & ſans gratitude des ſoins, des travaux, des expériences d'une police vigilante; nous ne ſommes pas plus reconnoiſſans des bienfaits de la Religion. Pour ſentir le prix des uns & des autres, il faut ſe tranſporter chez les nations infideles, anciennes & modernes; comparer leur état & leurs mœurs avec les nôtres; les ennemis de la Religion ne ſont pas aſſez inſtruits ni aſſez équitables pour faire ce parallele.

Ils nous accuſent de reſpecter les morts plus que les vivans; ils ne voyent pas que ce reſpect pour les premiers tourne entiérement au profit des ſeconds. Un Chrétien accoutumé à enviſager le cadavre de ſon ſemblable avec une vénération religieuſe, comme la dépouille d'une ame créée pour le Ciel, comme un germe confié à la terre & qui doit en ſortir un jour, n'eſt pas tenté de tremper ſes mains dans le ſang humain, ni de ſe jouer de la vie d'un eſclave, comme faiſoient les anciens.

Selon l'obſervation de Monteſquieu, la Religion Chrétienne propoſe avec beaucoup de ſageſſe les dogmes de l'immortalité de l'ame & de la réſurrection future; elle en a écarté toutes les idées & toutes les conſéquences qui ont produit de mauvais effets dans les fauſſes religions (*a*).

Quand l'uſage de prier pour les morts ne ſeroit pas fondé ſur la révélation & ſur une tradition apoſtolique; il ſeroit encore à propos de le conſerver. Il nous tient dans une eſpece de ſociété avec ceux qui nous ont précédés; il nous rappelle un tendre ſouvenir de nos parens & de nos bienfaiteurs; il inſpire du reſpect pour leurs dernieres volontés; ces ſentimens contribuent à la paix des familles. Souvent il en raſſemble les membres diſperſés, les ramene ſur le tombeau de leur pere, leur remet en mémoire des faits & des leçons qui interreſſent leur bonheur. Cet effet ne ſubſiſte plus dans les villes où le tumulte des paſſions & des affaires étouffe les penchans de la nature; mais il ſe maintient dans les campagnes où l'homme a moins dégénéré. *L'Ami des hommes* a très-bien obſervé que le temps du deuil abrégé par un motif de luxe eſt une preuve de la dégradation de nos mœurs.

Par un zele inconſidéré, les Proteſtans avoient retranché d'abord les pompes funebres, inſenſiblement ils y ſont revenus; la nature & la raiſon reprennent leurs droits

(*a*) Eſprit des Loix, L. XXIV, c. 19.

tôt ou tard. Quand une fausse Philosophie viendroit à bout de détruire tout ce qui lui fait ombrage, ce ne seroit pas pour long-temps.

Un motif de piété a fait desirer aux Fideles d'être inhumés dans les Eglises ou dans les cimetieres qui y tiennent : la vanité a perverti ensuite cet usage ; la population excessive des villes l'a rendu dangereux. On ne peut trop applaudir au zele des premiers Pasteurs, des Magistrats, des Souverains qui prennent aujourd'hui des mesures pour le réformer. Dans son origine il étoit innocent & louable, voilà pourquoi l'Eglise ne s'y est pas opposée ; mais il ne faut pas s'en prendre à elle des inconvéniens qu'elle ne pouvoit pas prévoir, & qu'elle a souvent été forcé de tolérer (*a*).

Que ce soit, si l'on veut, la vanité qui a fait d'abord ériger des tombeaux, des monumens, des inscriptions à la mémoire des grands hommes ; la reconnoissance doit les perpétuer, sauf les abus, lorsqu'il y en a. Les anciens les plaçoient sur les grands chemins ou sur les places publiques ; l'Eglise Chrétienne les a placés plus décem-

(*a*) *Voyez* l'Instruction Pastorale de M. l'Archevêque de Toulouse sur ce sujet, donnée en 1775.

ment dans ſes lieux d'aſſemblée. Dans le même deſſein de propoſer aux Fideles des modeles de conduite, elle a établi le culte des Saints, de leurs reliques, de leurs images. On ne peut remettre trop ſouvent ſous les yeux des hommes les exemples qu'ils doivent imiter. Les déclamations que l'on a faites contre cette pratique ne l'aboliront jamais; les prétendus abus que l'on a cru y remarquer, ſont imaginaires ou exagérés.

§. XIII.

Dans toutes les religions, les fêtes font partie du culte divin; nous avons vu ailleurs que dans l'origine c'étoient les jours auſquels les hommes ſe raſſembloient, non-ſeulement pour honorer la Divinité, mais pour s'inſtruire, pour entretenir la fraternité, pour régler le cours de leurs travaux & de leurs affaires. Cette inſtitution, après avoir contribué dabord à policer la ſociété, avoit dégénéré dans le Paganiſme; les fêtes n'y étoient plus que des jours de diſſolution: la plupart des pratiques, par leſquelles le peuple croioit honorer ſes dieux, étoient abſurdes & ſcandaleuſes; il n'en comprenoit plus le ſens ni l'origine; elles ne tenoient qu'à des fables. Ovide, dans ſes *Faſtes*, eſt souvent embarrassé à expliquer le nom des fêtes romaines, les cérémonies que l'on y faisoit, les surnoms des principaux personnages. Les Auteurs Grecs, même les Philosophes, n'étoient pas mieux instruits (*a*).

Dans la Religion Juive, les fêtes étoient beaucoup plus sensées; elles servoient de monument des bienfaits que Dieu avoit accordés à son peuple, & des événemens sur lesquels la révélation étoit fondée; les cérémonies que l'on y observoit se rapportoient à la même fin : nous l'avons fait voir en son lieu. Ces pratiques ne pouvoient paroître ridicules qu'à ceux qui n'en comprenoient pas le sens.

Les fêtes chrétiennes ont eu le même objet dans l'origine; elles sont commémoratives aussi-bien que celles des Juifs. Le Dimanche & la Pâque ont été célébrés par les premiers Fidèles en mémoire de la résurrection de Jesus-Christ, la Pentecôte, pour faire souvenir de la descente du Saint-Esprit. De tout temps ces deux jours ont été les plus solemnels de l'année, parce que les faits qu'ils attestent sont les principaux fondemens de notre foi. L'Eglise a célébré dans le même esprit l'incarnation

(*b*) *V*. l'Hist. du Calendrier par M. de Gébelin.

du Fils de Dieu, sa naissance, sa circoncision, son adoration par les Mages, sa présentation au Temple, sa mort, son ascension; l'objet de toutes ces fêtes est sensible, on ne peut le méconnoître.

Pour les fêtes des Martyrs, elles furent établies par les premiers Fidèles, pour conserver le souvenir de leur courage & de la victoire qu'ils avoient remportée sur les ennemis de la foi. On plaça leurs reliques sous l'autel (*a*), afin que les Chrétiens, dans leurs assemblées, eussent continuellement sous les yeux cet exemple de constance & d'amour pour Jesus-Christ; ainsi s'expriment les actes des premiers Martyrs. On lit dans ceux de saint Ignace, n. 6. & 7. » Ce qui restoit de ses reliques a été » transporté à Antioche, enveloppé soi- » gneusement comme un trésor inestima- » ble, & laissé à cette Eglise en considé- » ration du saint Martyr....... Nous vous » avons fait connoître le temps & le jour » de sa mort, afin que rassemblés à cette » époque, nous attestions notre union avec » lui «. Dans ceux de S. Polycarpe, n. 18. » Nous avons enlevé ses os comme un dé- » pôt plus cher que l'or & les pierres pré-

(*a*) Apoc. c. 6, ℣. 9.

» cieuses, & les avons placés dans un » lieu convenable, afin de nous y assem- » bler, quand nous le pourrons, d'y célé- » brer avec joie, devant le Seigneur, le » jour du triomphe de ce saint Martyr, » non seulement pour honorer les combats » de ceux qui ont souffert, mais pour ins- » pirer à ceux qui nous suivront, la même » foi & le même courage «.

Dans la suite, on a fait le même honneur à plusieurs Saints qui n'ont point souffert le martyre, mais qui ont édifié l'Eglise par des vertus héroïques; Saint Martin, au quatriéme siécle, est le premier Evêque auquel l'Eglise Latine ait rendu un culte public à cause des miracles qui se faisoient à son tombeau. On conçoit que les peuples d'une contrée ont été naturellement portés à honorer ceux qui avoient vécu parmi eux ou dans le voisinage, & dont on pouvoit aisément visiter le tombeau. Ce culte s'est étendu de proche en proche, ainsi le nombre des fêtes s'est augmenté; la politique même y a souvent contribué; nous le verrons dans un moment.

§. XIV.

Cependant une troupe de déclamateurs éléve la voix contre la multitude des fêtes; c'est un abus énorme qui ruine le peuple; c'est un temps donné à l'oisiveté, souvent à la débauche; il faut les abolir : ce sont les Prêtres qui s'obstinent à les maintenir par un esprit d'intérêt.

Sans nous émouvoir, nous allons prouver qu'à n'envisager même que l'intérêt temporel, les Fêtes sont utiles & nécessaires; que ce ne sont point les Prêtres, mais les peuples, qui en ont établi le plus grand nombre; qu'il ne dépend point de l'autorité Ecclésiastique seule de les abolir.

1°. Les Fêtes sont nécessaires. « Il ne » suffit pas, dit un Philosophe, que le » peuple ait du pain & vive dans sa condi- » tion, il faut qu'il y vive agréablement, » afin qu'il en remplisse mieux les devoirs, » qu'il se tourmente moins pour en sortir, » & que l'ordre public soit mieux établi. » Les bonnes mœurs tiennent plus qu'on » ne pense à ce que chacun se plaise dans » son état; il faut aimer son métier pour » le bien faire. Cela posé, que doit-on » penser de ceux qui voudroient ôter au

» peuple les fêtes, les plaisirs, & toute es-
» pece d'amusemens, comme autant de
» distractions qui le détournent de son tra-
» vail ? *Cette maxime est barbare & fausse.*
» Tant pis si le peuple n'a de temps que
» pour gagner son pain, il lui en faut en-
» core pour le manger avec joie, sans quoi
» il ne le gagnera pas long-temps. Ce Dieu
» juste & bienfaisant qui veut qu'il s'occu-
» pe, veut aussi qu'il se délasse ; la nature
» lui impose également l'exercice & le re-
» pos, le plaisir & la peine. Le dégoût du
» travail accable plus les malheureux que
» le travail même. Voulez-vous donc ren-
» dre un peuple actif & laborieux ? Don-
» nez-lui des fêtes, offrez-lui des amuse-
» mens qui lui fassent aimer son état &
» l'empêchent d'en envier un plus doux.
» Des jours ainsi perdus feront mieux va-
» loir tous les autres. Présidez à ses plaisirs
» pour les rendre honnêtes, c'est le moyen
» d'animer ses travaux (*a*).

L'Ami des hommes a fait les mêmes réflexions ; il ajoute que la molesse de nos mœurs, la coutume absurde de faire de la nuit le jour, & du jour la nuit, ont retranché beaucoup plus de temps sur le travail

(*a*) Œuvres de J. J. Rousseau, T. II, p. 195.

des ouvriers que les fêtes. « Qu'on se souviénne, dit-il, qu'une fête supprimée » n'est jamais que neuf heures ajoutées dans » l'an tout au plus, au lieu qu'une heure » de sommeil en compose trois cents soixante-cinq.... Ce jour redonne des forces à l'homme courbé sous le poids du » travail hebdomadaire ; cet intervalle de » relâche lui donne le temps de la réflexion si nécessaire à tout, & qu'un travail » méchanique affaisse à la longue sans ressource ».

« Outre le repos, il nous faut de la joie » & des rapports d'union & de société. » Examinez nos fêtes dans leur institution, » & en y joignant ce que l'antique simplicité y avoit ajouté d'usages & de pratiques habituelles, vous verrez que tout » y concourt à ces deux objets vraiment » politiques ». Il le prouve par l'énumération de nos fêtes principales.

» Ces sortes d'assemblées d'ailleurs, ces » révolutions à temps marqué unissent la » société, y établissent les rapports & la » confiance...... Les fêtes votives, processions, pélerinages du canton en un » lieu dont on fête le Saint, & qui se tient » prêt à donner la revanche à ses voisins, » ont été encouragés par d'habiles Princes,

» comme Charles-Quint en Flandre, en
» Artois, & autres....

» Encourageons donc le travail, & nos
» hommes auront quatre bras; c'est le seul
» & unique secret, car tout est jour de
» fête pour un paresseux (a) ».

L'Auteur de l'Esprit des Loix établit pour maxime, que le nombre des fêtes doit être relatif aux besoins des hommes, au genre de leur travail, au degré d'industrie & de commerce dont ils jouissent, à la variété même du climat & au caractere des peuples (a). Cette regle est sage; mais pour faire ce calcul, il faut se souvenir que les villes ne sont pas les campagnes, & que Paris n'est pas l'univers.

Dans les grandes villes où la subsistance du peuple est précaire, où les ouvriers vivent au jour la journée, où le luxe occupe un grand nombre de bras, les fêtes peuvent avoir des inconvéniens. Mais dans les campagnes elles n'interrompent ni le soin du bétail, ni les occupations intérieures du ménage, ni les relations & les conventions des laboureurs. Cette classe d'hommes n'est pas payée au jour & à l'heure; il

(a) L'Ami des Hommes, I. Part. T. I, p. 415.
(b) Esprit des Loix, L. XXIV, c. 23.

lui faut des intervalles de repos pour vaquer à ses affaires. Dans plusieurs cantons du Royaume, sans les fêtes les habitans deviendroient à demi-sauvages. Lorsque les récoltes sont en danger, l'Eglise ne refuse jamais la permission d'y pourvoir.

§. XV.

2°. Ce ne sont pas les Prêtres qui ont établi le grand nombre des fêtes. Le Pere Thomassin a très bien prouvé que la plupart ont commencé par une dévotion libre (*a*), & non en vertu d'un ordre exprès des Pasteurs. C'est le peuple qui s'est porté de lui-même à fêter tel Saint dans telle contrée; les Prêtres n'ont fait que se prêter à la dévotion du Peuple; loin d'y avoir aucun intérêt, ils ont des devoirs plus fatiguans à remplir ces jours là. Toutes les fêtes des Saints ont été *locales* dans l'origine; la plupart ne se célebrent que dans telles contrées, & les unes sont plus étendues que les autres. Lorsque ces fêtes ont été établies par un usage constant, l'Eglise a fait des loix pour ordonner qu'elles fus-

(*a*) Traité de la célébration des Fêtes, L. I, c. 7, n. 15.

ſent célébrées ſaintement, & que toute profanation en fût bannie : elle ne pouvoit faire mieux.

» L'Egliſe, dit un Auteur moderne, » n'a point inſtitué toutes les fêtes par des » ordonnances expreſſes, mais elles les a » laiſſé établir dans les ſiécles barbares pour » adoucir d'autant la ſervitude féodale. » On y gagnoit autant de jours de paix & » de ſureté dans le brigandage univerſel de » ces temps malheureux ; le défaut d'arts » & d'autres occupations utiles, multi- » pliant les bras dans la campagne, ſes ou- » vrages n'avoient pas beſoin d'autant de » temps (*a*) «. L'Auteur de l'Hiſtoire du régne de Charles-Quint obſerve de même que le grand nombre des fêtes s'eſt introduit pour ſoulager les ſerfs, écraſés ſous le joug de la tyrannie féodale, & par le même motif qui fit établir *la tréve de Dieu* (*b*).

En effet, pendant pluſieurs ſiécles les peuples de l'Europe, réduits à l'eſclavage, & traités à peu près comme des brutes, n'avoient de relâche que les jours conſacrés au culte de Dieu, & ne reſpiroient

(*a*) Anti-Bernier, art. *Fêtes & Temps*, T. III, n. 19, p. 180, 181.

(*b*) *Voyez* encore Annales politiques.

qu'au

qu'aux pieds des Autels ; la religion ſeule pouvoit les diſtraire & les conſoler. Condamnés à une vie triſte & pénible, ils trouvoient du moins, dans les Temples du Seigneur, un appareil de magnificence qui avoit diſparu partout ailleurs, & des ſpectacles qui ſuſpendoient, pour quelques momens, le ſouvenir de leurs maux. Les Miniſtres de la Religion, toujours compatiſſans, mais peu éclairés pour lors, pouſſerent trop loin la condeſcendance. Ils laiſſerent introduire dans les Egliſes des ſpectacles indécens ; la fête des fous, la fête de l'âne, celle des innocens, &c. A Dieu ne plaiſe que nous blâmions la cenſure que l'on fait de ces profanations, ni les efforts de l'autorité eccléſiaſtique pour les ſupprimer. Mais lorſque nos critiques ont voulu remonter à l'origine, il ne falloit pas alléguer les *Saturnales* dont nos ancêtres n'avoient plus aucune notion, ni aux cérémonies du Paganiſme dont le ſouvenir étoit effacé au neuviéme & au dixiéme ſiécle. Les hommes n'ont pas beſoin de modèle pour inventer des folies. Quand on prend la peine de réfléchir ſur le temps, le lieu, les circonſtances, la condition des peuples, on eſt forcé de reconnoître que la plupart des coutumes, qui ſont devenues inutiles, abſurdes, blamâbles dans la ſuite des temps, étoient louables ou du moins excuſables lorſqu'elles ont été permiſes.

§. XVI.

3°. Si le nombre des fêtes paroît encore exceſſif, ce n'eſt point la faute des Miniſtres de la religion, ni de l'autorité eccléſiaſtique. Les Conciles provinciaux de Sens en 1524, de Bourges en 1528, de Bordeaux en 1583 & d'autres, ont exhorté les Evêques à diminuer le nombre des fêtes autant qu'il ſe pourra. Outre les exemples cités par le P. Thomaſſin, il n'a pas tenu à Benoît XIV, à pluſieurs Evêques de France & d'Allemagne, de le diminuer. Ce ſouverain Pontife a donné, en 1746, deux Bulles pour cet objet ſur la repréſentation des Evêques. Clément XIV en a donné une ſemblable pour les Etats de Baviere en 1772, & une autre pour les Etats de Veniſe. L'Evêque de Poſnanie en Pologne, voulut, ſur ce modèle en 1772, faire la même réforme dans ſon Diocèſe; les peuples refuſerent d'y acquieſcer, affecterent de célébrer les fêtes avec plus de pompe & d'éclat (*a*). Nous pourrions citer pluſieurs

(*a*) Gazette de France, 10 Août 1772.

Evêques de France qui ont trouvé les mêmes obstacles dans leur Diocèse.

En général il n'est presque point d'abus qui ne se trouvent liés à l'intérêt temporel des villes ou des particuliers. Toutes les fois que les Evêques ont voulu tenter de les réformer, ils ont été croisés ou par les Officiers municipaux, ou par les receveurs des deniers publics, ou par l'entêtement des peuples, souvent par tous ensemble, & ils ont été forcés de faire autoriser leurs réglemens par des Arrêts du Conseil. Nous en connoissons plusieurs exemples.

Quand on voit le Sénat Romain dépenser 12500 onces d'argent pour une seule fête; quand on lit la multitude des fêtes payennes dans les fastes d'Ovide, le nombre des jours réputés malheureux dans le Poëme d'Hésiode sur *les travaux & les jours*, on est fort étonné des déclamations & des calculs de nos Politiques modernes (*a*).

Si l'Abbé de S. Pierre, l'Auteur des articles *Dimanches & Fêtes* de l'Encyclopédie; celui des articles *Fêtes & Fertilisation*, dans les questions sur l'Encyclopédie, celui de *l'Histoire des établissemens des Européens dans les Indes*, & tant d'autres qui

(*a*) *Voyez* l'Hist. du Calendrier, p. 381.

ont déclamé à l'envi, avoient fait toutes ces réflexions, ils n'auroient pas differté au hazard, ils auroient rectifié leurs calculs de profit & de dépense, & peut-être auroient-ils pris le parti de se taire. Ces gens-là ne connoissent que Paris, sont persuadés que les mœurs & les besoins de Paris doivent subjuguer le monde entier.

§. XVII.

Ils n'ont pas agi avec plus de prudence, lorsqu'ils ont parlé de l'abstinence & du jeûne; à leur ordinaire ils en ont raisonné en hommes très-peu instruits.

Il ne convenoit pas au Christianisme d'autoriser la gourmandise & la sensualité des Payens. La plupart des anciens Sages ont poussé les maximes de tempérance & d'austérité plus loin que l'Evangile. Presque tous avoient voyagé, & connoissoient mieux le monde que les modernes. On doit se souvenir que les peuples de l'Orient & du Midi sont moins carnassiers que ceux du Nord, que dans les beaux climats les fruits & les légumes sont plus abondans & plus nourrissans que chez nous. Les Apôtres n'étoient pas obligés de calculer ce que coûteroit le maigre à Paris au dixhuitiéme ſiécle. Selon M. de Buffon, la mortification la plus efficace contre la luxure, eſt l'abſtinence & le jeûne (*a*); il y a donc eu de bonnes raiſons de les établir?

Dans pluſieurs de nos provinces le peuple mange rarement de la viande; il vit de laitage, de fruits & de légumes; il les mange preſque ſans apprêt; il n'en eſt pas pour cela moins robuſte ni moins vigoureux, il en eſt même moins ſujet aux maladies. Nous n'avons donc pas beſoin de recourir aux diſſertations des Médecins & des Naturaliſtes, qui ont voulu prouver que les alimens maigres ſont plus utiles à la ſanté que la viande; l'expérience du peuple prouve mieux que les raiſonnemens.

Auſſi ce n'eſt point le peuple, accoutumé à une vie frugale, qui ſe plaint du Carême, ce ſont des hommes fatigués de l'abondance qui les environne, & qui ne ſont point ſatisfaits s'ils ne voient raſſemblés ſur leur table les mets de toutes les eſpéces & de toutes les ſaiſons. Tel qui, par ſenſualité, préfere un maigre exquis au gras le plus ſubſtantiel, déclame contre les loix de l'Egliſe, & prend pour texte de ſes

(*a*) Hiſt. Nat. Tom. III, *in*-12, c, 4, p. 105.

diatribes le besoin de pourvoir à la subsistance du peuple. Qui sera dupe de ce zèle imposteur ?

Personne ne disconvient que les loix de discipline ne soient sujettes à des inconvéniens qui naissent du lieu ou du temps ; alors elles sont susceptibles de dispenses passagères ou de quelque adoucissement habituel. L'Eglise n'a point décidé que dans les païs du Nord la loi du jeûne devoit être observée avec une rigueur aussi austère que dans les climats méridionaux ; elle n'a jamais blâmé la condescendance des Pasteurs qui se croient obligés de permettre un peu de relâchement, sur-tout en faveur des pauvres & des ouvriers dont le travail est pénible.

Mais d'après les Controversistes Protestans, nos Oracles François ont décidé que la loi est injuste & pernicieuse en elle-même ; qui osera les contredire ? Ils ne veulent point de la condescendance habituelle de l'Eglise, ils exigent qu'elle réforme ses loix sur leurs goûts & leurs idées. Le maigre est cher & mauvais à Paris, donc il ne vaut rien dans aucun lieu du monde ; nous trouvons peu de goût à nos légumes, donc le peuple ne peut pas en faire sa nourriture ; nous sommes carnassiers & gourmands, donc il doit être permis à tout le monde de l'être : on ne les tirera pas de là.

C'est le luxe & les profusions insensées des riches qui rendent la subsistance chere & difficile au peuple. Qu'ils joignent au précepte du jeûne celui de l'aumône, comme l'Eglise le commande, le peuple vivra plus aisément en Carême que dans les autres temps. Nos peres ne déclamoient pas si fort, parce qu'ils étoient plus tempérans. Les Anglois, grands consommateurs de viande, ont cependant respecté la Loi du Carême, parce qu'elle est de tradition apostolique (*a*) ; mais les Philosophes François n'en veulent plus. Est-ce donc sur la sensualité de ces Epicuriens, que l'Eglise doit régler sa discipline ?

Un d'entre eux, après avoir souvent déclamé contre le Carême, en a reconnu l'utilité. « Il est bon, dit-il, de faire cesser le » carnage quelques semaines dans les pays » où les pâturages ne sont pas aussi gras » qu'en Hollande & en Angleterre.. Ce sont » les riches qui n'ont pas la force de faire » le Carême, les pauvres jeûnent toute l'an- » née. Il est très - peu de cultivateurs qui » mangent de la viande une fois par mois...

(*a*) Hist. des Variat. L. VII, n. 90, 102.

» Ils n'ont que leurs châtaignes, leur pain
» de seigle, les fromages qu'ils ont pressu-
» rés du lait de leurs vaches, de leurs che-
» vres, ou de leurs brebis, & quelques
» œufs de leurs poules.... La sainte Eglise
» a ordonné le Carême, mais elle ne com-
» mande qu'au cœur; elle ne peut infliger
» que des peines spirituelles (a) ». A qui en veulent donc nos sages Réformateurs? La plupart de leurs objections contre le culte du Christianisme sont empruntées des Protestans.

§. XVIII.

Ire. *Objection.* Le culte extérieur du Christianisme, tel qu'il est aujourd'hui, n'étoit point en usage du temps des Apôtres. La Messe qui se célebre le matin étoit la Cêne que l'on faisoit le soir. Aucun des Ordres Ecclésiastiques ne portoit un habit différent des Séculiers, aucun n'étoit contraint au célibat. Aucune représentation, soit en peinture, soit en sculpture, dans leurs assemblées pendant les deux premiers siecles; point d'autels, encore moins de cierges, d'encens & d'eau lustrale. Les Chrétiens cachoient soigneusement leurs Livres aux

(a) Quest. sur l'Encyclop. *Carême.*

Gentils ; il n'étoit pas même permis aux Cathécumenes de réciter l'Oraison Dominicale (a). Dans l'origine du Christianisme nul sacrifice, nul culte extérieur (a).

Réponse. Brillante érudition ! La Messe se disoit le soir, les assemblées se tenoient la nuit, & il n'y avoit point de cierges ; on y étoit donc sans lumiere. S'il n'y avoit point de culte extérieur, que faisoit-on dans ces assemblées d'aveugles ?

Cependant nous trouvons dans l'Apocalypse le tableau d'un culte pompeux. S. Jean dit, c. 1, ℣. 10. « Je fus ravi en es- » prit un jour de Dimanche, ℣. 13. Je vis » au milieu de sept chandeliers d'or un » personnage vénérable vêtu d'une longue » robe, & ceint sous les bras d'une ceintu- » re d'or. ℣. 14. Sa tête & ses cheveux » étoient blancs comme la neige. ℣. 20. Les » sept étoiles, dit-il, que vous avez vues » dans ma main sont les Anges des sept » Eglises. c. 4, ℣. 2. Je vis un trône placé » dans le Ciel, celui qui l'occupoit ℣. 3, » étoit d'un aspect éblouissant. ℣. 4. Au- » tour de ce trône étoient assis vingt-qua-

(a) Quest. sur l'Encyclop. *Eglise*, p. 104.

(b) De la Félicité publ. Tome I, sect. 1, c. 3, p. 178.

» tre vieillards vêtus de blanc avec des cou-
» ronnes d'or sur la tête. c. 5, ℣. 1. Dans
» la main droite de celui qui occupoit le
» trône, je vis un Livre écrit en dedans &
» en dehors, & scellé de sept sceaux. ℣. 6.
» Devant le trône, au milieu des vieillards
» & de quatre animaux étoit un agneau en
» état de mort ou de victime. ℣. 11 & 12.
» J'entendis un million d'Anges qui chan-
» toient : L'agneau qui a été immolé est
» digne de recevoir la puissance & les hon-
» neurs de la divinité, la sagesse, la force,
» les louanges, la gloire, les bénédictions.

» C. 6, ℣. 9. Je vis sous l'autel les ames
» de ceux qui ont été mis à mort pour la
» parole de Dieu, & pour le témoignage
» qu'ils lui ont rendu. ℣. 10. Ils disoient à
» haute voix : Seigneur, qui êtes la vérité
» & la sainteté même, jusqu'à quand dif-
» fererez-vous de juger & de venger notre
» sang ? C. 7, ℣. 17. L'agneau qui est de-
» vant le trône les conduira aux sources
» d'eaux vives, ou qui donnent la vie. c. 8,
» ℣. 2. Il vint un Ange qui se tint devant
» l'autel avec un encensoir d'or ; on lui
» donna beaucoup d'encens, afin qu'il offrît
» les prieres de tous les Saints ».

Si l'on veut comparer ce tableau avec celui que S. Justin a tracé des assemblées

Chrétiennes ou de la Liturgie du second siecle (a), on verra si l'un est différent de l'autre. De deux choses l'une : ou S. Jean représente la gloire éternelle sous l'image des assemblées chrétiennes; ou la Liturgie du second siecle a été formée sur le plan dressé dans l'Apocalypse ; dans l'un & l'autre cas elle est de tradition apostolique. Sur ce modele ont été bâties les anciennes Basiliques.

1°. La vision de S. Jean lui est donnée le Dimanche, jour auquel les Fideles célébroient les saints Mysteres ; le terme de *Dimanche* atteste que ce jour étoit consacré au culte du Seigneur. 2°. Nous voyons dans l'assemblée un Pontife vénérable, qui au milieu de vingt-quatre vieillards ou Prêtres préside à la cérémonie. Ce que l'Apôtre écrit aux Anges ou aux Pasteurs des sept Eglises, rapproché de ce que saint Ignace dit dans ses Lettres, nous montre une hiérarchie, les devoirs & les fonctions des Pasteurs. 3°. Voilà des habits sacerdotaux, des robes blanches, des ceintures, des couronnes; des instrumens du culte divin, un autel, des chandeliers, des en-

(a) Apol. 1, n. 65, 66, 67.

censoirs, un livre scellé, des Hymnes, des Cantiques, une source d'eau qui donne la vie. 4°. Un agneau en état de victime auquel on rend les honneurs de la divinité; par conséquent un sacrifice, Jesus-Christ présent & Pontife principal. 5°. Sous l'Autel sont les Martyrs qui adressent des vœux à Dieu. Cette circonstance est éclaircie par les actes du Martyre de S. Ignace & de S. Polycarpe, & par les honneurs rendus à leurs reliques. 6°. Un Ange présente à Dieu les prieres des Saints ou des Fideles.

Que prouvent contre ce monument apostolique les clameurs de nos adversaires & le gros livre de Daillé, où il soutient que pendant les trois premiers siecles de l'Eglise il n'a pas été question de culte religieux rendu à l'Eucharistie, aux Anges, aux Saints, aux Reliques, aux Images, &c. Quand les Peres de ce temps-là n'en auroient pas dit un mot, la maniere dont ils célébroient la Liturgie étoit une profession de foi publique de nos dogmes, de la Divinité de Jesus-Christ, de sa présence réelle dans l'Eucharistie, du sacrifice qui en est offert, de l'intercession des Anges & des Saints, du culte que nous leur rendons.

Un Déiste Anglois en est convenu, il dit que c'est un reste des superstitions Judaïques (*a*).

Daillé répond que l'Apocalypse est une vision & non une réalité, que l'autel, le thrône, &c. vus par S. Jean étoient dans le Ciel & non sur la terre (*b*). Mais S. Justin est témoin qu'au second siecle, ce que S. Jean avoit vu dans le Ciel, se faisoit sur la terre. Eusebe & S. Basile nous apprennent que l'usage des images remonte au siecle des Apôtres (*c*); ils en étoient plus voisins que les critiques du dix-septieme ou du dix-huitieme siecle. « Nous ne cachons point nos Livres, dit Tertullien, » & divers hazards les font tomber entre » les mains des étrangers (*d*) ». Celse les avoit lus au commencement du second siecle. Si donc on les a cachés au troisieme, c'est lorsque les Empereurs les firent rechercher pour les brûler.

(*a*) Morgan. Tom. I, p. 364.

(*b*) Adversùs cult. relig. Latinorum, L. IV, c. 9.

(*c*) Euseb. Hist. L. VII, c. 14. S. Basile, Epist. ad Jul.

(*d*) Apologet. c. 31.

§. XIX.

IIe. Objection. « Toutes les superstitions » & les rites de l'idolatrie sont renouvelés par les Chrétiens ; nous voyons chez » eux des sacrifices, de l'encens, des cierges, des lustrations, des fêtes, du chant, » des autels, des pélerinages, des jeûnes, » un célibat religieux, des consécrations, » des divinations, des sortiléges, des augures, des présages, des enchantemens, » des cultes à l'honneur des morts, des » hommes & des femmes canonisés, des » médiateurs entre Dieu & les hommes, » des génies bienfaisans & malfaisans, des » génies tutélaires mâles & femelles, auxquels on dédie des temples, &c. (*a*). Du » côté de l'idolatrie les Chrétiens ont peu » d'avantage sur les Païens (*b*) ». C'est une vieille objection des Manichéens (*c*).

Réponse. Selon cette décision, les Pro-

(*a*) Troisieme Lettre Philos. de Toland, §. 21, p. 150. Conformité du Papisme & du Paganisme, par le D. Midleton.

(*b*) De la Félicité publ. Tom. I, p. 178. De l'Homme, par Helvét. Tome, I, note, p. 138.

(*c*) S. Aug. contrà Faustum, L. XX, c. 4.

testans ont aussi conservé des rites du Paganisme, des assemblées à certains jours, le chant, le repas de la Céne, le Baptême, qui est une lustration ou consécration, des jeûnes, l'imposition des mains, les obseques des morts, &c. Si c'est un reste d'idolatrie, ils sont presque aussi Païens que nous; les Apôtres mêmes l'ont été selon l'Apocalypse.

Comment concilier ici nos différens adversaires? Selon Daillé, tout culte qui ne s'adresse pas directement & immédiatement à Dieu, est une idolatrie; selon les Déistes, le culte rendu aux dieux des Païens n'étoit pas une idolatrie, il se rapportoit indirectement au Dieu suprême. Hyde, bon Protestant, blâme les Chrétiens de la Perse, de ce qu'ils aimoient mieux perdre la vie que de rendre un culte au soleil & au feu (*a*). Beausobre les justifie, mais il soutient que ce culte étoit innocent de la part des Perses (*b*). Cherbury & d'autres approuvent le culte que les Païens rendoient aux manes des Héros: c'étoit un hommage rendu à la vertu; & parce que nous honorons dans les Saints

(*a*) De Relig. vet. Persar. c. 4.
(*b*) Hist. du Manich. Tom. II, L. IX, c. 1.

une vertu beaucoup plus réelle, on nous en fait un crime. Voilà comme s'accordent les Ecrivains qui raisonnent sans principes & sans réflexion.

Il nous paroît que *culte*, *honneur*, *respect*, *vénération*, *service*, sont des termes à peu près synonimes; tout ce qui sert à témoigner de l'estime, de l'admiration, de l'amour, de la soumission, est une espece de culte. Nous honorons nos parens & les vieillards, les chefs & les bienfaiteurs de la société, les fervens serviteurs de Dieu, Jesus-Christ Dieu lui-même: ces honneurs, ce culte, ne sont certainement pas égaux, ne viennent pas du même motif. Y a-t-il quelque inconvénient à dire que nous rendons à nos parens un culte naturel, aux Grands un culte civil, aux Saints un culte religieux, à Jesus-Christ un culte divin & suprême? Un culte est *religieux* sans doute lorsqu'il est inspiré par la Religion, c'est-à dire, par le respect que nous avons pour Dieu lui-même. Or nous honorons dans les Saints les graces que Dieu leur a faites, les mérites de Jesus-Christ qui leur ont été appliqués, la gloire dont Dieu les a couronnés, le pouvoir d'intercession qu'il leur accorde: donc ce culte se rapporte indirectement à Dieu. Avec cette distinction nous n'avons plus besoin de disserter sur les termes équivoques d'*Adoration*, de *Latrie*, de *Dulie*, dont on a tant abusé pour nous calomnier. Nous avons prouvé ailleurs que le culte du Paganisme n'avoit & ne pouvoit avoir aucun rapport au vrai Dieu (*a*).

Mais les Peres & les Chrétiens des trois premiers siecles ont fait profession de ne rendre un culte qu'à Dieu seul. Cela n'est pas étonnant. Le Paganisme subsistoit avec toutes ses erreurs, & selon les idées des Païens, tout culte religieux étoit un culte divin, un culte suprême, tous les êtres révérés étoient *des dieux*. Ce nom étoit prodigué non seulement aux génies ou intelligences dont on croyoit la nature animée, mais encore aux ames des morts, aux manes des Héros, même aux Empereurs vivans; on rendoit à tous les mêmes honneurs. Au milieu de ce délire universel, il auroit été inutile de parler d'un culte secondaire, subordonné, relatif; ce langage n'auroit pas été entendu : *Jurer par le génie de César*, c'étoit assez, selon la maniere de penser des Païens, pour n'être plus censé Chrétien.

(*a*) I. Part. Tom. II, chap. 3, art. 5, §. 12.

Au quatrieme siecle, lorsque le Paganisme fut à peu près détruit & que le danger fut écarté, les Peres se sont expliqués plus clairement & avec plus de précision; ils ont fait profession d'invoquer les Saints, d'honorer leurs reliques & leurs images, sans déroger au culte suprême, au culte d'adoration réservé à Dieu seul. Loin de s'écarter en cela de la doctrine des Apôtres, ils l'ont vu consignée dans la Liturgie que les Fideles avoient sous les yeux depuis trois siecles. Les Hétérodoxes en ont si bien senti l'énergie, qu'ils ont fait tous leurs efforts pour retrancher l'Apocalypse du Catalogue des Livres sacrés.

§. XX.

Il nous reste à examiner si ce culte peut être taxé de *superstition*. Un rite est *superstitieux* lorsque Dieu l'a défendu, ou lorsqu'il ne l'a ni commandé ni approuvé; conséquemment il l'est lorsqu'on l'emploie pour rendre un culte divin & suprême à d'autres êtres qu'à Dieu : il l'a expressément défendu, la loi même naturelle nous ordonne d'adorer un seul Dieu.

Mais Dieu a-t-il interdit dans son culte *tous les rites* que les Païens ont employés dans celui de leurs dieux imaginaires? Si cela eſt, il a interdit toute cérémonie quelconque, toute eſpéce de ſignes extérieurs de vénération; il n'en eſt aucun que les Païens n'aient profané. Mais le culte du vrai Dieu avoit précédé celui des fauſſes divinités; les cérémonies religieuſes ſont plus anciennes que le Paganiſme, elles ont ſervi à honorer Dieu avant d'être profanées par les Idolâtres. Lorſque nous les ramenons à leur premier objet nous n'empruntons rien du Paganiſme, nous ne faiſons que revendiquer ce qu'il avoit dérobé. Une cérémonie qui étoit ſainte & reſpectable, avant l'abus qu'en ont fait les Païens, n'a pas changé de nature ni de ſignification par leur crime; pas plus que le langage humain par la fraude des impoſteurs, ou les ſignes de politeſſe par l'hypocriſie des ames perfides.

Un Déiſte Anglois nous objecte qu'il n'y a aucune relation entre des actes extérieurs, tels que de ſe laver le corps ou de manger du pain, & la purification de nôtre ame; ce ſont, dit-il, des pratiques judaïques dont Jeſus-Chriſt n'eſt pas l'auteur (*a*).

On pourroit ſoutenir de même qu'il n'y

(*a*) Morgan, Moral. Philoſ. Tom. I, p. 202.

a aucune relation entre un langage quelconque & les idées ou les ſentimens de notre ame, puiſque l'on peut ſe ſervir de tous les langages du monde pour tromper. Dans la vérité, les pratiques de religion ne ſont pas plus Juives que Païennes ; elles ont été en uſage avant qu'il y eût des Juifs & des Païens. Entre ces ſignes extérieurs & les ſentimens de notre ame, il y a une relation de ſignification équivalente à celle du langage ; ils nous avertiſſent des diſpoſitions intérieures que Dieu exige de nous : ils parlent donc à l'ame auſſi-bien qu'aux yeux. Lorſque Dieu a daigné les commander & y attacher ſes graces, eſt-ce à nous de le trouver mauvais ?

Jeſus-Chriſt, les Apôtres, l'Egliſe Chrétienne ont donc légitimement rétabli dans le culte du vrai Dieu le langage naturel de la Religion, les ſignes extérieurs de reſpect, d'amour, de reconnoiſſance, de confiance, de ſoumiſſion. Le changement d'objet fait toute la différence entre le culte ſuperſtitieux & le culte raiſonnable. Si l'on ſort de ce principe, il faudra dire que le culte même civil eſt une idolatrie. Lorſqu'on ſe proſterne devant les Rois, qu'on leur parle à genoux, que l'on fait des illuminations à leur honneur, que l'on répand des fleurs, que l'on brûle des parfums sur leur passage, est-on idolâtre parce que les Païens ont fait tout cela pour des Empereurs qu'ils nommoient des *Dieux*, & auxquels ils vouloient rendre les honneurs divins? Le terme de *superstition* est donc susceptible d'abus comme tout autre. Selon les Athées tout culte quelconque est absurde & superstitieux.

Entrons dans le détail des rites qui leur déplaisent.

§. XXI.

Nous avons un sacrifice, il est essentiel à toute Religion; c'est l'acte d'adoration par excellence, le signe du culte suprême, il ne peut être adressé qu'à Dieu. Point de sacrifice sans autel, point de communion ou de participation au sacrifice sans une table commune. « Nous avons, dit S. Paul, » un autel auquel les Ministres du Tabernacle n'ont aucun droit de participer ». (*a*) Ces idées d'autel, de sacrifice, de participation à la victime, ne sont donc pas nouvelles.

(*a*) Hebr. c. 13, ℣. 10.

On brûle de l'encens dans les temples ; où est le mal ? Est-il de l'essence du culte de respirer une mauvaise odeur ? De tout temps on a brûlé des parfums à l'honneur de la Divinité aussi bien que pour flatter les hommes ; parce que nous n'avons pas des signes différens pour témoigner notre respect à Dieu & aux créatures.

On allume des cierges, c'est une démonstration de joie ; elle convient dans les exercices de religion ; le chant des louanges de Dieu est aussi ancien que le monde. Le premier usage de la musique, de la poésie, de la danse, a été dans le culte religieux.

On ne blâmeroit point les pélerinages en général, si l'on vouloit se souvenir qu'ils ont été pendant long-temps le seul lien de communication entre les nations chrétiennes.

Nous avons parlé ailleurs des bénédictions, des jeûnes, des consécrations ; quant à la divination, aux augures, aux présages, aux sortileges, nous n'en connoissons point. En récompense les Protestans, selon Bayle, ont retenu la superstition des présages. Selon l'Auteur de la nouvelle Héloïse les peuples du pays de Vaud sont très-superstitieux ; ceux du canton de Berne employent un ſortilege pour faire reculer les glaces : les Anglois en renonçant au Catholiciſme n'ont pas abjuré les idées ſuperſtitieuſes ; les Athées mêmes n'en ſont pas exempts.

Nous honorons la mémoire & les cendres des hommes recommandables par leurs vertus ; c'eſt une pratique auſſi ancienne que le monde. Nous croyons que Dieu a placé les Saints dans un état de béatitude, parce qu'il l'a promis. Nous jugeons que la mort n'a pas rompu toute ſociété entre eux & nous, parce que les ames ſont immortelles & que la charité ne meurt jamais. Nous penſons qu'ils peuvent prier pour nous, parce que les Livres ſaints nous apprennent que les Anges mêmes nous rendent ce bon office. Si l'on veut que dans ce ſens ils ſoient *médiateurs* entre Dieu & nous, ce terme peut être admis, pourvu qu'on ne leur donne point ce titre dans le même ſens qu'à Jeſus-Chriſt ſeul *médiateur* par ſes propres mérites entre Dieu & les hommes.

Dieu, lui-même, nous apprend dans les Livres ſaints qu'il y a des Anges bons & mauvais ; les premiers peuvent être appellés des *génies tutélaires*, mais non dans le ſens des Païens. Ceux-ci prenoient les génies pour des Dieux, les croyoient mâles & femelles, leur attribuoient les paſſions de l'humanité, les honoroient par des crimes; nous ne donnons point dans toutes ces erreurs.

On a beau dire que le peuple groſſier ſe forme de fauſſes idées de tous ces objets, que ce ſont pour lui autant de ſources d'erreur. S'il falloit retrancher toutes les choſes dont le peuple peut abuſer, il faudroit bannir toute religion & n'en laiſſer ſubſiſter aucun veſtige parmi les hommes.

Un incrédule avoue que ſi Dieu lui-même étoit venu enſeigner aux hommes la maniere dont il veut être ſervi, tous ſeroient obligés de ſe ſoumettre à cette volonté ſuprême, quelque répugnance qu'ils euſſent à s'y conformer (a). Toute la queſtion eſt donc réduite à ſavoir ſi Dieu n'a pas ſuffiſamment fait connoître ſa volonté par Jeſus-Chriſt.

§. XXII.

IIIe Objection. Le culte extérieur du Chriſtianiſme n'eſt point différent de l'an-

(a) II. Lettre à Sophie, p. 36.

cienne *Théurgie.* « La Divinité, forcée
» par le pouvoir magique de quelques
» paroles accompagnées de cérémonies,
» obéit à la voix de ses Prêtres, & sur
» leur ordre elle opere des merveilles. Ils
» persuadent à leurs disciples, que des for-
» mules & des mouvemens du corps sont
» capables d'obliger le Dieu de la nature
» à suspendre ses loix, à se rendre à leurs
» vœux, à répandre ses graces. Ainsi le
» Prêtre acquiert le droit de commander
» à Dieu, d'altérer ses volontés, & de
» l'obliger à changer ses decrets immua-
» bles (*b*) ».

Réponse. Si cette Objection étoit solide, elle prouveroit que toute espece de culte extérieur est absurde; c'est aussi le sentiment de l'Auteur, qui décide que la *priere* même est injurieuse à Dieu, à sa bonté, à sa sagesse, à son immutabilité; qu'un Dieu tout-puissant ne peut être flatté de nos hommages. Ainsi, selon lui, le culte même intérieur est très-superflu (*b*).

Si Dieu étoit *immuable* dans le même sens que le *destin* des fatalistes, la conséquence seroit évidente : mais il n'en est

(*a*) Christian. dévoilé, c. 9, p. 123.
(*b*) *Ibid.* c. 13, p. 205.

point ainſi. Dieu a prévu de toute éternité ce qu'il feroit lui-même, & ce que feroient toutes ſes créatures dans tous les inſtans de leur durée ; ſes decrets ſont donc éternels comme lui. Dieu ne change point lorſqu'ils s'exécutent ; ces decrets ne donnent atteinte ni à la liberté de Dieu, ni à celle de ſes créatures.

Il ne nous commande point le culte parce qu'il en a beſoin, mais parce que nous avons beſoin nous-mêmes d'être reconnoiſſans, religieux, ſoumis. Si Dieu attache des graces à ces diſpoſitions ; c'eſt de ſa part un trait de bonté, de ſageſſe, de puiſſance, de juſtice, & non une preuve des défauts contraires.

Lorſqu'un bienfaiteur nous a librement promis ſa bienveillance & ſes bienfaits ſous telle condition, eſt-il vrai qu'en l'accompliſſant nous faiſons un acte de magie ou de théurgie, en vertu duquel il eſt obligé, contraint, forcé de nous faire du bien ? Ce n'eſt point Dieu qui obéit au Prêtre, c'eſt le Prêtre qui obéit à Dieu en faiſant ce qu'il a ordonné. Ce n'eſt point le Prêtre qui a inventé la formule ou qui lui donne du pouvoir, il lui eſt défendu au contraire d'y rien mettre du ſien, & d'y rien changer.

Mais Dieu avoit-il institué ou ordonné les formules par lesquelles un Théurgiste prétendoit obliger ses dieux, ou plutôt les démons à lui obéir, à lui révéler l'avenir, à opérer des miracles, ou à faire du mal à quelqu'un?

Il est aussi nécessaire que Dieu prescrive les pratiques de son culte, qu'il l'est qu'un Souverain prescrive des formules pour la validité des actes civils. Celles-ci sont utiles pour prévenir les méprises & les fraudes, celles-là pour écarter les erreurs & les superstitions; il n'y a pas plus de magie dans les unes que dans les autres. Le commandement de Dieu fait toute la différence entre le culte légitime & le culte superstitieux. Plus la superstition étoit commune, aveugle, excessive chez les Païens, plus il a été nécessaire que les rites du Christianisme fussent institués par autorité divine; aussi ont-ils fait tomber dans une grande partie du monde les folies & les abominations du Paganisme.

§. XXIII.

IVe. Objection. Les Prêtres ne recommandent les pratiques de religion que pour rendre leur ministere nécessaire, & parce qu'il y a une rétribution attachée à chacune de leurs fonctions.

Réponse. La maniere la plus noire de calomnier est de fouiller dans l'intention des hommes, de leur prêter des motifs odieux lorsqu'ils peuvent en avoir de louables. Si les Prêtres ne cherchoient pas à se rendre utiles par leurs fonctions, ils manqueroient à la destination de leur état. Mais les Incrédules déclament également contre les Prêtres qui sont inutiles par leur oisiveté, & contre ceux qui se rendent nécessaires par leur travail. Que répondroient-ils si nous disions que les Philosophes ne prêchent & ne dogmatisent que pour se rendre importans?

Ce ne sont point les Prêtres qui ont fait attribuer un honoraire à chacune de leurs fonctions; cet usage vient des malheurs de l'Eglise & non de ses loix. Lorsque les biens ecclésiastiques eurent été pillés à la décadence de la race Carlovingienne, il fallut pourvoir à la subsistance du Clergé par les droits casuels. S'il dépendoit de lui de rétablir les choses sur l'ancien pied, il n'hésiteroit pas un moment.

A la naissance du Christianisme les Ministres des autels vécurent des oblations volontaires des Fideles. Constantin

& ses successeurs donnerent aux Eglises les fonds qui avoient appartenu aux temples des idoles. Julien les fit reprendre; après sa mort ils furent rendus au Clergé. Dans les différentes révolutions de l'Empire, ces biens furent pillés, tantôt par les Hérétiques, tantôt par les ennemis de l'Etat. Pendant les invasions des Barbares il n'y eut rien de fixe ni de constant. Charlemagne rétablit les dîmes & rendit les fonds aux Eglises; à la décadence de sa Maison ils furent enlevés de nouveau, le Clergé Séculier fut presque anéanti. Dans la suite on rendit aux Moines une partie de ce qui avoit été ravi. Enfin, par la sagesse & la libéralité de nos Rois, les choses se sont remises dans l'état où elles sont aujourd'hui. Nous en parlerons dans le Chapitre IX.

§. XXIV.

Ve. *Objection*. Le culte extérieur est une source infaillible d'abus; le commun des hommes ne manque jamais d'y attacher plus de mérite qu'aux vertus intérieures & morales. Tel qui ne se fait aucun scrupule de manquer aux devoirs de la justice & de la charité, croit tout réparer par son exactitude à remplir le cérémonial. L'attachement servile de chaque peuple à ses pratiques devient un sujet de division parmi les hommes. Donc, ou il faut supprimer le culte extérieur, ou il faut laisser à chacun la liberté de l'arranger à son gré.

Réponse. Tel aussi qui ne se fait aucun scrupule de supplanter ou de trahir son parent ou son voisin, ne voudroit pas manquer à une visite d'usage ou à un compliment de cérémonie; s'ensuit-il qu'il attache plus de prix à ces démonstrations qu'aux sentimens du cœur? Les usages de la vie civile, la diversité du langage sont aussi une source de divisions & d'antipathies parmi les peuples; s'ensuit-il qu'il faut supprimer le langage, les loix, les mœurs nationales pour établir la paix? L'extérieur de religion n'est pas moins nécessaire que l'extérieur de l'humanité.

Les hommes savent très-bien, & on le répéte assez souvent, que les cérémonies ne peuvent ni effacer aucun crime, ni tenir lieu de vertus; mais comme elles coûtent moins que ce qui gêne les passions, il est tout simple que le commun des hommes soit fidèle au cérémonial, pendant qu'il viole les devoirs les plus essentiels, & se serve souvent de ce voile extérieur pour cacher les vices auxquels il est sujet. Parce-qu'un homme a violé un devoir intérieur, faut-il qu'il foule encore aux piés toutes les bienséances? Un Déiste même a dit que, mépriser & négliger les pratiques ordinaires du culte, est une affectation d'orgueil & une espèce d'insulte faite à nos semblables (*a*).

Sans miracle, tous les hommes ne penseront & n'agiront jamais de même; Dieu seul peut les accorder & les réunir en les soumettant tous au joug de l'Evangile Les Incrédules de tous les siécles ont fait & font encore tout ce qu'ils peuvent pour l'empêcher : ils sément la division & la dispute dans le sein même du Christianisme; ensuite ils se plaignent de ce que la Religion divise les hommes. Parce qu'ils ont secoué le joug de tout devoir de Religion, ils voudroient que tout le monde fît de même, pour que leur turpitude fût moins remarquée.

§. XXV.

VIe. *Objection*. Selon un article de l'Encyclopédie, la pompe extérieure du culte divin sert à fomenter le luxe; cette magni-

(*a*) Morgan, Tom. I, p. 205.

ficence publique excite celle des particuliers; on veut toujours imiter ce qu'on admire le plus. Un culte ſimple, rendu à Dieu à la face du Ciel, ſur la hauteur d'une colline, ſeroit plus majeſtueux que dans un temple, où ſa puiſſance & ſa grandeur paroiſſent reſſerrées entre quatre colonnes. Le peuple ſe familiariſe aiſément avec des cérémonies trop ſouvent répétées; elles lui paroiſſent indifférentes. Si la Sinaxe ne ſe célébroit qu'une fois l'année, elle paroîtroit d'une toute autre importance. Les richeſſes accumulées dans les Temples ſont autant de perdu pour la ſociété (*a*). Dans un autre article on a pouſſé l'ineptie juſqu'à ſupputer combien coûte dans une année le *Pain béni* à tout le Roïaume.

Réponſe. Qui ſupputera combien ont coûté à l'Europe, depuis cinquante ans, les ſophiſmes & les contradictions imprimés contre la Religion? Les uns lui reprochent d'avoir abâtardi les arts, les autres de fomenter le luxe, par conſéquent d'entretenir le goût pour les arts. Celui-ci voudroit que les pratiques de Religion ſe fiſſent en pleine campagne ou ſur des collines; Mon-

(*a*) Encyclop. art. *Vingtiéme* ajouté, p. 860. Art. *Pain béni*.

tesquieu observe que les Peuples qui en agissent ainsi, & n'ont point de Temples, sont tous barbares. Un Philosophe desireroit que les cérémonies fussent plus rares, quoi qu'il n'y assiste jamais; les Grands, par vanité & par mollesse, exigent qu'elles se fassent chez eux & presque dans leur chambre. D'un côté notre Encyclopédiste soutient que les cérémonies sont pernicieuses, de l'autre, il veut qu'elles soient pratiquées d'une maniere plus capable de frapper l'imagination du peuple. Si elles étoient mauvaises, il faudroit les retrancher absolument. Irréligion, bizarrerie, aveuglement de toutes parts.

1°. Il est faux que la magnificence du culte inspire du goût pour le luxe. Un particulier sent très-bien qu'il seroit absurde & impie de faire pour lui-même ce qu'il fait pour Dieu; de prendre la majesté des Temples pour modèle de sa demeure. Les hommes les plus zélés pour la pompe du culte divin ne sont pas les plus prodigues pour leur dépense personnelle. Dès qu'il y a du luxe & de la pompe civile chez une Nation, il est impossible de la retrancher dans le culte sans l'avilir aux yeux de la multitude.

2°. Il est faux que la vue du Ciel & d'un

vaste horison fasse plus d'impression sur le commun des hommes que l'aspect d'un Temple décemment orné. Le peuple est accoutumé à la vue du ciel & de la campagne, il ne médite ni sur la marche des astres ni sur la magnificence de la nature; il n'est pas Philosophe, & il n'y perd rien. Or dans la manière de régler le culte, il convient d'avoir plus d'égard aux besoins de la multitude qu'au goût des Philosophes, puisque ceux-ci pensent que le culte n'est pas fait pour eux.

3°. Il n'est pas à propos que la célébration du saint Sacrifice soit aussi rare que celle des jeux Olympiques: le peuple, plus occupé chez nous que chez les Grecs, n'auroit ni le temps ni la commodité d'y assister. Il est bon qu'au moins, une fois par semaine, il puisse, en se délassant de ses travaux, se trouver aux assemblées de religion destinées à l'instruire, à l'édifier, à le consoler.

4°. Nous ne concevons rien à *l'humanité* de nos calculateurs; rien ne leur paroît assez somptueux pour le théâtre auquel ils assistent tous les jours, & ils regrettent ce qu'il en coûte pour inspirer au peuple le respect envers la Divinité, la fraternité envers les hommes, pour le consoler de sa misére, &

le faire ſouvenir de ſa deſtinée. Les leçons de vertu leur paroiſſent toujours trop chères. Il y auroit bien d'autres réflexions à faire ſur leurs diatribes; mais nous aurons encore occaſion d'en parler. Déjà quelques-uns ſont convenus que le retranchement du culte en Angleterre en a banni la piété, y a fait éclore l'Athéiſme & l'Irréligion (*a*); il n'eſt pas fort néceſſaire d'opérer le même effet chez nous.

ARTICLE QUATRIEME.

De l'Intolérance du Chriſtianiſme.

§. I.

C'eſt à Dieu ſeul de déterminer la maniere dont il veut être honoré, & le culte qu'il exige des hommes; lorſqu'il l'a fixé par une révélation expreſſe, quiconque refuſe de s'y ſoumettre, ſe rend coupable & marche hors de la voie du ſalut. Pour prouver le contraire, il faudroit démontrer, ou que Dieu n'exige aucun culte, ou qu'il agrée tous les cultes; les Incrédules n'en ſont pas venus à bout. Il eſt naturel à ceux qui ſe croient en poſſeſſion de la vraie

(*a*) L'Eſpion Chinois, Tom. V, Lett. 43 & 65

Religion, de souhaiter qu'elle soit connue de tous les hommes, de les y amener par l'instruction & par la persuasion, de leur déclarer, que s'ils ferment volontairement les yeux à la lumiere, ils s'exposent à la damnation éternelle. Puisque les Incrédules se croient en droit de prêcher la doctrine qui leur paroît la plus vraie, sans doute les Croyans ont le même privilege. Si c'est un crime d'*intolérance*, ils en sont aussi coupables que nous. Dans ce sens l'intolérance est attachée non-seulement à toute religion, mais à toute doctrine qui paroît intéresser le genre humain.

Dès le commencement du Christianisme, Celse reprochoit aux Chrétiens qui ne vouloient adorer qu'un seul Dieu, qu'ils outrageoient la Divinité en supposant Dieu jaloux, comme si c'étoit un homme (*a*). Julien faisoit le même argument contre les Juifs (*b*); ni l'un ni l'autre n'a prouvé qu'un culte absurde soit aussi agréable à Dieu qu'un culte raisonnable.

Quoique bien convaincus de la vérité de notre Religion & de la fausseté de toutes les autres, nous ne croyons point qu'il

(*a*) Dans Orig. L. VIII, n. 2 & 11.
(*b*) Dans S. Cyrille, L. V, p. 155, 160.

nous soit permis de haïr ceux qui, par le malheur de leur naissance ou par un choix volontaire, en professent une autre, ni de recourir à la violence pour les éclairer malgré eux. L'Evangile ne nous défend point de vivre en société civile & paisible avec eux, ni de leur rendre les devoirs de l'humanité, il l'ordonne au contraire : faire aux autres ce que nous voulons qu'ils nous fassent, aimer nos ennemis, faire du bien à ceux qui nous haïssent, sont des préceptes généraux & sans exception. Jesus-Christ propose l'exemple d'un Samaritain qui avoit exercé la charité envers un Juif, & recommande de faire de même. Loin d'ordonner à ses Apôtres de faire violence à quelqu'un, il leur commande de la souffrir ; ils ont exactement suivi cette leçon : ils se disent envoyés *pour faire rendre obéissance à la Foi chez toutes les nations*, mais par l'instruction & la persuasion, & non autrement. S. Paul exhorte les Fideles à conserver, autant qu'ils le peuvent, la paix *avec tous les hommes* (*a*). Dans ce sens le Christianisme est la plus tolérante de toutes les religions.

(*a*) Rom. c. 12, ℣. 18. Hebr. c. 12, ℣. 14.

§. II.

Lorſqu'il fut autoriſé par les loix de Conſtantin & de ſes Succeſſeurs, il reçut la ſanction de la Puiſſance civile, & devint partie des loix nationales. Les Empereurs Chrétiens pour leur tranquillité & celle de leurs ſujets, pour bannir enfin les crimes du Paganiſme, firent des loix coactives en faveur du Chriſtianiſme. Quand ils auroient péché contre l'humanité & contre la ſaine politique, ce qui n'eſt point, il faudroit encore prouver qu'ils y ont été excités par les loix de l'Evangile; on ne le prouvera jamais. Aucun précepte de l'Evangile n'enjoint aux Souverains de proſcrire dans leurs états toute autre religion que celle de Jeſus-Chriſt.

C'eſt donc une affectation maligne de confondre l'intolérance civile & politique avec l'intolérance religieuſe; les moyens qu'ont employé les Souverains pour établir l'unité de religion parmi leurs ſujets avec les moyens dont les Miniſtres de l'Evangile ſe ſont ſervis pour perſuader; la raiſon d'Etat qui détermine les Rois, avec l'eſprit des maximes du Chriſtianiſme.

Ce ſont, diſent nos adverſaires, ce ſont

les Miniſtres de la Religion qui ont ſuggéré aux Souverains l'emploi de la force coactive toutes les fois qu'ils en ont fait uſage; ils ont exalté juſqu'aux cieux le zele de Conſtantin, & loué toutes les loix qu'il a faites contre le Paganiſme.

Soit. Avoient-ils tort d'applaudir à des loix qui mettoient les Chrétiens à l'abri des ſcenes ſanglantes qu'ils avoient eſſuyées pendant trois cens ans? Les loix de Conſtantin n'ordonnoient à perſonne ſous peine de mort de renoncer au Paganiſme & de ſe faire baptiſer. Lorſque des Eccléſiaſtiques ont été conſultés par les Rois, ſont-ils coupables d'avoir ſuggéré des loix qui leur paroiſſoient utiles au bien de l'Etat, quand même ils ſe ſeroient trompés dans le fait? Ils n'étoient pas obligés en conſcience de penſer comme les Athées.

Ceux-ci enſeignent que quiconque viendroit à bout d'étouffer la *notion funeſte d'un Dieu* ſeroit à coup ſûr l'ami du genre humain; que l'on ne peut déſormais fonder une bonne morale que ſur la deſtruction de la plupart des religions (*a*); bien entendu que le Chriſtianiſme n'eſt pas ex-

(*a*) Syſt. de la Nat. Tom. II, c. 3. p. 88. De l'Homme, Tom. I, ſect. 1, c. 13 & 14.

cepté. S'ils assistoient au conseil des Rois ; quelles loix se croiroient-ils obligés de suggérer en conséquence de ces maximes ? On comprend comment ils nous traiteroient par amitié pour le genre humain, & de quelle espece seroit leur tolérance. De même que les peuples les plus jaloux de leur liberté sont les despotes les plus hautains envers ceux qu'ils ont assujettis : ainsi les plus zélés Prédicateurs de la tolérance seroient les persécuteurs les plus violens s'ils en avoient le pouvoir.

§. III.

Ils ont rassemblé les passages des Peres de l'Eglise, qui enseignent constamment que l'on ne doit pas employer la violence pour convertir les Païens ni les Juifs (*a*). Souvent nos Apologistes ont reproché aux Païens la violence qu'ils employoient pour forcer les Chrétiens à l'idolatrie ; mais où sont les supplices mis en usage pour forcer les Païens à se faire Chrétiens ? Pas un seul idolâtre n'a été traîné aux pieds des Autels en vertu des loix de Constantin ni de ses

(*a*) Traité sur la Tolér. c. 15. Comment. Philos. de Bayle, &c.

ſucceſſeurs. Autre choſe eſt de défendre l'exercice du Paganiſme, les ſacrifices & le culte des idoles ; autre choſe de forcer un Païen à faire profeſſion du Chriſtianiſme. Ces défenſes mêmes ne furent pas exécutées à la rigueur, puiſque le Paganiſme ſubſiſta encore pendant long-temps. En quoi donc a conſiſté l'intolérance des Chrétiens ?

Après la paix rendue à l'Égliſe par Conſtantin, l'Arianiſme ne tarda pas à éclore & devint un parti redoutable. Conſtance, fils de Conſtantin l'embraſſa; ſouvent il uſa de violence contre les Evêques Catholiques : il y eut des ſéditions, des meurtres, des cruautés exercées à l'ombre de ſon autorité. Les Evêques s'en plaignirent, ils renouvellerent les maximes des ſiecles précédens ſur l'injuſtice d'employer la contrainte pour perſuader la Religion. Mais ces excès mêmes des Ariens firent comprendre aux Empereurs ſuivans la néceſſité de les réprimer.

Avant la naiſſance de l'Arianiſme les Donatiſtes avoient déja commis des violences en Afrique, Conſtantin avoit porté des loix contre eux; leur fureur duroit encore lorſque S. Auguſtin parut. Il fut d'abord d'avis de les ramener par la douceur & par la perſuaſion : lorſqu'il vit que ces moyens étoient inutiles, il jugea que l'on devoit exécuter contre eux les loix d'Honorius, qui condamnoient les réfractaires à l'exil & à la perte de leurs biens. Avant sa mort il eut la consolation de voir les Donatistes réunis à l'Eglise. Déja en 341 le Concile d'Antioche avoit décidé que si un Schismatique déposé continue à *troubler l'Eglise*, il doit être réprimé par la Puissance extérieure comme *un séditieux*.

En France, après la révocation de l'Edit de Nantes, les Protestans irrités des rigueurs que l'on exerçoit contre eux, ont soutenu qu'il y avoit contradiction dans la Doctrine des Peres ; ils ont rejetté sur S. Augustin tout l'odieux des Loix Pénales portées contre les hérétiques ; ils ont dit que cette Doctrine autorisoit toute espece de persécutioin exercée pour cause de Religion. Bayle s'est efforcé de le prouver dans son *Commentaire Philosophique* ; c'est l'arsenal dans lequel les incrédules ont puisé leurs déclamations & leurs sophismes.

§. IV.

Y a-t-il véritablement contradiction dans la doctrine des Peres ? Conformément à l'esprit de l'Evangile ils ont enseigné qu'il ne falloit point employer la violence pour convertir les Juifs ni les Païens; jamais ils n'ont varié sur ce point. Mais ils n'ont pas décidé que quand les uns ou les autres étoient séditieux & turbulens, il n'étoit pas permis au Souverain de les réprimer; cette Doctrine eût été fausse & absurde. Ils n'ont pas même soutenu que si les Chrétiens avoient été de ce caractere, les Empereurs Païens auroient mal fait de les punir; nos Apologistes demandoient toujours: pourquoi tourmenter des sujets paisibles qui n'ont d'autre crime que le refus d'adorer les dieux de l'Empire?

Mais les Peres ont fait distinction entre les infideles & les hérétiques. Les premiers n'ont jamais été sujets à l'autorité de l'Eglise, les seconds lui avoient juré obéissance lorsqu'ils étoient dans son sein. Elle a éprouvé que ces enfans révoltés concevoient contre elle une haine plus violente, & lui faisoient une guerre plus cruelle que les infideles mêmes. Tels furent en effet les Ariens & les Donatistes. Ils s'emparoient des Eglises par violence, dépouilloient les Evêques, exerçoient le brigandage à l'ombre de l'autorité des Empereurs qui les favorisoient, & souvent malgré les loix de ceux qui les proscrivoient. C'est alors que les Peres ont jugé qu'il étoit permis d'implorer le bras séculier. Nous défions nos adversaires de citer un seul monument qui prouve que quand même les hérétiques sont paisibles, l'Eglise veut que l'on emploie contre eux la violence.

Il n'y a aucune contradiction à user de divers procédés envers les différentes sectes, selon la diversité de leurs principes & de leur conduite. Les Peres du quatrieme siecle ont blâmé hautement la cruauté de ceux qui poursuivoient la mort des Priscillianistes, parce que ces hérétiques étoient tranquilles; ils ont approuvé les loix portées contre les Ariens & contre les Donatistes, parce que ces deux sectes étoient séditieuses & turbulentes.

§. V.

Il n'y en a pas plus dans la conduite & dans les principes de S. Augustin. Ce Pere écrivant contre les Manichéens avoit dit: « Que ceux-là sévissent contre vous qui ne » savent pas par combien de peine s'achete » le bonheur de trouver la vérité, & com» bien il est difficile de se garantir des pié» ges de l'erreur, ... Qui ignorent com» bien il est rare & pénible de s'élever au-

» dessus des fantômes d'une imagination
» grossiere par le calme d'une intelligence
» pieuse. Que ceux-là vous persécutent qui
» ne sentent pas ce qu'il en coûte pour gué-
» rir l'œil de l'homme intérieur, & pour
» le mettre en état de voir son soleil... Qui
» ne comprennent pas quels gémissemens
» & quels soupirs il faut pour acquérir
» quelque foible connoissance de la nature
» divine. Que ceux-là vous traitent avec
» rigueur qui ne sont jamais tombés dans
» des erreurs semblables à celle qui vous
» a séduits. Pour moi je ne puis absolument
» me résoudre à vous maltraiter ; je dois
» au contraire vous supporter comme on
» m'a souffert moi-même autrefois, & user
» envers vous d'une aussi grande tolérance
» que celle dont mes proches usoient en-
» vers moi, lorsqu'une fureur aveugle me
» faisoit égarer avec vous (*a*) ».

Si les Donatistes le forcerent de changer de sentiment & de langage, c'est qu'ils n'étoient pas aussi paisibles que les Manichéens, Il ne fut d'avis d'employer contre les premiers la sévérité des loix civiles qu'à cause de leur génie séditieux & de l'inutilité des autres moyens. Cela est clair par les paro-

(*a*) L. contrà Epist. Fundam. c. 2 & 3.

les mêmes de ce Pere que Bayle rapporte & se propose de réfuter.

« Les Donatistes, dit-il, dans la Lettre » 93 à Vincent, étant aussi turbulens qu'ils » le sont, je suis persuadé qu'il faut les ré- » primer par les puissances établies de » Dieu (*a*) ». Plusieurs Circoncellions mê- » mes sont à présent de zélés Catholiques; » ils ne seroient jamais revenus, si on ne » les avoit liés comme des frénétiques (*b*) ». On sait que les Circoncellions étoient des Donatistes furieux qui marchoient les armes à la main, mettoient les esclaves en liberté, obligeoient les créanciers à décharger leurs débiteurs, vouloient rétablir l'égalité entre tous les hommes. On envoya contre eux des soldats qui en tuerent plusieurs; les Donatistes les honorerent comme des Martyrs.

« Vous vous souviendrez, continue saint » Augustin, de la violence avec laquelle » les Donatistes ont poussé les Maximinas- » tes & d'autres, & de la requête par la- » quelle ils imploroient contre nous l'au- » torité de l'Empereur Julien (*c*) ».

(*a*) Comment. Philos. III. Part. n. 1.
(*b*) *Ibid.* n. 4 & 18.
(*c*) *Ibid.* n. 16.

Il dit dans sa Lettre 185 à Boniface : « L'Eglise étant réduite à ces extrémités, » falloit-il tout souffrir plutôt que d'implo- » rer le secours des Empereurs Chré- » tiens (a) » ? Dans la Lettre 167 à Festus: » Si l'on compare ce qu'une sévérité chari- » table leur fait souffrir avec les excès aux- » quels leur fureur les porte ; on verra » qui sont les persécuteurs d'eux ou de » nous (b) ».

Ce même Saint, dans sa Lettre 100e, dit à un Officier chargé d'exécuter les ordres de l'Empereur : « Quand vous jugez » les causes de l'Eglise, quelque atroces » que soient les injures qu'elle a souffer- » tes, nous vous prions d'oublier que vous » avez le pouvoir d'ôter la vie.... Si vous » punissez de mort les coupables, vous » nous ôtez la liberté de nous plaindre, & » ils se déchaîneront plus hardiment con- » tre nous, nous voyant réduits à la né- » cessité de nous laisser ôter la vie plutôt » que de la leur faire perdre par vos juge- » mens ».

Que répond Bayle aux raisons de saint Augustin ? Il dit que les cruautés des Do-

(a) Comment. Philos. n. 24.
(b) *Ibid.* n. 40.

natiſtes & de leurs Circoncellions ſont exagérées ; qu'il n'eſt pas permis de rendre le mal pour le mal, que les heureux effets d'une injuſtice ne la rendent pas légitime, que s'il n'avoit été queſtion que de réprimer des ſéditions, il n'étoit pas beſoin de nouvelles loix.

Au lieu de faire un volume d'invectives, Bayle devoit prouver, 1°. que les violences & le brigandage des Circoncellions ſont exagérés, que les loix portées contre eux, les hiſtoires qui en dépoſent, les plaintes des Peres de l'Egliſe ſont des monumens indignes de croyance. 2°. Qu'il n'eſt pas permis de châtier des ſéditieux dès qu'ils le ſont par motif de religion ; que c'eſt alors une injuſtice, une répréſaille odieuſe, & rendre le mal pour le mal. 3°. Que le motif de la tranquilité publique ne ſuffit pas pour rendre cette ſévérité légitime. 4°. Que quand il y a des loix générales qui défendent & puniſſent toute ſédition, il n'eſt plus beſoin d'en ordonner l'exécution par rapport à telles perſonnes.

Mais la principale queſtion eſt de ſavoir ſi la Doctrine des Peres de l'Egliſe & les loix des Empereurs autoriſent à perſécuter également les Hérétiques & les Orthodoxes. Si ces derniers ſont ſéditieux, cela eſt clair; de de quelque côté que viennent la sédition & les voies de fait, elles sont punissables. Ce n'est point ainsi que Bayle l'entend. Il suppose que les hérétiques ont été poursuivis précisément pour leurs opinions, & non pour leur conduite séditieuse; en raisonnant constamment sur cette fausse hypothèse, il lui a été fort aisé de dévoyer ses lecteurs.

Il emploie la premiere partie de son *Commentaire Philosophique* à prouver que la parabole du Pere de famille qui a préparé un festin & qui dit à son économe de *contraindre* les conviés à entrer, *compelle intrare*, ne doit point être prise à la lettre; qu'il ne s'ensuit point delà qu'il soit permis de persécuter *pour cause de religion*. Nous en convenons, ce n'est point là-dessus que nous voulons contester; mais la plupart des raisons dont il s'est servi pour appuyer cette vérité sont fausses, captieuses, contraires au droit public; il est essentiel de les réfuter : nous laisserons de côté tout ce qui est étranger à la question.

§. VI.

Ire. Objection. La contrainte ne peut inspirer la religion, elle aigrit les esprits, elle les révolte contre la doctrine qu'on veut leur faire embrasser, elle les rend plus attachés à l'erreur pour laquelle ils souffrent (*a*). Donc il est aussi absurde qu'injuste d'employer la violence contre les Hérétiques.

Réponse. Si on l'emploie précisément pour les persuader, cela est clair; mais si on en use pour les réprimer & les empêcher de troubler le repos de la société, cela est faux. Autrement il ne seroit jamais à propos d'employer la violence contre des séditieux opiniâtres; ce moyen les révolte & les attache davantage au parti qu'ils ont embrassé; n'ayant rien à ménager avec la faction qui les poursuit, ils deviennent plus chers à celle pour laquelle ils souffrent.

Lorsque S. Augustin dit que la contrainte avoit été très-utile contre les Donatistes & en avoit ramené un grand nombre, Bayle répond que les bons effets d'un moyen n'en prouvent pas la justice; ici il

(*a*) Comment. Philos. I. Part. c. 2. II. Part. c. 2.

ſoutient que l'inutilité des voies de contrainte en démontre l'injuſtice : cela ne s'accorde pas. Un moyen juſte & légitime, en lui-même, peut être rendu inutile par l'opiniâtreté & par la malice de ceux contre leſquels on l'emploie.

De ſon principe même & des faits, l'on tire contre lui un raiſonnement auquel il ne répondra jamais. Selon vous, les hommes ſont indomptables par la force lorſqu'ils ſont pouſſés par un motif de religion; donc les Donatiſtes & d'autres ſectes qui ont enfin cédé à la force n'étoient pas animés par un motif de religion : donc l'on n'a pas eu tort d'employer la force contre eux.

Bayle ſe réfute encore plus évidemment ailleurs. Il ſoutient que toute religion quelconque céde enfin à la violence, que le Chriſtianiſme lui-même auroit ſuccombé aux perſécutions, ſi elles avoient été continuelles (*a*). Son principe eſt donc faux, tout comme la conſéquence qu'il en tire.

Mais oublions les contradictions de nos adverſaires. Quoique la violence ſoit par elle-même un très-mauvais moyen de chan-

(*a*) Comment. Philoſ. Préf. p. 365. Supplém. c. 30, p. 539.

ger les opinions des hommes, il est prouvé par des exemples ; que, si elle est continuée pendant longtemps, elle peut, selon le cours ordinaire des choses & jointe à l'instruction, venir à bout de faire triompher indifféremment l'erreur ou la vérité. Par-là le Mahométisme s'est établi & a banni le Christianisme d'une partie de l'univers ; par le même moyen les Donatistes, les Albigeois & d'autres sectes ont disparu. On ne peut donc juger de la justice ou de l'injustice de la contrainte par l'effet qu'elle produit.

Dans d'autres cas elle n'a rien opéré, ou parce que la religion que l'on vouloit détruire étoit trop répandue ; ainsi le Judaïsme a résisté à de cruelles persécutions : ou parce que Dieu soutenoit la religion que l'on vouloit anéantir ; ainsi le Christianisme a triomphé des persécuteurs. L'on ne peut donc pas raisonner non plus de l'utilité ou de l'inutilité de la contrainte par l'événement seul ; il faut faire attention aux autres causes qui ont pu y influer.

La vérité d'une religion ne lui donne pas le droit de persécuter les autres, puisque Jesus-Christ n'a point donné ce droit à ses Apôtres. C'est donc argumenter en l'air que de dire : si la vérité a droit de persécuter, toute secte qui s'attribue la vérité sera dans ce cas. Ce n'est point la vérité des opinions, mais la tranquillité des Etats, qui est le véritable objet des loix coactives. Bayle avoue lui-même que les Souverains peuvent en faire *par raison de politique*, quoique, selon lui, ils ne doivent point en faire par motif de religion (a).

Parce que les religions fausses ont souvent usé de la force pour s'établir, il ne s'ensuit pas que la vraie Religion ne puisse en user pour se défendre; autrement il faudroit lui interdire encore la voie de persuasion, parce que l'erreur abuse aussi de ce moyen.

§. VII.

IIe. *Objection.* Approuver la violence employée contre les Hérétiques c'est faire l'apologie de la conduite des Païens, des Mahométans, des Ariens contre le Christianisme; c'est autoriser toutes les Sectes à s'entr'égorger. De quel droit les Peres ont-ils blâmé les violences des Païens & des Ariens, pendant qu'ils ont loué celles

(a) Comment. Philos. I. Part. c. 6.

que l'on exerçoit contre les ennemis de notre Religion (*a*)?

Réponse. Même sophisme & même fausseté. Les Païens, les Mahométans, les Ariens, ont-ils eu les mêmes raisons de persécuter le Christianisme, que l'Eglise a eues de réprimer des hérésies turbulentes, nées dans son sein? Voilà la question.

Lorsque le Christianisme commença de se répandre, ses sectateurs donnerent-ils au Gouvernement de justes sujets d'inquiétude par des assemblées tumultueuses, par leur désobéissance aux loix civiles, par la doctrine qu'ils enseignoient, par leur liaison avec les ennemis de l'Etat, &c. nous avons prouvé le contraire. Si Bayle osoit disputer sur ce point, nous lui opposerions son propre aveu; il reconnoît que les Apôtres n'étoient chargés que de persuader, & qu'ils n'ont été que par accident la cause des dissensions (*b*).

Les Empereurs devenus Chrétiens, comprirent que la doctrine de l'Evangile étoit utile pour maintenir la paix, la subordination, l'obéissance parmi les Sujets; ils sen-

(*a*) Comment. Philos. c. 7, 8, 9, 10. II. Part. c. 5.

(*b*) *Ibid.* I. Part. c. 6.

tirent que l'Idolatrie étoit non-seulement absurde, mais souillée par des abominations pernicieuses aux mœurs; ils se souvinrent des excès de cruauté qu'un faux zèle avoit inspiré aux Païens sous Dioclétien. Pour retrancher ces désordres ils autorisérent la profession du Christianisme, & défendirent l'exercice du Paganisme. Eurent-ils tort? Bayle avoue qu'ils pouvoient faire des loix coactives *par raison de politique*; ils en firent: les Peres ont-ils dû les en blâmer?

Les Ariens, appuyés de l'Empereur Constance, excitérent des séditions, & commirent des violences; aucune loi ne pouvoit les y autoriser. Les Peres s'en plaignirent. Lorsque les Empereurs suivans réprimerent ces excès par des loix, les Peres applaudirent; tout cela se suit. Bayle ne peut les censurer, puisqu'il décide qu'il faut réprimer les factieux, & punir tous ceux qui troublent le repos public, *quelle qu'ait été leur conscience* (a).

Quand les Mahométans ont parcouru l'Asie & l'Afrique, le fer à la main, ont forcé les Peuples à embrasser l'Alcoran, sous peine de la vie, avoient-ils d'autre

(a) Comment. Philos. II. Part. c. 6 & 9.

droit que la force ? Il étoit certainement très-permis aux Peuples de se défendre aussi par la force s'ils le pouvoient. Autoriser la juste défense, ce n'est pas justifier la violence d'un agresseur.

Nous savons très-bien qu'une secte turbulente abusera de ce principe ; si elle se livre à des excès, elle dira que c'est par le motif d'une juste défense, par représailles, pour prévenir les attaques qu'elle a lieu de craindre pour la suite, &c. mais une maxime de laquelle on peut abuser, n'est pas pour cela fausse ni pernicieuse.

§. VIII.

IIIe. Objection. Il n'y a aucun juste motif de punir les Hérétiques. 1°. Le prétexte de leur résistance aux loix est nul ; pour avoir droit de punir les infracteurs des loix, il faut que ces loix soient justes : or les Hérétiques sont très-convaincus de l'injustice des loix portées contr'eux (*b*). Ils sont donc autorisés à répondre, comme les Apôtres, qu'il vaut mieux obéir à Dieu qu'aux hommes (*a*).

(*a*) Comment. Philos. I. Part. c. 4.
(*b*) *Ibid.* II. Part. c. 4.

2°. L'on a tort de leur reprocher l'opiniâtreté ; ce n'en est pas une de demeurer constamment attaché à la doctrine que l'on croit vraie (*a*). Le refus même d'examiner & de se laisser instruire peut n'être pas criminel, parce qu'on regarde l'examen comme un piége & un danger de séduction (*b*).

3°. Il y a de l'injustice à les persécuter sous prétexte qu'ils sont dans l'erreur, & qu'ils se font une fausse conscience : l'erreur est souvent involontaire ; la conscience erronée a les mêmes droits que la conscience bien fondée : un homme pécheroit en agissant contre sa conscience lors même qu'il se trompe (*c*). En fait de religion, il n'est pas aisé de discerner la vérité de l'erreur ; s'il y a de la difficulté à se convaincre, même de la vérité du Christianisme, à plus forte raison est-il difficile de distinguer quelle est la véritable Eglise & quel est le vrai sens de l'Ecriture (*d*).

4°. Vainement on dira que ce sont des perturbateurs du repos public ; tous ceux qui annoncent une nouvelle doctrine ne

(*a*) Comment Philos. c. 1.
(*b*) *Ibid.* Supplém. c. 13 & 17.
(*c*) *Ibid.* II. Part. c. 8.
(*d*) *Ibid.* c. 10.

ſont pas pour cela des perturbateurs ; témoin Jeſus-Chriſt & ſes Apôtres (*a*). Il y a bien de la différence entre un hérétique & un malfaiteur ; celui-ci ſait qu'il fait mal, celui-là eſt perſuadé qu'il fait ſon devoir : c'eſt donc le cas de laiſſer à Dieu le ſoin de punir ceux qui ne péchent que contre Dieu : *Deorum injuriæ, Diis curæ* (*b*).

Réponſe. Par cette ſublime théorie, Bayle prouve doctement qu'un malfaiteur n'eſt plus puniſſable dès qu'il lui a plu de ſe perſuader qu'il fait bien ; qu'un ſéditieux eſt innocent dès qu'il juge illégitime l'autorité contre laquelle il ſe révolte ; qu'un plaideur n'eſt point obligé à exécuter un Arrêt qui lui paroît injuſte, &c. Excellente morale, très-utile au bonheur de l'humanité !

1°. Où en ſeroient les Légiſlateurs & les Chefs des nations s'il falloit attendre que les ſujets euſſent rendu hommage à la juſtice & à la ſageſſe d'une loi, avant d'être puniſſables pour l'avoir violée ? Une loi injuſte en elle-même, & une loi qu'un opiniâtre s'obſtine à trouver injuſte, eſt-ce la même choſe ?

(*a*) Comment. Philoſ. III. Part. p. 447.
(*b*) *Ibid.* II. Part. c. 6.

Lorſque les Apôtres diſoient, *il vaut mieux obéir à Dieu qu'aux hommes*, ils avoient prouvé les ordres de Dieu dont ils étoient porteurs, par leurs miracles, par la réſurrection de Jeſus-Chriſt, par la deſcente du Saint-Eſprit; les Hérétiques ont-ils les mêmes preuves?

2°. S'il n'y a point de marques certaines pour diſtinguer l'opiniâtreté d'avec la conſtance, il n'y en a point non plus pour diſcerner la folie d'avec la ſageſſe, ni un ſophiſme d'avec une démonſtration. Voilà tous les fanatiques de l'univers juſtifiés par le Pyrrhoniſme. Cependant Jeſus-Chriſt & ſes Apôtres ont reproché aux Juifs, aux Païens, aux Incrédules, leur opiniâtreté & les ont menacés d'un châtiment terrible; ſelon Bayle, c'eſt Jeſus-Chriſt & les Apôtres qui ont tort. Il poſe ailleurs pour principe que tout homme, ayant éprouvé qu'il eſt ſujet à l'erreur, *doit* être toujours diſpoſé à écouter ceux qui lui offrent des inſtructions en matiere même de religion (*a*). Ici il ſoutient que le refus d'examiner & de ſe laiſſer inſtruire n'eſt pas criminel.

3°. Après avoir raſſemblé vingt ſophiſmes,

(*a*) Comment. Philoſ. I. Part. c. 5.

pour prouver que la conscience erronée a les mêmes privileges que la conscience droite, ce qui est faux ; il se réfute en avouant que l'on doit punir tous ceux qui troublent le repos public, *quelle qu'ait été leur conscience* (*a*).

Il y a sans doute des erreurs involontaires & invincibles ; mais soutenir qu'elles le sont toutes, que tous les Hérétiques sont dans ce cas, du moins que l'on doit toujours le présumer, c'est une absurdité ; il s'ensuivroit qu'aucun insensé, aucun fanatique ne doit être puni.

En exagérant la difficulté de connoître la vraie Religion, la véritable Eglise, le vrai sens de l'Ecriture, Bayle fait le procès à tous les Hérétiques Pour avoir droit de lever l'étendard contre la religion établie, ils ont préjugé que cette Religion n'étoit pas la vraie, que l'Eglise Catholique n'étoit pas la véritable Eglise, qu'elle donnoit à l'Ecriture un sens faux. Avant de porter cette sentence, ont-ils dévoré toutes les difficultés, fait toutes les études, éclairci toutes les questions que Bayle soutient être nécessaires ? Ils ne se sont pas donné tant de peine, ils ont jugé le proces sans exa-

(*a*) Comment. Philos. II. Part. c. 9.

miner les pieces. L'Eglise a toujours pris plus de précautions avant de condamner les Hérétiques, qu'ils n'en ont pris avant de la condamner elle-même.

4°. Tout homme qui annonce une nouvelle doctrine sans être en état de prouver authentiquement sa mission, est un *perturbateur*. Jesus-Christ & les Apôtres ne seroient point exempts de ce reproche s'ils n'avoient pas prouvé la leur. Mais quelle preuve ont donné de leur mission divine, Arius, Pélage, Nestorius & tant d'autres? Ont-ils dogmatisé avec la douceur, la modération, la patience, le désintéressement de Jesus-Christ & des Apôtres? Leurs disciples ont-ils été aussi paisibles que les premiers Fideles?

Si un Hérétique gardoit pour lui seul sa doctrine, il ne pécheroit sans doute que contre Dieu; mais la fureur de faire des prosélytes, d'être chef de secte, de détruire le parti opposé, trouble la tranquilité publique. D'ailleurs si un hérétique *péche contre Dieu*, il n'est donc pas vrai que sa conscience l'excuse.

§. IX.

IVe. Objection. Il y a beaucoup d'imprudence à user de contrainte, afin de forcer les Hérétiques à s'instruire ; l'état de crainte & de souffrance est une très-mauvaise disposition à l'instruction & à l'examen : un homme dans cet état n'a pas la liberté d'esprit nécessaire pour porter un jugement désintéressé. La contrainte par elle-même est aussi propre à établir l'erreur que la vérité. On ne peut alléguer aucune raison de persécuter les Hérétiques dont ils ne puissent se servir eux-mêmes pour persécuter les Orthodoxes. Dès que la guerre est une fois déclarée on ne garde plus de mesures, on pousse la cruauté à l'excès, tous les crimes paroissent permis & louables dès qu'ils sont inspirés par un motif de religion. (*a*).

Réponse. Ce que Bayle allégue sur l'état de crainte est réfuté par l'exemple des Ariens, des Donatistes, des Novatiens, des Albigeois, qui forcés de s'instruire ont ouvert les yeux & se sont enfin convertis. Ce n'est pas dans l'yvresse de la prospérité qu'une secte a coutume de se détromper de ses erreurs ; elle regarde ses succès comme un signe de l'approbation du Ciel.

La contrainte est aussi propre à établir

(*a*) Comment. Philos. II. Part. c. 1, 2, 3, 11. Supplém. c. 26, 27, 28.

l'erreur que la vérité ; mais il en est de même de la prédication, de l'instruction, du raisonnement : cependant on ne concluera pas qu'il faut renoncer à tous ces moyens.

Il n'est aucune vérité de laquelle on ne puisse abuser, aucun motif, aucune regle de conduite dont on ne puisse faire une fausse application. Dans le temps de sédition, lorsque le gouvernement veut punir les factieux parce qu'ils violent les loix, méconnoissent l'autorité légitime, troublent le repos public ; ils ne manquent pas de répondre que ce sont leurs ennemis qui sont coupables de ces crimes, que pour eux ils ne travaillent qu'à remettre les loix en vigueur, à faire reconnoître le Souverain légitime, à établir un sage gouvernement, &c. Il en est de même des Hérétiques, & cela ne prouve rien.

Le tableau des crimes commis dans les guerres de religion, quelque horrible qu'il soit, ne prouve pas plus que celui des guerres civiles. Il s'ensuit seulement que ce sont là deux fléaux déplorables ; mais qu'eu égard aux vertiges dont l'humanité est capable, il est difficile que ces deux malheurs n'arrivent de temps en temps, aussi bien que la peste, la famine, les inondations, les stérilités. C'est principalement aux Hérétiques qu'il faudroit faire cette leçon, puisque ce sont eux qui commencent la guerre. Nous présumons que si Arius, Manès, Donat, Jean Hus, &c. avoient prévu les ravages que leurs rêveries devoient causer dans l'univers ; ils auroient frémi & se seroient condamnés au silence. La question est de savoir si l'expédient proposé par les Incrédules pour prévenir tous ces maux, est aussi sage & aussi efficace qu'ils le prétendent ; c'est ce que nous allons examiner.

§. X.

V. Objection. Le seul moyen d'éviter les dissensions & les guerres mutuelles, est de tolérer indifféremment toutes les religions ; Sociniens, Juifs, Turcs, Païens, tous sans exception doivent être soufferts. Plusieurs religions peuvent très-bien s'accorder ensemble dès qu'elles sont tolérantes, cela est évident par l'exemple du Paganisme dont la tolérance n'a point nui à la société. Les sectes ne sont dangereuses que quand on ne sait pas les réprimer (*a*).

(*a*) Comment. Philos. Préf. p. 363. II. Part. c. 6 & 7.

Réponse. Quand on ne sait pas les réprimer ; voilà une restriction fâcheuse. Nous voudrions savoir quel moyen l'on a de les réprimer, si les loix pénales, la contrainte, la violence, ne sont jamais permises sous aucun prétexte.

Différentes sectes peuvent s'accorder lorsqu'elles sont *tolérantes ;* en quel sens faut-il qu'elles le soient ? Si l'on entend que quand l'une d'entre elles se trouve insultée ou attaquée, elle ne doit ni se plaindre ; ni se défendre, ni implorer le bras du gouvernement, cette jurisprudence est absurde ; aucune secte ne s'y résoudra jamais. Veut-on dire que toutes ces sectes doivent s'accorder mutuellement la vérité, la certitude du salut ; qu'aucune ne doit faire plus de cas de sa croyance & de ses loix, que de celles de ses rivales ? Cette indifférence est impossible, c'est l'incrédulité absolue. Si l'on prétend seulement qu'aucune ne doit être inquiéte, jalouse, turbulente, ne doit chercher l'occasion de faire du bruit & d'irriter les autres ; cela est très-bien, on ne peut trop prêcher cette morale qui est celle de l'Evangile ; mais nous doutons que les Sociniens, les Juifs, les Turcs, les Païens, les Chrétiens mêlés ensemble l'observent tous pendant long-temps. A moins que le gouvernement ne soit Athée, il aura des prédilections, c'est assez pour faire naître la guerre.

La prétendue tolérance du Paganisme est alléguée à faux. Les Païens toléroient les différentes especes de polythéisme & d'idolatrie, parce que toutes rentroient dans le même systême; ils n'ont jamais toléré les Mages, les Juifs, ni les Chrétiens, parce que ces trois religions soutenoient l'unité de Dieu. Dès l'origine, les Chrétiens quoique paisibles, soumis à toutes les loix civiles, fideles à tous les devoirs de citoyen, furent persécutés.

Bayle qui demande la tolérance de toutes les religions, ne la demande point pour les Athées; cependant il a soutenu ailleurs qu'ils pouvoient être aussi vertueux & aussi bons citoyens que les Croyans. Ses disciples ont raisonné plus conséquemment; la tolérance de l'Athéisme est aujourd'hui un dogme sacré pour les Philosophes.

§. XI.

VIe. Objection. Le dogme de la contrainte entraîne les plus fâcheuses conséquences. Si un Souverain a droit de contraindre ses sujets sur le fait de la religion, les sujets à leur tour ont droit de forcer leur Souverain à professer la religion qui leur plaît. Ce dogme une fois connu des Princes infideles leur fournit un juste sujet de fermer l'entrée de leurs Etats aux Missionnaires, puisque ceux-ci ne prêchent la soumission & la patience que quand ils ne sont pas encore assez forts pour prêcher la violence & la révolte. On sait assez que ces émissaires du Pape ne font des missions chez les Infideles, que par ambition & pour troubler le repos des Etats (*a*).

Réponse. Calomnies. Personne n'a jamais enseigné que les Souverains avoient le droit de contraindre sur la religion des sujets soumis & tranquilles qui ne donnent aucun lieu au gouvernement de se plaindre ni de se défier d'eux. Bayle suppose toujours le contraire faussement & sans preuve; les Ariens, les Donatistes, les Albigeois, les Protestans dont il cite l'exemple n'étoient rien moins que des sujets paisibles.

Supposer un droit de représailles entre les sujets & le Souverain, est le comble de l'absurdité. L'autorité appartient au Prince

(*a*) Comment. Philos. Préf. p. 361. I. Part. c. 4 & 5.

& non aux sujets; c'est à lui de commander, à eux d'obéir. Une révolte contre le Souverain, sous prétexte de religion, n'est pas plus légitime, que pour tout autre prétexte quelconque.

3°. Quel est donc le dogme pour lequel les Princes infidèles doivent fermer leurs Etats aux Missionnaires? Le voici tel que Bayle l'a forgé. » Nous avons reçu com-
» mandement de la part de notre Dieu de
» contraindre à se faire Chrétiens tous les
» opiniâtres, c'est-à-dire, tous ceux qui,
» après nos instructions, refuseront de se
» faire baptiser. En conséquence de cet or-
» dre notre conscience nous oblige, dès
» que nous en aurons le pouvoir, & qu'il
» n'y aura pas à craindre un plus grand
» mal, de chasser à coups de bâton dans les
» Eglises Chrétiennes, tous les Idolâtres,
» de les emprisonner, de les réduire à l'au-
» mône, d'en pendre quelques-uns pour
» l'exemple, &c. (a). Mais dans quel Catéchisme, dans quelle profession de foi, dans quel passage de l'Evangile, Bayle a-t-il puisé cette doctrine?

Il dira sans doute que, si l'Evangile ne donne pas ce droit, il est du moins établi

(c) Comment. Philos. I. Part. c. 5.

par le fait ; puisque l'on a porté des loix coactives contre les Payens, & que les Missionnaires pensent & agissent ainsi.

Nous avons vu ailleurs le vrai motif des loix portées contre les Païens ; mais il est faux que l'on en ait fait aucune pour les forcer à se faire baptiser, à fréquenter les Eglises, &c. L'accusation intentée aux Missionnaires est une pure calomnie ; nous parlerons ailleurs de ces Missions.

Selon Bayle, Jesus-Christ a défendu la contrainte par la régle générale de la charité, en disant : *Faites aux autres ce que vous voulez qu'ils vous fassent* ; or aucun de nous ne veut être contraint en fait de religion (*a*).

Il n'est point question de ce que nous voulons, mais de ce que nous avons droit de vouloir. Avons-nous droit de *professer publiquement* telle religion qu'il nous plaît, de susciter des ennemis à la religion dominante en faisant des Prosélytes sans mission, de forcer le Gouvernement à tolérer une religion dont l'esprit, la morale, les maximes lui paroissent incompatibles avec le bien public & la tranquillité de l'Etat ? La charité n'oblige certainement

(*a*) Comment. Philos. Supplém. c. 29.

pas à favoriſer la liberté particuliere aux dépens du bien général.

Bayle ſoutient que quand S. Paul met les *ſectes* ou les héréſies au nombre des œuvres de la chair, qui damnent ceux qui les commettent (*a*), il veut parler d'un homme qui, pour ſe faire chef de parti, ſéme la diſcorde dans l'Egliſe, & en rompt l'unité, non par zèle pour la vérité, mais par ambition, par jalouſie, ou par quelque autre paſſion injuſte. Il eſt rare, dit-il, que les auteurs des ſchiſmes agiſſent de bonne foi. Il entend de même le paſſage où l'Apôtre dit qu'un hérétique eſt un homme pervers, condamné par ſon propre jugement (*a*).

Admettons cette explication; Bayle ſoutiendra-t-il encore que l'erreur de ces gens-là eſt involontaire; qu'ils ne ſont point opiniâtres, que les droits de leur conſcience erronée ſont les mêmes que ceux de la conſcience droite, &c.?

Il n'eſt pas poſſible de peindre leur crime ſous des couleurs plus noires que celles du pinceau de Bayle. Il convient qu'il n'y a point de forfait plus énorme que de dé-

(*c*) Galat. c. 5, ℣. 20.
(*b*) Tit. c. 3, ℣. 10. Supplém. c. 18.

chirer le Corps mystique de Jesus-Christ, de calomnier son Epouse, de faire révolter les enfans contre leur mere : que c'est un crime de lèze-majesté divine au premier chef (*a*). Si les Auteurs d'un schisme sont si coupables, nous ne concevons point comment leurs complices & leurs sectateurs peuvent être innocens.

§. XII.

Un chef-d'œuvre de contradiction est l'arrêt de proscription qu'il a prononcé contre le Catholicisme. Après avoir décidé que l'on doit tolérer toutes les religions, les Sociniens, les Juifs, les Turcs, les Païens, à plus forte raison les différentes sectes du Christianisme : il dit que les Papistes ne doivent point être tolérés, *à cause de leurs dogmes* (*b*); que les Princes Protestans font bien d'exclure de la tolérance les Catholiques par politique, à cause de leur doctrine contraire à la tranquillité des Etats & de leur intolérance (*c*). Cette doctrine est, selon lui, *que le serment de fidélité fait à un Prince Hérétique, n'oblige pas* (*d*).

(*a*) Supplém. Préf.
(*b*) Comment. Préf. p. 361.
(*c*) *Ibid.* II Part. c. 5.
(*d*) Supplém. c. 31.

Calomnie, dont Bayle lui-même a reconnu ailleurs la fausseté (*a*). Jamais l'Eglise Catholique n'a professé ce dogme; le contraire est clairement prescrit par les Apôtres (*b*) & par Jesus-Christ lui-même, qui ordonne de rendre à César ce qui est à César (*c*). N'importe, par esprit de tolérance Bayle sonne le tocsin contre l'Eglise Romaine, invite tous les Souverains Protestans, & s'il le faut, tous les Princes Infidèles à faire ligue offensive & défensive contr'elle (*d*); les Souverains Catholiques s'en tireront comme ils pourront.

Ce n'est pas tout. Les Protestans méritent-ils mieux d'être tolérés que les Catholiques? Non. Bayle affirme & prouve que les premiers sont & ont toujours été aussi intolérans que les seconds; que les Sociniens & les Arminiens sont les seuls qui aient proscrit le dogme de la contrainte; mais que ce sont deux sectes foibles, & peu nombreuses. Il ajoûte, qu'en prêchant la tolérance, on passe presque pour Hérétique, même chez les Protestans (*e*). Il fait

(*a*) Rep. aux Quest. d'un Prov. I. Part. c. 8 & 9.
(*b*) Rom. c. 13, ℣. 1. I. Pet. c. 2, ℣. 13.
(*c*) Matt. c. 22, ℣. 21.
(*d*) Comment. Philos. Préf. p. 361.
(*e*) Supplém. c. 29.

voit

voir que les prétendus Réformateurs ont professé le dogme de la contrainte, & l'ont suivi; que c'est toujours la doctrine régnante parmi leurs Sectateurs (c).

Il va plus loin dans la réponse à la Lettre d'un Réfugié; il démontre que le supplice de Servet fut approuvé par les principaux Docteurs de la Réforme; que les Protestans n'ont point changé de doctrine sur ce point, qu'ils ne sont ni plus tolérans ni plus doux que les Catholiques; que lorsqu'ils ont été tranquiles, ç'a été par foiblesse & par impuissance. Il leur représente que la prise d'armes, approuvée par eux, & exécutée en Angleterre aussi-bien qu'en France & en Hongrie, donne aux Princes un juste sujet de se défaire d'eux; que leurs principes sur le serment de fidélité sont plus pernicieux que ceux des Catholiques.

Enfin, dans l'avis aux réfugiés, il leur fait des reproches encore plus sanglans. Il les accuse d'avoir introduit en France l'usage des Libelles diffamatoires, & d'avoir toujours enseigné une doctrine séditieuse, telle que la dissolubilité du contrat entre les sujets & le Souverain, lorsque celui-ci manque aux conditions. Après avoir sou-

(a) Supplém. c. 31.

tenu avec vivacité les droits des Rois contre le Pape, ils n'ont pas épousé avec moins de chaleur le parti du peuple contre les Rois. Bayle fait voir qu'ils sont partis du même principe pour établir l'anarchie en fait de politique & en fait de religion; que sur ce point leur doctrine a été constante & uniforme par-tout; qu'ils ont détrôné plus de Rois en cent ans, que jamais les Papes n'en ont excommunié. Il dit dans la conclusion, que les Protestans ont été toujours entichés de l'esprit républicain, que tous les reproches qu'ils ont faits aux Catholiques se retournent contre eux; qu'ils ont fait cent fois pis que les Ligueurs, &c. (*a*).

Il est donc clair que, selon les principes de Bayle, les Protestans sont encore moins tolérables que les Catholiques; que ces deux religions sont très-bien fondées à demeurer aux prises l'une contre l'autre jusqu'à la fin des siecles (*b*).

Cependant c'est sur ces mêmes principes que les Prédicateurs de la tolérance étaient

(*a*) *Voyez* la Confirmation de ces faits. Londres, Tom. II, p. 156 & suiv.

(*b*) De l'Homme, par Helvet, T. II, sect. 9, note 4, p. 594.

encore aujourd'hui leurs exhortations. L'Auteur de l'article *Tolérance* de l'Encyclopédie nous renvoie au *Commentaire philosophique* de Bayle, dans lequel, dit-il, ce beau génie s'est surpassé. S'il entend que ce beau génie s'est complettement réfuté, nous sommes de son avis. Dans le *Traité sur la Tolérance*, le plus célebre de nos Philosophes n'a eu garde de faire mention des griefs que le Gouvernement François a eus dès l'origine contre les Protestans : mais il en a fait mention ailleurs & a confirmé ce que Bayle en a dit ; nous le verrons ci-après.

§. XIII.

A Dieu ne plaise que nous désapprouvions les maximes qui tendent à inspirer aux hommes le support mutuel, la compassion pour ceux qui sont dans l'erreur, l'attention à ne point les aigrir, la douceur & la modération dans le zele même le plus légitime. Mais ceux qui prêchent cette morale avec tant d'emphase, devroient moins affecter de donner toujours le tort à l'autorité, de dissimuler les vrais motifs qui l'ont engagée à sévir, d'altérer tous les faits. Dans les écrits des tolérans incrédules, les Sectes révoltées contre l'Eglise ont toujours raison. C'est toujours elle qui est la cause des outrages qu'elles lui ont faits. On diroit qu'elle leur a mis exprès les armes à la main & les a excitées à lui déclarer la guerre. Quel mal l'Eglise Catholique avoit-elle donc fait à Luther & à Calvin, pour les engager à lever l'étendard contre elle, à la nommer la prostituée de l'Apocalyse, à l'accuser d'idolatrie, à répéter dans tous leurs écrits, qu'il falloit poursuivre le Papisme à feu & à sang?

Un Oracle Encyclopédique dit gravement: « Si les Novateurs étoient tolérés, » ou n'étoient combattus qu'avec les armes » de l'Evangile, l'Etat ne souffriroit point de cette fermentation des esprits; mais les » défenseurs de la Religion dominante s'é» levent avec fureur contre les sectaires, » arment contre eux les puissances, arra» chent des Edits sanglans, soufflent dans » tous les cœurs la discorde & le fanatis» me, & rejettent sans pudeur sur leurs » victimes les désordres qu'eux seuls ont » produits (a) ».

Selon cette décision, les Défenseurs de

(a) Encyclopédie, art. *Tolérance*. De l'Homme, par Helvet, Tom. I, sect. 4, c. 19, p. 633.

la Religion dominante ont causé seuls tous les désordres ; ce ne sont point les Hérésiarques, c'est le Clergé qui a soufflé dans tous les cœurs la discorde, la fureur, le fanatisme. On le soutient de même dans le *Traité sur la tolérance*, dans les *Conseils raisonnables*, &c. Le fait vaut la peine d'être examiné. C'est avec répugnance que nous allons retracer des scenes odieuses, mais nous y sommes forcés par l'injustice & par les calomnies de nos adversaires.

Luther commença de dogmatiser en 1517, il fut soutenu d'abord par l'Electeur de Saxe. En 1520 il publia son Livre *de la Liberté Chrétienne*, où il décidoit que le Chrétien n'est sujet à aucun homme, & déclamoit hautement contre les Législateurs & les Souverains. On sait les effets que produisit cette doctrine sur les Anabaptistes peu de temps après, & la guerre sanglante qui s'ensuivit. Condamné en 1520 par Léon X, auquel il avoit appellé, il publia des thèses dans lesquelles il disoit qu'il falloit courir sus au Pape; que si les Rois & les Césars faisoient la guerre pour lui, ils la feroient à leur dam. Déja il avoit répondu à la citation du Pape, qu'il comparoîtroit lorsqu'il seroit suivi de vingt mille hommes de pied, & de cinq mille chevaux (*a*). Alors il n'y avoit point encore eu d'Edit porté contre lui ; il ne fut mis au ban de l'Empire qu'en 1521. Charles-Quint n'eut pas besoin des avis du Clergé pour proscrire un furieux qui vouloit mettre l'Allemagne en combustion, & qui en vint à bout.

Henri VIII, Roi d'Angleterre, n'avoit point publié d'Edit contre Luther, mais seulement un Livre théologique, lorsque ce Réformateur l'accabla d'injures. Ce ne fut point pour se venger d'un Edit qu'il fit son traité *du Fisc Commun*, où il vouloit que l'on pillât les Monasteres, les Eglises, les Evêchés ; qu'il se brouilla avec Carlostad son disciple, & lui jura une haine éternelle, rupture de laquelle s'ensuivit bientôt *la guerre Sacramentaire.*

Les Suisses n'avoient porté aucune loi sanglante contre les Novateurs en 1523, lorsque Zuingle fit abolir à Zurich l'exercice de la Religion Catholique, & fit punir de mort les Anabaptistes. La guerre entre ses Disciples & les Catholiques, dans laquelle il fut tué, ne fut la suite d'aucun Edit extorqué par le Clergé.

Il en fut de même de la guerre civile de

(*a*) Hist. des Variat. L. II, n. 23 & suiv.

Geneve, en 1533, qui fit abolir le Catholicisme dans cette République. Il avoit déja été proscrit à Berne en 1528. Notre Religion ne fut pas mieux traitée en Suede & en Dannemarck, où elle fut défendue sous peine de mort.

Pour quels crimes Jean Fischer, Thomas Morus, trois Chartreux & deux Ecclésiastiques furent-ils pendus en Angleterre, éventrés ensuite & mis en pieces en 1535 ? Ils avoient désapprouvé le Schisme de Henri VIII. La persécution fut plus meurtriere en 1538. Trente Abbés ou Prieurs, soixante & dix-sept Moines, un plus grand nombre de Laïques furent mis à mort comme coupables de haute trahison, parce qu'ils refusoient au Roi la qualité de Chef suprême de l'Eglise (*a*).

Ce n'est donc pas sans raison qu'un Déiste irrité contre ses freres les Protestans leur a soutenu que la réforme a été intolérante dès son origine, & que les Réformateurs sont promptement devenus persécuteurs (*b*).

(*a*) La Conversion de l'Anglet. comparée à sa prétendue réform. troisieme Entret. c. 6.

(*b*) Lettres écrites de la Montagne, pag. 49 & suiv.

Nous prions nos adversaires de citer une ville, une bourgade, un village, où les Novateurs devenus les maîtres aient souffert un seul Catholique.

§. XIV.

Pour nous borner à ce qui s'est passé en France, plusieurs des faits dont nous venons de parler y étoient connus en 1534, lorsque François I donna son premier Edit contre les Hérétiques; on étoit instruit de leurs maximes, de leurs projets, de leur conduite. Déja en 1526 un Cardeur de laine avoit brisé les Images à Meaux, en 1528 il y avoit eu une statue de la Vierge mutilée à Paris. L'Edit fut porté en conséquence des placards séditieux que les Luthériens avoient affichés jusqu'aux portes du Louvre, & sur les indices d'une conspiration qu'ils avoient tramée contre les Catholiques; six Luthériens furent brûlés à cette occasion. Nos adversaires ont déclamé très-éloquemment contre ce supplice; mais ils n'ont eu garde d'articuler les faits pour lesquels ces criminels furent punis. On les a peints comme des Martyrs de leur religion; dans le vrai c'étoient des séditieux, des émissaires de Luther, de Bucer

& des autres chefs qui venoient allumer en France le feu dont la Suiſſe, l'Allemagne, l'Angleterre, le Nord étoient embrâſés. L'Edit de 1540 les proſcrit comme perturbateurs de l'Etat & du repos public.

L'Evangile, diſoit Luther, a toujours cauſé du trouble, il faut du ſang pour l'établir; Zuingle mettoit cette morale en pratique; Calvin animoit ſes diſciples du même eſprit (*a*): ſont-ce là des Apôtres dignes d'être tolérés?

Pour ſavoir ſi c'eſt le Clergé qui a aigri le gouvernement, ou ſi c'eſt le Souverain qui a ſenti la néceſſité de ſévir pour ſon repos & celui de ſes ſujets, nous n'alléguerons que des témoignages irrécuſables.

Selon Brantôme, François I diſoit hautement que le Calviniſme & toute autre nouvelle ſecte tendoit à la deſtruction des Royaumes, Monarchies & Dominations(*b*). L'Auteur des Eſſais ſur l'Hiſtoire Générale en convient. « Le Conſeil de François I, » dit-il, étoit perſuadé que toute nouveau-

(*a*) *Voyez* la Préf. de l'Inſtit. Chrét. en 1536, les deux Lettres de Calvin à M. du Poët, en 1547 & 1561.

(*b*) Dames illuſtr. p. 309. Diſſert. ſur la Toler. civile & relig. en Anglet. & en France, p. 8.

» té en fait de Religion traîne après elle » des nouveautés dans l'Etat. Ce Conseil » avoit raison en considérant les troubles » d'Allemagne qu'il fomentoit lui-même... » L'esprit dominant du Calvinisme étoit » de s'ériger en République ; il tenta long-» temps en France cette grande entreprise, » il l'exécuta en Hollande ; mais en Fran-» ce & en Angleterre on ne pouvoit arri-» ver à ce but si cher aux peuples qu'à tra-» vers des flots de sang (*a*) ». Même aveu dans l'Histoire des Etablissemens des Européens dans les Indes, tome 3, Liv. VIII, pag. 304.

Erasme avoit vu éclorre la prétendue Réforme, il dit de ses premiers Sectateurs : « Je les voyois sortir de leurs prêches avec » un air farouche & des regards mena-» çans, comme gens qui venoient d'ouir » des invectives sanglantes & des discours » séditieux. Aussi ce peuple évangélique » étoit-il toujours prêt à prendre les armes, » & aussi propre à combattre qu'à dispu-» ter (*b*) ».

Grotius pensoit que la révolte, la sédi-

(*a*) Essais sur l'Hist. gen. c. 134, Tom. IV, p. 6 ; c. 176, Tom. V, p. 146.
(*b*) Hist. des Variat. L. I, n. 34.

tion, la violence eſt ce qui a donné la naiſſance à la prétendue Réforme dans les Provinces-Unies, *comme par tout ailleurs* ; il le prouve par les principes mêmes des Réformateurs (*a*). Nous avons vu que Bayle reproche aux Proteſtans l'eſprit républicain & le caractere ſéditieux, comme une tache qu'ils ont apportée en naiſſant (*b*).

David Hume convient que les prétendus abus de la Religion Catholique ne ſont point la vraie raiſon qui a fait éclorre le Proteſtantiſme, que tolérer les nouveaux Prédicans, ou vouloir anéantir la religion nationale, c'eût été la même choſe. Partout, dit-il, où la réformation put l'emporter *par ſa réſiſtance à l'autorité civile*, le génie de cette religion ſe manifeſta dans toute ſon étendue (*a*).

L'Auteur du Tableau des Saints penſe de même. « Ce ne fut, dit-il, ni la raiſon, ni l'amour de la vérité, ni le deſir » de procurer le bien-être des peuples qui » guida les Apôtres de la réforme. Ce fut » bien plutôt la vanité de ſe diſtinguer, le

(*a*) Append. de Antichr. p. 59.
(*b*) Avis aux Réfug. II. Part. & Concluſ.
(*c*) Hiſt. de la Maiſon de Tudor, Tom. II, p. 9 & 10. Tom. III, p. 9 & 129.

» desir de faire parade de ses nouvelles » idées ou rêveries, le mécontentement, » la jalousie contre les chefs du Clergé do» minant, l'envie de combattre ses opi» nions, de le décrier, de lui nuire & de » dominer à sa place. Voilà quels furent » dans tous les temps les vrais mobiles des » Hérésiarques & des chefs de secte parmi » les Chrétiens ». Il le prouve par les fureurs de Luther, par les cruautés de Calvin, par la tyrannie de Henri VIII. (*a*).

§. XV.

Nous ne parlerons point de la conjuration d'Amboise, des guerres de Religion & des scènes affreuses qui se sont ensuivies; M. Bossuet en a développé les causes, il n'a cité en preuve que des Ecrivains Protestans. C'est assez pour nous d'avoir indiqué la premiere source des rigueurs exercées contre les Hérétiques en France & ailleurs. Dès l'origine le Gouvernement se trouva dans la cruelle alternative ou de recevoir la loi de leur part, ou de la leur faire par la terreur des supplices; d'extir-

(*a*) Tableau des Saints, II. Part. c. 7, p. 79.

per l'héréſie, ou de voir exterminer la Religion dominante; de répandre du ſang, ou de laiſſer bouleverſer le Royaume. D'autre part le Clergé & les peuples furent réduits à choiſir, de renoncer à leur religion, de fuir, ou d'être égorgés.

Si avec tout le flegme que peut inſpirer la charité chrétienne & l'amour de la vérité, les prétendus Réformateurs s'étoient attachés à prouver que l'Egliſe Romaine n'eſt point la véritable Egliſe de Jeſus-Chriſt, que ſon chef viſible n'a aucune autorité de droit divin, que les Souverains qui la protegent entendent mal leurs intérêts & ceux de leurs peuples, que le culte extérieur eſt contraire à l'eſprit de l'Evangile, &c. Eſt-il bien certain que les Gouvernemens auroient encore ſévi contre eux ? Nos adverſaires ſont-ils en état de le démontrer ? Mais ce n'étoit point-là le ton des Novateurs. Dans leurs écrits l'Egliſe Romaine eſt la paillarde de l'Apocalypſe, le Pape eſt un antechriſt & un démon, les Souverains qui ſoutiennent ſon parti ſont des tyrans & des Nérons, la Meſſe eſt une déteſtable idolatrie, la Communion un feſtin de Cannibales, la Confeſſion une invention de bourreau, &c. Ces groſſieretés ſubſiſtent encore dans leurs

Catéchiſmes (*a*). Tel étoit leur ſtyle évangélique; tels ſont les *ſujets fideles* contre leſquels on reproche au Clergé d'avoir irrité les Souverains (*b*). Calvin exhortoit M. du Poët à défaire le pays des *zélés faquins* qui engageoient les peuples à rejetter la réforme; *pareils monſtres*, dit-il, *doivent être étouffés, comme fis ici en l'exécution de Michel Servet, Eſpagnol.* Voilà ce qu'un Souverain Catholique devoit tolérer pour mériter l'approbation des Incrédules. Cependant un de nos déclamateurs modernes convient que Calvin en allumant le bucher de Servet, ſembloit avoir ôté à ſes diſciples le droit de ſe plaindre (*c*).

Ils font mieux. De peur qu'il ne nous arrive d'oublier les outrages qu'ont eſſuyés nos Peres, nos adverſaires ont ſoin de les renouveller. L'Auteur des queſtions ſur l'Encyclopédie a copié exactement tous les blaſphêmes que les Proteſtans ont vomis contre l'Euchariſtie, & qui ſont autant d'inſultes pour ceux qui croient à ce Myſtere (*d*); enſuite il dit que les Proteſtans

(*a*) *Voyez* le grand Catéchiſme de Berne.
(*b*) De l'Homme, T. I, ſect. 4; c, 19, p. 633.
(*c*) Eloge du Chancelier de Lhopital, p. 58.
(*d*) Queſt. ſur l'Encyclop. *Euchariſtie*

ont été égorgés pour n'avoir pas voulu croire qu'un homme pût faire un Dieu de pain, ou changer le pain en Dieu. Ainſi, ſelon lui, refuſer de croire un dogme, & inſulter ceux qui le croient, c'eſt la même choſe. N'eſt-il donc pas poſſible d'être hérétique ou incrédule ſans être inſolent, groſſier & furieux ?

§. XVI.

Ils ont répété cent fois le maſſacre des Vaudois en 1545. Ils diſent que le Souverain qui eut le malheur d'y ſouſcrire fut indignement trompé par la ſuperſtition, & aveuglé par le fanatiſme (*a*).

Nous ſoutenons que le zele de Religion n'entra pour rien dans cette expédition ; que les Vaudois furent maſſacrés, non parce qu'ils étoient hérétiques, mais parce qu'ils étoient ſéditieux & devenus redoutables depuis qu'ils s'étoient unis aux Calviniſtes. Nos adverſaires mêmes nous fourniront les preuves.

1°. De leur aveu, les Vaudois avoient vécu pendant deux ſiecles dans une tran-

---

(*a*) Eſſais ſur l'Hiſt. gen. c. 134, Encyclop. art. *Vaudois*, *Vingtieme* ajouté, p. 859.

quillité profonde, avant que les Réformateurs de Suisse & d'Allemagne leur eussent envoyé des Ministres : or ils n'étoient pas plus Catholiques pendant ces deux siecles que depuis leur aggrégation au Calvinisme ; donc si on les poursuivit après cette époque, ce ne fut pas à cause de leur religion.

2°. Nous avons fait voir de quelle maniere François I & son Conseil pensoient sur le compte des Calvinistes ; ils les regardoient comme des sujets mutins, révoltés, toujours prêts à prendre les armes. Donc telle fut l'opinion qu'ils eurent des Vaudois, depuis que ceux-ci eurent embrassé le Calvinisme.

3°. Le Cardinal Sadolet, Evêque de Carpentras, intercéda pour les Vaudois auprès de François I, mais les Vaudois s'attrouperent ; le Président d'Oppede & l'Avocat Général Guerin, exagérerent cette faute au Roi. Ils lui persuaderent que seize mille Vaudois vouloient se saisir de Marseille (*a*). Donc cet attroupement fut la cause de la sévérité avec laquelle on les traita. S'il se fût agi de la Religion, le Roi

(*a*) Note d'Amelot de la Houssaye sur Fra-Paolo, L. II, p. 110.

auroit eu plus d'égard aux prieres du Cardinal Sadolet qu'aux instances de deux Magistrats.

4°. Les Vaudois de Merindol & de Cabrieres avoient effectivement pris les armes, renversé les Autels, pillé les Eglises, avant que le Roi ordonnât de les exterminer (*a*).

Selon nos adversaires, cette maniere d'envisager les faits tend à rendre la puissance civile & les Souverains odieux (*b*). Nous voudrions savoir lequel des deux est le plus injurieux aux Souverains, de leur attribuer une politique qui paroît vicieuse aux Incrédules, ou de les supposer aveuglés par le fanatisme & par la superstition. Est-il beaucoup plus utile de décrier la Religion que de suspecter la Politique?

L'Auteur des Essais sur l'Histoire Générale confond les Vaudois avec les Albigeois; c'est une erreur pleinement réfutée par M. Bossuet (*a*). Il veut persuader que la Croisade, faite contre les Albigeois au douzieme siécle, a été la source de la haine des Vaudois contre l'Eglise Romaine. Fausseté. Les

---

(*a*) Hist. de l'Acad. des Inscr. Tom. 9, p. 652.
(*b*) Encyclop. art. *Vingtieme* ajouté.
(*c*) Hist. des Variat. L. XI, n. 45 & suiv.

Vaudois étoient trop ignorans pour ſavoir l'hiſtoire des Albigeois; ces deux Sectes n'avoient rien de commun. Il dit que le maſſacre des Vaudois augmenta prodigieuſement le nombre des Calviniſtes en France; que le tiers du Royaume embraſſa leur doctrine. Impoſture; ce maſſacre n'influa en rien ſur les progrès du Calviniſme.

Cependant l'article *Vaudois*, de l'Encyclopédie, eſt tiré mot à mot des *Eſſais ſur l'Hiſtoire Générale*, ſans aucune correction; ainſi ſe perpétuent les hiſtoires menſongeres, forgées par les Incrédules.

§. XVII.

Mais nous avons des reproches plus vifs à eſſuyer. » Par l'intolérance, les Chrétiens » ont été des monſtres cent fois plus abo» minables que tous les Sectateurs des au» tres Religions enſemble. Une preuve » évidente ſont les maſſacres, les roues, » les gibets & les buchers des Cevenes, & » près de cent mille ames péries dans cette » Province, ſous nos yeux; les maſſacres » des vallées de Piemont, les maſſacres de » la Walteline du temps de Charles Borro» mée, les maſſacres des Anabaptiſtes, maſ» ſacreurs & maſſacrés en Allemagne; les

» massacres des Luthériens & des Papistes
» depuis le Rhin jusqu'au fond du Nord;
» les massacres d'Irlande, d'Angleterre &
» d'Ecosse du temps de Charles I, massacré
» lui-même; les massacres ordonnés par
» Marie & par Henri VIII son pere; les
» massacres de la Saint Barthélemi en Fran-
» ce, & quarante ans d'autres massacres
» depuis François II, jusqu'à l'entrée de
» Henri IV, dans Paris; les massacres de
» l'Inquisition peut-être plus abominables
» encore, parce qu'ils se font juridiquement;
» enfin les massacres de douze millions d'ha-
» bitans du Nouveau Monde, exécutés le
» Crucifix à la main, sans compter tous
» les massacres faits précédemment au nom
» de Jesus-Christ depuis Constantin, &
» sans compter encore plus de vingt schis-
» mes, & de vingt guerres de Papes con-
» tre Papes & d'Evêques contre Evêques;
» les empoisonnemens, les assassinats, les
» rapines de plusieurs Papes, qui passerent
» de si loin en scélératesse les Néron & les
» Caligula. Cette épouvantable chaîne,
» presque perpétuelle, de guerre de reli-
» gion pendant quatorze cens années, n'a
» jamais subsisté que chez les Chrétiens:
» aucun peuple, hors eux, n'a fait couler
» une goutte de sang pour des argumens de

» Théologie. On eſt forcé d'accorder que
» tout cela eſt vrai (*a*).

Réponſe. On eſt forcé de ſoutenir que tout cela eſt faux, quoique repété vingt fois dans le même ouvrage, & cent fois dans d'autres livres. Il eſt faux que la cauſe de tous ces maſſacres ait été un motif de religion ; il eſt encore plus faux que les Chrétiens ſoient les ſeuls peuples qui ſe ſoient égorgés par ce motif ou ſous ce prétexte. Le contraire, une fois prouvé, fera voir juſqu'où va la bonne foi des Incrédules.

Quant au premier chef, l'Auteur lui-même, dans l'article *Religion*, dit que ce fut *pour avoir des richeſſes que l'on accumula tous ces morts.* Dans les articles *droit de la guerre*, *économie* de paroles, il s'efforce de prouver que l'Evangile défend à ſes ſectateurs la profeſſion des armes, que les premiers Chrétiens ont eu la guerre en horreur, que tous ſont obligés de ſe laiſſer égorger ſans ſe défendre, &c. Ici il ſoutient que dès l'origine ç'a été une race de

(*a*) Queſt. ſur l'Encyclop. *Athéiſme*, ſect. 4. *Voy.* encore les art. *Conſpiration*, *Dieu*, ſect. 4. *Egliſe*, p. 129, *Martyrs*, *Maſſacres*, &c. De l'Homme, par Helvet, Tom. II, ſect. 7, c. 1, p. 219. Lettre à M. de Beaumont, p. 98.

meurtriers, d'aſſaſſins, de bourreaux, qui n'ont ceſſé d'avoir les mains teintes du ſang de leurs freres ou de leurs ennemis. Mais il nous faut de meilleures preuves que les contradictions de nos adverſaires.

La vraie cauſe de toute guerre, ſans exception, eſt la paſſion naturelle à l'homme de dominer, de ſubjuguer ſes ſemblables, de ſe défaire de ceux qui lui réſiſtent. Cette paſſion d'une part, de l'autre l'impatience de ſubir le joug, le deſir de la vengeance, ont armé les peuples, les uns contre les autres depuis la création, & produiront le même effet plus ou moins juſqu'à la fin du monde.

Si un peuple qui vouloit en écraſer un autre, ſi une nation diviſée en deux partis, dont l'un redoutoit l'autre, ont allégué le motif de la religion pour en venir aux voies de fait, ils n'ont pas manqué de prétexter en même-temps le droit naturel, la juſte défenſe, la ſûreté publique, &c. Attribuer tout au premier de ces motifs, ſans vouloir tenir compte des autres; c'eſt un trait de fanatiſme philoſophique.

Tout homme regarde ſa religion comme une propriété; eſpérer qu'on le rendra moins ardent à défendre cette eſpece de propriété que toutes les autres, c'eſt ſe flatter de pouvoir inſpirer l'Athéiſme à tous les hommes.

Puiſque nos adverſaires aiment tant à parler de maſſacres, nous conſentons à en parcourir la liſte, à la groſſir encore, à diſcuter les cauſes de chacun.

§. XVIII.

Selon Joſeph, le motif qui porta les Juifs à ſe révolter contre les Romains, fut le ſens faux qu'ils donnoient aux Prophéties, qui ſembloient leur promettre l'empire du monde. Selon Tacite, ce fut le brigandage des Proconſuls Romains. Selon la vérité, ce fut l'impatience de porter un joug très-dur, & l'envie de le ſecouer. Parce que ce motif a fait voir aux Juifs dans les Prophéties un ſens qui n'y étoit pas; rendrons-nous leur religion reſponſable d'onze cents mille Juifs qui périrent au ſiege de Jéruſalem, ſans compter ceux qui furent exterminés ſous Adrien?

Selon nos adverſaires, ce ne fut point le zele de religion, mais la politique qui engagea les Empereurs Romains à maſſacrer les Chrétiens pendant trois cents ans; il ſeroit fort ſingulier que ces Princes euſſent toujours péché par politique, pendant que les Souverains Chrétiens péchent toujours par excès de religion.

Le motif qui arma les Ariens contre les Catholiques, fut le desir d'envahir les Eglises, les revenus, l'autorité du Clergé, & de se rendre les maîtres; ils n'avoient pas puisé dans l'Evangile cette noble ambition. Les Catholiques de leur côté n'avoient pas besoin de l'Evangile pour sentir qu'il leur étoit permis de résister, & de se défendre.

Quelle passion animoit les Donatistes & leurs Circoncellions? Ils vouloienr, disoient-ils, rétablir l'égalité parmi les hommes. Bien entendu qu'en attendant l'égalité, ils pilloient par provision. Il nous paroît que sans consulter le zele de religion le Gouvernement faisoit bien de les exterminer.

Ceux qui poursuivirent les Priscillianistes d'Espagne, y étoient poussés par des inimitiés & des jalousies particulieres; ils abusoient de l'ambition du tyran Maxime, qui avoit condamné à mort ces Hérétiques pour s'emparer de leurs biens. Ces persécuteurs furent excommuniés par les Evêques.

Lorsque les Bourguignons, les Gots, les Vandales, infectés de l'Arianisme, mirent l'Europe & les Côtes de l'Afrique à feu & à ſang ; ils ne faiſoient que ſuivre l'amour du pillage & du carnage qui les avoit pouſſés à ſortir de leurs forêts : quand ils auroient été Juifs, Païens ou Athées, ils n'auroient pas été moins féroces.

Si l'on prit les armes au douzieme ſiecle contre les Albigeois, on y fut obligé par leurs trahiſons, leur perfidie, leurs parjures : on ne pouvoit avoir aucune ſûreté avec eux. L'Auteur des *Queſtions* dit que la cauſe de la Croiſade contre les Albigeois étoit l'envie d'avoir les dépouilles de Raymond, Comte de Toulouſe, & le prétexte ſon héréſie & celle de ſes ſujets (*a*). Soit. Voilà donc des maſſacres inſpirés, non par la religion, mais par la cupidité.

Nous avons vu, dans les écrits mêmes de Luther, la vraye cauſe des guerres des Anabaptiſtes, des Luthériens, des Sacramentaires. Nous ne croyons pas que les ſouverains & les peuples Catholiques aient été obligés de ſe laiſſer égorger ſans coup férir, & de laiſſer agir des ſéditieux, ameutés par un enthouſiaſte ambitieux.

Dans *les Eſſais ſur l'Hiſtoire générale*, l'Auteur, lui-même, nous a indiqué la véritable origine des troubles de France.

(*a*) Queſt. ſur l'Encyclop. *Avignon.*

Elle

Elle eſt confirmée par l'Auteur d'Emile. » Examinez, dit-il, toutes vos précédentes » guerres, appellées *guerres de religion*; » vous trouverez qu'il n'y en a pas une qui » n'ait eu ſa cauſe à la Cour & dans les » intérêts des Grands. Des intrigues de ca- » binet brouilloient les affaires, & puis les » chefs ameutoient les peuples au nom de » Dieu (*a*).

David Hume nous a montré la cauſe des maſſacres d'Angleterre, d'Ecoſſe & d'Irlande; l'Auteur du Tableau des Saints, celle des fureurs de tous les chefs de ſecte. Nous parlerons ailleurs du Tribunal de l'Inquiſition.

Un Ecrivain très inſtruit vient de prouver, à la face de tous les Philoſophes, que le Clergé de France n'a eu aucune part au maſſacre de la S. Barthélemi (*b*), & cela eſt vrai. Mais il eſt faux que dans ce ſiécle un homme d'Egliſe ait fait le panégyrique de cette exécution (*c*).

Lorſque nos adverſaires diſent que douze millions d'Américains ont été exécutés *le Crucifix à la main*, ils ſavent bien que

(*a*) Lettre à M. de Beaumont, p. 88.

(*b*) Annales Polit. Tom. III, n. 18, p. 103 & ſuiv.

(*c*) Lettre à M. de Beaumont, p. 97.

c'eſt une impoſture. Les brigans Eſpagnols qui ont dévaſté l'Amérique, étoient animés par la ſoif de l'or, par l'ambition & la jalouſie du commandement : ils finirent par s'égorger les uns les autres. Nous le verrons en traitant des nouvelles Miſſions.

Il eſt encore plus ridicule d'alléguer les ſchiſmes pour le ſiége de Rome, les guerres de Papes contre Papes, d'Evêques contre Evêques, les crimes de quelques Pontifes qui ſe ſentoient de la corruption de leur ſiécle ; quelle part peut y avoir eu le zèle de religion vrai ou faux ?

§. XIX.

Vous ne nierez pas du moins, nous dira-t'on, que ce ne ſoit le fanatiſme ou le faux zèle de religion, qui a enflammé les cerveaux ardens de Luther, de Calvin, de leurs collégues, & des autres principaux ſectaires.

Soit. Selon les mécréans de toutes les ſectes, le *fanatiſme* eſt un vice d'organiſation, un effet des paſſions exaltées. Par quelle opération phyſique la religion agit-elle ſur le cerveau, & parvient-elle à exalter les paſſions ? Nous les voyons allumées dans un égal dégré chez les incrédules &

chez les hommes qui ont une religion. Même langage, même fureur, mêmes principes, dans les écrits des Philosophes d'aujourd'hui que dans les livres de Luther & de Calvin. A la vérité ils n'ont pas encore fait autant de mal, mais ce n'est pas défaut de volonté. Ils triomphent déjà de la chûte future du Christianisme, comme les Réformateurs se flattoient d'avance de l'anéantissement du Papisme. Y a-t-il beaucoup de différence entre ces paroles forcenées : *Les Chrétiens sont des monstres abominables*, & les cris tumultueux dont les Amphithéâtres ont retenti pendant trois cens ans : Livrez les Chrétiens aux bêtes, *Christianos ad leonem?* Tertull. Certainement ce n'est pas la Religion qui a donné cette tournure à leur cerveau, & qui leur a enflammé la bile.

L'un d'entr'eux s'est attaché à prouver que l'orgueil & la paresse, déguisés sous le nom de zèle, sont les vraies causes qui rendent un homme persécuteur de ses semblables (*a*). Donc il est faux que le zèle persécuteur vienne de la Religion.

Enfin, disent-ils encore, s'il n'y avoit

(*a*) De l'Esprit, quatrieme Disc. c. 10, T. III, p. 142 & suiv. Lettre à M. de Beaumont, p. 74.

plus de religion ſur la terre, ce ſeroit un prétexte de moins pour allumer les paſſions. D'accord. De-même, s'il n'y avoit plus de propriété, plus de loix, plus d'autorité, plus d'opinions, les hommes ne pourroient plus ſe diſputer leurs poſſeſſions, leurs loix, leurs trônes, leurs ſyſtêmes, c'eſt-à-dire en d'autres termes, que ſi les hommes étoient brutes, ils ne ſeroient plus animés les uns contre les autres par les paſſions de l'humanité, mais ſeulement par celles de l'animalité. Sublime Philoſophie!

On voit que nous pouſſons la complaiſance, pour nos adverſaires, beaucoup plus loin qu'elle ne devroit aller; qu'en leur accordant même leurs folles prétentions, il eſt encore évident qu'ils déraiſonnent.

Mais portons-la aux derniers excès, nous ne riſquons rien. L'Auteur des Queſtions ſur l'Encyclopédie, grand calculateur, porte le nombre des maſſacres, commis pour cauſe de religion depuis Jeſus-Chriſt juſqu'à nous, à près de dix millions. Il n'eſt pas un ſeul article de ſa ſupputation qui ne ſoit faux: n'importe, admettons la contre toute vérité. Cette ſomme, répartie ſur dix-ſept ſiécles, produira environ ſix cens mille homicides par ſiécle; c'eſt à raiſon de ſix mille par an. Ce réſultat ſeroit encore terrible, mais il embrasse une bonne partie du globe. Sans sortir du Royaume de France, je soutiens que la seule institution des Hôpitaux pour les Enfans-Trouvés, & les soins qu'inspirent aux parens l'idée du Baptême conservent toutes les années plus de six mille sujets; que les hôpitaux de toute espèce, & les autres soins de la Charité chrétienne, inconnus aux Nations infidèles, triplent & quadruplent le nombre des hommes conservés, & qui périroient sans cela.

La cruauté des Chinois laisse périr toutes les années plus de trente mille enfans, de compte fait, & les Philosophes nous vantent les mœurs Chinoises. La barbarie des Romains laissoit mourir de faim ou de maladie, tous les ans, un plus grand nombre d'esclaves, & les Philosophes n'en disent rien. Le libertinage de la seule Ville de Paris empêche, toutes les années, plus de six mille enfans de naître, & les Philosophes le trouvent bon. Ils declament ensuite contre les massacres arrivés pour cause de religion.

Il faut le répéter souvent, disent-ils, afin qu'on n'ait plus de pareils calculs à faire. Répétons le donc puisqu'il le faut. Vos calculs sont enflés à discrétion; la cause à laquelle vous attribuez les massacres est fausse de votre propre aveu : en exagérant le mal vous ne tenez aucun compte du bien ; vous rejettez sur la Religion le mal qu'elle défend, & non le bien qu'elle commande : vous ne méritez pas d'être écoutés. Quand le zèle de religion seroit tel que vous le peignez, vous seriez encore des insensés d'agacer un tigre endormi ; si jamais les anciennes fureurs venoient à renaître, ce seroit vous qui auriez attisé le feu.

§. XX.

En second lieu, est-il vrai que les guerres & les massacres, sous prétexte de religion, soient un vice particulier aux Chrétiens, duquel les sectateurs des autres religions soient exempts ? Pour oser l'affirmer, il faut compter étrangement sur la confiance aveugle des Lecteurs.

Lorsque Zoroastre, à la tête d'une armée parcouroit la Perse & l'Inde, arrosoit par des torrens de sang *l'arbre de sa loi*, il ne parloit que de religion. Cambyse qui ravagea l'Egypte, Darius Ochus qui fit démolir les temples, détruisit les monumens des Egyptiens & *fit mettre leur dieu à la broche*, étoient animés du même esprit que Zoroastre. Plus d'une fois les Perses parcoururent l'Asie mineure & la Grece, brûlerent les temples, mirent en pieces les statues des dieux; les Grecs laisserent subsister ces ruines pour exciter chez leurs descendans le ressentiment contre les Perses. Alexandre ne l'avoit pas oublié lorsqu'il persécuta les Mages (*a*). Les Antiochus voulurent détruire la religion Juive pour assujettir plus efficacement les Juifs; on sait combien il y eut de sang répandu à cette occasion. La guerre sacrée chez les Grecs dura dix ans entiers & causa tous les désordres des guerres civiles. Les Romains ont exterminé le Druidisme dans les Gaules, ils n'en sont pas venu à bout sans effusion de sang. Nous avons prouvé l'abondance de celui qu'ils ont fait couler pendant trois cens ans pour détruire le Christianisme. Tacite nous apprend qu'une des guerres les plus meurtrieres qui se soient faites entre deux peuples de Germanie, avoit été entreprise par un motif de religion (*b*). Chosroës, Roi des Perses, jura qu'il poursuivroit les Romains jusqu'à

(*a*) Prideaux, Hist. des Juifs, L. IV & VII, pag. 150 & 294.
(*b*) Annal. L. XIII, c. 57.

ce qu'il les eût forcés de renoncer à Jesus-Christ & d'adorer le soleil : on ne doit donc pas être surpris si des milliers de Chrétiens ont été mis à mort dans la Perse. Niera-t-on que, quand les Mahométans ont parcouru les trois parties du monde connu, l'épée d'une main & l'alcoran de l'autre, ils n'aient été possédés du fanatisme religieux ?

Si nous en croyons un Auteur très-instruit, la religion a eu part aux plus anciennes émigrations des Gaulois ; leur *ver sacrum* qui les décidoit étoit une institution religieuse. Ils prétendoient avoir des droits sur toutes les nations qui avoient abandonné le culte primitif dont ils se croyoient en possession. Les irruptions si fréquentes des Germains dans les Gaules sous le Bas-Empire étoient aussi liées avec leur religion ; ils s'y croyoient engagés pour l'expiation de leurs crimes (*a*). Dans l'Orient il y eut une foule d'émigrations, d'irruptions, d'invasions occasionnées par la religion (*b*).

A remonter plus haut, nous voyons le Roi de Babylone abattre les statues & les

(*a*) Grég. de Tours, L. I, n. 30.
(*b*) Mém. pour l'Hist. de Troyes, p. 129.

idoles de l'Egypte (*a*), & un de ses successeurs ordonne que l'on extermine tous les dieux des nations, & que l'on brûle leurs temples (*b*).

Comparez, savans Philosophes, cette suite de massacres; osez encore écrire qu'aucun peuple, excepté les Chrétiens, n'a répandu une goutte de sang pour des argumens théologiques; que les Prêtres Chrétiens seuls ont répandu plus de sang que les Prêtres de toutes les fausses religions, &c. (*c*).

Que l'on prêche la douceur à tous les hommes en général, que l'on efface, s'il est possible, le souvenir de tous les crimes anciens & modernes, de peur que l'idée même n'en fasse renaître l'envie; rien de mieux, c'est l'esprit de l'Evangile. Mais nos Philosophes jugent qu'il est plus utile de retracer sans cesse les forfaits de tous les siecles, de les exagerer, d'en charger la religion pour échauffer tous les esprits contre elle. Ils veulent guérir un fanatisme par un autre. Si la religion rend ses sectateurs furieux, Docteurs téméraires, à quoi

(*d*) Ezech. c. 30, ℣. 13.
(*b*) Judith, c. 3, ℣. 13 : c. 4, ℣. 2.
(*c*) II. Lettre à Sophie, p. 153.

vous exposez-vous? Après ces traits de démence, ils se vantent encore d'avoir guéri les hommes de leur intolérance, & de leur avoir ôté l'envie de répandre du sang pour des opinions.

§. XXI.

Sans doute, disent-ils, *la vraie Religion* condamne tous les meurtres injustes; mais ce n'est pas de celle-là qu'il s'agit, ce n'est point elle que nous accusons : nous n'en voulons qu'à la religion fausse, à la superstition, au fanatisme, au zele persécuteur & cruel. C'est un sophisme d'autant plus grossier, une *fourberie d'autant plus criminelle* de les confondre, qu'en voulant disculper le fanatisme on rejette le blâme sur la puissance civile, sur l'autorité du gouvernement, & que l'on rend ainsi les Souverains odieux aussi bien que les Philosophes (*a*).

Voyons de quel côté est le sophisme & la fourberie. 1°. Selon nos adversaires, le fanatisme, le zele intolérant & destructeur vient de la religion même. Ils décident non-seulement que l'intolérance est essen-

(*a*) Encyclop. art. *Vingtieme* ajouté, p. 859. Les Incas, Préf. p. 16.

tielle au Christianisme & à toute Religion (*a*), mais que tout homme qui admet un Dieu est nécessairement intolérant (*b*); qu'une religion vraiment tolérante seroit celle qui n'auroit aucun dogme (*c*); que l'intolérance est même attachée à toute opinion qui paroît importante (*d*). En disant que le fanatisme *est un serpent caché & nourri* dans le sein de la vraie Religion; ils ont grand soin de nous faire sentir qu'il en est inséparable. De quel front veulent-ils nous persuader que leurs déclamations contre le fanatisme ne retombent point sur la vraie Religion?

2°. Qand nous disons que les Princes, par raison d'Etat, par politique, pour le maintien de leur autorité & de la tranquillité publique, ont cru devoir réprimer les Hérétiques & les Incrédules par des loix coactives, nos adversaires nous reprochent que nous rendons l'autorité même

(*a*) Hist. des Etabl. des Europ. dans les Indes, Tom. VI, L. XVII, p. 333.

(*b*) Syst, de la Nat. Tom. II, c. 3, 7, 10. Hist. nat. de la Relig. p. 69, 71.

(*c*) De l'Homme, Tom. I, sect. 1, c. 13 & 14.

(*d*) Syst. de la Nat. Tom. II, c. 7, p. 224. De l'Esprit, II. Disc. c. 3, Tom. I, p. 103. De l'Homme, Tom. II, sect. 9, c. 7.

odieuſe. Ainſi, ſelon eux, l'abus de l'autorité fait haïr l'autorité, mais l'abus de la religion ne fait point haïr la religion. Nous manquons de reſpect aux Princes lorſque nous penſons que leur politique les a déterminés; & les Incrédules ſont reſpectueux lorſqu'ils ſoutiennent que les Souverains ont agi par un zele de religion cruel & aveugle. La vérité eſt que leur politique a été auſſi ſage que leur religion, lorſqu'ils n'ont ſévi que contre des ſectes turbulentes.

3°. Selon les Incrédules, lorſque les Chrétiens ont ſouffert avec une patience invincible la perſécution des Païens, *ils ont été ſuppliciés pour leurs crimes*; lorſqu'ils ſe ſont défendus contre des ſectes entreprenantes & injuſtes, ils ont été *des monſtres abominables*. Ceux qui ont enduré la mort en béniſſant Dieu & en priant pour leurs bourreaux, étoient *des enthouſiaſtes, des fanatiques*; ceux qui ont fait voir la néceſſité de réprimer les attentats de l'héréſie étoient encore *des fanatiques*. Que la religon ait été patiente ou réprimante, cela eſt égal; c'eſt toujours *un fanatiſme*. Cependant nos adverſaires n'en veulent point à la vraie Religion; mais ſi celle des Martyrs n'étoit pas la vraie, où eſt-elle ſur la terre? Lorſqu'il eſt queſtion de rendre ſuſpect le zele des Missionnaires, nos censeurs soutiennent qu'il ne leur est point inspiré par la religion, mais par inquiétude de caractere, par la vanité, par l'intérêt, par l'ambition de dominer sur leurs prosélytes, &c. S'agit-il d'assigner la cause des troubles arrivés dans le Christianisme? C'est toujours le zele de religion. Selon ces critiques judicieux, la religion est toujours le principe du mal qu'elle défend, elle ne l'est jamais du bien qu'elle commande.

4°. Dans un temps où nous ne pensons à inquiéter personne, une troupe de corsaires nous tombe sur les bras, nous accable de sophismes, de reproches, de calomnies, renouvelle les insultes des Juifs, des Païens, des Hérétiques de tous les siecles: si nous ne répondons rien, c'est que nous nous sentons confondus; si nous dévoilons toute la turpitude de nos agresseurs, nous sommes des intolérans, des fanatiques, des boute-feux qui sonnons le tocsin contre les mécréans. Quand nous disons qu'ils attaquent la religion, *c'est une fourberie*, ils n'en veulent qu'à la superstition; bien entendu que quiconque croit un Dieu est superstitieux.

La vraie Religion, de concert avec le bon sens, nous dit que quand des Hérétiques, des Incrédules, des Infideles qui ſe trouvent au milieu de nous, ſont paiſibles & ſoumis aux loix, il faut non-ſeulement les tolérer, mais les plaindre, les inſtruire avec douceur & charité; que s'ils ſont querelleurs, ambitieux, turbulens, révoltés, il faut les réprimer & les punir; parce que la religion & la tolérance ne doivent nuire ni à la juſtice, ni à la tranquillité publique. Ceux qui ont intérêt de penſer autrement, ne ſont pas animés par des motifs fort louables.

Ce n'eſt ni la vraie ni la fauſſe Philoſophie qui leur dictent tant de calomnies & tant d'abſurdités; ce ſont plutôt leurs paſſions propres & perſonnelles, l'ignorance préſomptueuſe, l'orgueil dogmatique, la vanité de s'ériger en précepteurs des Rois & des Nations, la jalouſie contre le Clergé, l'averſion pour une religion qui gêne & qui humilie: dans tous ces travers il n'y a certainement rien de philoſophique. De même parmi les Croyans, d'autres paſſions peuvent inſpirer un faux zele & une mauvaiſe politique; il n'eſt donc pas beſoin d'en accuſer ni la vraie ni la fauſſe religion.

§. XXII.

L'intolérance, disent-ils, est sur-tout le vice de l'Eglise Catholique ; il vient de ce qu'elle exclut du salut tous ceux qui ne lui rendent point obéissance ; la maxime, *hors de l'Eglise point de salut*, est la source de toutes les dissensions : l'on ne peut pas se résoudre à vivre en paix avec des gens que l'on croit damnés.

Réponse. L'Eglise Catholique exclut aussi du salut tous les pécheurs obstinés & impénitens : elle est persuadée que, s'ils ne changent pas, ils seront damnés ; cependant elle n'a jamais décidé qu'il falloit leur déclarer la guerre. Convaincue qu'elle professe seule la vraie Religion, elle croit que tous ceux qui s'en écartent volontairement & la méconnoissent, sont hors de la voie du salut ; les Protestans, les Juifs, les Musulmans pensent de même.

Comme la religion ne paroît d'aucune importance aux Incrédules, ils imaginent que Dieu est de leur avis ; que quiconque a les vertus morales, remplit les devoirs de société & d'humanité, sera récompensé dans le Ciel : ils prétendent que Socrate, Platon, Titus, Trajan, Marc Aurele, ont mieux mérité le bonheur éternel que les Saints auxquels l'Eglise Chrétienne rend un culte.

Ce n'est ni aux Philosophes ni à nous de placer dans le Ciel qui bon leur semble. Jesus-Christ a décidé que ceux qui croiront à l'Evangile seront sauvés, que quiconque n'y croira pas sera condamné (*a*). Nous avons fait voir ailleurs que cette foi renferme la fidélité aux préceptes de l'Evangile, par conséquent les vertus & les bonnes œuvres; Jesus-Christ le déclare (*b*): voilà deux conditions qu'il ne faut pas séparer.

Quand il seroit évident que les Païens ont eu toutes les vertus morales, ce qui n'est point, ils seroient encore condamnables de n'avoir rendu aucun culte à Dieu, d'avoir approuvé & pratiqué l'idolatrie; S. Paul enseigne que du moins les plus instruits ont été inexcusables (*c*). Il ne nous appartient pas de juger jusqu'à quel point les autres peuvent être excusés par le défaut de connoissance ou par l'excès de stupidité; ce jugement est l'affaire de Dieu, & non la nôtre.

(*a*) Marc, c. 16, ℣. 16.
(*b*) Matt. c. 25, ℣. 34.
(*c*) Rom. c. 1. ℣. 21.

On invective contre les Peres de l'Eglise, parce qu'ils ont dit que les vertus des Païens n'étoient pas *de vraies vertus*, que souvent leurs actions les plus louables en apparence étoient des péchés brillans, *splendida peccata*, parce que la vaine gloire en étoit ordinairement le motif. En cela, les Peres ont pensé comme toute la secte des Stoïciens. Simplicius dit, après Epictete, que c'est une passion honteuse à l'ame de vouloir acquérir de la gloire par le bien que l'on fait, que cette passion souille la vertu, que l'on n'est pas véritablement juste quand on l'est par vanité (*a*).

Il ne faut pas oublier que les Théologiens qui sont allés plus loin, qui ont enseigné que *toutes* les actions des infideles sont des péchés, & que toutes les vertus des Philosophes sont des vices, ont été condamnés par l'Eglise : les plaintes des Incrédules sont donc injustes à tous égards.

Plusieurs ont écrit que, selon la doctrine de l'Eglise Catholique, on n'est pas obligé de garder la foi aux Hérétiques, que le Concile de Constance l'a ainsi décidé (*b*).

(*a*) Manuel d'Epictete, n. 52, p. 266.

(*b*) Syst. de la Nat. Tom. II, c. 13. p. 375. Contagion sacrée, Tom. I, c. 7, p. 179.

C'est une calomnie du Ministre Jurieu que nos adversaires copient à l'aveugle. Bayle l'a réfutée, il soutient avec raison que cela est faux, qu'aucun Concile, ni aucun Théologien de marque n'a enseigné cette doctrine (*a*). Dans un autre ouvrage nous avons fait voir qu'elle ne s'ensuit point des décrets ni de la conduite du Concile de Constance, que le supplice de Jean Hus fut ordonné par l'Empereur & non par le Concile; nous l'avons prouvé par le témoignage même du Ministre Lenfant, apologiste décidé de Jean Hus (*b*).

Nous parlerons encore de l'intolérance en traitant des effets civils & politiques de la Religion Chrétienne & des nouvelles Missions.

Déja il demeure incontestablement prouvé, 1°. que l'intolérance, le fanatisme, le faux zele, ont leur source dans les passions & les divers intérêts des hommes; qu'ils viennent moins des opinions que l'on suit, que du tempérament & de l'organisation de chaque particulier. 2°. Que cette maladie a été commune à toutes les reli-

(*a*) Rép. aux quest. d'un Prov. c. 8 & 9. *Voy.* Apol. pour les Cathol. Tom. I, p. 425.

(*b*) Cert. des Preuves du Christian. c. 10, §. 5.

gions, à tous les peuples, à tous les siecles; les Athées & les Incrédules de toute espece y sont pour le moins aussi sujets que les Croyans. 3°. Que les excès attribués au fanatisme sont venus d'une toute autre cause, qu'indépendamment du zele de religion, l'intérêt politique des Souverains & des peuples les a forcés de sévir contre les sectes turbulentes. 4°. Si les peuples de l'Europe paroissent aujourd'hui plus modérés & plus tolérans qu'autrefois, les Philosophes ont très-grand tort de s'en attribuer la gloire; leur style amer, fougueux, déclamateur, est plus propre à aigrir les esprits qu'à les calmer. Ils n'inspirent l'indifférence de religion qu'à des hommes qui ont déja puisé dans l'Epicuréisme l'indifférence du bien public.

CHAPITRE VIII.

De la constitution du Christianisme ou de la regle de Foi.

§. I.

IL suffit de faire attention à la maniere dont le Christianisme s'est établi pour connoître la voie par laquelle il doit se perpétuer. Les Apôtres n'ont point converti le monde par des raisonnemens philosophiques, mais en prouvant leur mission par des miracles; S. Paul le déclare (*a*) : telles sont les lettres de créance que Jesus-Christ leur avoit données (*b*). Ils ont attesté les faits qu'ils avoient vus & la doctrine qu'ils avoient entendue, ce sont de simples *témoins*; là se bornoit leur mission (*c*). Lorsqu'il faut substituer un nouvel Apôtre à la place de Judas, ils choisissent un de *ceux qui ont été témoins* avec eux des actions de Jesus, pour attester sa résurrec-

(*a*) I. Cor. c. 2, ℣. 4.
(*b*) Matt. c. 10, ℣. 8.
(*c*) Act. c. 1, ℣. 8.

tion (*a*). Ils disent aux Juifs qui leur défendoient de prêcher : Nous ne pouvons nous dispenser de publier ce que nous avons vu & entendu (*b*). Nous vous annonçons, dit S. Jean, & nous vous attestons ce que nous avons vu & entendu (*c*). Ce témoignage uniforme d'un grand nombre de témoins étoit encore confirmé par de nouveaux miracles.

Les Apôtres donnent la même commission aux Pasteurs qu'ils établissent. S. Paul dit à Timothée : « Conservez avec foi & » charité en Jesus-Christ les vérités que » vous avez reçues de moi, gardez ce » dépôt par le Saint-Esprit qui habite en » nous..... Ce que vous avez appris de » moi devant plusieurs témoins, confiez-le » à des hommes fideles & capables d'en» seigner les autres (*d*) ». La doctrine Chrétienne est donc une tradition & un dépôt ; les Ministres de l'Evangile doivent le transmettre tel qu'ils l'ont reçu, sans y rien ajouter ni retrancher.

« Qu'est-ce qu'un dépôt ? demande à ce

(*a*) Act. c. 1, ℣. 21, 22.
(*b*) *Ibid.* c. 4, ℣. 20.
(*c*) I. Joan. c. 1, ℣. 1, 3.
(*d*) II. Tim. c. 2, ℣. 2.

» sujet Vincent de Lérins ? C'est ce qui
» vous a été confié, & non ce que avez in-
» venté ; vous l'avez reçu, & non imaginé ;
» ce n'est point le fruit de vos réflexions,
» mais des leçons d'autrui, ni votre opi-
» nion particuliere, mais la croyance pu-
» blique : il a commencé avant vous, & il
» vous est parvenu ; vous en êtes non l'au-
» teur, mais le gardien, non l'instituteur,
» mais le sectateur ; vous ne montrez aux
» autres le chemin qu'en le suivant vous-
» même (*a*) ».

La nature même de cette doctrine ne nous permet point de l'envisager autrement ; plusieurs articles de croyance enseignés par Jesus-Christ, sont des mysteres supérieurs à l'intelligence humaine, les maximes de sa morale sont très-opposées aux penchans de notre nature : nous ne parviendrons jamais à comprendre les uns ni à goûter les autres, il seroit absurde d'en faire un sujet de dispute & de discussion ; vouloir les assujettir aux lumieres de la Philosophie, ce seroit soumettre l'autorité de Dieu à celle des hommes : le nom seul de *révélation* nous avertit que la cu-

(*a*) Commonit. n. 22.

riosité humaine n'a rien à y voir, c'est un objet de foi & non de raisonnement.

§. II.

Sur ce point le plan de la Providence a toujours été le même, il ne s'est jamais démenti. La révélation primitive devoit être transmise des peres aux enfans par la tradition continue : elle ne s'est conservée que dans les familles qui ont fidellement gardé cette méthode. Sous la Loi Juive l'instruction étoit la même, les Juifs devoient suivre la tradition de leurs peres & les leçons de leurs Prêtres ; lorsqu'ils s'en écartoient, Dieu envoyoit des Prophetes revêtus d'une mission surnaturelle pour rétablir la Religion dans sa pureté (a). Sous l'Evangile, loi destinée à toutes les nations, il falloit ou que Dieu promît d'envoyer de nouveaux Apôtres lorsqu'il s'éleveroit des erreurs, ou qu'il établît la perpétuité de la Foi sur l'uniformité de l'enseignement des Eglises.

A la seconde époque la révélation, concentrée chez un seul peuple & renfermée dans un espace assez borné, pouvoit être

(a) II. Esdr. c. 9, ℣. 26.

altérée ou obſcurcie par la défection de la majeure partie de la nation, comme il arriva dans le ſchiſme des dix Tribus: il falloit donc alors une nouvelle miſſion de Prophetes. Dieu l'avoit promis à Moïſe (*a*), il n'y manqua jamais. Lorſque l'Evangile a été établi chez les différentes nations, ou il auroit fallu autant de Prophetes que de langues différentes pour extirper les erreurs, ou il étoit néceſſaire que Dieu promît ſon aſſiſtance à l'Egliſe ainſi diſperſée; il l'a promiſe en effet. Comme Dieu ne fait pas des miracles continuels, il a fondé la ſûreté de ſa promeſſe ſur la nature même des choſes. Il eſt naturellement impoſſible que des Egliſes ſituées à mille lieues les unes des autres, puiſſent s'accorder à changer ſur un même point ou ſur pluſieurs la doctrine de Jeſus-Chriſt. En établiſſant parmi elles un centre d'unité, un chef qui a inſpection ſur tout le troupeau, Jeſus-Chriſt a réuni toutes les Egliſes à ce centre commun, & les a par-là même unies entre elles. L'uniformité de leur foi eſt donc un garant infaillible de ſa pureté, de ſon antiquité, de ſa perpétuité, de ſon immutabilité.

(*a*) Deut. c. 18, ℣. 15.

En

En un mot, de même que la Religion primitive a dû porter sur la tradition *domestique*, & la religion Juive sur la tradition *nationale* : ainsi la Religion universelle établie par Jesus-Christ doit reposer sur la tradition générale que nous nommons la *Catholicité*. C'est donc avec une évidence entiere que S. Augustin pose cette maxime générale, que, pour instruire l'homme de la vraie Religion, l'autorité doit précéder l'usage & les recherches de la raison (*a*).

§. III.

Puisque la doctrine chrétienne n'est point le fruit des découvertes de la raison humaine, mais une leçon venue de Dieu par la bouche de Jesus-Christ, il a été de la sagesse divine d'appuyer cette tradition sur le même fondement de certitude que les faits mêmes qui lui servent de preuve. Or nous avons vu que les faits ont toute la certitude possible, lorsqu'ils nous parviennent par une chaîne non interrompue de témoins qui remontent jusqu'à la date même des événemens, lorsque ces faits sont éclatans, publics, sensibles à

(*a*) S. Aug. L. de verâ relig. c, 24.

tout le monde, lorſqu'ils ſont rapportés par des Auteurs contemporains, lorſqu'ils ſont liés à des monumens répandus de toutes parts. Que Jeſus-Chriſt ait enſeigné tel ou tel point de doctrine, *c'eſt un fait*; pourquoi ne pourroit-il pas nous être tranſmis par la même voie & avec la même certitude que tout autre fait quelconque ?

1°. C'eſt un fait public & ſenſible. La doctrine chrétienne n'a jamais été renfermée dans le ſecret d'une école ou d'une ſecte particuliere, bornée à un ſeul lieu; elle a toujours été prêchée dans les Egliſes fondées par les Apôtres dès le moment de leur diſperſion. Pour peu qu'un Chrétien ait d'intelligence, il voit ſi on lui enſeigne dans l'âge mûr les mêmes vérités qui lui ont été inculquées dès l'enfance. Change-t-il de ſéjour? Il ne lui eſt pas difficile de ſavoir ſi on prêche dans le lieu où il arrive la même doctrine qu'il a reçue dans ſa patrie. Plus les communications ſont devenues fréquentes & faciles entre les divers peuples du monde, plus il a été aiſé de ſe convaincre de l'uniformité ou de la diverſité de croyance entre les différentes Egliſes de l'univers.

2°. C'eſt un fait ſuſceptible de la même

attestation que tout autre fait. Dans les Tribunaux l'on interroge les témoins, non-seulement sur ce qu'ils ont vu, mais sur ce qu'ils ont entendu ; dès qu'ils sont croyables sur le premier chef, ils ne le sont pas moins sur le second. Les témoins sont encore plus dignes de foi, lorsque ce sont des personnes publiques, revêtues d'un caractere & d'une commission spéciale pour attester l'objet dont il est question. Ainsi le seing d'un Notaire fait plus de foi que celui d'un simple particulier : la parole d'un Ambassadeur est censée plus respectable que le témoignage d'un homme du commun. Les Pasteurs de l'Eglise sont dans le cas ; ils ont caractere & commission pour enseigner ce qu'ils ont appris, transmettre ce qui leur a été confié, attester comme les Apôtres *ce qu'ils ont vu & entendu ;* ils font profession & serment de n'y rien ajouter du leur.

3°. La chaîne de ces témoins n'a jamais été interrompue, leur succession a été continuée depuis Jesus-Christ & les Apôtres jusqu'à nous. Ils ne peuvent donner une mission différente de celle qu'ils ont reçue, ni d'autres pouvoirs que ceux dont ils sont revêtus. Leur enseignement public est surveillé par les fideles mêmes qu'ils sont chargés d'inſtruire, & qui ſavent qu'il n'eſt jamais permis d'innover. Ils ont à répondre de leur doctrine au corps dont ils ſont les membres, tous ſe ſervent mutuellement d'inſpecteurs & de caution. Il n'eſt jamais arrivé à un ſeul de ſe départir de la croyance commune, ſans que cet écart ait fait du bruit & cauſé du ſcandale.

4°. La doctrine chrétienne eſt conſignée dans des monumens comtemporains à ſa naiſſance, dans les Evangiles, dans les écrits des Apôtres, dans ceux de leurs ſucceſſeurs, dans les profeſſions de foi, dans les decrets des Conciles. C'eſt ſur ces monumens raſſemblés & comparés à l'enſeignement public que l'Egliſe ſe repoſe, & atteſte à tous les ſiecles la perpétuité de ſa foi.

5°. Cette foi eſt intimement liée aux cérémonies de l'Egliſe, aux pratiques du culte public. Nous avons vu que ces cérémonies ſont dans le fond une profeſſion de foi. Il eſt donc impoſſible que la doctrine change ſans que le culte extérieur ſoit altéré; celui-ci ne peut l'être ſans que tout le monde s'en apperçoive. Pourroit-on citer dans l'univers deux Egliſes qui aient une foi différente & qui aient conſervé un même culte, ou qui, réunies par la même croyance, aient cependant un culte extérieur tout différent?

Voilà trois regles dont le concert parfait donne à toute Eglise particuliere & à tout fidele une certitude invincible de l'immutabilité de sa croyance, les monumens écrits, le culte extérieur, l'enseignement public & uniforme des Pasteurs. S'il y a en matiere de faits une certitude morale poussée au plus haut degré, c'est assurément celle-là; elle est la même pour les faits évangéliques, pour le dogme, pour la morale.

§. IV.

Dès que l'on a saisi une fois ces principes tirés de la nature même des choses & des notions les plus claires du sens commun, l'on doit être fort étonné d'entendre mettre en question, *quelle est la regle de la foi?* Nous disons qu'elle est la même que la regle de certitude morale, savoir l'accord des trois signes dont nous venons de parler. Nous ne voyons pas quelle différence il peut y avoir entre l'une & l'autre.

Lorsqu'un fait quelconque est prouvé non-seulement par une histoire écrite, mais encore par une tradition publique non interrompue, & par des monumens muets qui concourent au même but, on ne s'avise point de juger qu'il faut laisser de côté les deux dernieres preuves du fait, & ne s'attacher qu'aux écrits qui en parlent; l'on est persuadé au contraire que, si ces écrits anciens peuvent laisser quelque obscurité ou quelque doute sur la maniere ou sur les circonstances du fait, il faut chercher à les éclaircir par la tradition des témoins ou par l'énergie des monumens. C'est ainsi que l'on parvient à débrouiller & à concilier les anciens faits de l'histoire, à éclaircir les loix & les mœurs antiques, que l'on rétablit le sens d'un ancien titre par la possession. Nous ne concevons pas pourquoi l'on ne veut plus de cette méthode lorsqu'il faut examiner cette question de fait : *Jesus-Christ & les Apôtres ont-ils enseigné telle ou telle doctrine?* Quiconque s'obstineroit à la rejetter dans une question de Jurisprudence, seroit regardé comme un plaideur de mauvaise foi.

Cependant nous sommes arrêtés par des clameurs qui retentissent de toutes parts. Les sectes qui se sont écartées de la croyance commune de l'Eglise, soutiennent que l'Ecriture est la seule regle de notre foi; elles ont attaqué la validité du témoignage des Pasteurs & ont rejetté la plus grande partie du culte extérieur, sans appercevoir que le contre-coup en retomberoit sur la certitude même des faits évangéliques. Elles se sont élevées contre les Conciles ou Assemblées d'Evêques qui les ont condamnées, & en général contre toute voie d'autorité. Les Incrédules, fiers de l'avantage que leur donnoit cette prétention, l'ont appuyée de leur mieux; ils ont soutenu à leur tour, que l'Ecriture pouvoit encore moins fonder notre croyance que l'autorité de l'Eglise.

De ce choc d'opinions & de disputes il résulte une nouvelle difficulté, qui est de savoir sur quoi porte la foi des simples & des ignorans. Pour répandre du jour sur ces questions, nous parlerons, 1°. de l'Ecriture comme regle de foi : 2°. de l'autorité de l'Eglise dispersée ou rassemblée : 3°. du fondement de la foi des simples : 4°. de la tradition ou du témoignage des Peres de l'Eglise : 5°. des schismes & des hérésies en général. Nous avons suffisamment traité de la force que peut avoir le culte extérieur.

Nous ne prétendons point entrer dans toutes les discussions des controversistes du dernier siecle, mais nous en tenir aux principes généraux qui sont pour tous les lieux & pour tous les temps.

ARTICLE PREMIER.

De l'Ecriture Sainte considérée comme regle de foi.

§. I.

« Toute Ecriture inspirée de Dieu, dit » S. Paul, est utile pour instruire, pour » reprendre, pour corriger, pour former » à la piété & à la justice, pour rendre » parfait un Ministre de Dieu & le dispo- » ser à toute sorte de bonnes œuvres (a) ». Les livres du Nouveau-Testament renferment les instructions que Jesus-Christ donnoit à ses Disciples, & les leçons qu'ils ont faites eux-mêmes aux premiers fideles; ils se sont servis fréquemment des passages de l'Ancien Testament, pour appuyer les vérités qu'ils enseignoient. Le recueil complet des Livres Saints est donc à tous égards le monument le plus respectable de notre foi. Nous en avons prouvé ailleurs l'authenticité, nous avons expliqué en quel sens ces Livres sont inspirés de Dieu & sont nommés *la parole de Dieu*. Il est ques-

(a) II. Tim. c. 3, ỷ. 16.

tion de savoir si ce moyen d'instruire est le seul que Jesus-Christ ait laissé à son Eglise, s'il suffit par lui-même à tout le monde, s'il n'est besoin d'aucun autre secours pour perpétuer jusqu'à la fin des siecles, & répandre chez toutes les nations la vraie doctrine de Jesus-Christ.

Telle a été la prétention des Hérétiques depuis la naissance de l'Eglise. « Ils nous » renvoient aux écritures, dit Tertullien, » ils ont toujours l'écriture à la bouche. » Pourroient-ils traiter des vérités de la » foi en vertu d'un autre titre?.... Par-là » ils fatiguent les personnes instruites, ils » séduisent les ignorans, donnent de l'in- » quiétude aux autres. Mais nous les arrê- » tons d'abord en prouvant qu'on ne doit » point les admettre à disputer par l'Ecri- » ture. S'ils en tirent toute leur force, il » faut la leur ôter. Il faut commencer par » examiner à qui appartiennent les écritu- » res, & en déposséder les usurpateurs..... » L'Apôtre nous ordonne d'éviter les dis- » putes, de n'approcher d'un Hérétique » que pour le reprendre de ses erreurs, de » le fuir ensuite..... Les contestations sur » l'Ecriture n'aboutissent qu'à faire du bruit » & à rendre les questions plus obscures. » Telle hérésie rejette certains livres,

» retranche ou ajoute à ceux qu'elle reçoit
» selon l'intérêt de son système. Si elle ad-
» met un livre entier, elle lui donne l'ex-
» plication qui lui plaît. Un sens faux ne
» nuit pas moins à la vérité que la corrup-
» tion du texte même. L'hérésie orgueil-
» leuse rejette celui qui lui est contraire,
» allegue celui qu'elle a forgé ou dont
» l'ambiguité la favorise. Qu'avancerez-
» vous, Docteur habile dans les Ecritures,
» lorsqu'on vous niera ce que vous affir-
» mez, & que l'on affirmera ce que vous
» niez ? Vous perdrez le temps à de vaines
» clameurs, & ne remporterez pour récom-
» pense que l'indignation d'avoir entendu
» blasphêmer (*a*) ».

Origene, S. Jérome, S. Ambroise, S. Augustin, S. Cyrille d'Alexandrie, disent la même chose des Hérétiques de leur temps. Toutes les contestations qui se sont élevées depuis les Apôtres jusqu'à nous, ont eu pour objet le sens qu'il falloit donner à certains passages de l'Ecriture; tous les chefs de sectes ont prétendu les entendre mieux que l'Eglise. Du temps même des Apôtres les esprits indociles abusoient du texte de l'Ancien Testament;

(*a*) De Præscript. c. 15, 16, 17.

ils ont fait ensuite le même abus de l'Evangile & des autres Ecrits des Apôtres. Saint Pierre se plaignoit déja de la témérité de certains esprits légers & inconstans qui prenoient de travers plusieurs endroits des Epîtres de S Paul & d'autres livres de l'Ecriture (*a*). Le même désordre a régné dans tous les siecles.

§. II.

D'un côté, les sectes séparées de l'Eglise font profession de s'en tenir au texte de l'Ecriture, crient hautement que ce Livre divin est la seule regle de notre foi, qu'il enseigne clairement tout ce qu'un fidele est obligé de croire & de savoir, qu'il suffit de le lire avec attention & droiture pour trouver la vérité. D'autre part, les Déistes élevent la voix & soutiennent que l'Ecriture Sainte est le plus obscur de tous les Livres, que toutes les sectes y ont trouvé les erreurs les plus absurdes & lui ont fait dire tout ce qui leur a plû; selon eux, c'est un nez de cire que l'on tourne comme on veut, une pomme de discorde qui a produit les erreurs, les schismes, les haines,

(*a*) II. Petr. c. 3, ℣. 16.

les guerres de religion. Ainsi les deux excès les plus opposés sont nés du même principe, de l'esprit d'indépendance & de révolte contre l'autorité établie par Jesus-Christ.

Bayle, qui faisoit semblant de combattre sous les drapeaux du Calvinisme, avoue cependant que les Catholiques n'ont pas tort d'objecter à leurs adversaires, qu'il est impossible aux ignorans & même aux savans de s'assurer jamais avec une pleine certitude du vrai sens de l'Ecriture. « Il » n'est pas possible, dit-il, d'arriver à une » telle idée à l'égard de ce seul point de » fait, qu'un tel passage de l'Ecriture a été » bien traduit, que le mot qui est aujourd'hui dans le Grec ou dans l'Hébreu, y » a toujours été, & que le sens que lui » ont donné les Paraphrastes, les Commentateurs & les Traducteurs, est le » même que celui de l'Auteur du Livre. » On peut avoir une certitude morale de » cela, & fondée sur de très-grandes probabilités : mais au fond cette certitude » se peut rencontrer dans l'ame d'une infinité de gens qui se trompent (*a*) ».

(*a*) Comment. Philos. II. Part. c. 10, p. 438. Supplém. c. 10, p. 498.

Il observe que *la grace* à laquelle nos adversaires ont recours, « n'augmente point » l'esprit, la mémoire, l'imagination, ne » nous apprend point l'Hébreu, ni le Grec, » ni les regles du raisonnement, ni les so- » lutions de sophismes, ni les faits histo- » riques. Il faudroit, dit-il, une grace » semblable au don miraculeux de pro- » phétie. Sans cela la certitude d'un Chré- » tien ne peut être fondée qu'à proportion » des connoissances que nous avons des » preuves, des solutions, des objections. » C'est pourquoi, à moins de donner dans » le Quakérisme & l'Enthousiasme, on ne » peut guères sortir d'affaire par la route » que j'examine (*a*) ». Il s'est contredit ailleurs & a renouvellé les clameurs des Protestans; c'est sa coutume.

Tindal soutient qu'aucun Livre ne peut nous servir de regle dans toutes les circonstances. Les préceptes de l'Evangile, dit-il, sont souvent figuratifs & pourroient induire en erreur si on les prenoit à la lettre. Un certain Auteur (Flaccus Illyricus) a donné cinquante-une raisons de l'obscurité de l'Ecriture. Les Ecrits des Prophetes

(*a*) Supplém. au Comment. Philos. c. 23 p. 524.

& des Apôtres sont pleins de tropes, de métaphores, de types, d'allégories, de paraboles, d'expressions obscures, ils sont autant & plus inintelligibles que les Ecrits des Anciens. Il tourne en ridicule Daillé, qui, dans son Livre *de l'Usage des Peres*, a voulu infatuer le peuple de la prétendue clarté de l'Ecriture. Il ne s'accorde guères, dit-il, avec un grand génie (Swift, Conte du Tonneau), qui s'écrie : les Livres véritablement inspirés sont les plus obscurs de tous (*a*). Il s'attache encore à le prouver dans un autre endroit (*b*).

L'Auteur d'Emile, qui copioit Tindal, est de même avis ; il conclut par dire : « Le langage humain n'est pas assez clair ; » Dieu lui-même, s'il daignoit nous parler dans nos langues, ne nous diroit rien » sur quoi l'on ne pût disputer ». Selon lui, nous ne pouvons pas seulement nous assurer si Moïse a enseigné le dogme de la création (*c*). Il en est de même de toute autre question. Le Docteur Morgan reproche

---

(*a*) Le Christian. aussi ancien que le Monde, c. 3, p. 23.

(*b*) *Ibid.* c. 13, p. 215.

(*c*) Lettre à M. de Beaumont, p. 51, 75.

aux Proteſtans leur imprudence de prendre des Livres pour regle de leur foi (*a*).

§. III.

Un peu de bon ſens ſuffit pour voir que ces deux excès ſont également abſurdes. Prétendre que les Livres ne ſervent à rien, ne nous apprennent rien, n'ont produit que du mal dans le monde, que Dieu ne peut pas nous parler dans des Livres, parce que le langage humain eſt imparfait & ſujet au changement; c'eſt un paradoxe qui ne peut en impoſer qu'à ceux qui ne réfléchiſſent point. D'autre côté, ſoutenir que des Livres très-anciens, écrits dans des langues mortes, pour des peuples dont les mœurs étoient très-différentes des nôtres, par des Auteurs qui ne ſe piquoient ni d'élégance ni d'érudition, ſont cependant aſſez clairs pour être entendus par les plus ignorans, & leur donner une connoiſſance certaine de toutes les vérités chrétiennes ſans autre ſecours; c'eſt une autre imagination biſarre qui n'a pu être adoptée que par néceſſité de ſyſtême.

N'y a-t-il pas un milieu? Des Livres

(*a*) Moral. Philoſ. Tom. I, p. 403.

obſcurs en eux-mêmes ne peuvent-ils pas devenir intelligibles par les leçons de ceux qui les ont lus dès l'origine, par la tradition de doctrine que l'on en a toujours tirée, par les uſages qui y ont rapport ? Quand les Livres de Platon ne feroient plus entendus, on pourroit encore ſavoir quelles ſont les opinions qui lui ont été conſtamment attribuées par ſes ſectateurs.

Nous avons, pour entendre les Livres Saints, une tradition plus ſuivie & plus sûre. Ces Livres ont été lus aſſiduement dans toutes les aſſemblées chrétiennes, toujours regardés comme la regle de la croyance & de la morale. Il en eſt réſulté un ſymbole de croyance, un corps de doctrine dont perſonne n'a cru pouvoir s'écarter, & qui s'eſt tranſmis d'âge en âge. Dire que cette chaîne ne ſert de rien pour entendre les Livres Saints, c'eſt ſoutenir que jamais les Chrétiens ne ſe ſont entendus en parlant de leur Religion, & que le langage humain ne ſert de rien dans la ſociété.

Laiſſons donc de côté les paradoxes enfantés par entêtement de ſyſtême, cherchons le vrai dans les ſimples notions du bon ſens : nous comprendrons d'abord que des Livres ne ſuffiſent pas ſeuls pour nous inſtruire : nous en avons déja indiqué les preuves.

§. IV.

1°. Il ne faut pas perdre de vue le plan général de la Providence dans la conſervation de la Religion ; ce plan ne fut jamais d'inſtruire l'homme par le raiſonnement ou par l'examen direct de la doctrine révélée, écrite ou non écrite. Il eſt abſurde que des vérités révélées, ſupérieures aux lumieres de la raiſon, ſoient livrées à ſes recherches & à ſon diſcernement, ſoient intimées aux hommes autrement que par l'autorité divine. A moins que Dieu ne parle immédiatement lui-même à toutes les générations, il lui faut des interprêtes. Sous la loi de nature on devoit ſuivre la tradition domeſtique, ſous la loi de Moïſe la tradition nationale ; lorſqu'il y avoit du doute, on devoit conſulter les Prêtres & les Juges. Toutes les fois que l'on s'eſt écarté de cette regle, la religion en a ſouffert, l'erreur s'eſt établie.

Sous l'Evangile ce plan ſage n'eſt pas moins néceſſaire, il eſt encore plus indiſpenſable. La doctrine de Jeſus-Chriſt eſt incompréhenſible en pluſieurs points ; ce ſont des Myſteres qui paſſent notre intelligence. Cette doctrine est écrite, mais il n'est pas moins dangereux de la prendre de travers dans des Livres que dans la tradition vivante ; cela est infiniment plus aisé, & ce malheur est arrivé à plusieurs sectes. Toutes ont prétendu suivre la lettre, & ne se sont point accordées sur le sens.

Poser pour principe, que *la lumiere naturelle est la regle de toute interprétation de l'Ecriture* (*a*), c'est n'accorder pas plus d'autorité à ce Livre divin qu'à tout autre écrit parti de la main des hommes. Cette maxime a fait éclore successivement le Socinianisme & le Déisme. Les Théologiens hétérodoxes ne l'avoient pas prévu ; mais l'événement devroit ouvrir les yeux à leurs successeurs (*b*).

Bayle lui-même a senti les conséquences ; il ajoute qu'il ne faut pas étendre ce principe autant que le font les Sociniens : mais où est la borne qu'il ne falloit pas franchir ? Si le principe est vrai, les Sociniens n'ont pas tort de le suivre dans toute son étendue.

Puisque les conséquences démontrent la fausseté du principe sur lequel se sont fon-

---

(*a*) Comment. Philos. I. Part. c. 1, p. 367, 368.
(*b*) Apol. pour les Cathol. Tom. II, c. 4.

dées les ſectes hétérodoxes, il faut donc une autre regle que la lumiere naturelle pour nous guider dans l'interprétation de l'Ecriture. Quelle ſera cette bouſſole, ſinon l'autorité de la tradition générale?

2°. Pour que l'Ecriture-Sainte ſoit regle certaine & complette de notre foi, nous devons être aſſurés d'abord que le texte eſt authentique, fidellement conſervé & tel qu'il eſt ſorti de la main des Ecrivains ſacrés. Ainſi, pour donner autorité aux titres anciens dans la ſociété civile, on a établi des archives publiques & des dépoſitaires pour les garder. Les copies délivrées, ſignées & atteſtées par eux, ont la même force que les originaux. Dans quelles archives les originaux & les copies des Livres ſaints ont-ils été conſervés, ſinon dans les différentes Egliſes Chrétiennes? Qui ſont les dépoſitaires capables d'atteſter l'authenticité & la fidélité des copies, ſinon les Paſteurs dans les différens ſiecles?

S'il ſe trouve une variante dans le texte qui regarde un dogme conteſté, nous demandons ſur quelle autorité nos adverſaires préféreront une leçon à une autre? Quand ils ſeroient en état d'en juger par des regles infaillibles de critique, le commun des Fideles n'eſt certainement pas capable de cette discussion; cependant il lui faut une certitude de la fidélité de la leçon qu'on lui fait suivre : qui la lui donnera ?

Si les Pasteurs de l'Eglise sont dignes de foi lorsqu'ils attestent la fidélité du texte, des copies, de telle leçon, nous voudrions savoir pourquoi ils ne le sont plus lorsqu'ils nous assurent que dans tel temps on donnoit tel sens à tel passage. Ce fait est-il moins important ou plus difficile à constater que le premier? Le sens nous paroît plus digne d'attention que la lettre; dans tous les temps on s'est moins occupé de la comparaison des manuscrits, que de l'intelligence du texte.

§. V.

3°. Comme le commun des Fideles n'entend point les originaux, il a besoin d'être assuré de la fidélité de la version qu'on lui met entre les mains. Dans celles de nos Provinces où les actes publics se passent en plusieurs langues, comme en Alsace, on a établi des *Secrétaires-Interprêtes*, sur la foi desquels on se repose de la fidélité des traductions. Dans les communions séparées de l'Eglise Catholique, nous cherchons qui ſont les Secrétaires-Interprêtes auxquels le peuple doit donner pleine confiance, comment il eſt aſſuré de leur bonne foi, & de la fidélité de la verſion de l'Ecriture en langue vulgaire.

De tout temps on a reproché aux Hérétiques leur témérité à changer le texte de l'Ecriture, à en altérer le ſens dans leurs verſions; nous l'avons vu par le paſſage de Tertullien. A préſent encore, nous faiſons le même reproche aux ſectes ſéparées d'avec nous. Elles ſont convaincues de fraude ou d'erreur par la comparaiſon de leurs verſions entre elles & avec le texte (*a*). Quand ces accuſations ſeroient mal fondées, il faut que le peuple ſoit aſſuré que nous ſommes des calomniateurs, que ſa verſion de l'Ecriture eſt fidele & rend exactement le ſens des originaux : car enfin c'eſt ſur cette verſion que le peuple fait un acte de foi. Les Déiſtes conviennent aujourd'hui de la difficulté qu'il y a de rendre dans les verſions le vrai ſens de l'Ecriture (*b*).

Dans le ſein de l'Egliſe Catholique nous

(*a*) *Voy.* l'Abrégé des Freres de Wallemburch, p. 148 & ſuiv.

(*b*) Morgan., Moral. Philoſ. Tom. I, p. 262.

n'avons aucune inquiétude. L'Eglise, dépositaire des Ecritures & gardienne du dépôt de la Foi, nous garantit également l'authenticité du texte, la conformité des copies, la fidélité des versions, le vrai sens des passages, dans tout ce qui regarde la foi & les mœurs. Le simple Fidele n'a besoin ni d'érudition, ni de critique, ni de confrontation, pour savoir que l'Eglise est le guide que Jesus-Christ lui a donné pour s'instruire & pour diriger sa foi. Nous le verrons ci-après.

4°. L'on est forcé de convenir que, dans les versions même les plus exactes & les plus littérales, il y a encore des passages susceptibles de différens sens. Telles sont ces paroles de Jesus-Christ: *ceci est mon corps, ceci est mon sang.* L'Eglise Catholique soutient qu'il faut les prendre dans le sens littéral & naturel; les Protestans les entendent dans un sens figuré & métaphorique; par quelle autorité divine le peuple, chez ces derniers, est-il déterminé à préférer le sens figuré au sens littéral?

Dans les question de Droit civil, le sens des loix & des titres de possession est irrévocablement décidé par les Arrêts des Tribunaux; sans cela les procès seroient éternels. Il n'est pas à présumer que Jesus-

Christ, qui prévoyoit les disputes que son testament feroit naître parmi les hommes, qui les a formellement prédites, n'ait établi aucun tribunal, aucun moyen possible de les terminer.

§. VI.

5°. Dans le fond, ceux qui se flattent de prendre l'Ecriture Sainte pour la seule regle de leur foi, s'en imposent à eux-mêmes, ou cherchent à faire illusion aux autres. Ce n'est point la lettre d'un livre qui nous guide, c'est le sens. Avant de lire l'Ecriture, un Chrétien est déja nourri & confirmé dans sa foi par les leçons de ses parens, par les catéchismes, par les sermons & les prieres publiques, par la maniere de penser de tous ceux dont il est environné. Lorsqu'il commence à ouvrir la Bible, il est déja déterminé sans le savoir à y trouver le sens que l'on y donne communément dans sa communion. De-là il arrive que le fils d'un Socinien y voit le Socinianisme, un enfant élevé dans la Confession d'Ausbourg le Luthéranisme, un Protestant le Calvinisme, un Anglican les opinions de la haute Eglise, tout comme un Catholique y reconnoît la croyance de l'Eglise Romaine.

Il eſt donc certain qu'en fait de religion les hommes ſont guidés par l'autorité, même ſans s'en appercevoir, juſqu'à ce qu'ils ſoient en âge de ſe demander compte des raiſons de leur foi & des fondemens de l'autorité à laquelle ils croient.

Il en étoit de même des divers ſyſtêmes de Philoſophie. Cicéron l'a remarqué, & les Pyrrhoniens s'en ſont prévalus. Un proſélyte embraſſoit les ſentimens de Zénon, de Platon, ou d'Epicure, ſelon qu'il étoit tombé par hazard dans l'une ou l'autre de ces écoles, ſelon que les leçons de l'un ou l'autre de ces maîtres lui avoient plû davantage, & avant qu'il fût en état de juger lequel de tous enſeignoit le ſyſtême le plus vrai.

Les Incrédules en concluent que tous les hommes croient à l'aveugle; comment ne ſentent-ils pas qu'ils ſont eux-mêmes dans le cas? Ils ſont Déiſtes, Athées, ou Pyrrhoniens, ſelon les Livres philoſophiques qui leur ſont d'abord tombés entre les mains, & ſelon l'opinion qui ſe trouve établie parmi les principaux chefs du parti. Ils conviennent eux-mêmes que leurs éleves *croient ſur parole*, ſans être en état d'approfondir le ſyſtême qu'ils ont embraſſé; que le libertinage a plus de part à leur croyance

croyance que la perſuaſion. Lorſque le Déiſme étoit à la mode, tout le monde vouloit être Déiſte ſans ſavoir pourquoi; depuis que le Matérialiſme a prévalu, les beaux eſprits ſe jettent dans cette hypothèſe ſans y rien entendre. Ils nous appellent *ſervum pecus*, nous leur rendons le change avec encore plus de raiſon.

En fait de religion, la queſtion ſe réduit à ſavoir s'il y a réellement une autorité qui ait droit de ſubjuguer l'homme dès qu'il commence à faire uſage de ſa raiſon, & qui porte des caracteres capables de lui inſpirer une confiance entiere & bien fondée. Nous prouverons que l'Egliſe Catholique eſt ſeule revêtue de ces caracteres, qu'un Chrétien eſt en état de les appercevoir pour peu qu'il ait d'intelligence, qu'au ſortir même de l'enfance il peut dire avec un entiere ſécurité : *Je crois la ſainte Egliſe Catholique*. Sans aller plus loin, il eſt déja clair que Jeſus-Chriſt a ſagement établi en matiere de foi & de religion, le même plan d'inſtruction & de conduite qui a lieu pour toutes les ſciences, pour toutes les affaires, pour tous les beſoins de la vie; c'eſt ce que S. Auguſtin a démontré dans ſon Livre *de utilitate credendi*;

§. VII.

6°. Si pour prouver que la Bible ne suffit pas pour diriger la foi d'un Chrétien, nous avions besoin du témoignage des Théologiens même réformés, il nous seroit aisé de le fournir. Lachapelle, l'un des derniers qui ont écrit, soutient la nécessité du culte public & des instructions de vive voix, parce que plusieurs ne savent pas lire, parce qu'ils sont trop ignorans pour entendre le style des Livres saints, parce qu'il leur est impossible de discerner ce qui est important d'avec ce qui ne l'est pas (*a*). Jurieu, le Clerc, Taylor, Waterland, ont fait le même aveu (*b*); Bayle & les Déistes l'ont appuyé de toutes leurs forces. Ainsi l'enthousiasme des premiers réformateurs pour la Bible s'est insensiblement dissipé parmi leurs sectateurs.

Mais la conduite de toutes les sectes séparées de l'Eglise est une preuve plus convaincante. Pourquoi des catéchismes,

---

(*a*) Nécessité du Culte public, Tom. II, n. 57, p. 186.

(*b*) Exam. crit. des Apol. de la Relig. Chrét. c. 11, p. 190.

des professions de foi, des décisions de Synodes, si l'Ecriture est le seul guide que le Chrétien doit suivre, la seule autorité à laquelle il doit déférer? Quiconque la lit avec droiture dans le dessein de s'instruire est en sûreté de conscience, soit qu'il y trouve ou croie y trouver le Socinianisme, le Luthéranisme, le Calvinisme, les opinions de Muncer, des Quakers, des Arminiens, des Anglicans, ou des Catholiques. Aucune autorité quelconque n'a droit de lui prescrire une autre croyance ou de le condamner; il est orthodoxe dans toute la rigueur du terme & dans la voie assurée du salut. Cependant aucune secte n'a voulu avouer cette conséquence & diriger ainsi sa conduite.

Il est donc démontré, par le fait & par les principes, que les clameurs des hétérodoxes sur la suffisance de l'Ecriture pour former notre foi, & leurs invectives contre la voie d'autorité, n'ont été qu'un piége tendu aux ignorans, & qu'elles sont réfutées par ceux-mêmes qui ont déclamé le plus fort (*a*).

Sans une autorité divine & infaillible, nous ne pouvons être pleinement assurés

(*a*) Lettres écrites de la Montagne, p. 52.

de l'authenticité de tel livre, de l'intégrité du texte, ni de son inspiration, ni de la fidélité de telle version, ni du sens de tel passage. C'est à l'Eglise seule de nous tranquilliser sur tous ces chefs, de même qu'il appartient à toute société de garder les titres de son institution & d'en fixer le sens par l'usage même qu'elle en fait & par la possession.

§. VIII.

Dieu, dont la sagesse ne se dément jamais, a laissé aux divers moyens d'instruction le degré de force & d'influence que leur nature comporte. Il a daigné se servir du langage humain pour nous parler, nous étions incapables d'en entendre un autre: mais ce langage écrit ne suffit point; il devient obscur par la succession des siecles, par le changement du langage & des mœurs, par l'éloignement des climats. Dieu emploie les symboles extérieurs du culte, mais ils ne signifient rien, si l'on n'en développe le sens. Il falloit un enseignement de vive voix toujours subsistant pour suppléer à ce qu'aucun livre & aucun signe muet ne peut faire. De quoi serviroient des livres à ceux qui ne savent pas lire? Dieu n'a point attaché notre salut à la lecture; des Chrétiens non lettrés n'ont pas moins besoin d'une foi certaine & raisonnable que les savans.

Si les Protestans ont réussi à faire des prosélytes dans les Indes, & ont traduit les livres saints en Indien, quelle caution donneront-ils à ces nouveaux fideles de l'exactitude de la traduction & de sa conformité avec l'original?

L'Eglise Catholique répandue chez les différentes nations du monde, ne peut nous donner comme livres inspirés & divins ceux qui ne le sont pas; aucune Eglise particuliere ne s'est jamais arrogé le droit de canoniser un livre, les autres Eglises n'y auroient pas consenti. Elle ne peut en altérer les exemplaires ni falsifier les versions; plusieurs déclameroient & démontreroient la fraude, une collusion générale est impossible. Elle ne peut établir un nouveau dogme par un sens nouveau donné à un passage; chaque Eglise particuliere, jalouse de l'antiquité de sa croyance, ne consentiroit pas à en changer. Les sectes mêmes séparées de l'Eglise Catholique & qui ne lui pardonnent rien, lui servent au besoin de surveillans & de caution; elles n'ont jamais pu la convaincre d'avoir forgé un livre, altéré le texte, falsifié une version, corrompu un paſſage. Dans toutes les diſputes elle a toujours appellé à l'antiquité, à la confrontation des monumens, à l'univerſalité & à l'uniformité de doctrine des différentes ſociétés diſperſées qui la compoſent.

On lui objecte qu'en s'arrogeant le droit d'interprêter l'Ecriture ſans appel, elle s'attribue une autorité ſupérieure à la parole de Dieu même, qu'elle prétend donner du poids à l'Ecriture, & non fonder ſon pouvoir ſur ce livre divin.

Vaine allégation! L'Egliſe n'eſt pas plus coupable de cet attentat contre l'Ecriture, que les Tribunaux n'en ſont coupables contre les Loix, lorſqu'ils prétendent que c'eſt à eux d'en être les gardiens & les interprêtes, d'en atteſter l'authenticité, d'en déterminer le vrai ſens, d'en faire l'application aux cas particuliers. L'Egliſe regarde l'Ecriture comme ſa loi, comme la regle de ſes devoirs, comme le titre de ſes droits & de ſes privileges. Mais les droits & l'autorité de l'Egliſe ſont prouvés d'ailleurs par le fait & indépendament de l'Ecriture, tout comme le droit & l'autorité d'une Cour ſouveraine ſont prouvés par l'exercice conſtant & public qu'elle a fait de ſa juriſdiction, & par la néceſſité même de cet exercice pour le repos de la ſociété.

Depuis ſa naiſſance & dans tous les ſiecles, l'Egliſe a condamné les erreurs nées dans ſon ſein, a donné des déciſions pour fixer le vrai ſens des paſſages de l'Ecriture dont les Hérétiques abuſoient. Les Apôtres ont condamné Cérinthe, Cerdon, les Gnoſtiques dans leurs écrits, & les Judaïſans au Concile de Jéruſalem. Ils ont laiſſé à ceux qu'ils ont établis pour ſucceſſeurs la même autorité dont ils étoient eux-mêmes revêtus. Dès le ſecond ſiecle les diſciples des Apôtres en ont fait uſage dans les Conciles de Rome, d'Hiéraples, de Lyon, &c., & dans les loix nommées *Canons des Apôtres*. Sans cela, il eût été auſſi impoſſible de conſerver le dépôt de la doctrine de Jeſus-Chriſt, qu'il l'eſt dans la ſociété de maintenir la force des loix ſans les Arrêts des Tribunaux. Les plaintes des Hérétiques contre les déciſions de l'Egliſe ne ſont pas plus ſages que les clameurs des plaideurs contre les Arrêts qui les mettent hors de Cour.

§ IX.

Vous tombez dans un cercle vicieux ; répliquent nos adversaires ; vous prouvez la divinité ou l'inspiration des Livres saints par l'autorité de l'Eglise, & celle-ci par des passages de ces mêmes Livres. Bayle, les Théologiens Protestans, les Déistes nous ont constamment attribué ce sophisme (*a*) ; en sommes-nous réellement coupables ?

Pas plus qu'une compagnie de Magistrats qui prouveroit à des plaideurs entêtés sa compétence & sa jurisdiction par le texte même des loix dont elle est la gardienne & l'interprête.

Sans avoir recours à aucun passage de l'Ecriture, nous démontrerons dans l'article suivant l'autorité divine & infaillible de l'Eglise par la Mission divine de Jesus-Christ & des Apôtres, par la nature de la doctrine qu'ils ont prêchée, par le besoin des Fideles & par l'impossibilité dans laquelle ils sont d'avoir un autre fondement de leur foi ; enfin, par la *Catholicité* de

(*a*) Comment. Philos. II. Part. c. 10, p. 438. Supplém. Préf. p. 484, &c.

l'Eglise. Lorsque des sectes hétérodoxes ont soutenu que l'Ecriture étoit la seule regle de notre foi, les Théologiens Catholiques ont été forcés de leur prouver l'autorité de l'Eglise par cette Ecriture même; c'étoit alors un *argument personnel* & non un cercle vicieux.

Ne sont-ce pas plutôt nos adversaires qui tombent dans le cercle qu'ils nous reprochent? Ils soutiennent que l'Ecriture est la seule regle de notre foi, ils le prouvent par des passages tirés de cette même Ecriture. Nous demandons par quelles raisons ils sont assurés que ces passages sont la parole de Dieu & qu'ils en prennent le vrai sens? Est-ce encore par l'Ecriture?

Tel est néanmoins le fond de la dispute qui existe depuis dix-sept siecles entre l'Eglise Catholique & les différentes Sectes qui ont levé l'étendard contre elle. Elles lui ont contesté le droit de décider aucune question, de fixer par ses arrêts le vrai sens de la révélation & des Livres saints. Elles ont dit que les Evêques dispersés ou rassemblés, qui prononçoient contre elles, n'étoient point leurs juges, mais leurs parties; que ce jugement n'avoit qu'une autorité humaine à laquelle elles n'étoient point obligées de se soumettre, qu'elles en appelloient à la parole de Dieu & à la droite raiſon. Selon leur prétention, il faudroit qu'à chaque nouvelle conteſtation, Jeſus-Chriſt revînt ſur la terre pour décider lequel des deux partis à tort.

§. X

A-t-on été mieux fondé à reprocher à l'Egliſe Catholique, qu'elle prive les Fideles de la parole de Dieu en leur ôtant les verſions de l'Ecriture-Sainte en langue vulgaire, lorſqu'elle apperçoit qu'ils en abuſent (*a*)?

Déja cette conduite eſt juſtifiée par quelques-uns de nos adverſaires. « Je trouve » très-ſage, dit l'Auteur d'Emile, la circonſpection de l'Egliſe Romaine ſur les » traductions de l'Ecriture en langue vulgaire; & comme il n'eſt pas néceſſaire » de propoſer toujours au peuple les méditations voluptueuſes du Cantique des » Cantiques, ni les malédictions continuelles de David contre ſes ennemis, ni » les ſubtilités de S. Paul ſur la grace, il » eſt dangereux de lui propoſer la ſublime

(*a*) Exam. crit. des Apol. c. 11. Dîner du Comte de Boulainv. p. 55, &c.

» morale de l'Evangile dans des termes » qui ne rendent pas exactement le sens » de l'Auteur : car pour peu qu'on s'en » écarte en prenant une autre route, on » va très-loin (*a*) ». David Hume nous apprend qu'en Angleterre, après la naissance de la prétendue réforme, on fut obligé d'ôter au peuple les traductions vulgaires de l'Ecriture-Sainte, à cause des conséquences qui en résultoient & du fanatisme que cette lecture entretenoit (*b*).

Mais il est faux que les traductions de l'Ecriture-Sainte soient absolument défendues, il n'est aucun pays du monde où elles soient plus communes qu'en France. On n'en interdit point la lecture aux Fideles dociles qui en usent avec soumission à la voix de l'Eglise, dans le desir sincere de s'instruire & non de nourrir des sentimens particuliers dont ils se sont infatués. Mais qui approuvera jamais la témérité qu'ont eue tous les Sectaires de mettre l'Ecriture à la main de tout le monde, de persuader aux plus ignorans, qu'avec une

(*a*) Cinquieme Lettre écrite de la Montagne, Note, pag. 195.

(*b*) Hist. de la Maison de Tudor, Tom. II, p. 426.

Bible ils étoient en état de faire la leçon à leur mere, & de lui prouver qu'elle entend mal la porole de Dieu ? Cette imprudence n'a jamais produit qu'un fanatiſme univerſel.

Dans aucune école de Philoſophie on ne s'eſt aviſé d'inſtruire les éleves en leur mettant ſeulement à la main les écrits du fondateur de la ſecte; on n'eſpéra jamais former de Juriſconſultes par la ſimple inſpection des Loix, des Médecins par la ſeule lecture d'Hippocrate, ni des Géometres ſans autre ſecours que les élémens d'Euclide. On ſent que tout Livre quelconque a beſoin d'explication ſur-tout pour les commençans, que les inſtructions de vive voix applaniſſent le chemin, & préviennent les mépriſes. Si quelques génies ſupérieurs ſe ſont inſtruits par les Livres ſans le ſecours d'aucun Maître, ces exemples très-rares ne ſont pas regle pour tous les hommes.

§. XI.

Nos adverſaires n'ont répondu à ces comparaiſons ſenſibles que par un ſophiſme. Il n'en eſt pas, ont-ils dit, d'un Livre divin comme d'un ouvrage humain; les écrits des hommes ſont néceſſairement imparfaits, mais ceux de la sagesse éternelle sont marqués au coin de la perfection. Ce seroit un blasphême de supposer qu'un Livre dicté par le Saint-Esprit a besoin d'interprête, que les leçons d'un Dieu ne peuvent nous éclairer sans celles des hommes.

Pur abus des termes. Les Livres saints ne sont point *dictés par le Saint-Esprit* dans ce sens qu'il ait inspiré les mots, les expressions, le tour des phrases, qu'il ait parlé Grec ou Hébreu pour instruire des Allemands ou des François. Dieu a dicté le sens & non les mots, les dogmes & non le langage; il n'a pas fait un miracle pour rendre la langue des Apôtres aussi intelligible après dix-sept siecles, qu'elle l'étoit aux Juifs ou aux Païens de leur temps; le don des langues accordé à l'Eglise naissante n'a pas été perpétuel.

Un ouvrage est parfait quand il correspond parfaitement au dessein que Dieu s'est proposé en le donnant : or, en nous livrant l'Ecriture, le dessein de Dieu a-t-il été de nous instruire par ce moyen seul? Voilà la question. Pour la résoudre il faut consulter les faits & non de vains préjugés. Il y avoit des Chrétiens avant que le Nouveau Testament fut écrit; les Apôtres n'ont pas pensé à écrire pour ceux qu'ils pouvoient enseigner de vive voix, plusieurs ont formé des Eglises sans rien écrire. Cinquante ans après la mort du dernier, saint Irénée nous apprend qu'il y avoit des peuples qui croyoient en Jesus-Christ, sans le secours d'aucune écriture, mais qui conservoient fidellement la foi & la tradition qu'ils avoient reçue des Apôtres (*a*). Leur foi n'en étoit pas pour cela plus imparfaite ou plus mal fondée.

Dans le fond nous avons pour l'Ecriture-Sainte un respect plus sincere que ceux qui feignent de la prendre pour seule regle de leur foi. En se réservant la liberté de lui donner le sens qui leur plaît, ils ne se trouvent pas fort gênés. Pour nous, qui la regardons comme la parole de Dieu & qui craignons d'en abuser, nous nous soumettons au sens qui lui est donné par l'interprête que Dieu lui-même a chargé de l'expliquer. Notre foi est humble & soumise, mais elle est sûre : moins nous y mettons du nôtre, plus nous avons lieu de juger que Dieu seul en est l'Auteur.

(*a*) Advers. Hæres. L. III, c. 33.

*

§. XII.

Les autres reproches que l'on nous fait ne ſont de même que des équivoques.

L'Ecriture eſt-elle *claire?* Elle l'eſt autant que le langage humain peut l'être en paſſant d'un peuple à un autre. Elle étoit très-claire pour ceux auxquels la langue originale étoit familiere, qui étoient accoutumés au ſtyle des Prophetes & des Apôtres : elle eſt beaucoup moins claire pour nous qui avons une langue, des mœurs, un tour d'eſprit très-différens.

Eſt-elle *parfaite?* Auſſi parfaite que le langage humain peut l'être lorſqu'il eſt tranſporté d'un ſiecle à l'autre, & de l'orient dans l'occident, & lorſqu'il exprime des vérités ſupérieures à l'intelligence humaine; y deſirer une plus grande perfection, c'eſt vouloir que Dieu ait changé la nature des choſes ſans aucune raiſon.

L'Ecriture eſt-elle *regle de foi?* Elle l'eſt autant que le langage humain, écrit depuis dix-ſept cents ans & dans une langue morte, peut fixer notre croyance. Toute écriture, ſoit ſacrée, ſoit profane, pour mériter foi, a beſoin d'atteſtation; aucune n'a de poids qu'autant que l'on ſait d'où elle vient, qui en est l'auteur ou le traducteur, par quelles mains elle a passé. Si le texte, la copie & la traduction peuvent recevoir différens sens, il faut nécessairement recourir à d'autres moyens pour savoir quel est le vrai sens.

Est-elle *suffisante?* Autant que toute autre écriture peut suffire à des hommes curieux, disputeurs, pointilleux, capricieux à l'excès. Dans toute contestation les deux partis en appellent au texte de la loi ou du titre sur lequel on dispute. S'il n'y a ni monumens, ni indices, ni témoins, ni juges pour éclaircir le texte, le procès durera jusqu'à la fin des siecles.

Mais, répliquera-t-on, Jesus-Christ a prévu & a prédit les disputes que sa doctrine devoit exciter; s'il vouloit qu'elles fussent terminées autrement que par l'Ecriture, il auroit dû le dire.

Très-bien. Mais, d'autre part, s'il vouloit qu'elles fussent terminées par l'Ecriture *seule*, il auroit dû le dire, & nous ne voyons pas qu'il l'ait dit non plus que ses Apôtres.

Il a déclaré sa volonté très-clairement à ceux qui veulent l'entendre. « Allez, » dit-il à ses Envoyés, enseignez toutes » les nations, baptisez-les au nom du Pere,

» du Fils & du Saint-Esprit; apprenez-leur » à observer tout ce que je vous ai com- » mandé: je suis avec vous jusqu'à la con- » sommation des siecles (*a*) ». Il ne leur a pas dit, mettez par écrit ce que je vous ai commandé, je serai avec cette Ecriture, pour l'expliquer à toutes les nations, jusqu'à la fin des siecles. Mais enseignez les nations présentes & futures de toutes les manieres dont elles peuvent être enseignées; je serai avec cet enseignement jusqu'à la fin des siecles, par conséquent avec ceux qui enseigneront après vous en vertu de la mission perpétuelle que je vous donne. Si ce commentaire est contraire au dessein de Jesus-Christ, il n'est pas de nous, il est établi par un usage de dix-sept siecles; s'il n'éclaircit pas assez le texte, nous en concluerons de nouveau qu'aucune écriture ne peut jamais être assez claire.

(*a*) Matth. c. 28, ℣. 19.

ARTICLE DEUXIEME.

De l'Autorité de l'Egliſe en matiere de Foi.

§. I.

Quand on examine ſuperficiellement les choſes, l'autorité divine & infaillible que nous attribuons à l'Egliſe Catholique en fait de dogme & de morale, paroît d'abord un paradoxe fort ſingulier; les Incrédules ſe ſont réunis aux Théologiens hétérodoxes pour le tourner en ridicule. Quelques-uns ont trouvé bon de confondre *l'infaillibilité* avec *l'impeccabilité*, & de conclure qu'en regardant les déciſions de l'Egliſe comme infaillibles, nous croyons ſes Paſteurs impeccables. Cette fade équivoque n'auroit pas beſoin d'une réfutation ſérieuſe, ſi nous avions affaire à des critiques judicieux. D'autres ont jugé que l'infaillibilité du corps de l'Egliſe ne pouvoit ſubſiſter, à moins que le Saint-Eſprit n'éclairât immédiatement chacun des Evêques, lorſqu'ils aſſiſtent à un Concile ou qu'ils enſeignent les Fideles dans leur Diocèſe. C'eſt comme ſi l'on diſoit que mille témoins diſperſés, qui dépoſent d'un même fait ſenſible, ne peuvent nous en donner une certitude entiere, à moins que chacun d'eux ne ſoit aſſiſté d'une grace particuliere qui le préſerve d'erreur & d'infidélité dans ſon atteſtation. Tous ont accuſé les Paſteurs de l'Egliſe d'un orgueil inſupportable, parce qu'ils s'attribuent un privilége incompatible avec la fragilité humaine dont perſonne n'eſt à couvert ici-bas. « Le » Clergé s'eſt dit inſpiré par la Divinité : » donc, ajoute-t-il, en me déclarant in- » faillible, je le ſuis (*a*) ». Eſt-ce là effectivement la croyance & le langage du Clergé?

Ces grands génies n'ont pas vu qu'il s'agit ici, non d'un privilege perſonnel, mais d'un avantage promis au corps entier; non d'un don flatteur pour ceux qui en ſont revêtus, puiſqu'il les gêne & les captive, mais accordé en faveur du commun des Fideles; non d'une grace contraire à la conſtitution de la nature humaine, mais fondée ſur cette conſtitution même.

Pour le démontrer, il ſuffit de rappeller quelques-uns des principes que nous avons établis dans divers endroits de notre Ou-

(*a*) De l'Homme, par Helvet, T. II, ſect. 9, c. 26, p. 557. Lettre à M. de Beaumont, p. 122.

vrage. Dans la Dissertation sur les différentes especes de certitude, nous avons fait voir que quand un fait sensible est attesté par une multitude de témoins oculaires qui ne se sont jamais vûs, qui ne peuvent avoir aucun intérêt commun de tromper, entre lesquels il ne peut y avoir eu de collusion, ce fait est poussé au plus haut degré de certitude morale. Nous avons démontré que la conviction qui en résulte alors est supérieure à toute autre certitude quelconque. Nous avons remarqué ailleurs que quand des témoins sont revêtus de caractere, préposés par commission & par serment pour rendre témoignage de certains objets, leur attestation est encore d'un plus grand poids. Le témoignage uniforme d'un très-grand nombre de témoins de cette espece, produit par conséquent la plus parfaite certitude morale que l'on puisse desirer. Il est essentiel d'avoir toujours ces principes généraux sous les yeux.

§. II.

Cela posé, voyons en quoi consiste le témoignage qu'un Evêque rend à la Foi Chrétienne, lorsqu'avec ses Collegues rassemblés ou dispersés il porte un jugement doctrinal sur un point de dogme ou de morale.

1°. C'est un témoin revêtu de caractere en vertu de son ordination. Avant d'être ordonné il a fait sa profession de foi, en a signé le symbole, a juré d'en conserver le dépôt tel qu'il l'a reçu, d'en continuer l'enseignement, de n'y rien ajouter ni retrancher, de n'en permettre jamais l'altération.

2°. Il atteste un fait sensible & public. Il ne peut ignorer si tel article de croyance a été ou n'a pas été professé avant lui dans son Diocèse, enseigné dans les catéchismes, dans les rituels, dans les prieres publiques, dans les instructions pastorales de ses prédécesseurs. Il sait s'ils ont vécu comme lui en communion de croyance avec le Chef de l'Eglise, par conséquent avec toutes les autres Eglises soumises au Siege Apostolique, ou s'ils ont enseigné publiquement quelque dogme qui y soit contraire. Il exige la même profession de foi de tous les Pasteurs auxquels il donne mission pour son Diocèse.

3°. Il ne peut avoir aucun intérêt à déguiser ou à méconnoître la croyance universelle; il est au contraire très-intéressé à l'enseigner telle qu'elle est. S'il lui arrivoit de la contredire, non-seulement toutes les voix de ses Diocésains s'éleveroient contre lui, mais il seroit exposé à être accusé au tribunal de ses Collegues & du Siege Apostolique comme novateur en matiere de foi. Il n'est jamais arrivé qu'un Evêque s'écartât de la croyance commune, sans que sa conduite fît un éclat & causât du scandale.

Lorsqu'un grand nombre de témoins de ce caractere, dispersés dans les différens Sieges de l'Eglise Chrétienne, rendent une attestation uniforme, déposent que tel article est cru & professé dans leur Diocèse comme appartenant à la Foi ; ce fait n'est-il pas certain & porté au plus haut point de notoriété? Pour l'attester faussement, il ne peut y avoir eu de collusion entre les Evêques de France, d'Allemagne, d'Espagne & d'Italie. Quand ce projet insensé auroit pu leur entrer à tous dans l'esprit, il leur seroit encore impossible d'en imposer sur ce point aux peuples de ces divers climats.

Que les Evêques portent ce témoignage, dispersés dans leurs Sieges ou rassemblés dans un Concile, cela est égal ; dès qu'il est uniforme, il n'est pas moins authentique, pas moins irrécusable dans l'un que dans l'autre cas. Loin de dégrader la fonction des Evêques en la réduisant à un simple témoignage, nous rendons exactement l'idée que Jesus-Christ même en a donnée à ses Apôtres lorsqu'il leur a dit : Vous serez mes témoins : *Eritis mihi testes* ; & ce qu'ils ont répété eux-mêmes : *Nous attestons ce que nous avons vu & entendu.*

4°. Le témoignage des différentes sociétés qui composent l'Eglise Catholique, énoncé par la bouche de leurs Pasteurs & par l'acquiescement des Fideles, est encore confirmé par l'aveu des sectes qui se sont séparées & qui ne peuvent être soupçonnées de collusion avec elle. Ainsi l'Eglise Romaine démontre la perpétuité & l'antiquité de sa foi sur l'Eucharistie, sur la priere pour les morts, sur le culte des Saints, &c. par les professions de foi des différentes sociétés de Grecs schismatiques, qui ont conservé sur ces divers objets la même croyance qu'elle (*a*).

(*a*) *Voyez* le Livre de la Perpét. de la Foi. Apol. pour les Cathol. Tom. II, c. 8.

§. III.

Le fait de la croyance commune, qui est aujourd'hui si éclatant & si public, ne l'a pas été moins dans tous les siecles depuis les Apôtres. Lorsque les Evêques des différens Sieges du monde chrétien furent rassemblés à Nicée sous Constantin, il n'y en avoit aucun qui ne fût en état d'attester si la Divinité de Jesus-Christ étoit crue & professée comme article de foi dans son Diocèse. C'est sur le témoignage uniforme de plus de trois cents Evêques, tant de l'Europe & de l'Asie que de l'Afrique, qu'il fut reconnu & décidé que la Divinité de Jesus-Christ étoit la foi & la croyance universelle des Eglises.

Celles qui avoient été fondées immédiatement par les Apôtres subsistoient encore; les Evêques de ces différens Sieges ne pouvoient ignorer la croyance que les Apôtres y avoient établie. Si la Divinité de Jesus-Christ n'avoit pas été un article de la doctrine des Apôtres, il étoit impossible qu'il se fût introduit de lui-même ou par hazard dans ces diverses Eglises fort éloignées les unes des autres, & toutes attachées par respect

pect à la doctrine qu'elles avoient reçue de leurs premiers fondateurs.

Aucun Pasteur n'a jamais assez été insensé pour croire qu'il pouvoit impunément s'écarter de la doctrine des Apôtres, aucune Société Chrétienne n'a pensé que cela fût permis à son Evêque, & que dans ce cas elle fût obligée de l'écouter. Les Hérésiarques postérieurs n'ont pas même osé s'arroger ce privilege; tous se sont vantés d'avoir puisé leur doctrine dans les Ecrits des Envoyés de Jesus-Christ. Pour les confondre, on s'est borné à leur opposer la croyance des Eglises fondées par les Apôtres ou par leurs Disciples; personne n'étoit plus capable d'en rendre compte que les Evêques chargés de la perpétuer.

En vertu de cette persuasion générale qu'il n'étoit permis à personne de rien changer à la doctrine des Apôtres, il est clair que la foi universelle & uniforme des Eglises ne pouvoit être *nouvelle*; que tout particulier au contraire qui s'en écartoit étoit un *novateur*. La *catholicité* ou l'uniformité de croyance dans les différentes Eglises a donc toujours été un signe certain d'antiquité, d'apostolicité, d'immutabilité dans la Foi; un de ces caracteres ne peut subsister sans l'autre. Aucun des trois ne peut être attesté d'une maniere plus sûre & plus éclatante que par les Pasteurs ou *témoins* établis spécialement pour y veiller; témoignage toujours avoué & appuyé de la société entiere des Fideles confiés à leurs soins. Nous n'avons pas tort de regarder ce témoignage comme *infaillible*, puisque celui qui le rend ne peut ni tromper ni être trompé quand il s'accorde avec ses collégues.

§. IV.

On dira peut-être que jusqu'ici nous ne posons cette *infaillibilité* que sur un fondement humain, sur la base ordinaire de la certitude morale en matiere de fait. Nous en convenons, & c'est ainsi qu'il falloit procéder d'abord. 1°. Puisque le Christianisme est une religion révélée, dans toute dispute la question essentielle est de prouver la révélation, de faire voir que telle doctrine a été véritablement enseignée par Jesus-Christ & par les Apôtres. Ce fait est de même nature que tous les autres faits, il doit être prouvé de même par des témoignages & des monumens. La mission divine de Jesus-Christ & des Apôtres est un autre fait solidement établi. De ces deux faits incontestables il résulte que Dieu a révélé telle doctrine & qu'il faut la croire comme parole de Dieu. 2° Il étoit à propos de démontrer que les incrédules & les Théologiens hétérodoxes qui ont tant déclamé contre l'infaillibilité de l'Eglise, n'ont pas seulement entendu la question ; que quand cette infaillibilité n'auroit d'autre fondement que la certitude du témoignage humain en matiere de fait, il seroit encore absurde de s'élever contr'elle.

Mais nous avons un autre garant, sçavoir la mission des Pasteurs. Elle est divine dans sa source, dans Jesus-Christ & dans les Apôtres ; elle a été donnée telle qu'elle a été reçue, elle accorde des pouvoirs surnaturels : elle est donc encore divine dans sa succession & sa continuité ; elle ne pourroit produire son effet si elle ne l'étoit pas. Le témoignage que rendent les Pasteurs en vertu de leur mission n'est donc plus un témoignage purement humain. D'ailleurs, indépendament de ce que nous lisons dans l'Ecriture, Jesus-Christ a promis son assistance à l'Eglise, puisqu'elle a toujours compté sur ce secours ; la nature des choses l'exigeoit, la suite des faits le démontre. Il étoit impossible que la doctrine de Jesus-Christ opposée à la curiosité humaine & aux penchans du cœur ne fût attaquée dans tous les siecles; sans une providence surnaturelle il étoit impossible que ce dépôt se conservât dans son entier. L'histoire de l'Eglise n'est autre chose que le récit de ses combats; comment n'eût-elle pas succombé à des assauts renouvellés sans cesse, si la même main qui fonda l'édifice ne l'eût préservé de sa ruine? A quoi eussent abouti la mission de Jesus-Christ & la conversion du monde, si la philosophie escortée de toutes les passions humaines fût venue à bout des projets qu'elle a toujours formés, qu'elle renouvelle encore, & qui renaîtront dans tous les temps? Ici le doigt de Dieu est visible; quand il ne se montreroit pas dans l'Evangile, nous l'appercevrions encore. Jesus-Christ a fondé la perpétuité de sa Doctrine sur la tradition universelle, sur la certitude du témoignage humain portée au plus haut dégré; mais l'opiniâtreté des raisonneurs n'a jamais voulu se soumettre à cette loi, elle s'est constamment révoltée contre le plan de la sagesse divine; il subsiste néanmoins depuis dix-huit siecles. Ce n'est plus là l'ouvrage des hommes, mais le miracle continuel de la Providence. Nous n'avons pas tort d'appuyer sur cette base l'autorité du témoignage de l'Eglise, de lui attribuer une infaillibilité divine, fondée sur une mission & sur une assistance divine. (*a*)

§. V.

Dès-lors nous ne sommes plus embarrassés de démontrer ce que nous avons avancé d'abord.

1°. L'infaillibilité du témoignage uniforme des Eglises particulieres énoncé par la bouche de leurs Pasteurs n'a aucun rapport à l'impeccabilité de ceux-ci. Qu'ils soient hommes comme les autres, & si l'on veut, plus fragiles que les autres, cela ne conclut rien. Au contraire, plus on les suppose dominés par des passions, par des intérêts, par des préjugés personnels, plus il est impossible que leur témoignage soit uniforme sur un fait faux ou douteux. L'effet naturel des défauts personnels est de diviser les hommes & non de les réunir. Dès que tous d'un concert unanime ou presque unanime déposent que telle est la foi de leurs Eglises, il est impossible que ce fait soit faux ou douteux.

(*a*) Dans le Livre de la *Perpétuité de la Foi*, Tom. I, L. I, c. 7, p. 68, on a très-bien distingué l'infaillibilité morale & naturelle de l'Eglise, d'avec son infaillibilité divine & surnaturelle.

A Dieu ne plaiſe que nous prétendions exclure par-là les *graces d'état*, graces perſonnelles que Dieu donne avec plus d'abondance à ceux qui s'en rendent plus dignes par leurs vertus. Sans les exclure, nous ſoutenons que la certitude du témoignage des Paſteurs en eſt abſolument indépendante.

2°. Il en réſulte encore que l'aſſiſtance promiſe par Jeſus-Chriſt au corps de l'Egliſe n'a aucun rapport immédiat à la ſainteté de ſes Miniſtres, parce que cette aſſiſtance n'a point pour objet leur utilité perſonnelle, mais le bien commun & la ſécurité des Fideles. Par cette aſſiſtance Jeſus-Chriſt ne change rien à la conſtitution de la nature humaine, il la laiſſe telle qu'elle eſt. Or il eſt acquis par une expérience auſſi ancienne que le monde que la vérité ſeule d'un fait public peut forcer une infinité de témoins entre leſquels il ne peut y avoir eu de colluſion à lui rendre un témoignage uniforme.

3°. Il n'eſt pas moins évident que le privilege que nous attribuons à un Evêque, loin de lui inſpirer de l'orgueil, reſſerre ſon enſeignement dans des entraves très-étroites, dont un génie curieux, ardent, orgueilleux ne s'accommodera jamais. Simple témoin, ſimple dépoſitaire, il ſent qu'il ne lui eſt ni permis ni poſſible de donner carriere à ſon genie, de propoſer d'autres articles de croyance que ceux qui ont toujours été reçus & profeſſés ; que s'il franchiſſoit ces bornes, il s'expoſeroit à perdre la confiance de ſon troupeau, à être accuſé comme novateur, à être condamné & dépoſſédé. Nous citerons ci-après l'aveu d'un incrédule ſur ce point.

De ces mêmes notions s'enſuit ce que l'on doit entendre ſous le nom d'*Egliſe Catholique* ou univerſelle. Ce n'eſt pas ſeulement la ſociété des Fideles qui eſt répandue dans toutes les parties du monde ; mais c'eſt la ſociété qui ne reconnoît pour vraie doctrine de Jéſus-Chriſt que la *doctrine univerſelle*, ou la doctrine profeſſée par toutes les Egliſes unies de communion entr'elles & avec le S. Siege Apoſtolique, qui regarde cette uniformité de croyance comme la ſeule marque certaine de vérité, d'antiquité, d'apoſtolicité.

Ce caractere eſt tellement propre à l'Egliſe Romaine, qu'aucune autre communion ou ſociété ne ſe l'eſt jamais attribué ; au contraire, toutes le rejettent comme une marque de réprobation. Par un trait de providence ſinguliere, toutes, en abjurant le titre de *Catholique*, se dépouillent volontairement du signe essentiel à la Religion de Jesus-Christ. Toutes veulent former leur croyance sur le texte de l'Ecriture entendu à leur maniere : méthode propre à produire autant de religions que de têtes, & non à former une *Religion universelle*. Toutes soutiennent que régler la foi sur des témoignages ou sur la tradition, c'est la fonder sur une autorité humaine; comme si le sens qu'elles donnent à l'Ecriture n'étoit pas un sens humain, une imagination humaine. Toutes reprochent à l'Eglise Catholique une autorité tyrannique lorsqu'elle veut assujettir les Fideles à l'enseignement général & uniforme de toutes les Eglises particulieres qui la composent.

Nous ferons voir ci-après que la *Catholicité* ainsi entendue est le vrai fondement de la foi du commun des Fideles, la marque certaine à laquelle ils reconnoissent la véritable Eglise de Jesus-Christ, le motif de repos & de sécurité auquel ils ne peuvent se tromper; ainsi l'a entendu S. Augustin dans ses Traités contre les différentes sectes hérétiques ou schismatiques.

§. VI.

Les preuves positives de l'autorité divine & infaillible de l'Eglise, sont les mêmes que celles de l'insuffisance de l'Ecriture pour diriger notre foi.

1°. La voie d'autorité est la seule que Dieu ait établie pour instruire l'homme sous les différentes époques de la révélation, la seule qui convienne à tous. Condamné à demeurer long-temps dans l'enfance, ordinairement trop borné pour s'instruire soi-même, réduit à manger son pain à la sueur de son front, l'homme a besoin de maîtres; il ne pourroit se reposer pleinement sur leurs leçons, s'il n'étoit convaincu que Dieu lui-même les a revêtus de son autorité pour enseigner. Toutes les fois que l'homme a refusé de prendre l'autorité pour guide, il est tombé dans l'erreur; il n'est question que de savoir où réside cette autorité; or Dieu lui a donné des marques certaines pour la reconnoître.

2°. La doctrine que Dieu nous propose à croire n'est point évidente en elle-même, mais révélée: il seroit donc absurde de la soumettre à l'examen direct des savans ou des ignorans; le résultat de tous les examens feroit de dire, *je n'y comprens rien.* Le feul examen poffible eft de favoir fi elle eft véritablement révélée ou fi elle ne l'eft pas. La preuve de la révélation ne peut pas être l'Ecriture feule, puifqu'aucune écriture ne fait preuve par elle-même fi elle n'eft munie d'aucune atteftation : il faut donc en revenir aux témoins qui atteftent que ce fait eft réel, qu'il eft écrit dans tel livre & dans tel fens.

S'il eft prouvé que telle doctrine eft révélée, il s'enfuit qu'elle eft vraie, Dieu ne peut pas révéler une fauffeté ; mais quand il feroit démontré que telle doctrine eft vraie, il ne s'enfuivroit pas qu'elle eft révélée & qu'il faut la croire de foi divine ; Dieu n'a pas révélé toute vérité. Puifque la révélation ne peut venir à nous que par la voie du témoignage, il feroit abfurde de fuppofer une révélation divine, & de prétendre que Dieu n'a pas donné aux témoins tous les caracteres capables de nous raffurer contre le danger d'erreur. Dans les faits ordinaires l'unanimité des témoins donne à leur témoignage une infaillibilité humaine, une certitude invincible ; dans le fait de la révélation, l'unanimité des témoins établis de Dieu donne à leur témoignage une infaillibilité divine.

3°. La mission de Jesus-Christ & des Apôtres est prouvée par leurs miracles & par le succès de leur prédication. Les Apôtres se sont nommés *Envoyés de Jesus-Christ*, & ils ont établi d'autres envoyés pour continuer leur ouvrage. « Nous venons de Dieu, dit S. Jean, celui qui » connoît Dieu nous écoute ; celui qui » n'est pas de Dieu ne veut pas nous écouter : c'est par-là que nous distinguons » l'esprit de vérité d'avec l'esprit d'erreur (a) ».

La mission des Apôtres avoit besoin d'être prouvée par des miracles, parce que ce fait s'étoit passé en Judée sans témoins, & que Jesus-Christ n'étoit plus sur la terre pour l'attester : mais la mission qu'ils ont donnée à leurs successeurs est un fait très-public, il n'a plus besoin d'être prouvé par des miracles. Ces premiers Pasteurs ont exercé leur ministere sous les yeux mêmes des Apôtres, au milieu des sociétés fondées par eux ; un fait aussi notoire n'a pas besoin d'autre preuve. Dès ce moment la mission de tous les Pasteurs s'est donnée & a été reçue avec la même publicité.

Elle est divine dans son origine, elle

(a) I. Joan. c. 4. ℣. 6.

continuera de l'être tant que la succession ne sera pas interrompue. Toute mission reçue d'ailleurs que du corps Apostolique, est nulle & illégitime; personne ne peut donner ce qu'il n'a pas reçu. Mais quand elle a été reçue à la face de toute l'Eglise, elle peut être donnée de même : elle porte la preuve de sa divinité dans sa publicité. Jesus-Christ ne l'a point donnée pour quelques momens, mais pour toute la durée de son Eglise, pour tout le temps pendant lequel la Foi sera nécessaire aux Chrétiens, par conséquent pour tous les siecles.

§. VII.

C'est donc une erreur de la part des incrédules de dire que si les Pasteurs de l'Eglise sont les vrais successeurs des Apôtres, & revêtus des mêmes pouvoirs, ils doivent prouver leur mission comme les Apôtres, par des miracles. Les mêmes miracles qui ont prouvé la divinité de la mission des Apôtres prouvent celle de leurs successeurs. On n'est pas mieux fondé à dire que ces Pasteurs doivent du moins prouver leur caractere comme les Apôtres, par leurs vertus. Ils le doivent sans doute; mais quand par malheur ce signe respectable leur manqueroit, la publicité de leur mission n'en recevroit aucune atteinte; les vertus, la ſcience, les talens ne ſuffiroient pas pour la leur donner : & Jeſus-Chriſt n'a point fait dépendre la validité de la miſſion des vertus ni des talens de ſes envoyés.

Mais lorſqu'un Prédicant s'aviſe d'enſeigner une doctrine contraire à celle de l'Egliſe, c'eſt alors qu'on a droit de lui demander des preuves de ſa miſſion. Si c'eſt un laïc, il n'a point la miſſion ordinaire; ſi c'eſt un Paſteur, il en eſt déchu dès qu'il s'en ſert contre l'ordre établi, & dans un eſprit de révolte. En accuſant l'Egliſe d'erreur, il lui conteſte par là même le droit de donner une miſſion légitime, & l'Egliſe n'a jamais pu donner miſſion de prêcher contr'elle : c'eſt donc à lui de prouver qu'il a reçu une miſſion extraordinaire comme les Apôtres, & de la prouver comme eux par des ſignes miraculeux. Quiconque ſe ſépare du corps de l'Egliſe par l'enſeignement n'eſt plus appuyé d'aucun témoignage, ſon autorité ſe réduit à lui ſeul. » Il y a eu pluſieurs antechriſts, dit S. Jean, » ils ſont ſortis d'entre nous, mais ils n'é- » toient pas des nôtres; s'ils en avoient été, » ils ſeroient demeurés avec nous. » (a)

(a) I. Joan. c. 2, ℣. 19.

Voilà deux caracteres qu'il ne faut pas séparer ; la mission reçue de ceux dont la succession remonte aux Apôtres, & l'enseignement conforme à ce qui est cru & professé dans l'Eglise gouvernée par eux ; deux faits dont les plus ignorans sont convaincus par la notoriété publique.

Lorsque les Catholiques ont demandé quels étoient les signes de la mission extraordinaire des prétendus réformateurs, il a fallu convenir qu'ils n'en avoient aucun ; (b) lorsqu'on a objecté les mœurs scandaleuses de la plûpart, leurs sectateurs ont répondu par une récrimination, en alléguant les crimes de plusieurs Papes & les désordres de plusieurs membres du Clergé Catholique. Mais les vices de ceux-ci ne pouvoient anéantir leur caractere, ni effacer la mission qu'ils avoient reçue à la face de l'Eglise ; les premiers n'en avoient point reçu, ou ils en étoient déchus par leur révolte. Puisqu'ils ne vouloient rien tenir de l'Eglise, il falloit prouver une mission reçue du Ciel par miracle. Ainsi argumentoient les Peres de l'Eglise contre les anciens hérétiques.

Les autres objections que les incrédules

(b) IIe Lettre écrite de la Montagne, p. 63.

répétent contre l'autorité & l'infaillibilité de l'Eglise, ne sont ni plus sensées ni plus solides.

§. VIII.

Premiere Objection. Les Pasteurs de l'Eglise veulent dominer sur la foi de leur troupeau par le don d'infaillibilité qu'ils s'attribuent; les peuples prévenus de cette fausse idée croient implicitement sur la parole de leurs Pasteurs tout ce qu'il plaît à ceux-ci d'ériger en dogme de Foi. (*a*)

Réponse. A bien examiner la chose, c'est plutôt la foi des peuples qui domine sur celle des Evêques. Ceux-ci en prenant possession de leur Siege trouvent la foi toute établie parmi leurs ouailles, il ne leur est ni permis ni possible de l'altérer, d'enseigner une doctrine contraire à celle qui a été crue & professée avant eux. Un Evêque ne s'est jamais attribué l'infaillibilité personnelle, mais il est très-bien fondé à compter sur l'infaillibilité du corps de l'Episcopat & de l'Eglise universelle. Il est convaincu à bon droit que tant qu'il n'enseigne que la doctrine uniformément professée par ses Col-

(*a*) Tableau des Saints, II. Part. c. 3, pag. 164, 165.

legues & par le chef de l'Eglise, il est à couvert, aussi bien que son troupeau, de tout danger d'erreur.

A dater du temps des Apôtres, quel Pasteur s'est jamais trouvé le maître de changer la croyance de ses Diocésains? En vertu de l'article du Symbole par lequel tout Fidele croit à l'*Eglise Catholique*, il est averti que ce n'est point l'enseignement seul de son Evêque qui le guide en matiere de Foi, mais la conformité de cet enseignement avec celui de tous les autres Evêques unis à leur chef; tout Evêque fait profession de cette union lorsqu'il se dit Evêque par la grace de Dieu & du Saint Siege Apostolique.

Un Diocèse entier dans lequel se trouvent des Prêtres & des Docteurs, des Religieux & des Laïcs, des sçavans & des ignorans, peut-il se trouver tout-à-coup disposé à recevoir toute doctrine qu'il plaîra à son Evêque de lui enseigner? Nous avons vu quelques Evêques persévérer très-longtemps dans le projet de faire prévaloir dans leur Diocèse des opinions nouvelles dont ils étoient infatués; ils n'ont point réussi. Quand ils en seroient venus à bout à force d'opiniâtreté & de persévérance, ils n'auroient fait autre chose que séparer leur

Diocèse du reste de l'Eglise; la réclamation du Corps entier auroit condamné hautement ce troupeau particulier & son Pasteur.

Si l'on suppose un grand nombre d'Evêque réunis dans le même projet, le danger deviendra plus grand pour les simples Fideles; mais outre qu'il est très-rare d'en voir des exemples, leur séparation d'avec le Chef de l'Eglise universelle est une marque de réprobation qu'aucun Chrétien ne peut méconnoître. Si ces Pasteurs schismatiques viennent à bout d'entraîner leurs troupeaux, la séparation n'en sera que plus éclatante & le crime plus visible. Tous auront commencé par oublier l'article du Symbole qui leur ordonne de croire à l'*Eglise Catholique* ou universelle, c'est-à-dire, de professer la doctrine universellement crue & enseignée par le Corps entier des Pasteurs unis à leur chef.

§. IX.

II. Objection. Tous les hommes sont faillibles & menteurs, l'on ne peut se fier à la parole ni au témoignage d'aucun. Ce motif de défiance est encore fortifié par l'exemple de plusieurs Pasteurs qui sont tombés dans l'erreur, y ont persévéré, y ont entraîné une partie ou la totalité de leur troupeau.

Réponse. Nous pouvons juger de l'importance de cette maxime par l'usage que les incrédules en ont fait. Ils ont conclu que l'Ecriture-Sainte même ne pouvoit mériter notre croyance, parce qu'elle a été écrite par des hommes. « Nos langues, dit » un Déiste célebre, sont l'ouvrage des » hommes, & les hommes sont bornés; » nos langues sont l'ouvrage des hommes, » & les hommes sont menteurs. » (*a*) Par là il veut confirmer ce qu'il a dit plus haut qu'il ne faut point recourir à des Livres, que c'est le moyen de ne rien finir.

Les hommes pris en particulier sont menteurs, personne n'en doute; mais lorsqu'un grand nombre d'hommes entre lesquels la collusion a été impossible se réunissent à déposer d'un fait sensible & public, ils ne peuvent plus être menteurs, leur témoignage produit une certitude entiere. Lorsque les hommes mentent, ils ne le font point uniformément, chacun arrange la narration selon ses idées particulieres, selon son intérêt, selon ses passions; la vérité seule qui ne dépend pas d'eux peut

(*a*) Lettre à M. de Beaumont, p. 75.

imposer silence à tous ces motifs & forcer les témoins à s'accorder.

Lorsqu'une infinité de Pasteurs dispersés ou rassemblés attestent que tel dogme a été constamment cru & professé dans leur Eglise, il ne dépend pas d'eux de déguiser un fait aussi public; l'attachement naturel que tout homme conserve pour la croyance qu'il a reçue dès l'enfance nous répond qu'aucun ne s'en laisse imposer aisément par ses Collegues. Le danger d'être contredit par la réclamation publique d'une Eglise entiere doit le rendre encore plus circonspect. Supposer que par une révolution subite deux ou trois cents Evêques se trouvent déterminés à déposer uniformément d'un fait notoirement faux, c'est oublier le reproche continuel des incrédules, sçavoir, que tout Docteur est pointilleux, querelleur, opiniâtre à l'excès: ce caractere est-il fort propre à leur dicter un témoignage uniforme?

Si un Evêque parvient à séduire son troupeau, c'est toujours la faute de celui-ci; il commence par oublier l'article du Symbole dans lequel il fait profession de croire, non à son Evêque, mais à l'*Eglise Catholique*.

§. X.

IIIe. Objection. Pour décréditer les Conciles, nos adversaires ont peint tous les Pasteurs de l'Eglise comme des fourbes & des ignorans. « Des hommes, disent-ils, » dépourvus de mœurs & de lumieres ont » dans tous les siecles décidé de la Foi des » Chrétiens. C'est par ces canaux impurs » que la tradition des Apôtres s'est perpé- » tuée jusqu'à nous, & ces hommes assem- » blés passent pour avoir été les organes du » Saint-Esprit.... Les Conciles furent tou- » jours composés d'une grande troupe d'i- » gnorans ou de fanatiques de bonne foi » qui se sont laissés guider par ceux de leurs » confreres qu'ils croyoient plus habiles » qu'eux-mêmes, & dont ils embrassoient » le parti, souvent sans connoître l'état de » la question. Plusieurs ne sçavoient pas » seulement signer leur nom; ils donnoient » à leurs Confreres la commission de souf- » crire pour eux les actes de ces Assemblées; » l'on peut présumer que souvent des faus- » saires ont multiplié les signatures à leur » gré..... L'on peut encore sans témérité » soupçonner que dans les Conciles les » Chefs de parti, c'est-à-dire les plus rusés

» des Evêques, les plus éloquens des Pasteurs, les intriguans le plus en crédit auprès des Princes, faisoient passer leur avis, décidoient de l'orthodoxie, entraînoient les suffrages des imbéciles moutonniers ou des dévôts sans esprit, & par leurs violences & leurs menaces intimidoient les contradicteurs, arrachoient le consentement des lâches, & persécutoient avec force ceux qui prétendoient leur résister. *Voilà l'histoire fidele* de tous les Conciles tenus dans l'Eglise depuis les Apôtres jusqu'à nous. » (*a*)

Réponse. Faisons donc sur la parole de nos adversaires trois actes de Foi.

1°. Quoi qu'en disent les actes des Conciles & les monumens de l'Histoire, c'est ainsi que les choses se sont passées dans le Concile de Nicée, auquel assista Constantin; dans ceux de Constantinople tenus sous les yeux des Empereurs; dans celui de Constance où se trouvoient l'Empereur Sigismond & les Ambassadeurs de toutes les Puissances de l'Europe; mais sur-tout dans celui de Trente, auquel toutes les Têtes couronnées avoient envoyé ce qu'il y avoit de plus respectable

(*a*) Tableau des Saints, II. Part. c. 6, p. 10. Quest. sur l'Encyclop. *Conciles*.

parmi les Jurisconsultes & les Théologiens. Tous ces honnêtes Laïcs ont souffert qu'en leur présence, des ignorans, des fourbes, des faussaires, des hommes sans mœurs décidassent de l'orthodoxie.

2°. Ces Evêques détestables, de retour dans leurs Diocèses ont fasciné l'esprit & la mémoire de leur troupeau. Sur leur parole un peuple immense a rêvé que jusqu'alors il avoit déja cru & professé ce que le Concile a trouvé bon de décider. Ainsi, après le Concile de Nicée, trois cents Diocèses s'imaginerent que la Divinité de Jesus Christ étoit un article de leur foi, quoiqu'ils n'eussent jamais pensé à professer ce dogme; il en a été de même de tous les autres Conciles postérieurs.

3°. Dans des siecles où le peuple élisoit ses Evêques, il a toujours choisi par préférence des scélérats noircis de crimes, ou des ignorans qui ne savoient pas signer leur nom; ensuite il les regardoit *comme des êtres favorisés du Ciel, & d'une espece plus parfaite que le reste des mortels* (a). Voilà les hommes auxquels les Empereurs ont souvent donné leur confiance, ont remis des affaires & des négociations, ont

(a) Tableau des Saints, c. 3, p. 165.

accordé du crédit & des honneurs, *jusqu'à faire de l'Episcopat un objet d'ambition* (*a*). Les anciens Canons, les Loix Ecclésiastiques si séveres sur le choix des Ministres de l'Eglise & sur les qualités qu'ils devoient avoir, n'ont jamais été exécutés ; ils n'ont probablement été faits que pour en imposer aux siecles futurs, &c.

La preuve de l'ignorance de plusieurs Evêques est péremptoire. Ceux qui par raison de maladie ou des besoins de leurs Diocèses ne pouvoient se rendre au Concile, informés de la décision, envoyoient procuration à un de leurs confreres de la signer pour eux. Donc ils ne savoient pas signer leur nom : donc les faussaires ont pu multiplier les signatures à leur gré : donc ces signatures ne prouvent rien, sinon la fourberie des uns & l'imbécilité des autres.

Et voilà *l'histoire fidele* de tous les Conciles, ou plutôt le tableau fidele de la démence & de la témérité des incrédules.

(*a*) Tableau des Saints, c. 7, p. 90.

§. XI.

N'importe, admettons le tout, en dépit de la vérité & du bon sens. Etoit-il nécessaire que des Evêques rassemblés fussent tous de profonds Théologiens, pour attester la foi actuelle de leur Eglise & rendre compte du catéchisme qui y étoit enseigné? Falloit-il encore que ce fussent autant de Saints à canoniser pour être dignes de foi sur ce fait public, éclatant, indubitable, qu'ils ne pouvoient altérer sans être bientôt convaincus de faux par la réclamation de leurs Diocésains?

Selon l'idée de nos adversaires, un Concile n'est qu'une assemblée tumultueuse de Docteurs qui y arrivent avec le dessein formé d'y faire prévaloir leur opinion particuliere, qui ne sont occupés que des moyens d'y réussir, où les plus forts, les plus fourbes, ou les plus éloquens se rendent enfin les maîtres. Bon tableau pour en imposer aux ignorans. Les Evêques sont de simples témoins, mais revêtus de caractere, qui viennent, des différentes contrées de l'univers, dire quelle est & quelle a toujours été la croyance de leur Eglise sur tel point de doctrine. C'est sur l'unanimité l'unanimité ou la très-grande pluralité de ces témoignages que se forme la décision.

Leur refusons-nous par-là la qualité de *Juges ?* Non certainement. Lorsqu'une Compagnie de Magistrats prononce sur le témoignage oculaire de tous ses membres, elle ne *juge* pas moins que quand elle le fait sur la déposition de témoins étrangers.

Le personnage que les Incrédules prêtent aux Evêques est véritablement celui des Hérésiarques. S'ils comparoissent dans une assemblée, c'est dans le dessein d'y faire approuver leur opinion particuliere à force de disputes, de subtilités, de sophismes. Pour les confondre, on est obligé de leur opposer d'autres Docteurs aussi aguerris, de répondre aux objections qu'ils tirent de l'Ecriture, de la tradition des siecles précédens ou du raisonnement humain. Mais ces disputes ne sont point ce qui décide ; le vrai fondement de la décision est le témoignage constant, uniforme des Evêques, recueilli à la très-grande pluralité ou à l'unanimité parfaite.

Il n'est pas besoin de répéter en quel sens les Evêques sont les *canaux de la Tradition* & les *organes du Saint-Esprit*, nous l'avons assez expliqué. Puisqu'ils ne sont que les canaux de la Tradition, ils ne sont donc pas les maîtres de la forger à leur gré. Nos adversaires, qui tranchent si impérieusement sur l'autorité des Conciles, devroient entendre un peu mieux les termes; mais ils ne sont que les échos des Protestans.

§. XII.

IVe Objection. Les Conciles ont été souvent opposés les uns aux autres : l'un a professé des dogmes que l'autre a condamnés. La Foi réglée par trois cents Evêques au Concile de Nicée, fut changée par six cents Evêques au Concile de Rimini. Depuis l'an 322 jusqu'à 383, l'on compte treize Conciles tant généraux que provinciaux contre l'opinion d'Arius; depuis 323 jusqu'à l'an 368, l'on compte quinze Conciles tant généraux que particuliers en faveur du même Arius. Mais au bout de plusieurs siecles de disputes & de fureurs, le plus grand nombre des Evêques & des Prêtres Chrétiens comprirent qu'il étoit de leur gloire & de leur intérêt que le Fondateur de l'Eglise fût un Dieu; ainsi la doctrine du Concile de Nicée prévalut (a).

(a) Tableau des Saints, II. Part. c. 6, p. 15. Quest. sur l'Encyclop. *Conciles.*

Réponse. Il eſt faux que la Foi de Nicée ait été changée à Rimini, que ce Concile fût général ni compoſé de ſix cents Evêques, qu'aucun Concile général ait profeſſé l'erreur d'Arius.

1°. Pour que le Concile de Rimini eût changé la Foi de Nicée, il faudroit qu'il eût décidé que Jeſus-Chriſt n'étoit pas Dieu, ni conſubſtantiel à ſon Pere, qu'il n'étoit qu'une créature. Ce Concile a-t-il ainſi prononcé? La premiere formule qu'il dreſſa portoit que *le Fils eſt ſemblable au Pere en tout*; la ſeconde, qu'*il eſt ſemblable au Pere ſelon les Ecritures.* Ces deux formules ne ſuffiſoient pas pour proſcrire l'héréſie Arienne, mais elles ne l'adoptoient pas; elles n'exprimoient point aſſez le dogme catholique, mais elles ne le condamnoient pas: elles n'étoient ni auſſi claires ni auſſi formelles que la déciſion de Nicée, mais elles ne la contrediſoient pas. Les Evêques qui furent forcés par violence à y ſouſcrire, manquerent de courage, mais ils ne furent pas pour cela hérétiques; ils trahirent par foibleſſe les intérêts de la vérité, & donnerent lieu aux Ariens de s'en prévaloir, mais ils ne profeſſerent aucune erreur. A peine furent-ils en liberté qu'ils réparerent leur faute; ils proteſterent qu'on les avoit trompés en cachant un sens perfide sous des expressions orthodoxes. La formule de Sirmich, à laquelle souscrivit le Pape Libère, n'avoit aucun autre défaut que de supprimer le terme de *consubstantiel*; jamais ce Pape n'a signé l'Arianisme.

2°. Il est faux que le Concile de Rimini fût composé de six cents Evêques, il n'y en avoit pas quatre cents. Il est encore plus faux que ce Concile fût général; il n'étoit composé que des Evêques d'Occident, le Pape n'y présida ni par lui-même, ni par ses Légats.

3°. Où sont les Conciles généraux qui ont professé l'hérésie d'Arius? Ce sectaire soutenoit que le Fils de Dieu étoit une créature tirée du néant, qu'il n'étoit pas vrai Dieu ni co-éternel à Dieu (*a*); aucun Concile général n'a fait passer en dogme cette erreur. Ceux même qui favorisoient Arius n'osoient pas professer ouvertement ces blasphêmes; ils demandoient seulement que l'on retranchât du Symbole de Nicée le terme de *consubstantiel*, sous prétexte que l'on pouvoit en abuser pour établir l'erreur de Sabellius. Par cet artifice ils

(*a*) Socrate, Hist. Eccl. L. I, c. 5. Sozom. L. I, c. 15.

tromperent plusieurs Evêques très-bons Catholiques, mais aucun n'osa d'abord nier ouvertement la divinité de Jesus-Christ comme avoit fait Arius.

Est-il vrai que les Evêques fideles à la Foi de Nicée agissoient ainsi par gloire ou par intérêt? Ils avoient donc intérêt à se faire exiler, emprisonner, dépouiller de leurs Sieges sous l'Empereur Constance, protecteur des Ariens. Que des Evêques, bien persuadés de la divinité de Jesus-Christ, aient cru devoir tout souffrir pour la défense de ce dogme, cela se conçoit; mais qu'ils se soient sacrifiés pour la gloire d'avoir un Dieu pour fondateur, ce seroit un trait de folie. Comment sait-on que les Orthodoxes étoient moins persuadés de la vérité de leur doctrine que les Ariens?

Un motif d'intérêt auroit engagé à supprimer plutôt qu'à professer la divinité de Jesus-Christ. Ce dogme étoit le plus grand obstacle à la conversion des païens, surtout des Philosophes. On le voit par les reproches de Celse & de Julien, renouvellés par les incrédules d'aujourd'hui.

§. XIII.

V^e^. *Objection.* Il n'y a aucun signe certain pour distinguer un Concile général ou *œcuménique* d'un Concile particulier, l'on n'est point d'accord sur le nombre des premiers, quelques partis rejettent ceux qui sont admis par d'autres. D'ailleurs il n'y a pas un seul Concile qui ait pu vraiment passer pour représenter toute la Chrétienté. Ainsi les œcuméniques ou généraux sont ceux qui passent pour tels dans l'esprit de leurs partisans. (*a*)

Réponse. Un Concile est général lorsque les Evêques de toute l'Eglise Catholique y ont été invités, lorsque le Souverain Pontife y préside par lui-même ou par ses Légats, lorsqu'il est reçu comme tel par la très-grande partie des Eglises. Les Ariens mêmes n'ont pas osé nier que le premier Concile de Nicée ne fût général ou œcuménique : les Hérétiques seuls ont refusé ce titre au Concile de Trente; il en est de même des autres.

Ce seroit d'ailleurs une erreur de croire qu'un Concile général soit absolument nécessaire pour constater la croyance de l'Eglise universelle; le témoignage des Pasteurs dispersés n'a pas moins de force que

(*a*) Tableau des Saints, II. Part. c. 6, p. 17. Quest. sur l'Encyclop. *Conciles*.

celui des Evêques rassemblés. Lorsque les Décrets d'un Concile particulier en matiere de Foi ont été confirmés par le Saint Siege & unanimement reçus dans toute l'Eglise, ils ont autant de poids que la décision d'un Concile général ; on ne peut douter que cette Doctrine ne soit catholique ou universelle.

On objecte un passage de S. Augustin, (*a*) où il dit que les Conciles pléniers ou généraux sont souvent corrigés par des Conciles postérieurs, lorsqu'on découvre par quelque expérience ce qui étoit caché auparavant, & que l'on apperçoit ce qui étoit inconnu (*b*).

Il suffit de peser les paroles de ce saint Docteur pour voir ce qu'il a voulu dire. Ce n'est point en matiere de Foi que l'on peut découvrir ce qui étoit inconnu; jamais aucun article de Foi n'a été inconnu. Il veut donc parler, ou des faits personnels, telle que la condamnation d'un Evêque, soit pour des crimes que l'on reconnoît faux dans la suite, soit pour une doctrine sur laquelle il ne s'étoit pas suffisamment expliqué : ou

(*a*) L. II de Bapt. contrà Donat. c. 3.
(*b*) Tableau des Saints, II. Part. c. 6, p. 18.

des Conciles qui paroissoient d'abord pléniers & généraux par leur forme extérieure, mais où l'on a reconnu ensuite un défaut essentiel, soit dans la convocation, soit dans la liberté des suffrages, soit dans la confirmation du Saint-Siege, soit pour une fraude commise dans la rédaction des actes. On prouveroit par vingt passages de saint Augustin le respect dont il étoit pénétré pour les décisions des Conciles généraux en matiere de Foi.

L'Auteur des *Questions sur l'Encyclopédie*, grand Théologien, prétend que le systême de saint Augustin sur la Grace a été respecté onze cents ans comme un article de Foi; qu'au bout de ce temps les Jésuites ont trouvé le moyen de faire anathématiser le systême de saint Augustin mot pour mot sous le nom de Jansénius, de Saint-Cyran, d'Arnaud, de Quesnel. (a)

Il falloit ajouter encore, & sous le nom de Calvin qui prétendoit soutenir le systême de S. Augustin *mot pour mot*. Un Critique mieux instruit sçauroit que jamais l'Eglise n'a respecté *un systême* comme un article de Foi. Saint Augustin a soutenu contre les

(a) Quest. sur l'Encyclop. *Augustin*.

Pélagiens que la Grace n'eſt point la récompenſe de nos mérites paſſés ou actuels; contre les Sémi-Pélagiens, qu'elle n'eſt point le ſalaire des mérites conditionnellement futurs, qu'ainſi elle eſt très-gratuite à tous égards; contre les Manichéens, qu'elle ne détruit point la liberté humaine: trois articles de Foi que l'Egliſe profeſſe encore, & qu'elle n'a jamais condamnés dans aucun Auteur. Mais elle a condamné tous ceux qui ont ſuppoſé entre la grace & le conſentement de la volonté un connexion *néceſſaire*, qui ont inſinué qu'elle ſuppoſoit une *néceſſité*; ſyſtême faux que nous avons réfuté en traitant la queſtion de la Liberté, & que jamais S. Auguſtin n'a ſoutenu.

§. XIV.

VIe. Objection. Les Conciles ont fait de nouveaux articles de Foi. Avant le Concile de Nicée la Divinité du Verbe n'étoit point un dogme de la croyance chrétienne. Ce Concile même ne parla point de la Divinité du Saint-Eſprit, elle n'a été décidée qu'à celui de Conſtantinople en 381. Ce ne fut même que vers le neuvieme ſiecle que l'Egliſe latine ſtatua par dégrés que le Saint-Eſprit procéde du Pere & du Fils.

En 431 le troisieme Concile général, tenu à Ephese, décida que Marie étoit véritablement Mere de Dieu, & que Jesus avoit deux natures & une personne. Ainsi de siecle en siecle le Symbole des Chrétiens s'est augmenté. (*a*)

Réponse. Une des obligations que nous avons à nos adversaires, c'est que quand ils avancent un fait faux & absurde, ils ne manquent presque jamais de le réfuter au même instant. L'Auteur du *Tableau des Saints* observe « qu'aussi-tôt qu'un Théo- » logien annonçoit quelque opinion à la- » quelle les oreilles de ses confreres *n'é-* » *toient point accoutumées*, on l'accusoit » d'hérésie, on assembloit un Concile, on » discutoit sa doctrine, on l'admettoit » quand elle se trouvoit conforme aux » opinions des Evêques les plus nombreux » ou les plus en crédit; sinon *le novateur* » étoit puni & persécuté. » (*b*) Selon cette remarque, il faut que les oreilles des Théologiens n'aient pas été accoutumées à la doctrine d'Arius, qu'elle ne se soit pas trouvée conforme à l'opinion des Evêques les

(*a*) Tableau des Saints, II. Part. c. 6, pag. 22. Dict. Philos. *Christianisme.*

(*b*) Tableau, *ibid.* p. 24.

plus nombreux, enfin qu'Arius ait été un novateur, puisqu'il fut condamné. Donc ce n'étoit ni la Divinité ni la Consubstantialité du Verbe qui étoient un nouveau dogme, mais l'opinion d'Arius; ce n'est plus le Concile de Nicée qui a innové, c'est l'hérétique qui fut condamné.

En effet, Socrate & Sozomene en racontant l'origine de la dispute disent, que l'opinion d'Arius étoit *nouvelle & inouie.* (a) L'opinion contraire étoit donc la croyance commune, elle n'a point été introduite par le Concile de Nicée. Lorsque l'Evêque d'Alexandrie condamna d'abord Arius, il appuya sa Sentence sur les premieres paroles de l'Evangile de saint Jean & sur d'autres passages de l'Evangile, il ne prétendit pas établir un nouveau dogme.

Le Concile de Nicée ne parle point de la Divinité du Saint-Esprit, parce que ce dogme n'étoit point contesté pour lors; mais lorsqu'il dit: *Nous croyons en un seul Dieu le Pere tout-puissant.... & en Jesus-Christ son Fils unique.... Nous croyons aussi au Saint-Esprit*; met-il une différence de nature entre les trois Personnes divines? Il a donc cru la Divinité du Saint-Esprit,

(a) Socrate, L. I, c. 6. Sozom. L. I, c. 15.

aussi bien que celle du Fils : le Concile de Constantinople n'a pas établi une Foi différente de celle du Concile de Nicée.

De même, lorsqu'il décide que Jesus-Christ, *vrai Dieu*, *consubstantiel au Pere*, *s'est incarné & s'est fait homme*, il entend sans doute que Jesus-Christ est tout à la fois Dieu & Homme, qu'il a par conséquent deux natures; Nestorius se trouve déja condamné par ces paroles aussi clairement que par le Concile d'Ephese. Si Jesus-Christ est Dieu, Marie sa mere est mere de Dieu.

Jusqu'à présent nous ne voyons point éclore de nouvel article de Foi; il en seroit de même quand nous suivrions tous les Conciles l'un après l'autre : leur regle constante a été de ne définir comme article de Foi que ce qui avoit été cru comme tel depuis les Apôtres.

§. XV.

VIIe. Objection. S. Grégoire de Nazianze avoit très-mauvaise opinion des Conciles. » Je fuirai toujours, dit-il, toute assemblée » d'Evêques; je n'ai jamais vu de Synode » qui ait eu un bon succès, qui n'ait plutôt » augmenté que diminué le mal. L'esprit » de dispute & d'ambition y est si grand

» qu'on ne sçauroit l'exprimer.... On n'y
» entend que des oies & des grues qui se
» battent sans s'entendre. On y voit de la
» division, des querelles, des choses hon-
» teuses qui étoient auparavant cachées.
» Tout cela est rassemblé dans un même
» lieu où se trouvent des hommes méchans
» & cruels. » (*a*) Saint Ambroise ne paroît pas en avoir eu une meilleure idée; il dit qu'il s'étoit souvent excusé de se trouver à ces assemblées, à cause des fréquentes divisions des Evêques. (*b*)

Réponse. L'Auteur même du *Tableau des Saints* observe que saint Grégoire de Nazianze parloit ainsi en 377. Il a remarqué ailleurs que depuis 323 jusqu'en 368 il y avoit eu quinze Conciles tenus en faveur d'Arius. Saint Grégoire s'étoit trouvé en bute aux cabales des Ariens lorsqu'il gouvernoit l'Eglise de Constantinople. Il n'est pas étonnant qu'après tant de Conciles dans lesquels ces hérétiques avoient porté leur génie violent & séditieux, Saint Grégoire & saint Ambroise craignissent de se trouver dans de pareilles assemblées. Mais

(*a*) Carm. p. 80, & Epist. 55.
(*b*) Tableau des Saints, *ibid.* Quest. sur l'Encyclop. *Conciles.*

il n'y a pas eu des Ariens dans tous les Conciles. Il n'y avoit eu ni tumulte ni violence au Concile de Nicée, & il n'y en a pas eu davantage dans la plupart des Conciles généraux tenus après le regne de l'Arianisme.

Il n'y en auroit jamais eu si les Novateurs avoient voulu se soumettre à la regle sage & solide qui a dirigé tous les Conciles orthodoxes, & laisser décider les questions selon l'enseignement constant & universel de l'Eglise. Lorsqu'il est arrivé du bruit & du scandale, faut-il s'en prendre à la regle plutôt qu'à l'opiniâtreté de ceux qui se sont révoltés contr'elle ? Mais selon nos adversaires tous les Hérétiques ont eu raison, c'est l'Eglise qui a toujours tort. Sur ce principe on n'a pas manqué dans la plupart des Eloges Académiques du Chancelier de Lhôpital, de prendre parti pour les Calvinistes & les Luthériens contre le Concile de Trente.

Cependant malgré la multitude d'hérésies qui ont fait du bruit & qui ont trouvé des partisans, l'Eglise Catholique est demeurée en possession de sa foi & de son autorité, pendant que la plupart des Sectes se sont fondues & anéanties. Il faut que sa méthode ne soit pas si mauvaise, puisqu'elle opere la perpétuité & l'immutabilité de la Foi. Si Jesus-Christ même n'en avoit pas tracé le plan & n'avoit pas tenu la main à l'exécution, il y a long-temps que l'édifice auquel il sert de base auroit été détruit; mais ce divin Maître s'est comparé lui-même à un Architecte qui bâtit sur la pierre ferme: battu par les vens & les orages, l'édifice se soutient, parce qu'il est solidement construit (*a*).

Les Sectes condamnées par les Conciles se sont scandalisées de l'*anathême* prononcé contr'elles, comme si l'on avoit voulu par cette formule les dévouer toutes à l'enfer. Mais lorsque saint Paul desiroit d'être *anathême* pour ses freres, (*b*) il ne souhaitoit certainement pas d'être condamné pour eux aux flammes éternelles. Etre anathême dans ce sens, c'est être retranché de la société des Fideles.

(*a*) Matt. c. 7, ℣. 24.
(*b*) Rom. c. 9, ℣. 23.

ARTICLE TROISIEME.

Du fondement de la Foi des ſimples & des ignorans, ou de l'analyſe de la Foi.

§. I.

Il en eſt de la queſtion que nous allons traiter comme de la plupart des autres, ſouvent en voulant l'éclaircir on l'a rendue plus obſcure, parce que l'on s'eſt trop attaché au faux jour ſous lequel les Théologiens hétérodoxes ſe ſont plûs à la préſenter. Si l'on veut y faire attention, le fondement de la Foi eſt le même pour tous les hommes; tous ſont enfans avant d'arriver à l'âge mûr, & ignorans avant d'avoir acquis des connoiſſances. La queſtion ſe réduit donc à ſçavoir, s'il faut avoir étudié long-temps pour être en état de faire un acte de Foi, ſi un enfant ne peut pas avoir un motif ſolide de croire dès qu'il eſt parvenu à l'âge de raiſon. A ſuppoſer qu'il le puiſſe, ce motif peut lui ſuffire pour toute ſa vie. Dieu par la révélation a pourvû ſuffiſamment ſans doute au ſalut de tous les hommes, il n'a pas rendu la Foi plus méritoire ni plus ſolide pour les ſçavans que pour les ignorans.

Il eſt à préſumer qu'il a fourni à tous des motifs ſuffiſans & proportionnés à leur capacité.

Ainſi en a jugé ſaint Auguſtin : « Dans » le ſein de l'Egliſe, dit-il, le peuple eſt » dans une pleine ſûreté, non par la viva- » cité de ſon intelligence, mais par la ſim- » plicité de ſa foi. » (*a*)

Il ſeroit étonnant qu'un acte de foi divine fût plus difficile à former qu'un acte de foi humaine; que le peuple qui eſt entraîné par des motifs invincibles à fonder ſon repos, ſon état civil, ſes plus chers intérêts, ſa vie même ſur la certitude des témoignages humains, n'en eut aucun pour juger que Dieu a révélé telle ou telle doctrine. Ce ſeroit ſoutenir en d'autres termes que la révélation eſt plus difficile à prouver que tout autre fait quelconque, ou qu'elle ne peut pas être conſtatée par les mêmes preuves : nous avons démontré le contraire.

Avant d'examiner quel eſt le genre de preuves à portée du peuple le moins inſtruit, il eſt à propos de citer une obſervation très-ſenſée faite par un Théologien Proteſtant.

(*a*) Lib. contrà Epiſt. Fundam. c. 4.

» Toute certitude, dit-il, est fondée
» sur des motifs réels qui convainquent
» notre esprit sans lui laisser aucun sujet
» raisonnable de doute. Mais ces motifs
» peuvent agir sur l'ame & n'en être pour-
» tant pas distinctement apperçus. Alors
» nous sommes bien entraînés par leur
» poids, nous sentons bien que nous ne
» pouvons pas raisonnablement douter;
» mais nous n'en sommes pas plus en état de
» développer ces motifs, de les arranger en
» forme de démonstration pour convain-
» cre les contredisans, en leur montrant
» le sophisme des argumens qu'ils nous
» opposent. Il faut de nécessité, ou bien
» refuser aux simples toute assurance rai-
» sonnable des vérités qu'ils croyent, tout
» discernement de ce qui est certain d'avec
» ce qui ne l'est pas, ou reconnoître avec
» moi que souvent l'esprit est solidement
» convaincu par un amas de raisons qu'il
» lui est impossible de démêler ni d'arran-
» ger d'une maniere distincte pour démon-
» trer aux autres sa propre persuasion. Ces
» principes qui frappent à la fois vivement,
» quoique confusément l'esprit, établissent
» une croyance solide dans ceux-là même
» qui faute d'en pouvoir faire l'analyse,
» quand on leur dira, *Prouvez-nous ce dont*

» *vous êtes si bien persuadés*, sont réduits au
» silence. » (*a*)

Il ne faut donc pas confondre une foi aveugle & non fondée avec une foi dont on est incapable de faire l'analyse & de rendre raison. C'est le sophisme dans lequel sont tombés la plupart de ceux qui ont parlé de la foi des simples Un homme peu instruit & peu accoutumé à réflechir sur les raisons qui dirigent sa conduite, n'est pas plus en état de rendre compte des fondemens de la foi humaine, que des motifs de la foi divine ; & souvent il se conduit avec plus de prudence qu'un dissertateur. Jusqu'à nos jours les fondemens de la certitude morale n'avoient pas été suffisamment développés par l'analyse. En conclura-t-on que le peuple qui se laisse conduire par la foi humaine agit machinalement, sans raison & sans motifs ? Dans le fond un Philosophe agit de même : avant de prendre son parti sur l'affaire la plus essentielle, il ne commence pas par se faire à soi-même une dissertation en forme sur les motifs qui dirigent sa conduite.

(*a*) Boulier, Traité de la Certitude morale, c. 8, n. 20, Tom. I, p. 271.

§. II.

S. Augustin donne pour motif de la foi des simples l'antiquité, l'universalité, l'uniformité de la Tradition, la succession des Souverains Pontifes depuis S. Pierre, le nom de *Catholique* donné à la véritable Eglise, & que les autres sectes n'osent usurper (*a*). Voyons si ce savant Pere de l'Eglise a eu tort.

Un ignorant croit que les articles du Symbole sont révélés de Dieu, parce qu'ils ont été enseignés par Jesus-Christ & par les Apôtres; il les croit enseignés par Jesus-Christ & par les Apôtres, parce que l'Eglise Catholique l'en assure : nous soutenons que cette Foi est très-raisonnable & très-certaine, qu'un ignorant en connoît suffisamment les motifs, quand même il seroit incapable d'en rendre compte.

1°. Que Jesus-Christ & ses Apôtres soient les fondateurs de notre Religion, c'est un fait universellement connu & dont tous nos usages religieux déposent. Le nom de Jesus invoqué par-tout, celui de *Chrétien* donné à ceux qui croient en lui, les

(*a*) L. contrà Epist. Fundam. c. 4.

croix, les images, les prieres, la profession de Foi, les instructions, les fêtes, les cérémonies, tout dépose que Jesus-Christ a fondé notre Religion par la prédication de ses Apôtres; toute l'Eglise regarde le Symbole qui porte leur nom comme l'abrégé de leur doctrine.

Les Catholiques & les Hérétiques, les Juifs & les Mahométans sont aussi persuadés que nous de ce fait essentiel; comment cette opinion générale auroit-elle pu s'établir, s'il n'en étoit rien? Une religion sans doute ne s'établit pas seule, sans prédicateurs; l'homme le plus grossier sait que le Christianisme n'a pas toujours existé. C'est de l'année de la naissance de Jesus-Christ que l'on date tous les événemens. Un ignorant ne se sent pas disposé à embrasser une religion sans l'enseignement de personne, sans preuves & sans motifs. Que le Christianisme soit l'ouvrage de Jesus-Christ & des Apôtres, c'est un fait plus notoire qu'il ne l'est que Clovis a fondé la Monarchie Françoise.

2°. Un second fait attesté par les mêmes monumens est que Jesus-Christ & les Apôtres n'ont point fondé le Christianisme par leur simple prédication, mais par des miracles, que c'est par-là qu'ils ont trouvé croyance. Un ignorant eſt convaincu des obſtacles qu'ils ont eus à vaincre par la cendre des Martyrs qu'il révére, par leurs Fêtes qu'il célébre, par ſa propre conſcience, qui lui atteſte que les hommes ne changent pas aiſément de religion. L'univers devenu Chrétien; voilà le témoin des miracles. Qu'ils ſoient conteſtés ou non par les Incrédules, un ſimple Fidele a droit de l'ignorer; leurs ſophiſmes ne lui importent pas plus que ceux des Pyrrhoniens contre le témoignage des ſens.

La réſurrection & l'aſcenſion de J. C. ſont deux articles du Symbole; jamais les Apôtres n'auroient perſuadé ces deux faits, s'ils n'avoient pas été munis de bonnes preuves; un ignorant ſent bien par lui-même qu'il n'eſt pas aiſé de croire de tels miracles, à moins que les preuves n'en ſoient invincibles.

§. III.

3°. Par quelle voie la doctrine des Apôtres eſt-elle parvenue juſqu'à nous? Par les mêmes moyens dont un ignorant eſt encore témoin oculaire, par l'enſeignement des Paſteurs, par les divers uſages religieux, par la tradition qui paſſe inſenſiblement d'une génération à une autre. Un ignorant voit ſous ſes yeux la chaîne de la ſucceſſion des Paſteurs de l'Egliſe ; lorſque l'un meurt, un autre eſt mis à ſa place. Que le Souverain Pontife actuel ſoit le ſucceſſeur de S. Pierre, c'eſt un fait auſſi certain qu'il l'eſt que Louis XVI eſt le ſucceſſeur du premier fondateur de notre Monarchie.

Un ſimple Fidele comprend que la doctrine, les fonctions, les pouvoirs des Apôtres, ont paſſé à leurs ſucceſſeurs, comme il voit que le miniſtere d'un Evêque ou d'un Curé paſſe ſans aucune différence à celui qui lui ſuccéde par mort ou autrement. Il eſt donc ſoumis à ſon Evêque par le même motif qui le porte à obéir au Gouverneur de la Province, il donne ſa confiance à ſon Curé, comme il la donne à un Notaire ou à un Officier public. Il ſait que l'autorité de ceux-ci n'a rapport qu'au gouvernement temporel de la ſociété, il juge que l'autorité de ſon Paſteur eſt divine, puiſqu'elle vient de Jeſus-Chriſt, & qu'elle a pour objet le ſalut des ames.

4°. Par quelle preuve un ignorant eſt-il aſſuré que la doctrine profeſſée généralement aujourd'hui par les Paſteurs de l'Egliſe eſt la même que celle de Jeſus-Chriſt

& des Apôtres ſans aucune altération? Par le titre de *Catholique* donné à l'Egliſe dans le Symbole & expliqué dans le Catéchiſme, aucun Paſteur Catholique ne ſe croit en droit d'enſeigner une autre doctrine que celle qui eſt profeſſée par le corps entier des Paſteurs & des Fideles unis au Chef de l'Egliſe ſucceſſeur de Saint Pierre. Le ſimple Fidele ſait très-bien que ſon Curé ne peut, ſans s'expoſer à être dépoſſédé, enſeigner une doctrine contraire au Catéchiſme approuvé par ſon Evêque. Il ſait que ſon Evêque eſt uni de communion & de croyance, non-ſeulement avec ſes Collégues, mais encore avec le Souverain Pontife, puiſqu'il ordonne à tous ſes Diocéſains de le reſpecter comme le Vicaire de Jeſus-Chriſt.

Il ſait encore que ce caractere de *Catholicité* eſt eſſentiel à l'Egliſe, auſſi ancien qu'elle, puiſqu'il eſt renfermé dans le Symbole de la Foi. Il eſt donc convaincu que depuis les Apôtres le corps entier des Paſteurs a fait profeſſion de ne s'écarter en rien de la doctrine qu'il en avoit reçue, & n'a jamais permis à aucun particulier de le faire. Il lui eſt évident d'ailleurs que depuis qu'il y a eu des Egliſes fondées par les Apôtres en différens lieux & chez différentes

différentes nations, elles n'ont pu convenir ensemble d'altérer sur un seul point la doctrine apostolique, les antipathies, les jalousies nationales, l'attachement naturel de chaque société à une doctrine qu'elle croit révélée, le zèle pour la *Catholicité* professée dans le Symbole, ont toujours été des barrieres insurmontables à tous les novateurs. Il est plus impossible à un Curé de s'en écarter impunément, qu'à un Juge quelconque de violer les ordonnances du Roi, sans s'exposer à l'animadversion des premiers Magistrats.

Qu'un ignorant puisse analyser les preuves de ces faits, ou ne le puisse pas, cela est égal; ils n'en sont pas moins le fondement de sa croyance.

§. IV.

Saint Augustin a donc eu raison de dire que dans le sein de l'Eglise Catholique le simple Fidele est en sûreté, non par la vivacité de son intelligence, mais par la simplicité de sa foi. Il croit, non à la simple parole de son Curé ou de son Evêque, mais à leur *Catholicité*, à leur union dans la foi avec tout le Corps de l'Eglise, à l'impossibilité dans laquelle ils sont de s'en écarter, ſans que cet écart ſoit remarqué. Il croit à leur ſucceſſion conſtante continuée depuis les Apôtres, de laquelle il voit la chaîne ſe perpétuer ſous ſes yeux. Un enfant, dès qu'il entend les termes du Catéchiſme, ſait ce que ſignifie l'article du Symbole : *Je crois la ſainte Egliſe Catholique*. C'eſt comme s'il diſoit, je reconnois pour véritable Egliſe de Jeſus-Chriſt celle qui me donne la *Catholicité* pour ſigne de la vérité, de l'antiquité, de l'immutabilité de ſa doctrine & de ſa foi. A ce ſigne il ſent que l'Egliſe remplit à l'égard de ſes enfans le devoir d'une véritable mere, qu'elle les conduit par la voie qui convient le mieux à la foibleſſe de leur intelligence, qui raſſure également les ſavans & les ignorans, qui leur fournit, pour ainſi dire, des armes contre celui de ſes Miniſtres qui entreprendroit de les tromper & d'altérer leur foi.

Ce n'eſt point ainſi que les ſectes ſéparées de l'Egliſe inſtruiſent leurs proſélytes. Elles donnent à un enfant, à un ignorant, pour caution de leur foi, le texte de l'Ecriture. Sont-ils en état de ſe démontrer l'authenticité, l'intégrité, l'inſpiration de ce texte, la fidélité de la verſion, le véritable ſens de chaque paſſage ? Mais le fidele Catholique n'a pas besoin de savoir quelle est leur doctrine ni leur méthode. Convaincu qu'il a une mere par la tendresse qu'elle lui témoigne, il peut ignorer sans péril s'il y a des marâtres & des orphelins.

Rien n'est donc plus faux que ce qui a été si souvent allégué par les Controversistes hétérodoxes, & répété par tous les incrédules; savoir qu'un simple Fidele n'a aucune marque sensible à laquelle il puisse infailliblement reconnoître la véritable Eglise de Jesus-Christ; qu'il lui est aussi difficile de la distinguer des sectes hérétiques, que de discerner quelle est la vraie doctrine des Apôtres; que pour être convaincu de l'infaillibilité de l'Eglise, il faut lire l'Ecriture, comparer les passages, parcourir la chaîne de la Tradition, écouter les raisons & les argumens des Hétérodoxes, décider les disputes des Théologiens. Un simple Fidele n'a pas besoin de tant d'appareil. Il reconnoît la véritable Eglise de Jesus-Christ, & son infaillibilité à la *Catholicité*, dont elle fait profession; caractere visible, palpable, unique; les autres sectes, loin d'y prétendre, le rejettent avec horreur.

Il est impossible que la doctrine *Catho-*

lique ou universelle ne soit pas la doctrine *ancienne*, puisque ceux qui en font profession se croiroient hérétiques s'ils la changeoient; que d'ailleurs tant de sociétés dispersées n'ont pu en former le projet, encore moins l'exécuter. Il est impossible que la doctrine *ancienne* ne soit pas celle des Apôtres; jamais l'Eglise Catholique n'a connu d'autres Maîtres que ces envoyés de Jesus-Christ. Enfin il est impossible que la doctrine *Apostolique* ne soit pas celle de Jesus-Christ & de Dieu son Pere; les Apôtres ont fait profession de n'enseigner que *ce qu'ils ont vu & entendu* de la bouche de leur Maître, & d'ailleurs ils ont confirmé leur doctrine par des miracles, signes certains de la voix de Dieu.

Si l'Auteur Anglois, qui a très-bien prouvé la divinité du Christianisme par le plan de cette religion, avoit mieux connu les principes de l'Eglise Catholique, il n'auroit pas dit que la plus grande portion du genre humain est forcée de croire sur parole, & de s'en rapporter aux autres sur les fondemens de sa croyance. (*a*)

(*a*) Vue de l'Evid. de la Relig. Chrét p. 151.

§. V.

Comme cette analyse de la Foi chrétienne est de la derniere importance, & termine toutes les contestations par le principe, nous mettons sous les yeux du Lecteur la chaîne de propositions dressée par un Protestant converti (*b*); afin que l'on voie que sur ce point, comme sur tous les autres, nous n'avons aucun sentiment particulier.

Sur le Christianisme en général.

1. Je suis persuadé que Jesus-Christ a été crucifié, qu'il est ressuscité & monté au Ciel, &c. comme je suis persuadé que les Apôtres ont été témoins oculaires de ces faits.

2. Je crois qu'ils en ont été témoins oculaires, parce qu'ils l'ont dit & publié, qu'ils ont répandu leur sang en le soutenant, qu'il ont fait des miracles pour le confirmer.

3. Je sais qu'ils l'ont dit & publié, qu'ils ont souffert le martyre, qu'ils ont fait des

(*a*) Papin, de la Tolérance des Protestans.

miracles pour confirmer cette vérité, comme je ſais que l'Egliſe leur en rend témoignage.

4. Je ſais qu'elle leur rend ce témoignage, puiſque je le vois & l'entends.

Sur l'Egliſe.

5. Je vois par mes propres yeux qu'il y a une Egliſe Chrétienne, comme je vois qu'il y a une Monarchie Françoiſe.

6. Je ſuis certain que l'Egliſe qui a toujours fait profeſſion de ne rien changer dans ſa croyance, & à qui ſes propres ennemis ne conteſtent point la ſucceſſion réguliere de la Chaire des Apôtres, eſt la vraie Egliſe de Jeſus-Chriſt; comme je ſuis convaincu qu'un Parlement, qui eſt composé de membres légitimement appellés & qui fait profeſſion de ſuivre les Loix & les Coutumes, eſt un Parlement légitime.

7. Je ſuis perſuadé que Jeſus-Chriſt a revêtu cette Egliſe de toute l'autorité néceſſaire pour gouverner les Fideles, comme je le ſuis que le Roi a donné à ſes Miniſtres toute l'autorité néceſſaire pour gouverner ſes ſujets.

8. Je ſuis auſſi aſſuré que l'empire de Jeſus-Chriſt regarde la conſcience & le

cœur, que je ſuis aſſuré que l'empire du Roi regarde nos corps & nos biens. Je ſais par conſéquent que la conſcience & le cœur doivent être ſoumis à l'Egliſe de Jeſus-Chriſt, comme je ſais que nos corps & nos biens ſont ſoumis à la Juriſdiction des Cours ſouveraines établies par le Roi.

9. Et la conſcience ne pouvant ſe ſoumettre qu'à un gouvernement infaillible, je ſais que l'Egliſe eſt infaillible dans ſes déciſions, comme je ſais que les Arrêts des Parlemens ſont ſans appel.

Sur l'Ecriture-Sainte.

10. Je ſuis auſſi perſuadé que l'Ecriture eſt divine, que je ſuis perſuadé que l'Egliſe m'en aſſure.

11. L'Egliſe m'en aſſure plus formellement & plus ſenſiblement, que toute la France ne m'aſſure que le *Code Louis* eſt un livre qui contient les Ordonnances du Roi.

12. Je ſais que le témoignage que l'Egliſe rend à l'Ecriture eſt digne de foi, comme je ſais que le témoignage rendu par toute la France aux Ordonnances du Roi, eſt véritable. Il ſeroit abſurde de le conteſter lorſque, ſous les yeux du Roi,

elle assure qu'une Ordonnance que l'on enregistre est une Loi de Sa Majesté.

13. Je suis certain que l'Eglise est dépositaire & interprête des volontés de Jésus-Christ, tant de celles qui sont écrites que de celles qui ne le sont pas, comme je suis assuré que dans un Royaume les Magistrats sont les dépositaires & les interprêtes des Loix & des Coutumes autorisées par le Prince.

14. L'Eglise parle par la bouche des Pasteurs & par le silence des Fideles, comme toute la France parle par la bouche des Magistrats & par le silence du peuple.

Sur les Hérétiques.

15. Je sais que l'Eglise, qui a toujours fait profession de ne point changer la Foi de ses peres & à qui on ne peut montrer par aucun fait positif qu'elle s'en soit écartée, est fidele à Jesus-Christ & marche sur les traces des Apôtres; comme je sais qu'un Parlement, qui a fait serment de fidélité au Roi, lui est fidele en effet, pendant qu'on ne peut lui reprocher par aucun fait d'avoir violé son serment.

16. Comme je n'appellerois plus *Parlement* une assemblée qui auroit une fois

fait profeſſion de violer ſon ſerment de fidélité, je n'appelle plus *Egliſe* une ſociété qui a fait une fois profeſſion de ne pas garder le dépôt & de changer la doctrine qui lui avoit été donnée.

17. Les chefs des ſectes ſéparées de l'Egliſe Catholique étant de ce nombre, quoique pluſieurs euſſent reçu leur ordination dans l'Egliſe Catholique; je ſais qu'ils ont perdu leur autorité, comme un Parlement perdroit la ſienne, s'il faiſoit profeſſion de changer les Loix & les Coutumes ſans l'ordre du Roi.

18. Je ſuis perſuadé que c'eſt être rébelle à Jeſus-Chriſt que de rejetter les déciſions d'une Egliſe à qui ſes ennemis mêmes rendent témoignage qu'elle a toujours fait profeſſion de ne rien innover dans la Foi; comme je ſuis perſuadé que c'eſt être rébelle au Roi que de ſe ſoulever contre un Parlement qui a toujours fait profeſſion de ne ſuivre que les Loix.

19. Je ſuis auſſi perſuadé que l'Egliſe Romaine eſt fidele à Jeſus-Chriſt, que je ſuis aſſuré que les autres ſectes demeurent d'accord qu'elle n'a jamais formé comme ces ſectes le deſſein de changer la doctrine de ſes peres & qu'elle s'eſt toujours fait un devoir de la conſerver inviolablement.

20. Et au contraire il est aussi notoire que ces sectes n'ont pas conservé fidélement la doctrine chrétienne, qu'il est de notoriété publique qu'en se séparant elles ont fait profession ouverte de changer la doctrine qu'elles avoient reçue de leurs peres.

Toutes ces propositions qui s'entr'expliquent & s'entresoutiennent, sont à mon égard au souverain dégré de clarté.

§. V I.

Il est encore à propos d'examiner si l'Auteur de l'article *Foi* de l'Encyclopédie a réussi à donner l'analyse de la Foi. Voici comme il la conçoit. « 1°. Je crois que tel » dogme est révélé, parce que la société re- » ligieuse dans laquelle je vis m'enseigne » qu'il est révélé. Je crois à son enseigne- » ment, parce qu'elle est infaillible. Je crois » qu'elle est infaillible, parce qu'elle est » l'Eglise de Jesus-Christ; & que l'Eglise » de J. C. est infaillible. Je crois qu'elle est » l'Eglise de Jesus-Christ, parce que les » Chefs ou les Pasteurs de cette Eglise ont » succédé à ceux que Jesus-Christ même a » établis. 2°. Je crois que l'Eglise de Jesus- » Christ est infaillible, parce que cette in- » faillibilité lui est promise & clairement

» contenue dans les Ecritures proto-cano-
» niques que tous les Chrétiens reçoivent
» & qui font la parole de Dieu. 3°. Je
» crois que les Ecritures font la parole de
» Dieu, font divines & inspirées, parce
» que cette vérité est essentiellement liée
» avec cette autre : La Religion Chrétienne
» est émanée de Dieu. 4°. Je crois enfin
» que la Religion Chrétienne est émanée
» de Dieu, par tous les motifs de crédi-
» bilité qui me le persuadent ».

Cette analyse nous paroît fautive & mal conçue.

1°. Elle ne s'accorde point avec celle qu'a donnée saint Paul. « Comment les
» peuples, dit-il, croiront-ils en Dieu, si
» personne ne le leur prêche? Qui prêchera
» s'il n'est envoyé? » (a) L'Apôtre suppose que l'obligation de croire à la prédication vient de la mission du Prédicateur; or les Ecritures même *proto-canoniques* ne sont autre chose que la prédication des Apôtres couchée par écrit; donc l'obligation de croire aux Ecritures dérive de la mission des Ecrivains, & non au contraire. Donc il faut prouver l'autorité divine ou la mission des Pasteurs, indépendamment de l'Ecriture.

(a) Rom. c. 10, ℣. 14.

Tertulien, dans son Livre des *Proscriptions*, prouve l'autorité des Eglises Apostoliques par leur succession, & non par l'Ecriture ; il veut même qu'en disputant contre les Hérétiques on mette l'Ecriture de côté.

Saint Augustin a dit : « Pour moi je » ne croirois pas à l'Evangile si l'autorité » de l'Eglise Catholique ne m'y détermi- » noit. (*a*) » Il suppose donc que l'autorité de l'Evangile se prouve par celle de l'Eglise, & non au contraire.

M. Bossuet a fait de même dans sa Conférence avec le Ministre Claude. L'Auteur de l'*Analyse* l'a senti ; il a tordu le sens des paroles de saint Augustin & de celles de M. Bossuet.

2°. Il est plus aisé de prouver à un ignorant la mission divine des Pasteurs par leur succession & par la divinité de la mission des Apôtres, que de lui prouver la divinité ou l'inspiration des Ecritures protocanoniques. Celle-ci suppose l'authenticité & l'intégrité du texte, la fidélité des versions, la vérité du sens donné à tel passage ; discussions dans lesquelles un ignorant est incapable d'entrer.

(*a*) Lib. contrà Epist. Fundam. c. 5.

L'Auteur de l'*Analyse* l'a compris. Après avoir défini la Foi *une persuasion raisonnée*, il déclare qu'il ne veut point parler de celle des enfans qui croyent au moyen d'une *Foi infuse*, ni de celle des adultes simples & grossiers qui n'ont point de motifs raisonnés de leur croyance, comme il y en a sans doute, dit-il, un grand nombre dans le sein même de l'Eglise Catholique. Ces deux especes de Foi, selon lui, sont l'ouvrage immédiat de l'Esprit de Dieu qui souffle où il veut & dont notre foible raison ne peut sonder les voies. C'est évidemment réduire la foi des enfans & des ignorans à un pur enthousiasme.

§. VII.

Vainement il distingue entre des motifs *raisonnés* & des motifs *raisonnables*. Il est absurde de croire que Dieu donne aux enfans & aux ignorans une foi infuse sans motifs. Si Dieu leur donne des motifs raisonnables de croire, dès-lors ils ont une persuasion raisonnée, quoiqu'ils ne soient pas en état d'en faire l'analyse & d'en donner la démonstration.

Or nous avons fait voir que dans le sein de l'Eglise Catholique, dès qu'un enfant &

un ignorant ont assez d'intelligence pour s'entendre lorsqu'ils disent dans le Symbole : *Je crois la sainte Eglise Catholique*, le caractere de *Catholicité*, qui n'est pas fort difficile à comprendre, est pour eux un motif très-raisonnable de croire à l'enseignement de l'Eglise, & que dès-lors leur persuasion est raisonnée.

L'Auteur reconnoît que selon les Théologiens la foi des adultes les mieux instruits est aussi une *vertu infuse*. Cette infusion ne prouve point que leur persuasion ne soit pas raisonnée.

3°. Il dit que dans l'analyse de la Foi, les motifs doivent être placés de maniere qu'ils puissent amener un hérétique & un incrédule à la foi de tous les dogmes révélés. Or ces motifs, tels qu'il les propose, ne peuvent amener à la foi un incrédule qui n'admet point l'inspiration des Ecritures protocanoniques, ni un hérétique qui dispute sur le sens des passages allégués pour prouver l'infaillibilité de l'Eglise

4°. Par cette méthode on ne peut pas prouver la divinité des Livres saints d'une maniere capable de convaincre les ignorans ; les Controversistes hétérodoxes n'y ont jamais réussi. L'Auteur de l'*Analyse* en convient ; en réfutant leur anayse de la Foi,

& en particulier celle qu'a donné Laplacette, il a réfuté la sienne.

Bien plus, en voulant montrer que la divinité de l'Ecriture peut être prouvée indépendamment de l'autorité de l'Eglise, il ne la prouve que par cette autorité même. Il n'y a point, dit-il, de dogme plus essentiel à la Religion Chrétienne, qu'elle enseigne plus expressément & qu'elle suppose plus nécessairement que cette proposition, L'*Ecriture sainte est la parole de Dieu.* Fort bien; mais l'enseignement de la Religion Chrétienne, & l'autorité de l'Eglise Chrétienne sont précisément la même chose. Y a-t-il un autre enseignement chrétien que celui de l'Eglise?

Il objecte 1°. que si on établit l'autorité de l'Eglise sur une autre preuve que sur l'Ecriture, on ne peut plus croire cette autorité en vertu de la révélation, ni comme un objet de foi divine; que les motifs de crédibilité distingués de la révélation sont *bien foibles*, pour ne rien dire de plus.

Réponse. Selon la méthode de l'Auteur on ne peut pas croire non plus de foi divine, & en vertu de la révélation l'autorité de l'Ecriture Sainte. Nous ne voyons pas qu'il soit plus essentiel de croire de foi divine l'autorité de l'Eglise que l'autorité de l'Ecriture.

Mais il abuse du terme de *révélation*. Tout signe infaillible de la volonté de Dieu n'est-il pas une révélation, tout comme la parole écrite ou non écrite? Or, il n'est point de signe plus indubitable de la volonté de Dieu que les miracles. Lorsque J. C. disoit aux Juifs : *Pour vous faire voir que le fils l'homme a sur la terre le pouvoir de remettre les péchés, leves-toi, Paralitique, emporte ton lit & marche.* On pouvoit sans doute croire de foi divine & en vertu de la révélation que Jesus-Christ avoit le pouvoir de remettre les péchés. De même, à la vue des miracles des Apôtres, on pouvoit croire de foi divine leur mission.

Nous avons fait voir qu'en vertu de la succession, la mission des Pasteurs de l'Eglise est la même que celle des Apôtres; donc elle est prouvée par les mêmes miracles & les mêmes motifs de crédibilité que celle des Apôtres; donc on peut la croire de foi divine tout comme celles des Apôtres. Nous ne concevons pas en quel sens l'Encyclopédiste a pu dire que ces motifs sont *bien foibles*.

Il objecte 2°. le sentiment de Juenin, de Holden, de Grégoire de Valence qu'il prétend suivre. Mais il observe que c'est ici une question de raisonnement & non d'autorité. D'ailleurs nous avons allégué des autorités plus respectables que celles de ces trois Théologiens.

§. VIII.

Tâchons de donner une analyse plus simple & plus solide. 1°. Je crois tel article révélé, parce que l'Eglise Catholique me l'enseigne. 2°. Je crois que cet enseignement est infaillible, parce que la mission de ses Pasteurs est divine & que cet enseignement est catholique ou universel. 3°. Je crois que la mission des Pasteurs est divine, parce qu'en vertu de leur succession & de leur ordination elle est la même que celle des Apôtres, & que la mission de ceux-ci étoit certainement divine. 4°. Je crois que cette mission étoit divine, parce qu'elle a été prouvée par leurs miracles & par tous les autres motifs de crédibilité qui démontre la divinité du Christianisme. 5°. Je crois que l'Ecriture Sainte est la parole de Dieu, parce que l'Eglise Catholique le croit & l'enseigne ainsi.

Nous avons prouvé toutes les parties de cette analyse, nous avons fait voir que les preuves sont à la portée des plus ignorans : elle ne renferme ni cercle vicieux, ni contradiction. Les objections qu'y opposent les hétérodoxes & les incrédules ne sont pas redoutables.

Ire Objection. Une religion dont les preuves ne sont point à portée de tous les hommes raisonnables, ne peut être la religion établie de Dieu pour les simples & pour les ignorans; or, de toutes les religions qui se disent révélées, il n'y en a aucune dont les preuves soient à portée de tous les hommes (*a*).

Réponse. Les preuves de la religion naturelle ne sont pas plus à la portée des ignorans que celles de la religion révélée; sans révélation aucun peuple n'a eu une religion naturelle véritable; voilà ce qu'un Déiste auroit dû sentir.

Nous avons fait voir que les faits qui prouvent la révélation, sont tout aussi à portée des ignorans que ceux sur lesquels ils fondent leur état civil, leur fortune, leurs intérêts les plus chers, leurs devoirs naturels les plus sacrés; qu'ils ont des uns & des autres une certitude morale poussée au plus haut degré de notoriété; il seroit absurde d'en exiger une autre.

(*a*) Exam. crit. des Apol. de la Relig. Chrét. c. 12.

Il eſt vrai que ces faits & ces preuves ne ſont pas également à portée des peuples infideles auxquels la révélation n'a jamais été annoncée. Auſſi n'a-t-on jamais décidé qu'ils ſoient obligés, ſous peine de damnation, de croire & de profeſſer la religion révélée lorſqu'ils n'ont eu aucun moyen de la connoitre. Les Déiſtes ont été obligés de faire le même aveu à l'égard de la religion naturelle.

Il ne s'enſuit point que Dieu ait mal pourvu au ſalut de tous les hommes; il s'enſuit ſeulement que nous ne connoiſſons ni la nature ni le degré des lumieres & des ſecours qu'il leur a fournis. Il nous ſuffit de ſavoir, en général, que Dieu ne fait injuſtice à perſonne, & qu'il ne demandera compte à chacun que de ce qu'il lui aura donné.

Pour exagérer la difficulté de connoître la vraie Religion, l'on nous invite à peſer les embarras de l'examen, la foibleſſe de l'eſprit humain, la force des préjugés de naiſſance, la multitude des beſoins & des affaires qui aſſerviſſent la plupart des hommes (*a*).

Réponſe. Si un Diſſertateur vouloit nous

(*a*) Exam. crit. c. 12.

prouver qu'un homme du peuple ne peut avoir un certitude entiere de ſon état & de ſes poſſeſſions, vu la difficulté de concilier toutes les Loix qui concernent les propriétés, la multitude des procès, la contradiction des arrêts, la ſubtilité des chicaneurs, l'imbécillité de la plupart des propriétaires, &c. Que répondrions-nous? Rien. Malgré les lieux communs, bons pour faire parade d'éloquence, le commun des hommes ne jouit pas moins tranquillement de ſon état & de ſa fortune.

Nous convenons encore qu'un homme élevé dans une religion fauſſe n'a pas autant de facilité d'en connoître la fauſſeté, qu'un fidele Catholique en a de ſentir la vérité de la ſienne. Que s'enſuit-il? Que Dieu ſeul peut juger jusqu'à quel point la difficulté de l'examen peut rendre le premier excuſable. Rien de plus.

§. IX.

IIe Objection. Les miracles que l'on cite en preuve des religions révélées ont ordinairement pour garants des livres, dont la vérité ne peut ſe prouver ſans le ſecours de l'Hiſtoire. Il faut examiner, 1°. le ſiecle des Hiſtoriens qui les rapportent; 2°. l'authenticité de ces livres & la sincérité des témoins ; 3°. la nature des miracles, pour savoir s'ils ne sont pas l'effet de la fourberie ou de quelque cause naturelle. Y a-t-il beaucoup de gens capables de faire cet examen ? Quant aux preuves tirées de la tradition, un peu de sincérité suffit pour en connoître l'incertitude (*a*),

Réponse. Faussetés. La vraie preuve des miracles du Christianisme est l'univers converti ; un ignorant n'a pas besoin de livres pour en être convaincu. Ce n'est point par la lecture des livres qu'il sait les principaux faits de l'Histoire de France ; c'est par la tradition publique & par les monumens qui marchent de concert. Or la tradition & les monumens des miracles du Christianisme sont plus éclatans, plus multipliés, plus connus du peuple que ceux de notre Histoire même. Attaquer une tradition de cette espece, c'est établir un pyrrhonisme universel.

Avec un peu de bon sens, le peuple comprend que des fourberies ou des effets naturels n'auroient pas converti le monde. Les discussions dont parle l'Auteur de l'objection ne sont devenues nécessaires que

(*a*) Exam. crit. c. 12.

par la malice & l'opiniâtreté des incrédules; mais le ſimple Fidele eſt en droit d'ignorer qu'il y a des incrédules.

§. X

IIIe Objection. » Il ne ſuffit pas d'a- » voir examiné une ſeule religion; il y » a dans le monde une infinité de ſectes » qui ſe vantent toutes de tirer leur ori- » gine du Ciel. Toutes ſe fondent ſur le » même genre de preuves. Pour donner » avec connoiſſance de cauſe la préférence » à l'une d'entr'elles, il faut les comparer » & juger quelle eſt la mieux fondée (*a*). »

Réponſe. Nouvelles fauſſetés palpables. 1°. Un homme convaincu de la vérité de ſa religion par des preuves invincibles, tranquille & content de ſon ſort, n'eſt pas plus obligé de la comparer avec d'autres, que de comparer la certitude du témoignage des ſens avec les objections des Pyrrhoniens. C'eſt comme ſi l'on diſoit qu'un homme en parfaite ſanté & content de ſon régime, eſt obligé d'eſſayer d'autres régimes, pour voir quel eſt le meilleur. Qu'un homme qui a des doutes ſoit

(*a*) Exam. crit. c. 12.

obligé de se tranquilliser, à la bonne heure; c'est le cas d'un malade qui cherche le régime propre à rétablir sa santé. Mais si un homme sain s'avisoit de la même épreuve, il se trouveroit bientôt dans le cas du malade.

Voilà précisément ce qui arrive aux esprits légers & téméraires, qui par curiosité veulent s'ériger en Juges des différentes religions de l'univers; ils hasardent la leur & ne manquent presque jamais de la perdre.

2°. Il est faux que toutes les sectes se fondent sur le même genre de preuves; faux que les autres religions aient les mêmes preuves que le Christianisme; faux que les sectes hétérodoxes se fondent sur la *Catholicité* comme l'Eglise Romaine.

On repliquera sans doute que dans les religions les plus fausses, il se trouve des hommes aussi convaincus & aussi tranquilles que le peut être un fidele Catholique; ils sont donc dispensés selon nous de faire aucun examen de leur religion, aucune perquisition pour sortir de l'erreur.

Réponse. Leur tranquillité est plutôt une stupidité qu'une conviction. Si leur ignorance est invincible, Dieu ne les en punira point. Mais il ne s'ensuit pas que toute ignorance & toute erreur ſoit invincible. L'homme peut être dans une conviction parfaite de l'erreur, donc nous ne ſommes jamais ſûrs d'avoir trouvé la vérité; c'eſt l'argument des Pyrrhoniens; il revient à celui-ci : on voit ſouvent des malades qui croient ſe bien porter; donc perſonne n'eſt aſſuré d'être en parfaite ſanté.

Qu'avons nous beſoin de ſavoir ce qui ſe paſſe dans l'ame des mécréans, s'ils ſont tranquilles ou agités, convaincus ou incertains, excuſables ou inexcuſables? La manie des incrédules eſt ſinguliere, on diroit qu'ils ſont chargés ici-bas de ſuppléer à la Providence divine, qu'ils ſont en peine de ſavoir comment Dieu s'en tirera au jugement dernier, lorſqu'il ſera queſtion de juger le genre humain. Il ſeroit mieux pour eux de penſer davantage à leur propre ſalut, & de s'embarraſſer moins de celui des autres.

§. XI.

IVe Objection. Si les Controverſiſtes Catholiques ſont venus à bout de prouver que les ſimples Fideles étoient incapables de trouver la vérité par la voie d'examen dans les ſectes ſéparées de l'Egliſe, leurs adverſaires

adversaires n'ont pas moins réussi à montrer que, dans l'Eglise Catholique, le simple fidele étoit hors d'état de trouver la vérité par la voie d'autorité. Avant de donner sa confiance à une autorité quelconque, il faut commencer par s'assurer si cette autorité est légitime & divine; on ne peut le faire que par la voie d'examen. Il n'est pas moins difficile de se convaincre que l'autorité de l'Eglise est légitime, divine, infaillible, que de juger si tel autre point de doctrine est révélé ou non. Selon les Théologiens Catholiques, l'infaillibilité de l'Eglise est un dogme de foi; avant de le croire il faut donc savoir s'il est véritablement révélé. Pour en juger, un simple fidele est obligé de recourir à la voie d'examen que l'on soutient cependant lui être impossible (*a*). Cette objection a été tournée en vingt façons; les Protestans, Bayle, les Déistes l'ont fait valoir à l'envi.

Réponse. Tout cela est réfuté d'avance. Dans les sectes séparées de l'Eglise, pour savoir si tel dogme est révélé, il faut voir s'il est enseigné dans l'Ecriture. Donc il faut savoir si tel livre est authentique &

(*a*) Exam. crit. c. 12, p. 205.

canonique, ſi le texte a été conſervé ſans altération, s'il eſt fidellement rendu dans la verſion, ſi tel paſſage doit être pris dans le ſens littéral ou dans un ſens figuré, s'il n'eſt pas contredit ou expliqué par d'autres paſſages plus formels. Voilà *la voie d'examen* que nous ſoutenons impraticable aux ſimples Fideles.

Dans l'Egliſe Catholique, le ſimple fidele croit qu'un dogme eſt révélé, parce que l'Egliſe ou le corps des Paſteurs le lui enſeigne. Il eſt convaincu de la miſſion divine des Paſteurs dans l'origine par les mêmes faits qui prouvent la divinité du Chriſtianiſme. Il eſt aſſuré de la continuation & de l'identité de cette miſſion dans les Paſteurs actuels, par leur ſucceſſion & leur ordination, faits publics, évidens, inconteſtables. Il a la certitude de l'infaillibilité de ce corps dans la doctrine par ſa *Catholicité*, par l'union de croyance qui regne entre ſon Curé & ſon Evêque, entre celui-ci & ſes collegues, entre le corps Epiſcopal & le Souverain Pontife, Chef de l'Egliſe : nouveau fait dont la notoriété eſt indubitable. Il comprend que la doctrine *Caholique* ou univerſelle eſt invariable, qu'il eſt impoſſible qu'un corps, dont les membres ſont répandus dans tout l'univers, conçoive tout-à-conp de concert le dessein abominable de changer la doctrine de Jesus-Christ, pendant que chacun des membres atteste & croit qu'il n'est ni possible ni permis de le faire.

Puisque l'infaillibilité de l'Eglise dans sa source est fondée sur les mêmes faits que la divinité du Christianisme, elle porte certainement sur la révélation ou la parole de Dieu. Point de parole de Dieu plus éloquente que la voix des miracles; que cette parole soit articulée ou non, écrite ou non écrite, elle n'en est pas moins le signe infaillible de la volonté de Dieu: tout dogme fondé sur cette base peut donc & doit être cru de foi divine comme évidemment révélé. Ainsi, sans écriture & sans livres, le simple Fidele croit fermement l'infaillibilité de l'Eglise.

Cette maniere de croire & de juger ne peut être appellée *voie d'examen* dans le sens que nous avons exposé plus haut. Une croyance fondée sur des faits publics & indubitables ne suppose aucun examen au-dessus de la portée du commun des hommes. Uu ignorant n'a pas besoin d'examen pour savoir quel est son Souverain légitime, quelles Loix du Royaume il doit observer, qui sont les Magistrats & les

Officiers auxquels il doit obéir. L'influence des faits publics prévient tout examen, naît pour ainsi dire avec nous, croît & se fortifie avec la raison, nous entraîne & nous conduit dans toutes nos actions, non-seulement sans examen, mais sans réflexion. Et, dans la vérité, c'est ainsi que le peuple se conduit dans les autres religions aussi-bien que dans la nôtre.

L'on a cependant fait un crime à M. Bossuet d'avoir osé dire: *C'est une erreur d'imaginer qu'il faut toujours examiner avant de croire* (a). Cette maxime si scandaleuse en apparence est dictée par le bon sens.

§. XII.

Ve Objection. Nos adversaires insistent néanmoins; ils disent que l'examen du seul article de l'autorité demande presque autant de connoissance que l'examen de tous les autres. Le parti des Catholiques & celui des Hétérodoxes se sont tous deux reproché que leurs principes conduisoient au Pyrrhonisme, & peut-être ils ont eu tous deux raison. Ceux qui ont voulu éviter cet écueil ont eu recours à des opérations

(a) Exam. crit. c. 12, p. 207.

intérieures de l'Esprit Saint, & pour se préserver de l'extravagance ils sont tombés dans le fanatisme (*a*).

Réponse. Répétons donc encore que, pour s'assurer de l'autorité de l'Eglise, le simple Fidele n'a besoin d'aucune autre connoissance que des faits publics dont il lui est impossible de douter. Un Païen même que l'on instruiroit pour la premiere fois dans la Religion Catholique, pour peu qu'il eût de bon sens, devroit être frappé du concert qui regne entre la tradition des faits, la tradition des dogmes, & les usages du culte extérieur : concert qu'il ne trouvera nulle part ailleurs. Il ne le seroit pas moins du caractere de *Catholicité* qu'on lui donneroit pour signe infaillible de la vérité, de l'antiquité, de l'immutabilité de la doctrine : deux avantages dont aucune secte ne peut se glorifier.

En quel sens cette voie d'autorité, semblable à celle qui nous conduit dans toutes les affaires de la vie, qui maîtrise les savans aussi-bien que les ignorans, peut-elle engendrer le Pyrrhonisme ?

Quant à ceux qui faute d'autre preuve ont recours à des inspirations immédiates,

(*a*) Exam. crit. c. 12, p. 216.

c'eſt leur affaire de ſe juſtifier, nous ne donnons point dans ce ridicule.

Selon nos adverſaires, pour ſavoir ſi l'Egliſe Romaine eſt l'Egliſe unique, viſible, ſucceſſive, il faut écouter les démêlés qui ſont ſur ce ſujet entre les Grecs & les Latins, les Neſtoriens, les Arméniens, &c. Quand un Fidele né dans ſon ſein ſeroit exempt de cette diſcuſſion, du moins un Païen qui veut s'inſtruire doit néceſſairement entrer dans cet examen avant de choiſir.

Réponſe. Cela n'eſt pas plus néceſſaire que d'écouter les objections des Athées avant de croire un Dieu, ou celles des Pyrrhoniens avant de nous fier à nos ſens. Un fidele Catholique a heureuſement trouvé la vérité dès ſa naiſſance; plus il s'inſtruira, mieux il ſentira le prix de la grace que Dieu lui a faite : mais ce n'eſt pas en cherhant des doutes que l'on ſe confirme dans la croyance de la vérité. Aucune des ſectes que l'on cite, n'a pour caractere la *Catholicité*, c'en eſt aſſez pour faire ſentir qu'elle n'eſt point la vraie religion de Jeſus-Chriſt.

Si avant de connoître l'Egliſe Catholique un Païen tombe entre les mains d'une ſecte hétérodoxe, & qu'il n'y trouve point de quoi fixer son incertitude, il doit sans doute chercher la vérité ailleurs. Si après un mur examen il croit l'avoir trouvée, & qu'il soit dans une ignorance invincible, Dieu ne la lui imputera point à péché. Mais la difficulté de sortir de l'erreur quand on y est tombé, ne prouve point qu'il soit aussi difficile de conserver la vérité quand on la possede. Il en coûte moins pour maintenir une santé habituelle, que pour la recouvrer quand on est malade.

§. XIII.

VIe Objection. Selon le principe des Catholiques, un Péruvien a raison de conserver la religion de Manco Capac, un Indien celle de Brama, un Egyptien celle d'Hermès. La plupart des Chrétiens ne sont tels que par préjugé de naissance & par habitude, ils ne connoissent point les preuves de la vérité de leur croyance; ils seroient de même Juifs ou Païens, selon le hasard de leur naissance & de leur éducation. S'ils font quelque examen de leur religion, ils y apportent la même prévention que les Mahométans & les autres sectaires; personne n'agit de bonne foi dans cette étude, parce que le parti eſt pris avant l'examen (*a*).

Réponſe. Ainſi ſelon l'opinion des incrédules, eux ſeuls ſont de bonne foi ſur la terre; cette prévention reſſemble un peu trop à celle des malhonnêtes gens qui ne croient à la probité de perſonne. Il ne leur reſte qu'à démontrer que les Péruviens, les Indiens, les Egyptiens, ont de leur religion les mêmes preuves que nous avons de la nôtre.

La plupart des Chrétiens ne ſont pas plus en état de rendre raiſon de leur acquieſcement à la certitude morale en général, que des preuves & des motifs de leur foi; s'enſuit-il delà qu'ils ſe laiſſent entraîner à la certitude morale ſans raiſon & ſans motifs? Les incrédules qui ont la manie de s'ériger en Juges de toutes les religions & de tous les hommes, s'imaginent que pour être inſtruit il faut être diſputeur, chancelant, armé de ſophiſmes comme ils le ſont; mais de tout temps les Sophiſtes ont été les plus inſenſés & les plus inſupportables de tous les hommes. Le privilége de la vérité eſt de calmer l'eſprit & la conſcience, le propre de l'er-

(*a*) Exam. crit. c. 12, p. 216.

reur eſt d'inſpirer des doutes & des diſputes.

Un homme qui étudie ſa religion avec le déſir de la trouver vraie, agit du moins par un motif louable, il veut une regle pour diriger ſon eſprit & ſon cœur; celui qui l'examine avec une envie ſecette de la trouver fauſſe, agit par orgueil & par libertinage : lequel des deux eſt de meilleure foi ?

§. XIV.

VIIe Objection. La plupart des hommes ſont auſſi incapables de diſcuter des faits que d'examiner des dogmes ; il eſt très-difficile de vérifier des faits dès qu'il y a deux partis, dont l'un eſt intéreſſé à les affirmer, l'autre à les nier. En général le témoignage humain eſt très-ſujet à caution ; des Théologiens qui ont d'ailleurs un extérieur de probité ne ſe font aucun ſcrupule d'altérer les faits, lorſqu'il eſt queſtion d'autoriſer leur cauſe. Vu l'impoſſibilité de l'examen pour le très-grand nombre des hommes, il eſt vrai de dire que la Religion Chrétienne oblige très-peu de perſonnes. Ses Apologiſtes mêmes l'ont ſi bien ſenti que pluſieurs ont été forcés d'avouer que les nations qui n'ont jamais été ni pu être suffisamment instruites, ne seront pas condamnées pour ne l'avoir pas embrassée (*a*).

Réponse. Selon cette belle décision, le peuple est incapable d'avoir aucune religion quelconque. Il ne peut pas discuter les faits qui prouvent une révélation, encore moins se prouver à lui-même les dogmes de la religion naturelle; il est donc condamné à l'athéisme. Mais les partisans même de l'athéisme disent qu'il n'est pas fait pour le peuple. Le peuple ne sera donc ni croyant, ni incrédule, ni Déiste, ni Athée, ni Chrétien, ni Infidele; il sera brute & stupide; ainsi le veulent les Philosophes.

Qu'il y ait de la difficulté à constater des faits obscurs, peu intéressans, qui sont arrivés sous les yeux de peu de personnes, qui n'ont causé aucune révolution dans la société; cela se conçoit. Mais faut-il des examens & des discussions profondes pour savoir que Louis XVI a été sacré à Reims en 1775? Les Théologiens, quelque menteurs qu'on les suppose, peuvent-ils altérer ou supposer des faits de cette espece? Ce n'est point sur leur témoignage que nous

(*a*) Examen. crit. c. 12, p. 216.

croyons les principaux faits du Christianisme, mais sur celui des Juifs & des Païens convertis, & sur les effets qu'ils ont opérés.

Nos Apologistes n'ont pas eu besoin d'être *forcés* pour avouer que les nations qui n'ont pu avoir aucune connoissance du Christianisme, ne seront pas punies pour ne l'avoir pas embrassé. Cet aveu leur a été dicté par Jesus-Christ même, qui a dit que le Serviteur qui n'a pas connu la volonté de son Maître ne sera point puni comme celui qui l'a connue; (*a*) par saint Paul qui enseigne que ceux qui ont péché sans avoir reçu de loi (positive) ne seront point jugés par elle; (*b*) par la droite raison qui nous apprend que Dieu souverainement juste ne condamnera personne, pour n'avoir pas fait ce qu'il lui étoit impossible de faire.

(*a*) Luc, c. 12, ℣. 47.
(*b*) Rom. c. 2, ℣. 12.

Fin du Tome X.

TABLE
DES MATIERES
DU DIXIEME VOLUME.

CHAPITRE VI. *Des Philosophes & de leur conduite à l'égard du Christianisme.* Page 1

§. *Etat de la Philosophie à la naissance du Christianisme.* ibid.

ART. I. *De la Philosophie Eclectique.* 6

§. I. *Nouveau systême des Eclectiques.* ibid.

§. II. *Réfutation de ce systême,* 8

§. III. *Tableau qui en est tracé dans l'Encyclopédie.* 11

§. IV. *Prétendue conformité de ce systême avec le Christianisme.* 14

§. V. *Causa-t-il des Apostasies?* 17

§. VI. *Pourquoi les Eclectiques n'ont point eu de Martyrs.* 21

ART. II. *Analyse du Traité de Celse contre la Religion Chrétienne.* 24

§. I. *Sentiment de Celse sur les Miracles & sur les Martyrs.* ibid.

§. II. *Calomnie d'un Juif sur la naissance de Jesus-Christ.* 28

§. III. *Adoration des Mages, fuite en Egypte, baptême de Jesus-Christ.* 31
§. IV. *Des Miracles du Sauveur.* 33
§. V. *De sa doctrine & de ses souffrances.* 36
§. VI. *De sa mort.* 40
§. VII. *De sa résurrection.* 43
§. VIII. *Pourquoi Jesus-Christ ressuscité ne s'est pas montré.* 46
§. IX. *Des sectes & des hérésies.* 48
§. X. *Du culte rendu à Jesus-Christ.* 51
§. XI. *Des premiers Sectateurs du Chrisnianisme.* 53
§. XII. *Pourquoi Dieu est venu sur la terre.* 55
§. XIII. *De l'histoire de la Création.* 59
§. XIV. *De la nécessité ou de la fatalité.* 61
§. XV. *Plan du Paganisme Philosophique.* 63
§ XVI. *De la résurrection future & des différentes religions.* 65
§. XVII. *Quel est le Dieu des Juifs & des Chrétiens.* 69
§. XVIII. *De la morale des Philosophes & de celle du Christianisme.* 71
§. XIX. *Des caracteres du Fils de Dieu.* 74
§. XX. *Des Prophetes.* 78

§. XXI. *De la vie future & de l'idolatrie.* 81

§. XXII. *Du culte des démons ou génies.* 84

§. XXIII. *Pourquoi les Chrétiens en avoient horreur.* 88

§. XXIV. *De la constance des Martyrs.* 92

§. XXV. *Sur la prospérité des Romains & sur le projet des Chrétiens.* 95

Art. III. *Extrait de l'ouvrage de Julien contre le Christianisme.* 97

§. I. *Sentiment de Julien sur les Fables, systême de Platon sur la Création.* ibid.

§. II. *Dieu a-t-il abandonné les nations?* 101

§. III. *D'où vient la diversité de leurs mœurs.* 104

§. IV. *Sur la pluralité des Dieux.* 108

§. V. *Miracles de Jesus-Christ comparés à ceux du Paganisme.* 112

§. VI. *Des premiers Sectateurs du Christianisme.* 115

§. VII. *Sur les connoissances & les mœurs des Chrétiens.* 120

§. VIII. *Des Prophéties.* 123

§. IX. *De la croyance & des cérémonies des Juifs.* 126

§. X. *De la divinité de Jesus-Christ & du*

culte des Martyrs. 129
§. XI. *Prétendu Paganisme des Patriarches.* 132
§. XII. *Conséquences qui résultent des écrits de Celse & de Julien.* 134
ART. IV. *Conclusion des Chapitres précédens : l'établissement du Christianisme est évidemment surnaturel.* 139
§. I. *Preuve tirée des Prophéties.* ibid.
§. II. *Talens des Apôtres, lieu où ils ont prêché, leurs preuves.* 142
§. III. *Préjugés des Juifs & des Païens.* 146
§. IV. *Leur résistance, persécutions, effets du Christianisme.* 149
§. V. *Constance du plan de la Providence.* 152
§. VI. Objections. *Le monde avoit besoin de consolation.* 154
§. VII. *Pouvoir des Ministres de l'Evangile sur les Fideles.* 156
§. VIII. *Effets de la tolérance & des persécutions.* 160
§. IX. *Conduite de Constantin, despotisme du Clergé.* 162
§. X. *Prétendue nécessité de la tolérance indéfinie.* 165
§. XI. *Fausses réflexions d'un Auteur Anglois.* 167

§. XII. *Réfutation.* 171

CHAPITRE VII. *Des Dogmes, de la Morale, du Culte extérieur de la Religion Chrétienne.* 175

§. *Projet de Jesus-Christ, son exécution.* ibid.

Art. I. *Des Dogmes ou des Mysteres de la Religion Chrétienne.* 178

§. I. *La Philosophie avoit rendu les Mysteres nécessaires.* ibid.

§. II. *Ils sont inévitables dans tous les systêmes.* 181

§. III. *Dans le Christianisme ils forment une chaîne & appuient la morale.* 184

§. IV. *La Trinité vient-elle de Platon?* 188

§. V. *Du Mystere de l'Incarnation.* 193

§. VI. *De la rédemption des hommes.* 196

§. VII. *Est-elle injurieuse à la Divinité, ou métaphorique?* 200

§. VIII. *Effets qu'elle a produits.* 203

§. IX. *De l'Eucharistie.* 207

§. X. *Ce Mystere ne sert-il à rien?* 212

§. XI. *De la résurrection des corps, des peines de l'enfer.* 215

§. XII. *De la Prédestination.* 219

§. XIII. *Inégalité de la distribution des graces.* 223

§. XIV. *Du petit nombre des Elus.* 225

§. XV. *De la Béatitude éternelle.* 228
§. XVI. Prem. Object. *Les Mysteres ne nous font pas mieux connoître Dieu.* 230
§. XVII. Deuxiem. Object. *Leur révélation attaque la Providence.* 233
§. XVIII. Troisieme Object. *Dieu ne veut pas y attacher le salut.* 235
Quatrieme Object. *Ils rendent la raison inutile.* 137
§. XIX. *De-là naissent les disputes de religion.* 238
Art. II. *De la Morale & des Vertus Chrétiennes.* 239
§. I. *Variations des Incrédules sur ce point.* ibid.
§. II. *Insuffisance de la morale naturelle,* 242
§. III. *Son incertitude, sa foiblesse, efficacité de la Morale Chrétienne.* 245
§. IV. *La Morale des Philosophes étoit-elle prouvée?* 247
§. V. Prem. Object. *La foi est une vertu impossible.* 250
§. VI. Deuxieme Object. *L'espérance n'a aucun fondement.* 254
§. VII. Troisieme Object. *L'amour de Dieu est sans motifs.* 257
§. VIII. Quatrieme Object. *Le Christianisme affoiblit l'amour du prochain.* 261

§. IX. Cinquieme Object. *L'humilité n'est point une vertu.* 265
§. X. Sixieme Object. *La mortification est injuste & pernicieuse.* 269
§. XI. *Il est faux que l'Evangile défende tous les plaisirs.* 271
§. XII. Septieme Object. *La continence est contraire au bien de la société.* 274
§. XIII. Huitieme Object. *Plusieurs préceptes de l'Evangile sont contraires à la Justice.* 277
§. XIV. Neuvieme Object. *Il défend de porter les armes.* 279
§. XV. Dixieme Object. *Obéir à Dieu plutôt qu'aux hommes est une maxime fausse.* 282
§. XVI. Onzieme Object. *Cette morale n'opere rien sur les mœurs.* 284
Art. III. *Du Culte extérieur ou des Cérémonies de la Religion Chrétienne.* 287
§. I. *Nécessité des Cérémonies Religieuses* ibid.
§. II. *Exemples de leur pouvoir.* 290
§. III. *Du Baptême.* 294
§. IV. *Ses effets relativement à la morale & à la police.* 297
§. V. *De la Confirmation.* 299
§. VI. *Du Sacrifice de la Messe.* 302
§. VII. *De la Pénitence & de la Confession.* 306

§. VIII. *De l'Extrême-Onction.* 311
§. IX. *De l'Ordre & du Sacerdoce.* 314
§. X. *Du Sacre des Rois, des Bénédictions.* 317
§. XI. *Du Mariage.* 319
§. XII. *Des Obseques des Morts.* 323
§. XIII. *Des Fêtes.* 327
§. XIV. *Leur nécessité.* 331
§. XV. *Ce n'est point l'Eglise qui en a institué la plupart.* 335
§. XVI. *Souvent elle en a supprimé.* 338
§. XVII. *De l'Abstinence & du Jeûne.* 340
§. XVIII. Prem. Object. *Le Culte extérieur n'est pas ancien.* 344
§. XIX. Deuxieme Object. *Il est emprunté du Paganisme.* 350
§. XX. *Est-il superstitieux?* 354
§. XXI. *Raisons de la plupart des Cérémonies.* 357
§. XXII. Troisieme Object. *C'est la Théurgie des Païens.* 360
§. XXIII. Quatrieme Object. *Les Prêtres recommandent les Cérémonies par intérêt.* 363
§ XXIV. Cinquieme Object. *C'est une source infaillible d'abus.* 365
§. XXV. Sixieme Object. *Le Culte pompeux sert à fomenter le luxe.* 367
Art. IV. *De l'Intolérance du Christianisme.* 371

§. I. *En quel ſens le Chriſtianiſme eſt intolérant.* 371
§. II. *Cauſes de l'intolérance politique des Princes.* 374
§. III. *Doctrine des Peres ſur la Tolérance.* 376
§. IV. *Elle ne renferme aucune contradiction.* 378
§. V. *S. Auguſtin a penſé de même.* 380
§. VI. Object. de Bayle. I. *La contrainte révolte les eſprits.* 386
§. VII. Deuxieme Object. *Elle autoriſe la conduite des Païens.* 389
§. VIII. Troiſieme Object. *Les Hérétiques ſont innocens.* 392
§. IX. Quatrieme Object. *La violence eſt auſſi utile à l'erreur qu'à la vérité.* 397
§. X. Cinquieme Object. *Il faut une tolétance univerſelle.* 400
§. XI. Sixiem. Object. *Conſéquences fâcheuſes de l'intolérance.* 402
§. XII. *Contradictions de Bayle & des Tolérans.* 407
§. XIII. *Les Sectaires ont été aggreſſeurs.* 411
§. XIV. *Le Gouvernement François a été forcé de ſévir.* 416
§. XV. *Conduite des Hérétiques, priſe d'armes, &c.* 420

§. XVI. *Causes du massacre des Vaudois.* 423
§. XVII. *Multitude de massacres exagérée par les Incrédules.* 426
§. XVIII. *Vraie cause de ces malheurs.* 430
§. XIX. *Sophismes & injustice des Incrédules.* 434
§. XX. *Violences exercées par les autres religions.* 438
§. XXI. *Vraie Religion traitée de fanatisme.* 442
§. XXII. *L'Eglise Catholique n'est pas plus intolérante que les autres.* 447
CHAPITRE VIII. *De la constitution du Christianisme ou de la regle de Foi.* 452
§. I. *Les Apôtres ont été de simples témoins.* ibid.
§. II. *La Foi a toujours été fondée sur des témoignages.* 455
§. III. *La révélation est un fait prouvé comme les autres faits.* 457
§. IV. *La regle de foi est la même que celle de la certitude morale.* 461
ART. I. *De l'Ecriture-Sainte considérée comme regle de foi.* 464
§. I. *Toutes les Sectes ont appellé à l'Ecriture seule.* ibid.
§. II. *Les Incrédules récusent cette autorité.* 467

§. III. *Sage milieu suivi par l'Eglise Catholique.* 471
§. IV. *Preuves que l'Ecriture seule ne suffit pas.* 473
§. V. *Continuation de ces preuves.* 476
§. VI. *Conduite des Sectes hétérodoxes.* 479
§. VII. *Aveux des Auteurs Protestans.* 482
§. VIII. *Nécessité & certitude du témoignage de l'Eglise.* 484
§. IX. *Ce n'est point un cercle vicieux.* 488
§. X. *Abus des versions en langue vulgaire.* 490
§. XI. *En quel sens l'Ecriture est une regle parfaite.* 493
§. XII. *En quel sens elle est claire & suffisante.* 495
ART. II. *De l'Autorité de l'Eglise en matiere de Foi.* 498
§. I. *Fausse maniere dont les Incrédules la conçoivent.* ibid.
§. II. *Les Pasteurs sont des témoins.* 501
§. III. *Fait éclatant duquel ils déposent.* 504
§. IV. *Leur témoignage n'est pas purement humain.* 506
§. V. *Il ne dépend point des qualités personnelles.* 509
§. VI. *Preuves de l'infaillibilité de l'Eglise.* 513
§. VII. *La Mission des Pasteurs n'a plus*

besoin de Miracles. 516

§. VIII. Prem. Object. *Les Pasteurs veulent dominer sur la Foi.* 519

§. IX. Deuxieme Object. *Tous les hommes sont faillibles & menteurs.* 521

§. X. Troisieme Object. *Les Conciles étoient composés de fourbes & d'ignorans.* 524

§. XI. *En quel sens les Evêques sont Juges.* 528

§. XII. Quatrieme Object. *Les Conciles sont opposés les uns aux autres.* 530

§. XIII. Cinquieme Object. *On ne peut pas savoir si un Concile est écuménique.* 533

§. XIV. Sixieme Object. *Les Conciles ont fait de nouveaux articles de Foi.* 537

§. XV. Septieme Object. *S. Grégoire de Nazianze avoit mauvaise opinion des Conciles.* 540

Art. III. *Du fondement de la foi des simples & des ignorans, ou de l'analyse de la Foi.* 544

§. I. *La Foi divine est fondée comme la Foi humaine.* ibid.

§. II. *Faits dont un ignorant est convaincu.* 548

§. III. *Succession & mission des Pasteurs.* 550

§. IV. *Sens du mot Eglise* Catholique. 553

§. V. *Chaîne de propositions évidentes en*

matiere de fait. 557

§. VI. *Analyse de la Foi dans l'Encyclopédie.* 562

§. VII. *Réfutation de cette analyse.* 565

§. VIII. *Autre analyse plus simple.* 569

Prem. Objeſt. *Aucune révélation n'est à portée des ignorans.* 570

§. IX. Deuxieme Objeſt. *Difficulté de prouver les Miracles.* 572

§. X. Troisieme Objeſt. *Il faut examiner toutes les Religions.* 574

§. XI. Quatrieme Objeſt. *La voie d'autorité ramene à l'examen.* 576

§. XII. Cinquieme Objeſt. *Ces deux méthodes exigent des connoissances.* 580

§. XIII. Sixieme Objeſt. *Les preuves sont les mêmes pour toutes les Religions.* 583

§. XIV. Septieme Objeſt. *Le peuple est incapable de discuter des faits.* 585

Fin de la Table des Matieres du Tome dixieme.

www.ingramcontent.com/pod-product-compliance
Lightning Source LLC
Chambersburg PA
CBHW060304230426
43663CB00009B/1580
9782011939463